二十一世纪普通高等院校实用规划教材 经济管理系列

市场营销学
(第 4 版)

栾 港 宗文宙 李畅宇 主编

清华大学出版社
北 京

内 容 简 介

为了适应互联网时代市场营销学的教学发展形势，培养既拥有市场营销学理论知识，又具有市场营销学实践能力的应用型人才，本书从市场营销学的理论、实践层面对市场营销学的基本理论与实践方法进行了系统的介绍，力求做到理论与实践相结合、线下教学与线上教学相结合，注重课程学习的可操作性，培养学生的理论分析能力、实践操作能力、团队合作能力以及创新创业能力。

本书全面介绍了市场营销的基本理论、战略、策略和方法，具有一定的创新性、前瞻性和应用性。本书内容分为10章，包括市场营销绪论、营销环境分析、营销信息分析、购买行为分析、竞争行为分析、目标市场战略、产品与服务策略、价格策略、分销策略、促销策略等内容。本书每章都设有知识框架、学习要点及目标，帮助学生把握全章要点；开篇以经典案例导入本章内容；章内穿插有大量鲜活案例，同时设有在线深度阅读资料，有助于学生理解并掌握理论知识；章后配置了多样化的自测题及实训项目，帮助学生巩固所学知识，同时增强学生营销实践能力。

本书结构清晰、语言通俗、内容翔实、案例丰富、实践性强，同时配备了丰富的数字化教学资源及教学要件。本书可作为工商管理、市场营销、会展经济与管理、物流管理、会计学等工商管理类专业的本科、在职研究生的市场营销教学用书，也可作为企业营销管理者的培训用书。

本书封面贴有清华大学出版社防伪标签，无标签者不得销售。
版权所有，侵权必究。举报：010-62782989，beiqinquan@tup.tsinghua.edu.cn。

图书在版编目(CIP)数据

市场营销学/栾港，宗文宙，李畅宇主编. —4版. —北京：清华大学出版社，2020.7(2023.8 重印)
二十一世纪普通高等院校实用规划教材. 经济管理系列
ISBN 978-7-302-55758-6

Ⅰ. ①市… Ⅱ. ①栾… ②宗… ③李… Ⅲ. ①市场营销学—高等学校—教材 Ⅳ. ①F713.50

中国版本图书馆 CIP 数据核字(2020)第 105071 号

责任编辑：陈冬梅
封面设计：刘孝琼
责任校对：周剑云
责任印制：刘海龙

出版发行：清华大学出版社
网　　址：http://www.tup.com.cn, http://www.wqbook.com
地　　址：北京清华大学学研大厦A座　　邮　编：100084
社 总 机：010-83470000　　邮　购：010-62786544
投稿与读者服务：010-62776969, c-service@tup.tsinghua.edu.cn
质量反馈：010-62772015, zhiliang@tup.tsinghua.edu.cn
课件下载：http://www.tup.com.cn, 010-62791865

印 装 者：北京同文印刷有限责任公司
经　　销：全国新华书店
开　　本：185mm×260mm　　印　张：18.25　　字　数：444 千字
版　　次：2007 年 6 月第 1 版　2020 年 8 月第 4 版　印　次：2023 年 8 月第 7 次印刷
定　　价：49.80 元

产品编号：087806-01

前　言

习近平总书记在中国共产党第二十次全国代表大会上的报告中明确指出，要办好人民满意的教育，全面贯彻党的教育方针，落实立德树人根本任务，培养德智体美劳全面发展的社会主义建设者和接班人，加快建设高质量教育体系，发展素质教育，促进教育公平。本教材在编写过程中深刻领会党对高校教育工作的指导意见，认真执行党对高校人才培养的具体要求。

市场营销学是一门以消费者为中心，研究企业营销活动及其规律的学科，具有综合性、实践性、创新性等特点。在全球经济一体化的经济环境下，市场营销学不仅是一门学科，还是一种思维方式，更与我们的生活密切相关。市场营销学的研究范畴很宽泛，它贯穿于供应链的各个环节，在社会经济领域都能看到它的身影。因此，学习市场营销学的原理、概念、思维以及战略、策略，对于人们的学习、工作和生活都具有重要的指导意义。

为了适应互联网时代市场营销学的教学发展形势，培养既拥有市场营销学理论知识，又具有市场营销学实践能力的应用型人才，满足市场营销工作岗位的实际需要，本书在结构上以营销战略与营销策略为主线进行编写，从市场营销学的理论、实践层面对市场营销学的基本理论与实践方法进行了系统的介绍，力求做到理论与实践相结合、线下教学与线上教学相结合，注重课程学习的可操作性，培养学生的理论分析能力、实践操作能力、团队合作能力以及创新创业能力。

作为二十一世纪普通高等院校实用规划教材——《市场营销学》自2007年6月第一次出版以来，经过了多次再版，在应用型人才培养院校中得到了普遍好评。根据时代发展及教学工作的需要，我们在第3版教材的基础上，对教材框架、内容及形式进行了适当调整，同时围绕教材开发了一系列配套教学资源产品，具体情况如下：①每章增加了理论框架思维导图，让读者对本章教学内容一目了然；②充实了部分章节的理论内容，删减了部分章节，教材内容更加紧凑；③在新增一些新鲜案例的基础上，新增了在线深度阅读，扩展了读者的知识视野；④思考与练习部分新增了更多的题型，考核与测试更加灵活；⑤重新改写了各章实训项目，实训内容更贴近时代，更具有可操作性；⑥提供与教材配套的教学案例网站、教学资源公众号、H5在线课件、在线测试、教学小程序等数字化辅助教学平台；⑦提供教学所需的各类要件，如教学大纲、电子教案、教学日历、PPT课件、习题库及试题样卷等。

本书的修订工作由栾港负责。栾港、宗文宙和李畅宇担任主编。具体编写分工如下：栾港负责编写第一、二、七、十章，宗文宙负责编写第四、六、八章；李畅宇负责编写第三、五、九章。章后的实训项目由宗文宙负责编写，外文文献翻译工作由李畅宇负责。

在本书的编写过程中，编者参考了大量文献和近年来市场营销学界最具实用价值的典型案例。为尊重原作者，编者尽可能列出文献资料的来源，但有些文献来源于互联网，最初作者难以追溯，未能列出，敬请谅解。

由于编者水平有限，书中难免存在疏漏和不足之处，敬请各位专家、同行及使用教材的读者批评、指正。

有需要教学案例网站、教学资源公众号、H5在线课件、在线测试、教学小程序等数字化辅助教学平台二维码以及教学大纲、电子教案、教学日历、PPT课件、习题库及试题样卷等各类教学要件(含教材中"深度阅读"材料)的授课教师，可在清华大学出版社网站下载。

编　者

目 录

第一章 市场营销绪论 ... 1

知识框架 ... 1
引导案例 ... 1
第一节 什么是市场营销 ... 2
    一、市场概述 ... 2
    二、市场营销及其相关概念 ... 5
    三、市场营销学的学科性质与学习方法 ... 9
第二节 市场营销的演进过程 ... 11
    一、市场营销学的发展过程 ... 11
    二、市场营销在企业地位中的演变 ... 12
第三节 市场营销哲学及其发展 ... 15
    一、市场营销哲学的含义 ... 15
    二、市场营销哲学的发展 ... 15
第四节 营销策略的扩充与演变 ... 19
    一、营销组合策略及其扩充 ... 19
    二、4P模型的局限性及其扩充与演变 ... 22
    三、数字化时代的营销新策略 ... 24
本章小结 ... 26
思考与练习 ... 26
实训项目 ... 28

第二章 营销环境分析 ... 29

知识框架 ... 29
引导案例 ... 30
第一节 营销环境概述 ... 30
    一、营销环境的定义 ... 30
    二、营销环境的分类 ... 30
    三、营销环境的特征 ... 32
    四、营销环境与营销活动 ... 33
第二节 宏观营销环境分析 ... 34
    一、政治因素分析 ... 34
    二、法律因素分析 ... 36
    三、经济因素分析 ... 37
    四、社会文化因素分析 ... 39
    五、科技因素分析 ... 43
    六、自然因素分析 ... 45
第三节 微观营销环境分析 ... 47
    一、供应商分析 ... 47
    二、营销中介分析 ... 48
    三、顾客分析 ... 49
    四、竞争者分析 ... 49
    五、社会公众分析 ... 49
第四节 环境战略分析工具 ... 49
    一、宏观环境PLENST分析工具 ... 50
    二、微观环境行业竞争力分析工具 ... 51
    三、企业内部强弱分析工具 ... 53
    四、SWOT综合分析工具 ... 54
本章小结 ... 57
思考与练习 ... 57
实训项目 ... 59

第三章 营销信息分析 ... 61

知识框架 ... 61
引导案例 ... 61
第一节 市场营销信息 ... 62
    一、营销信息与大数据 ... 62
    二、客户洞察与营销信息系统 ... 65
    三、评估与开发营销信息 ... 67
第二节 市场调研概述 ... 69
    一、市场调研的含义 ... 69
    二、市场调研的程序与方法 ... 71
第三节 市场调研方案 ... 74
    一、市场调研方案概述 ... 74

二、市场调研工具 76
第四节 市场调研报告 79
　一、市场调研报告概述 79
　二、市场调研报告的撰写 80
　三、市场调研报告撰写的注意事项 82
本章小结 83
思考与练习 83
实训项目 86

第四章　购买行为分析 88

知识框架 88
引导案例 88
第一节 市场类型和购买行为 89
　一、市场的分类 89
　二、购买行为及其内容 91
第二节 消费者购买行为分析 92
　一、消费行为模型 92
　二、影响消费者购买行为的因素 93
　三、消费者购买决策过程 102
第三节 组织购买行为分析 104
　一、产业市场购买行为分析 105
　二、中间商购买行为分析 109
　三、政府机构购买行为分析 112
本章小结 113
思考与练习 114
实训项目 116

第五章　竞争行为分析 118

知识框架 118
引导案例 118
第一节 竞争对手分析 119
　一、竞争对手概述 119
　二、竞争对手的识别 122
　三、竞争态势分析 124
第二节 基本竞争战略 126
　一、成本领先战略 127

二、差异化战略 129
　三、聚焦战略 131
第三节 竞争地位及其竞争策略 133
　一、竞争地位 133
　二、不同竞争地位企业竞争策略 134
本章小结 138
思考与练习 138
实训项目 140

第六章　目标市场战略 142

知识框架 142
引导案例 142
第一节 市场细分 143
　一、市场细分的背景及基础 143
　二、市场细分的含义 145
　三、市场细分的依据 146
　四、市场细分的方法 151
第二节 目标市场选择 152
　一、评价细分市场 152
　二、选择目标市场 153
　三、目标市场策略 155
第三节 市场定位 157
　一、市场定位的概念 157
　二、定位的方法与程序 161
　三、定位策略 164
本章小结 166
思考与练习 167
实训项目 168

第七章　产品与服务策略 171

知识框架 171
引导案例 171
第一节 产品与服务 172
　一、产品、服务和体验 172
　二、产品与服务的层次 173
　三、产品和服务的分类 175

目录

第二节 产品和服务策略..................178
 一、单一产品和服务策略..................178
 二、产品线策略..................180
 三、产品组合策略..................181
第三节 品牌及其策略..................183
 一、品牌及品牌价值..................183
 二、品牌设计与商标注册..................186
 三、品牌策略..................188
第四节 产品研发与产品生命周期..................192
 一、新产品研发策略..................192
 二、产品生命周期策略..................195
本章小结..................198
思考与练习..................198
实训项目..................201

第八章 价格策略..................202

知识框架..................202
引导案例..................202
第一节 定价目标及定价3C+R模型..................203
 一、企业定价目标..................204
 二、定价的3C+R模型..................205
 三、定价程序..................207
第二节 基本定价方法..................208
 一、需求导向定价法..................208
 二、成本导向定价法..................209
 三、竞争导向定价法..................211
 四、政府指导定价法..................212
第三节 定价策略..................212
 一、新产品定价策略..................212
 二、产品组合定价策略..................213
 三、弹性定价策略..................214
 四、基于互联网的定价策略..................217
第四节 价格调整策略..................218
 一、主动调价..................218
 二、被动调价..................219
本章小结..................220

思考与练习..................220
实训项目..................223

第九章 分销策略..................225

知识框架..................225
引导案例..................225
第一节 分销渠道概述..................226
 一、分销渠道的重要性..................226
 二、分销渠道层级..................228
 三、分销渠道的组织模式..................229
第二节 传统分销渠道..................231
 一、批发与代理..................231
 二、零售..................232
第三节 新型分销渠道..................234
 一、连锁经营..................235
 二、特许经营..................236
 三、数字化销售..................237
第四节 分销渠道设计及管理..................242
 一、影响分销渠道选择的因素..................242
 二、分销渠道设计..................243
 三、分销渠道成员管理..................245
 四、分销渠道冲突管理..................246
本章小结..................248
思考与练习..................249
实训项目..................251

第十章 促销策略..................252

知识框架..................252
引导案例..................253
第一节 促销与整合营销传播..................253
 一、促销概述..................253
 二、促销组合..................255
 三、整合营销传播..................256
第二节 人员销售..................257
 一、人员销售的概念..................257
 二、人员销售的基本形式..................258

三、人员销售过程 260
第三节 广告传播 261
　一、广告概述 261
　二、广告策划 264
　三、广告预算 266
　四、广告效果评估 268
第四节 营业推广 268
　一、营业推广的概念 268
　二、营业推广手段 269
　三、设计营业推广方案 271
第五节 公共关系 273
　一、公共关系的概念 273
　二、公共关系的功能 273
　三、企业开展公关活动的手段 274
第六节 互联网营销传播 275
　一、直复数字营销概述 275
　二、直复数字营销的形式——数字
　　　社交媒体营销 275
本章小结 280
思考与练习 280
实训项目 282

参考文献 284

第一章 市场营销绪论

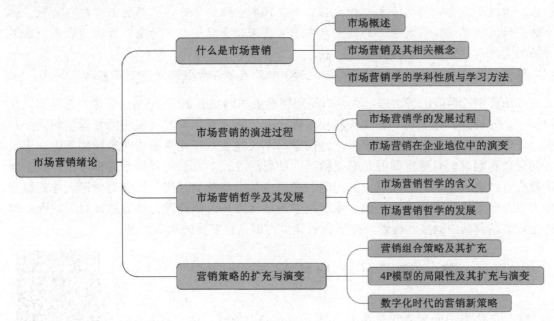

学习要点及目标

本章共分为四节，将分别介绍什么是市场营销、市场营销的演进过程、市场营销哲学及其发展、营销策略的扩充及演变等内容。

通过本章的学习，要求学生了解市场营销的概况和发展历程，准确把握市场营销理论的核心概念及框架，了解市场营销理论与实践的时代变革，树立现代营销观念。

引导案例

无生活 不营销

市场营销对大家并不陌生——它就在你的周围。市场营销无论以传统的方式还是现代的方式都在潜移默化地影响着你。在购物中心，你可以看到琳琅满目的商业橱窗、眼花缭乱的电视屏幕、室内或张贴或悬挂的各类促销海报，你可能会收到商场促销人员派发的各类大大小小的宣传单，还有可能免费品尝一小杯新上市的饮品，也有可能被邀请参加一次问卷调查并获取一份礼物。购物时，你有可能碰到打折或满额返现优惠，也有可能被推荐办理会员购物卡，享受购物打折积分优惠。当你购物累了，走进一家咖啡厅想休息一下，落座后习惯性打开手机 Wi-Fi，你会连上商家的免费 Wi-Fi，手机屏幕可能会弹出商家的广告页面，你的微信关注了商家公众号后连上互联网，打开朋友圈，映入你眼帘的可能是朋友圈的碳酸饮料广告、手机广告或汽车广告……除购物中心外，无论是在家里、在学校、在工作单位，还是在公共场所，市场营销也是无处不在。这些或传统或新兴的宣传手段的根本目的并不在于用"信息"轰炸大众，而是想通过这种直接或间接的方式潜移默化地影响你，通过个性化的传播方式与你接触，用品牌丰富你的体验，让品牌与你建立关联。但市场营销远远不止吸引消费者的目光，市场营销活动背后还包括为争夺你的注意力和购买力而制定的各种营销战略和策略。

思考：如何理解"市场营销不是万能的，但没有市场营销却是万万不能的"？

市场营销行为或思想由来已久。市场营销学最早创立于 20 世纪初的美国，它是建立在经济学、管理学、行为科学和现代科技基础之上，是近百年来发展最快的管理学科之一。在全球经济一体化的新经济环境下，这门学科不仅是企业在竞争激烈的市场环境中谋求发展的管理利器，而且更重要的是它提供了一种思维方式，人们可以运用这种思维方式去解决社会、经济、生活各个领域中的问题。在当今数字与社交时代，社会对营销人才的综合能力也提出了更高的要求，全面、系统地学习现代市场营销的理论和方法，对于发现并解决企业市场营销中的实际问题，提高企业竞争力都具有重要的现实意义。

第一节　什么是市场营销

市场营销学的研究对象是买方市场下企业的市场营销活动及其规律。市场营销的英文是"marketing"，它表示企业在买方市场下的一种市场经营行为。要理解市场营销，先要理解市场。

1-1.mp4

一、市场概述

(一)市场的概念

市场是社会分工和商品交换的产物，是一种以商品交换为内容的经济联系形式，属于商品经济范畴。市场的概念随着社会和经济的不断发展和变化有着不同的阐释。

1. 市场的本义

市场最早是指买卖双方进行商品交换的场所。这一含义体现了市场是一个空间范畴，例如，我们经常去的各类商圈，甚至早市、夜市。尽管交换内容和交换关系不断扩大，但这种市场本义仍具有现实意义。任何商品交换，无论是有形的还是无形的，有纸贸易还是无纸贸易，都必须在特定的交易场所进行。因此，市场这种经营场所的概念为企业开展营销活动提供了地域基础。

第一章 市场营销绪论

2. 经济学角度的市场含义

市场是指一定时空条件下商品供求关系的总和。从这个角度来认识市场，市场是由涉及供需双方的各种要素如商品、技术、信息、资金等所构成的。从供求关系以及市场竞争力量的角度来研究市场，市场是买方和卖方的结合。例如，2009年中本聪提出了比特币概念，这种数字货币一问世价格便猛涨，这其实就是供求关系的体现。因为比特币总数量有限(2100万个)，具有稀缺性，买方力量一直大于卖方力量。进入2018年以后，受价格高企及各国政府监管的影响，比特币的价格开始出现大跌，卖方力量开始大于买方力量。在经济社会中，买卖双方的力量对比和变化趋势，对企业营销策略的制定具有重要影响。

3. 营销角度的市场含义

市场是指某种商品或服务的实际购买者和潜在购买者的集合。"民以食为天"，这里的"民"就是市场。市场中的购买者具有一定的需求，这种需求只有通过特定的交换才能得到满足。营销人员在研究市场时，不仅要看到现实的购买者，而且要考虑潜在的购买者，同时还要重点研究如何把潜在的购买者转变为现实的购买者。例如，招商银行校园版信用卡的发放就是为了吸引潜在客户、培育现实客户。

4. 社会角度的市场含义

市场是社会经济生活的综合体现，也是社会资源的主要配置者和经济活动的主要调节者。这是宏观角度的市场含义。市场包括了生产、分配、消费等各个环节，体现了社会再生产的全过程，成为社会经济运行的总体反映。在市场经济条件下，市场还成为配置资源和调节经济的主要力量。企业营销活动都会受到市场环境的影响和制约，都需要按照市场导向配置各种生产要素，并在此基础上进行企业的营销活动。例如，美国苹果公司基于国际化战略，在全球供应商已达600多家，从芯片、显示器、电池等核心零部件生产，到Mylor/Carton/Screw/Label等小料件的制作，都由像三星、夏普、富士康等资本雄厚的代工企业承担，整机在中国大陆组装后销往全球。

(二)市场构成的基本要素

市场的构成要素可以用下面的等式来简单描述：

$$市场 = 购买人口 + 购买力 + 购买欲望$$

1. 购买人口

人口是构成市场的基本要素，消费人群数量决定着市场的规模和容量的大小，并且人口构成及变化也会影响市场需求及其变化。中国是一个拥有14亿人口的大国，许多世界知名跨国公司纷纷进入中国市场，一个重要原因就是看好中国人口众多，消费潜力巨大。

2. 购买力

购买力是指消费者支付货币以购买商品或服务的能力，是构成现实市场的物质基础。在一定时期内，购买力高低是由消费者可支配收入水平所决定的。只有具备购买力的需求才能形成真正意义上的市场。例如，像北上广这样一些房价高的城市，外来人口一般选择租房，不是因为他们不想买房，而是面对高房价相当一部分人购买力不足。

3. 购买欲望

购买欲望是指消费者购买商品或服务的动机、愿望和要求，是由消费者心理需求和生理需求引发的。购买欲望是消费者将潜在购买力转化为现实购买力的必要条件。降价、打折、买赠等促销措施是商家刺激消费需求，提高消费者购买欲望的有效手段。国家为了刺激低迷的汽车市场，曾多次推出购置税减半优惠政策，刺激市场增长效果明显。根据数据显示，2010年国家推行1.6L及以下车型购置税减半政策后，当年国内乘用车销量增长33.17%。2015年10月再次推出购置税减半政策后，国内车市销量再一次出现高增速的良好现象，创2013年以来最大的年度销量增幅。

购买人口、购买力及购买欲望这三个要素相互制约、缺一不可，共同构成了企业的微观市场，而市场营销学研究的正是这种微观市场的消费需求。

(三)市场体系及分类

1. 市场体系

站在经营者的角度，人们通常把卖方称为行业，而将买方称为市场。买卖双方由四个流程相连：卖方投放到市场的商品或服务；卖方对买方的沟通(促销)；买方提供给卖方的资金；买方提供给卖方的信息。它们之间构成一个环，内环表示钱物交换，外环表示信息交换，如图1-1所示。

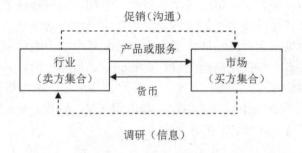

图1-1　简单的市场体系

在实际市场体系中，除生产企业和终端消费者以外，还存在着供应商、市场营销中介及竞争对手等，如图1-2所示。

图1-2　实际市场体系

在图1-2所示的实际市场体系中，每一方都可为下一环节增加价值。企业能否建立可获利关系，不仅取决于它自身的行为，而且还取决于整个系统对终端消费者需要的满足程度。由于存在社会分工，特定商品生产者之间又存在着各类交换活动，致使市场形成了相互连接的复杂体系,如图 1-3 所示。

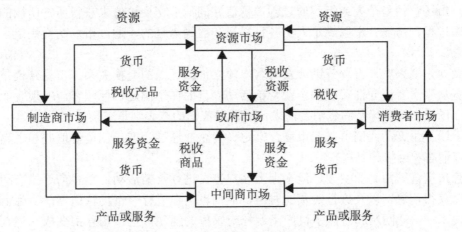

图 1-3　现代交换经济中的基本市场体系

图 1-3 表示现实经济活动中的基本市场种类及其交换关系。其中,制造商从资源市场(由原材料、劳动力、资金等市场组成)购买资源,将其转变为产品和服务后卖给中间商,中间商再出售给消费者。消费者出卖劳动力赚取金钱,再换取所需的产品或服务。政府是另一种市场,它为公众需要提供服务,对各市场征税,同时也从资源市场、制造商市场和中间商市场采购产品和服务。

2. 市场分类

市场体系中的购买者可以分为个人和组织,因此市场又可以分为个人市场和组织市场。

(1) 个人市场。个人市场的购买主体是个人或家庭,其购买商品的目的是满足个人或家庭成员的生活需要。因此,个人市场也被称为个人消费市场、消费者市场、最终产品市场或最终消费市场等。比如,面对广大消费者的各类商场和超市。

(2) 组织市场。组织市场的购买主体是团体或组织,包括生产企业、商业企业、服务企业、政府机构、民间团体和各种非营利机构等。例如,麦德龙现购自运批发商场从事的是一种商对商批发业务,其目标客户群体主要是企业或组织,因此它属于组织市场。在组织市场上,生产者购买商品的主要目的是用来生产其他新产品赚取利润;中间商购买商品的主要目的是转售赚取利润;非营利性组织购买商品的主要目的是维持组织正常运转,其中政府是最大的非营利性组织。

二、市场营销及其相关概念

(一)市场营销的含义

许多人认为,市场营销仅仅是销售和广告。我们每天都会受到报纸、杂志、广播、电视等广告媒体的狂轰滥炸,也会受到诸如车体、橱窗、牌匾等户外广告媒体的视觉冲击,更会受到网站、电子邮箱、微信、微博、手机 App 软件等网络新媒体各类信息的骚扰。然而,销售和广告仅仅是市场营销之冰山一角。

从宏观角度来看,市场营销是一种社会经济活动过程,其目的在于满足社会或人类的需要，调节整个社会生产需求与供应的平衡，实现社会目标。美国营销权威菲利普·科特勒认为，市场营销是个人或组织通过创造价值并同他人交换价值来获得所需所欲的一种社会及管理过程。市场营销以满足人类各种需要和欲望为目的，通过市场交换满足其潜在和现实需求。

从微观角度来看，市场营销涉及与客户建立价值导向的交换关系。市场营销是引导产品或服务从生产者流向消费者的企业营销活动，目的在于满足目标顾客，实现企业目标。可见，市场营销的目标是满足消费需求，而市场营销的核心则是交换。

基于以上角度，我们可以把市场营销定义为企业通过为客户创造价值并与之建立稳固关系而获取客户回报的过程。

尽管市场营销由企业主导，但实际上客户也在进行营销活动。当客户寻找产品，与企业互动以获得信息，以及进行购买的时候，他们也是在进行"市场营销"。实际上，今天的数字技术——从网站和智能手机应用到社交媒体的涌现，把市场营销变成一种真正的双向活动。

(二)营销相关概念

营销涉及需要、欲望和需求，产品和服务，效用、费用和满足以及交换和交易等一些核心概念。

1. 需要、欲望和需求

消费者的需要、欲望和需求是市场营销的出发点，满足消费者的需要、欲望和需求是市场营销活动的目的。

需要(needs)是一种感到缺乏状态。为满足"解渴"的生理需要，人们可能选择饮用纯净水、茶水、汽水、果汁或者矿泉水。需要是相对稳定的，不能由市场营销者去创造，也很少受到市场营销的影响。

【想一想】马斯洛(Maslow)需要层次理论包含哪些内容？

欲望(wants)是指想得到基本需要的具体满足物的愿望，是需要的表现形式，会受到社会文化和人们个性的影响。例如，对主食来讲，有人偏爱面食，有人偏爱米饭。人的需要是有限的，而人的欲望是无限的，欲望会受到广告、推销和相关群体的较大影响，强烈的欲望能激励人们的主动购买行为。

需求(demands)是指有购买能力并且愿意购买产品或服务的欲望。在得到购买能力支持时，欲望就会转化为需求。当人们对某种产品或服务有欲望并有支付能力时，就可称之为对这种产品有需求；有欲望而没有购买力或者有购买力而没有欲望，则称为没有需求。例如，许多人都想购买一辆豪华轿车，但是只有少数人能够买得起。因此，公司不仅要估量有多少人想要本公司的商品，更重要的是应该了解有多少人真正愿意并且有能力购买。

将需要、欲望和需求加以区分，其重要意义在于阐明这样一个道理：市场营销并不创造需要，因为需要存在于市场营销活动之前；市场营销只是影响了人们的欲望，并试图向人们指出某种产品或服务可以满足其需要，进而吸引人们购买该产品或服务来满足其需求。

满足人们需要、欲望和需求的东西很多，因此营销的范围也就包罗万象，营销的对象

第一章 市场营销绪论

可以是商品、服务、体验、事件、个人、地点、财产、组织、信息以及观念等。

【案例 1—1】

通过大数据了解客户需求

知道客户消费需求的相关信息是企业进行有效营销的前提。有一句使用频率颇高的美语口语"Mother knows best",可译为"妈妈最清楚了"。可是在客户消费行为及需求方面,妈妈也最清楚吗?妈妈知道你通常在杯子里放几个冰块吗?知道你每天擤多少次鼻子吗?知道你在吃椒盐卷饼时,是喜欢先吃碎的,还是先吃整的呢?妈妈未必知道。但那些注重大数据分析的公司,却很可能知道。它们知道客户的需求是什么,它们也知道客户在什么时间、什么地点、什么场景下有需求,它们甚至能知道许多连我们自己都不知道的需求。例如,通过大数据分析,可口可乐公司知道美国人平均在一个杯子里放 3.2 个冰块,在气温 39℃时喜欢喝自动售货机里的听装可乐,有 100 万美国人每天早餐都要喝可口可乐;生产纸面巾的金伯利公司发现美国人每人每年平均要擤 256 次鼻子;生产吸尘器的胡佛公司发现美国家庭每周平均花 35 分钟吸尘,每年吸出 8 磅灰尘,要用 6 个灰尘袋;至于你在吃椒盐卷饼时是喜欢先吃碎的还是先吃整的,你可以去问一下 Frito-Lay 公司……这些非常琐碎的事实累积起来,就能为公司制定有效的营销战略提供重要依据。

思考:了解客户需求企业就成功了一半,你赞成这种观点吗?

2. 产品和服务

产品是指提供给市场满足人们需要和欲望的任何东西。产品包括有形产品和无形产品。人们通常用产品和服务这两个词来区分实体产品和无形产品。实体产品的重要性不仅在于拥有它们,更在于使用它们来满足人们的欲望。例如,人们购买小汽车不是为了观赏,而是因为它可以提供一种叫作交通的服务。市场营销的任务就是向市场展示产品实体中所包含的利益或服务,而不是仅仅描述产品的形貌。否则,将会导致企业"营销近视症"。作为手机市场的老大,当年内置塞班系统的诺基亚手机可谓风靡一时,但后来还是被市场所淘汰。2007 年 iPhone 手机上市,诺基亚也曾做过市场调研,认为 iPhone 手机抗摔性能差、造价太高、只支持 2G 网络,便没有把 iPhone 手机当成强大的竞争对手。可是 iPhone 这个竞争者带来的不仅仅是一点点市场份额的变化,而是以不可阻挡的强势颠覆了整个手机行业,树立了智能手机的新标杆。

营销近视症

营销近视症(marketing myopia)是指过度地把精力放在自己的产品、服务或技术上,而不是放在市场需求上,其结果是导致企业丧失市场,失去竞争力。因为产品或服务只不过是满足市场消费需求的一种媒介,一旦有更能充分满足消费需求的新产品或服务出现,现有的产品或服务就会被淘汰。

【案例 1—2】

游戏体验的典范——《愤怒的小鸟》

《愤怒的小鸟》不仅仅是一款移动游戏类 App，对遍布 100 多个国家的 2 亿多粉丝而言，它意味着高度参与的体验，每天都有越来越多的人购买《愤怒的小鸟》App 游戏及其衍生产品，这款仅售 99 美分的热门手机游戏，在苹果应用商店数以万计的游戏应用中，多次蝉联冠军。在成功进驻苹果应用商店之后，《愤怒的小鸟》又进军安卓市场，通过多平台和不断推出新版本，这只疯狂的小鸟在不断激发人们的热情。正如一位观察家所指出的："愤怒的小鸟是一种心智状态——从木头堡垒中射出颜色亮丽的小鸟摧毁躲藏的小猪，这样的游戏让人们沉浸在欢愉的破坏中不能自拔，感受到成就感和巨大的满足，借以逃避上下班途中和候诊室里的枯燥。"截至 2013 年年底，《愤怒的小鸟》就被以各种形式下载了 20 多亿次。该游戏的创作者 Rovio 计划进一步扩展《愤怒的小鸟》的体验，从简短的动画视频、三维动画电影到一系列的新游戏、桌游玩具、漫画书、T 恤、手机套、箱包挂饰等衍生产品，甚至是以愤怒的小鸟命名的游乐场和主题乐园。《愤怒的小鸟》正在由一款游戏演变成一条完整的娱乐产业链。正如 Rovio 全球市场拓展总经理彼德·维斯特巴卡所称："对我们来说，《愤怒的小鸟》的意义已经远不只是一款游戏，它更像是一种生活体验。"

思考：《愤怒的小鸟》游戏是如何打动游戏玩家的？

3. 顾客价值与顾客满意

顾客价值是顾客对产品或服务的一种感知，是基于顾客对产品或服务的个人主观判断。顾客满意是指顾客对一款产品或服务的可感知效果与他的期望值相比较后，所形成的愉悦或失望的感觉状态。

消费者通常面对大量可以满足某种特定需要的产品和服务，他们怎样进行选择呢？从上面的定义可以看出，顾客满意是可感知效果(顾客价值)和期望值之间的差异函数。如果效果低于期望，顾客就会不满意；如果可感知效果与期望匹配，顾客就满意；如果可感知效果超过期望，顾客就会高度满意、高兴或欣喜。

满意的顾客会重复购买，或将自己的美好体验告诉他人；不满意的顾客就会转而向竞争者购买，或向其他人贬低该产品或服务。市场营销人员必须谨慎设定恰当的预期水平。如果设定的预期过低，或许可以令那些购买的人满意，但无法吸引足够多的购买者。如果设定的预期过高，购买者就会失望。顾客价值和顾客满意是建立和管理客户关系的关键。

4. 交换和交易

交换(exchange)是指从他人那里取得想要的物品，同时以某种物品作为回报的行为，这是营销的核心概念。市场营销包括与需要产品、服务、观点或其他事物的目标人群建立和维持合理交换关系的所有活动，目的是维系顾客关系并使顾客与公司不断成长。

交换是一个过程，在这个过程中，如果交换双方能达成一项协议，我们就可称之为发生了交易(trade)。因此，交易是营销的度量单位，是双方价值的交换。

【想一想】农民用自己生产的粮食从别人那里换取布匹等生活用品，这属于交换还是交易？农民用自己生产的粮食在自由市场上卖了 1000 元钱，这属于交换还是交易？

三、市场营销学的学科性质与学习方法

市场营销学是研究营销活动及其规律的学科，具有应用性、实践性、综合性和艺术性。市场营销学又是一门实践性、应用性极强的学科，市场营销学的学习方法应在理论学习基础之上，加强实践能力的训练。

(一)市场营销学的学科性质

1. 学科的应用性

市场营销学不是单纯研究市场基本理论，还研究营销活动及其规律，其目的是有效地指导企业的市场经营活动。作为商品经济高度发展过程中的产物，市场营销学已受到业界的高度重视，被广泛应用于企业的营销实践中。"三只松鼠"是安徽一家公司于2012年推出的第一个互联网森林食品品牌，该品牌通过网络营销上线仅仅65天，销售量就在淘宝天猫坚果行业排名第一，创造了电子商务上的一个奇迹。

2. 强烈的实践性

市场营销学的研究内容和理论观点来源于企业的市场营销实践经验，而这些研究内容和理论观点反过来又指导着企业的市场营销实践。随着企业营销实践的不断深化，现代市场营销学也跟着不断发展，营销实践也在不断丰富。2016年直播的火热，在一定程度上改变了营销品牌传播方式。不论是新品发布，还是各类营销活动，直播不仅已成为实时连接线上线下的一个好方法，而且还成为实时扩大品牌影响力的法宝。例如，2020年4月1日，罗永浩开启了自己的直播秀，带货91万单，销售额突破1.1亿元，观看人数超过4000万人。

3. 广泛的综合性

市场营销学最初是以经济学为理论基础发展起来的，在进一步的发展过程中，又不断吸收和运用现代的管理科学、行为科学、数学、统计科学、心理学、社会学、生态学，以及包装学、商标学、广告学等多门学科的理论和方法，形成了一门综合性的学科。为此，菲利普·科特勒曾说，"市场营销学是一门建立在经济科学、行为科学和现代管理理论基础之上的应用科学"，并做了形象的比喻："市场营销学的父亲是经济学，母亲是行为科学，数学乃市场营销学的祖父，哲学乃市场营销学的祖母。"

4. 突出的艺术性

即使我们掌握了市场营销学的理论与方法，也未必能轻而易举地解决企业市场营销的实际问题。这里有一个理论如何联系实际的问题，其中涉及营销艺术。因此，我们不应当把市场营销学当作纯粹的理论，教条式地加以学习，而应当将其作为一门营销艺术科学，在市场营销实践中融会贯通。德芙巧克力是送给心爱女孩的信物，"Dove"更意味着"Do you love me？"的深情表白。德芙正是利用了受众喜欢故事的心理对品牌进行了渲染，最终带来的是品牌价值的增长、销量的激增。

(二)市场营销学的学习方法

1. 学会系统学习

每门学科都有一个完整的体系,市场营销学也是这样。

首先,学习者应该弄懂每章的基本概念、基本理论、基本方法。在理解的基础上加强记忆,遇到不懂的地方多问几个为什么,带着问题阅读是学好一门课的基本要求。检验能否系统掌握市场营销学理论知识的方法就是学习完市场营销学课程后,能否将市场营销理论知识完整地讲述给别人,并且让别人也有所收获。如果能做到这一点,说明自己真正把市场营销知识消化吸收了。

其次,应该运用系统方法学习这门课程。任何学科的重点理论和方法皆存在于一个完整的系统之中,不可以片面追求重点理论和方法的把握。在学习的时候,要把环境分析、营销战略(包括市场细分、目标市场选择和市场定位)及营销策略(包括产品策略、价格策略、分销策略和促销策略)的制定当作一个系统来理解,只有这样才更容易领会市场营销学的核心内容及其在企业经营活动中所处的地位和所起的作用。

2. 学会理论联系实际

市场营销学是一门实践性、应用性很强的学科,其理论涉及社会生活的方方面面。因此,在学习市场营销学时,应注意把理论与实际结合起来。

首先要学会勤于思考。遇到一些难以掌握的概念或理论,不要仅限于记忆和理解,还要多结合实际进行深入思考,学会思辨。人们在事物认知上总有一些漏洞,思辨可以弥补这些漏洞,增强对事物的全面认知。

其次要多读案例。市场营销学的魅力在于外部市场环境的变化及营销策略的不确定性。我们很难制定出符合当前市场需求的理想化营销策略,只能努力制定出比较接近当前市场需求的满意营销策略,况且这种满意的营销策略也未必适应未来的市场变化。我们要学会用所学的营销理论去分析、归纳并总结不同市场环境下成功的营销经验或汲取失败的营销教训,通过案例分析加深营销理论的理解及实际运用,培养市场营销学课程的学习兴趣,并勇于参与市场营销实践。

3. 学会用自己的语言整理读书笔记

读书笔记是学习的好帮手,它可以归纳、总结我们学习的理论知识,加深我们对理论知识的理解与掌握。读书笔记不同于课堂笔记。读书笔记是对书本知识和课堂知识的总结和概括,你可用简单的一两句话或一两个字把复杂的理论提炼出来,也可以用思维导图把课程的整个知识体系刻画出来。这样,不仅能快速地抓住课程基本理论(树木),而且也能掌握课程的知识体系(森林)。

【深度阅读 1-1】马化腾盯上"男人的衣柜"(内容扫右侧二维码)。

深度阅读 1-1.docx

第二节 市场营销的演进过程

一、市场营销学的发展过程

市场营销学是一门实践性较强的应用科学,它的产生与发展经历了形成、应用、变革、发展和现代五个时期,如图1-4所示。

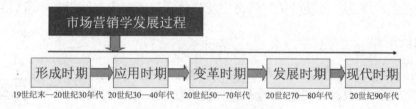

图1-4 市场营销学的发展过程

(一)形成时期

19世纪末到20世纪30年代期间,西方资本主义国家经过工业革命,生产力迅速提高,经济得以迅猛发展,商品需求量迅速增大,当时企业迫切需要解决的主要问题是如何增加生产,满足市场需求。20世纪初,美国一些大企业推行了泰罗的"科学管理法",企业生产效率得到提高,生产增长速度超过了当时市场需求的增长速度,产品销售进入困境。当时,美国一些市场营销研究先驱深入企业,了解企业实际营销活动,研究广告和推销技巧,试图解决当时生产领域出现的问题。这一时期市场营销学的主要研究内容局限于推销方法和技巧等方面的问题,而且仅限于理论界,并未引起全社会的重视,也未应用于企业营销活动。

(二)应用时期

从20世纪30年代到第二次世界大战结束,是市场营销学的应用时期。1929—1933年,资本主义国家爆发了严重的经济危机,生产过剩,产品大量积压,社会购买力急剧下降,经济出现大萧条。这时,企业开始从关心产量转向关心销售。推销和广告成为企业和市场学家们认真思考和研究的课题,市场营销学也从课堂走向了社会实践。学术界和企业界对市场营销学也逐渐重视起来,并初步形成市场营销学的概念和理论体系。这一阶段的市场营销仍局限于产品的推销、广告宣传和推销策略等,并且各种活动仅限于流通领域。

(三)变革时期

20世纪50年代后,随着劳动生产率的大大提高,产品数量激增,花色品种不断增加,市场供过于求的矛盾进一步激化,原有的市场营销理论显然已经不能适应形势发展的需要。

针对这种状况,一些营销学家提出了一些新的观点,诸如生产的产品或服务要适应消费需求,营销活动的实质是企业对于动态环境的创造性适应等。这些观点的核心就是以消费者为中心的市场营销观念。这一时期,企业的经营观念逐步从"以生产为中心"转为"以消费者为中心",市场成了生产过程的起点而不再是终点,营销也就突破了流通领域,延伸到生产过程及售后过程。市场营销理论进入了一个蓬勃发展的新阶段。

(四)发展时期

进入20世纪70年代,市场营销理论更加完善,市场营销学紧密地结合经济学、哲学、心理学、社会学、数学及统计学等学科,成为一门综合性的边缘应用学科,并且出现了许多分支,如消费者行为学、行业市场营销学以及营销管理学等。在这一时期,市场营销领域出现了大量新的概念,市场营销学科也出现分化,营销应用范围得到不断扩展。

(五)现代时期

20世纪90年代后,随着信息时代的来临,互联网技术得到极大发展,市场营销理论也取得了突破性的进展,关系营销、整合营销、网络营销、绿色营销、大数据营销、体验营销、自媒体营销、非营利性组织营销以及营销伦理等新的营销理论与实践相结合,极大地丰富了市场营销学的内涵。

深度阅读1-2.docx

【深度阅读1-2】营销百年——思想创新之光(内容扫右侧二维码)。

二、市场营销在企业地位中的演变

(一)市场营销在不同行业的扩散

管理大师彼得·德鲁克(Peter Drucker)曾精辟地指出,现代企业最重要的职能有两个,一个是创新,另一个就是营销。从企业实践来看,市场营销在不同时期内,曾引起过不同行业的重视。在美国,最先认识到市场营销重要性的是日用消费品公司,其次是耐用消费品公司,之后是工业设备公司。20世纪80年代以来,服务行业尤其是航空业、银行业等逐渐接受了市场营销的观点。航空公司开始研究顾客对它们所提供的各项服务的态度,包括时刻表的安排、行李的处理、飞行过程中的服务、态度是否友好、座椅是否舒适等。那些开始极力拒绝市场营销的银行家们,后来也逐渐接受了营销观念,并将营销理论应用到银行金融服务之中。互联网出现以后,市场营销又在IT行业得到快速发展,在电子商务、即时通信、搜索引擎和网络游戏等领域市场营销得到广泛应用,形成了有别于传统营销手段的数字化营销。近几十年来,市场营销理念已渗入各国的非营利组织,如学校、医院、博物馆等。市场营销在这些行业中得到不同程度的重视,并得到了不同程度的采纳。

(二)推动企业重视市场营销的主要因素

促使国内外企业认识到市场营销重要性的主要因素有以下几个。

1. 业绩下滑

业绩下滑往往迫使企业反思自己的经营方法,以积极的态度来接受市场营销理论。例如,当人们将注意力转向网络时,报社马上会觉察报纸发行量的减少。发行人员意识到:过去他们对读者为什么读报以及他们想从报纸上得到什么简直了解得太少。于是,这些发行人员开始进行市场调查,并基于调研结果,重新设计出一种时间性强、内容新颖、能激发读者兴趣的报纸;或者适应大趋势,逐步转型,适时推出适应读者需求的数字化媒体。

2. 营销成本过高

营销成本是与营销活动有关的各项费用支出。营销成本主要包括推销人员相关费用、产品推广费用、仓储费用以及运输费用,还包括一些诸如市场调研、营销策划等其他市场营销费用。这些营销成本连同企业的生产成本构成了企业的总成本。营销成本直接影响着企业的利润,因此企业不仅要通过调整营销策略来控制销售额和市场占有率,同时还要通过调整营销策略来控制营销成本。自小米科技创建以来,高效的线上销售渠道为小米手机销售节省了大量成本,这使小米手机价格可以定得很低,并快速抢占市场。

3. 企业增长缓慢

企业要想成功地识别、评价和选择新机会,必须具备更多的市场营销理论。一些公司达到了其所在行业中的增长极限后,就需要考虑转向新市场或开发新产品。例如,功能手机市场饱和后,要学会向落后国家或地区市场投放产品(市场开发策略),或者要学会适时开发智能手机(产品开发策略)满足市场需求。

4. 消费者行为改变

当今的消费行为已逐步呈现出移动化、碎片化、场景化的趋势。现在的消费者已经不再局限于固定的时间、固定的购物场所进行消费,而是转变为随心所欲的全天候、多渠道的消费,消费者可以在任何时间、任何地点、通过任何方式购买他们所喜欢的商品。消费者在智能手机上花费的时间越来越长,消费行为呈现移动化。如今,人人都是自媒体,个个都是消息源,大家的注意力被分散在各个媒体。这种状况加剧了消费碎片化趋势:消费地点的碎片化、消费时间的碎片化以及消费需求的碎片化。很多时候,营销策略要想触动消费者,一定要有匹配的营销场景。营销场景化成为所有企业都需要面对的问题。以美国苹果公司以及瑞典家居企业宜家为代表的一些企业纷纷建立各类体验店就是一个很好的例证。

【案例1—3】

用场景化思维应对年轻人消费行为的改变

伴随改革开放成长起来的"90"后,乃至新生代"00"后,他们的消费主张和上代人相比有很大不同。比如,他们收入虽然不高,但消费更随性,更关注品质,更乐于炫耀,这从他们使用的手机品牌及档次就可见一斑。空前发达的社交媒体和冗余的信息传播有时会使这些年轻消费者在进行消费时发生决策困惑。面对纷繁的消费选择,这些年轻的消费人群似乎更关注个性体验。这恰恰给企业提供了一个思路,即企业除了专注产品或服务本身以外,更要传达有情感、有温度的品牌故事,提高消费者的参与度和分享动力,让独特的消费体验成为一种被群体认同的生活方式。企业用最短时间锁定消费者,把单次消费变为黏性重复消费,以独特的场景体验树立自己的品牌形象,逐步培养目标市场群体的消费心智,这是场景化思维在营销策略上应用的重要方向。场景是指为满足特定场合需求而设定的特定支持和保障。场景可分为基于实体资源的原生场景，比如在餐厅吃饭、在学校上课；基于网络的网生场景，如 VR（虚拟现实）、直播；基于线上线下对接的融合场景，比如 O2O 产品或服务。企业需要按照人群在特定场景中的需要来组织、设计、生产和提供产品或服务，并且使制定的营销策略与这种特定的场景匹配，实现场景化营销。

思考：给你印象最深的场景化营销体验是什么？

5. 行业竞争加剧

传统行业内，企业间的竞争正在逐步加剧。此外，正常经营的传统行业有可能会遭到新兴行业竞争对手的冲击。电子商务是当下互联网行业炙手可热的领域，它既是一个市场，也是一种渠道拓展。为了拓展更大的市场，一些企业纷纷涉足电商领域，因此也诞生了许多电商模式，如 B2B、B2C、C2C、O2O 等，其中 O2O 已成为中小企业关注的焦点、市场的宠儿。受利益驱使，一些电商巨头为了获得稳定的市场地位，不仅进行广告轰炸，而且还进行高额价格补贴，对于整个商业环境而言，企业间的竞争在不断加剧。例如，通过高额补贴上市的滴滴打车网约车模式对现有传统出租车市场造成了巨大冲击，加剧了行业竞争。

【案例 1—4】

行业巨头加入导致在线教育竞争加剧

在线教育与传统教育培训行业相比，具有突破时间、空间以及师资限制，知识获取方便、快捷、灵活等特点，特别是随着智能手机的普及和移动互联网的发展，非常适合人们碎片化学习。正因为如此，在线教育行业在这几年得到了蓬勃发展。随着在线教育行业热度的迅速提升，互联网巨头也开始纷纷瞄准在线教育行业。近年来，亚马逊宣布收购在线数学教育服务商 TenMarks；谷歌在测试其 C2C 在线教育平台 Google Helpouts；好未来宣布投资母婴服务企业宝宝树；阿里巴巴集团宣布投资 TutorGroup 集团旗下 VIPABC，还有淘宝同学、百度教育、YY 教育、沪江网等。互联网巨头的热捧一方面说明行业向好，另一方面也代表着行业竞争加剧。这些巨头凭借其庞大的客户资源、雄厚的技术实力、课类综合、信誉度高等方面的优势，迅速占领课程分享平台、职业培训等在线教育领域，导致该行业未来的竞争日益白热化。值得一提的是 2020 年新冠肺炎疫情期间，国内各类学校开展了"停课不停学"活动，这极大地推动了网络教学平台的发展。

思考：在线教育与线下教育是否存在竞争？为什么？

（三）市场营销职能在企业地位中的变迁

随着企业对市场营销工作认识的不断深化，市场营销职能在企业中的地位也在不断变化。最初，市场营销职能与其他部门的职能同等重要，处于平等的地位，见图 1-5(a)。在需求不足的情况下，企业管理者意识到市场营销职能更比其他部门的职能重要，见图 1-5(b)。一些重视市场营销的企业管理者则提出，没有顾客也就意味着企业的消亡，他们将市场营销置于中心位置，而将其他职能当作市场营销的辅助职能，见图 1-5(c)。一些热心于顾客服务的企业管理者则主张，企业的中心应当是顾客，而不是市场营销，见图 1-5(d)。随着营销实践的不断发展和市场竞争的不断加剧，越来越多的企业管理者对此形成了共识：市场营销部门与其他职能部门不同，它是连接市场需求与企业间的桥梁、纽带，要想有效地满足顾客需求，就必须将市场营销置于企业的中心地位，见图 1-5(e)。

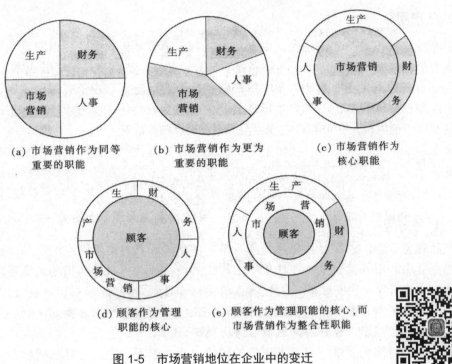

图 1-5　市场营销地位在企业中的变迁

【深度阅读 1-3】人工智能正在变革市场营销领域(内容扫右侧二维码)。

深度阅读 1-3.docx

第三节　市场营销哲学及其发展

1-3.mp4

一、市场营销哲学的含义

市场营销哲学是企业在开展市场营销活动的过程中，处理企业、顾客和社会三者利益关系所持的态度。市场营销哲学是社会经济发展的产物，是企业在所处的特定的内外环境影响下，为了有效地实现企业的经营目标而在实践中逐渐产生和形成的。例如，最早倡导并生产无氟、节能冰箱的海尔集团，早在 1989 年就开始了这方面的研究，1993 年与美国机构合作开发出国内第一台全无氟、超节能冰箱，并从 1997 年开始，实现了冰箱全部无氟化，是第一个实现无氟生产的国内企业，这表明了海尔集团奉行了一种营销哲学。

二、市场营销哲学的发展

随着企业营销活动的不断深入，市场营销学体系也在不断完善、内容也在不断充实，市场营销哲学也在不断地演进。

(一) 以企业为中心的观念

这是以企业利益为根本取向来处理企业、顾客及社会三者利益关系的观念。

1. 生产观念

生产观念是古老的营销观念。生产观念认为,消费者喜欢那些可以随处买得到而且价格低廉的产品,企业应致力于提高生产效率和分销效率,扩大生产、降低成本以扩展市场。生产观念是一种重生产的商业哲学,以产定销的企业活动重点在于有效地利用资源,提高劳动生产率,降低成本,不考虑市场需要。生产观念一般是在卖方市场条件下产生的。在产品供不应求的时代,生产观念在企业经营管理中颇为流行。

迄今为止,生产观念在某些情景之下依然是行之有效的。例如,国内某家电制造企业通过廉价的劳动成本、较高的生产效率和有效的大众分销,在竞争激烈、价格敏感的国内市场上占据垄断地位。尽管生产观念在有些情景下有效,但生产观念容易导致营销近视症。

2. 产品观念

产品观念认为,消费者偏好那些高质量、多功能和具有创新特点的产品。在奉行这种观念的企业中,市场营销策略往往集中于持续的产品改善。企业在市场营销管理中缺乏远见,它们在设计产品时只依赖工程技术人员而极少让消费者介入,只看到自己的产品质量好,看不到市场需求在变化,因此很可能致使企业经营陷入困境。例如,一些制造商相信如果它们能够"制造出更好的捕鼠器,顾客就会涌上门"。但是,它们常常遭到市场的无情打击。人们可能为灭鼠问题寻求更好的解决之道,但不一定是更好的捕鼠器。更好的解决之道可能是化学喷剂、灭鼠服务或者其他比捕鼠器更好的东西。而且,除非制造商采用有吸引力的设计、包装和定价,选择方便的销售渠道,有效地吸引那些需要它的人们的注意,并说服他们相信;否则,即使再好的捕鼠器,也可能卖不出去。

3. 推销观念

推销观念认为,消费者通常会表现出一种购买惰性,如果不采取强有力的促销手段,消费者不会购买足够多的产品。推销观念通常适用于非渴求产品——那些在正常情况下消费者不会主动想到要购买的产品,如保险或奢侈品。推销观念产生于"卖方市场"向"买方市场"过渡的阶段。推销观念虽然促使企业将目光从企业内部转向市场,但其特征仍是只着眼于原有产品的销售。

【案例 1—5】

世界上最伟大的推销员

假设给你这样一个任务,在一家超市推销一盒巧克力,时间是一天,你认为自己有能力做得到吗?你可能会说:"小菜一碟。"那么,再给你一个任务,推销汽车,一天一辆,你能做得到吗?也许你会说:"那就不一定了。"如果连续多年都是每天卖出一辆汽车呢?

你肯定会说："不可能,没人做得到。"可是,世界上就有人做得到,这个人在 15 年的汽车推销生涯中总共卖出了 13 001 辆汽车,平均每天销售 6 辆,而且全部是一对一销售给个人的。他也因此创造了吉尼斯汽车销售的世界纪录,同时获得了"世界上最伟大的推销员"的称号,这个人就是美国著名的推销员乔·吉拉德(Joe Girard)。乔·吉拉德连续 12 年荣登世界吉尼斯纪录大全世界销售第一的宝座,他所保持的连续 12 年平均每天销售 6 辆车的世界汽车销售纪录至今无人能破,被吉尼斯世界纪录誉为"世界上最伟大的推销员"。

思考:查阅乔·吉拉德相关资料,分析乔·吉拉德成为销售冠军的原因。乔·吉拉德的成功经验我们可不可以复制?

(二)以消费者为中心的观念

1. 市场营销观念

市场营销观念认为,实现企业目标的关键在于比竞争对手更好地了解目标顾客的需要和欲望,并使顾客感到满意。在市场营销观念指导下,顾客导向和创造价值是通往销售和利润的必由之路。与以产品为中心的"制造—销售"哲学不同,市场营销观念是以顾客为中心的"感知—反应"哲学,其任务不是为你的产品发现合适的顾客,而是为你的顾客发现恰当的产品。但是在很多情况下,顾客并不清楚自己到底想要什么,甚至可以要什么。20 多年前,有多少消费者想得到现在非常流行的诸如平板电脑、智能手机、智能手环、数码相机、卫星导航设备以及微信、支付宝、美团等这样的产品或服务。企业有时要做的就是在顾客知道自己想去哪里之前,对他们进行引导。

【案例 1—6】

本田雅阁在美国的成功

日本本田汽车公司要在美国推出一款雅阁牌新车。在设计新车前,他们派工程技术人员专程到洛杉矶地区考察高速公路的情况,实地丈量路长、路宽,采集高速公路的柏油,拍摄进出口道路的设计。回到日本后,他们专门修了一条 9 英里长的高速公路,就连路标和告示牌都与美国公路上的一模一样。在设计行李箱时,设计人员意见有分歧,他们就到停车场看了一个下午,看人们如何放取行李。这样一来,意见马上统一起来。结果本田公司的雅阁牌汽车一到美国就备受欢迎,被称为全世界都能接受的好车。

思考:本田雅阁的成功能给我们留下什么启示?

市场营销观念与推销观念是两类本质不同的营销观念,如图 1-6 所示。

推销观念采用由内向外的视角:它从工厂出发,侧重企业现有的产品,强调开展推销和促销活动,以实现销售盈利。它强调的是短期销售额,不怎么关注谁在购买以及为什么购买。

市场营销观念采用由外向内的视角:它从市场出发,侧重目标顾客需求,强调实现顾客价值和长期顾客关系,以实现销售盈利。它强调的是市场需求,关注谁在购买以及为什么购买。

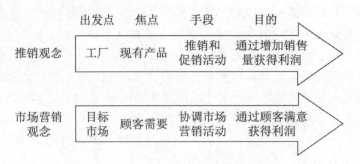

图 1-6　市场营销观念与推销观念对比

2. 客户观念

随着营销战略由产品导向转变为客户导向，客户需求及其满意度已逐渐成为营销成功的关键。各企业都试图通过卓有成效的方式，及时准确地了解和满足客户需求，进而实现企业目标。实践证明，不同子市场的客户存在着不同的需求，甚至同属一个子市场的客户的个别需求也会经常发生变化。为了适应不断变化的市场需求，企业的营销战略必须及时调整。在此营销背景下，越来越多的企业开始由奉行市场营销观念转变为客户观念。

客户观念是指企业注重收集每一位客户以往的交易信息、人口统计信息、心理活动信息、媒体习惯信息以及分销偏好信息等，分别为每一位客户提供各不相同的产品或服务，通过提高客户忠诚度，从而确保企业利润增长。市场营销观念强调的是满足目标市场的需求，而客户观念则强调满足每一位客户的个性化需求。

需要注意的是，客户观念并不适用于所有企业。一对一营销需要以工厂定制化、运营数据化、沟通网络化为前提条件，因此，贯彻客户观念要求企业在信息收集、数据库建设、电脑软件和硬件购置等方面大量投资，而这并不是每一个企业都能够做到的。客户观念最适用于那些善于收集单个客户信息的企业，企业则可以借助客户数据库实现个性化营销。

(三)以社会长远利益为中心的观念

以社会长远利益为中心观念的代表是社会市场营销观念。社会市场营销观念是对市场营销观念的修改和补充。它产生于20世纪70年代，随着能源短缺、通货膨胀、失业增加、环境污染等问题日益严重，社会要求企业顾及消费者整体利益与长远利益的呼声越来越高。在西方市场营销学界提出了一系列新理论，如人类观念、理智消费观念、生态准则观念等，这类观念被统称为社会市场营销观念。

社会市场营销观念认为，企业在制定市场营销战略时应该平衡三种要素：企业利润、顾客欲望和社会利益，如图1-7所示。

社会市场营销观念要求企业制定可持续性的营销战略，即承担社会和环境责任的市场营销战略，强调满足顾客和企业当前需求的同时更应保护或增强后代满足需求的能力。无氟冰箱、电动汽车、环保家具、环保包装等一些绿色产品的出现就是社会营销观念在企业经营中的一种体现。

图 1-7　社会市场营销观念下三种考虑

【案例 1—7】

孟山都公司的转基因技术

美国孟山都公司(Monsanto Company)成立于 1901 年,经过了 100 多年的发展,现已成为世界第一大种子公司。在转基因种子市场上,孟山都是一个垄断巨头。在玉米、大豆、棉花等多种重要作物的转基因种子市场上,孟山都占据了 70%~100%的份额。全世界超过 90%的转基因种子,都使用它的专利。孟山都的转基因技术,可以让作物的产量大大提高。但如果你留下种子,准备来年再种的话,这些种子就会一代不如一代。孟山都甚至可以让作物不结籽,或自己杀死胚芽。这样,农民们每年都得掏钱买它的种子。孟山都还采取了"捆绑销售"策略,农民要想买它的种子,就必须买它的除草剂,以巩固其垄断地位。

思考:孟山都公司信奉的是什么营销哲学?为什么很多人抵制它?

生产观念、产品观念及推销观念属于旧观念,其出发点是以企业为核心,采取由内向外的顺序,从企业出发,通过对企业现有产品或服务进行推销或促销来获取利润。

营销观念、客户观念及社会营销观念属于新观念,其出发点是以客户需求为核心,采取由外向内的顺序,从市场出发,通过为目标市场、客户或社会创造价值来获取利润。

深度阅读 1-4.docx

【深度阅读 1-4】每年 40 亿杯咖啡背后(内容扫右侧二维码)。

1-4.mp4

第四节　营销策略的扩充与演变

营销策略是现代市场营销理论的一个重要概念。1953 年,尼尔·博登(Neil Borden)率先提出了"营销组合策略"(marketing mix strategy)这一术语,即市场需求在某种程度上会受到"营销变量"的影响,为了实现既定的市场营销目标,企业需要对这些策略进行有效的组合。此后,围绕着营销组合策略,人们展开了深入的研究,提出了对"营销组合策略"的不同理解,致使营销组合策略不断扩充与演变。

一、营销组合策略及其扩充

营销组合策略中所包含的可控变量很多,迄今为止影响最大的关于营销组合策略的概念是由麦卡锡(E. J. McCarthy)于1960年在《基础营销》一书所提出的 4P 组合。此后，菲利普·科特勒将其扩充成大市场营销的 6P 组合和战略营销计划过程中的 10P 组合。此外，布姆斯(Booms)和比特纳(Bitner)还提出过服务营销的 7P 组合。

(一)营销组合策略的基本框架：4P

营销策略是企业为了满足顾客需求，促进市场交易而运用的市场营销手段。这些策略多种多样，在促进交易和满足顾客需求中发挥着不同的作用。为了便于分析和运用市场营销策略，美国市场营销学家杰罗姆·麦卡锡教授(E. J. McCarthy)把各种营销要素归纳为四大类，即产品(product)、价格(price)、分销(place)、促销(promotion)，简称"4P 组合"或"4P 模型"。市场营销学主要是以 4P 理论为核心，许多基本原理和内容都是围绕着这四个营销要素展开的。

在营销活动的实践中，企业为了满足顾客需求，实现预期的经营目标，仅运用一种营销手段是难以获得成功的。必须综合运用产品、价格、分销、促销策略，将这些策略进行有机整合，使其互相配合，发挥最佳作用。

营销组合策略(marketing mix strategy)就是指企业为追求目标市场预期的营销水平，综合运用企业可以控制的产品、价格、分销、促销等要素，并对之进行最佳组合，简称"4P 组合"。在"4P 组合"策略中，每个策略还包含若干特定的因素，从而在"4P 组合"下，又形成每个 P 的组合，如图 1-8 所示。

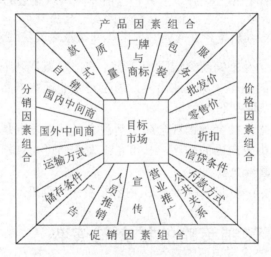

图 1-8　营销组合网

在此需要指出的是，营销组合策略不是固定不变的静态组合，而是经常变化的动态组合。企业应善于动态地利用可以控制的营销因素，制定营销组合策略，以适应外部不可控因素的变化，提高市场竞争能力。

(二)营销组合策略的特点

营销组合策略具有以下四个主要特点。

1. 可控性

构成营销组合策略的各个因素都是企业能够调节和控制的。例如，企业可以根据目标市场需求状况和企业资源情况决定自己的产品结构和服务方向；根据顾客需要和竞争情况自行决定产品售价；根据顾客购买习惯和产品特点自行选择分销渠道和推广方式等。

2. 复合性

营销组合策略的每一个因素同时又包括许多具体因素，从而形成了每一个具体因素的次组合。例如，产品因素的次组合包括产品实体、产品服务、品牌和包装；促销策略的次组合包括广告、公关、人员推销和营业推广。

3. 动态性

营销组合策略不是固定不变的，而是一个变数。由于影响营销效果的众多因素都处在不断变化之中，受其影响的营销组合策略就不可能是静止不变的。如果企业所面对的外界环境发生了变化或企业自身情况发生改变等，都要随时调整自己的市场营销组合策略，以适应变化了的情况。

4. 系统性

营销组合策略是一个系统或有机整体，不是各种因素的简单相加。企业在开展营销活动时，不能孤立地考虑某一因素或手段，必须对能够控制的各种市场手段进行综合考虑、整体规划，以追求整体优化。比如，一个定位于高档的小汽车与一个定位于低端的小汽车其产品、价格、分销、促销等策略会差异很大。

(三) 营销组合策略 4P 模型的理论意义

在营销学的发展历史上，再没有比 4P 的影响更大的模型了，而在此之前的营销组合策略模型没有一个能够像 4P 模型那样被企业和社会广泛接受，甚至当前很多人把 4P 模型直接等同于市场营销。4P 模型的理论意义表现在以下几个方面。

1. 为市场营销学注入了新的研究方法

4P 模型认为，影响企业营销活动效果的因素有两种，即不可控因素和可控因素。前者包括政治、法律、经济、社会、科技、自然等环境因素；后者包括产品、定价、分销、促销等营销因素。企业从事营销活动就是以消费者需求为中心，在充分了解企业不可控因素的前提下，对企业可控因素加以组合，以使企业可控因素的组合状态适应不可控因素的变化。

2. 形成市场营销理论框架

世界各国出版的市场营销学教科书虽然内容不尽相同，但是其理论构架却大同小异，即都是基于 4P 模型的理论框架。

3. 简化了复杂的市场营销学内容

4P 模型将企业营销过程中众多因素概括为 4P，从而大大简化了市场营销学的内容，有利于其理论的传播和普及。一些受过正规训练的营销实践者在考虑营销问题和制定营销战略时，更是遵循着 4P 模型指引的思路进行思考。

二、4P 模型的局限性及其扩充与演变

(一)4P 模型的局限性

杰罗姆·麦卡锡提出 4P 模型已有半个多世纪。随着时代的发展、环境的变化，4P 模型也日益暴露出一些缺陷和局限性，具体表现为以下几个方面。

1. 4P 模型的适用范围是有限的

4P 模型主要是在研究制造业中消费品的营销活动时提出来的，因此，它在指导制造业中消费品的营销活动时较为有效，而一旦超出这个领域用于指导其他产业或领域里的营销活动，如生产性用品、高新技术产品、零售业、金融业、公共事业和服务业等，则就显得力不从心，特别是互联网产品。

2. 4P 模型不足以涵盖所有营销变量

4P 模型的伟大之处在于把复杂的营销问题进行了简化，但也正是由于这种简化，使其呈现出较大的局限性，因为一个简单的要素不足以涵盖所有的营销变量。这种简化在实践中的危害就是，似乎只要抓住了 4P，所有营销问题都能够迎刃而解。

3. 4P 模型容易导致企业将所有的营销工作都交给营销部门

市场营销不仅仅是营销部门的工作，还涉及企业的每一个部门和环节，需要各个部门密切配合，如果只靠营销部门是难以做好市场营销工作的。

(二)4P 模型的扩充

为了弥补 4P 模型的局限性，一些营销学家在 4P 模型的基础上，对市场营销组合策略进行了补充和发展。

1. 6P

20 世纪 70 年代末至 80 年代初，由于贸易保护主义回潮，企业开拓国外市场遇到了很大的障碍，于是科特勒提出了"大市场营销"理论，在 4P 的基础上又加了两个 P，即政治权力(political power)和公共关系(public relations)，以有效地指导进入被保护市场的企业，从而使 4P 组合策略发展成为 6P 组合策略。

2. 7P

服务业在 20 世纪 70 年代迅速发展，而传统的组合模型却不能很好地指导服务营销，于是有的营销学者就在 4P 的基础上增加了 3 个 P，即人员(people)、有形展示(physical evidence)和程序(process)，以便能有效地指导服务行业的营销活动，这样 4P 组合策略就扩展成为服务业的 7P 组合策略。

3. 10P

20世纪80年代随着战略计划日益重要，科特勒又在"大市场营销"6P组合策略的基础上增加了4个P，即探查(probing)、分割(partitioning)、优先(prioritizing)和定位(positioning)，从而使4P组合策略发展成为10P组合策略。

(三)4P模型的演变

1. 从4P到4C

20世纪90年代以来，世界政治经济形势发生了重大变化，从而改变了企业经营获利的方式，也改变了家庭及其成员的消费观念和购买行为。消费者越来越成熟，也越来越具有个性。在此背景下，营销学家罗伯特·劳特朋提出新的4C组合策略以挑战4P组合策略。所谓4C组合策略，就是消费者(consumer)、成本(cost)、便利(convenience)和沟通(communication)。

4C组合策略告诫企业在实践中必须注意下述几点。

(1) 消费者是企业一切经营活动的核心，企业重视顾客要甚于重视产品，这体现在两个方面：开发顾客比开发产品更重要；消费者需求和欲望的满足比产品功能更重要。

(2) 要了解消费者需要与欲望满足愿意付出的成本，要将消费者接受的价格列为价格决定因素，定价模式要由企业决定转为顾客接受。

(3) 企业提供给消费者的便利比分销营销更重要，企业既出售产品也出售服务，消费者既能购买到产品，也能购买到服务。

(4) 企业要重视与顾客的双向沟通，以积极的方式与顾客进行沟通，建立基于共同利益的新型企业与顾客关系。

由此可见，4C组合策略强化了以消费者为中心的营销组合策略，其出发点来自外部消费者，而传统的4P组合策略的出发点则来自内部企业。

2. 从4P到4R

美国学者唐·舒尔茨(Don Shultz)提出基于关系营销的4R组合，受到了广泛关注。4R阐述了一个全新的市场营销四要素，即关联(relevance)、反应(response)、关系(relationships)和回报(returns)。该理论认为，随着市场的发展，企业需要从更高层次上以更有效的方式在企业与顾客之间建立起有别于传统的新型的主动性关系。

与顾客建立关联。在竞争性市场中，顾客具有动态性。顾客忠诚度时刻都会发生变化，他们会转向其他企业。要提高顾客的忠诚度，赢得长期而稳定的市场，重要的营销策略是通过某些有效的方式在业务、需求等方面与顾客建立关联，形成一种互助、互求、互需的关系。

提高市场反应速度。今天的市场对经营者来说最现实的问题不在于如何控制、制订和实施计划，而在于如何站在顾客的角度及时地倾听顾客的希望、渴望和需求，并及时答复和迅速做出反应，满足顾客的需求。

关系越来越重要。在企业与客户的关系发生了根本性变化的市场环境中，抢占市场的关键已转变为与顾客建立长期而稳固的关系，从交易变成责任，从顾客变成朋友，从管理营销组合变成管理和顾客的互动关系。

回报是营销的源泉。对企业来说，市场营销的真正价值在于其为企业增强短期或长期收入和利润的能力。

4R 理论以竞争为导向，在新的层次上概括了营销的新框架，体现并落实了关系营销的基本原理，即通过关联、反应、关系和回报，提出了如何建立关系、长期拥有客户、保证长期利益的具体操作方式，以实现企业和客户的双赢。

从 4P、4C 到 4R，反映了营销观念在融合中不断整合的趋势，这三者不是简单的取代而是发展和完善的关系。4P 是营销的基础框架，4C 是 4P 的一种拓展；4R 不是取代 4P 和 4C，而是在 4P、4C 基础上的创新与发展。

【案例 1—8】

新浪微博与企业 4R 营销

新浪微博通过"随时随地分享身边新鲜事儿"的理念影响着人们的沟通方式与生活方式，而这一新兴媒体的传播方式也悄悄改变了传统的营销传播的方式和理念。企业借助互联网的虚拟社区性，可以实现微博与特定受众的聚合，同时可以通过潜移默化的方式将这些受众转化为品牌的追随者。企业可以通过活动鼓励这些受众以创造性的方式分享与转发企业品牌信息，从而扩大企业品牌影响力。此外，企业还可以从这些信息中获取产品或服务的反馈信息，甚至某些灵感，从而有助于企业改进产品或服务，为新产品开发提供思路。

4R 营销理论认为，随着市场的发展，企业需要从更高层次上以更有效的方式在企业与顾客之间建立起有别于传统的新型关系。由于微博具有传播快、黏度高、互动性强等特点，恰恰契合了 4R 营销的四个要点，企业可以借助微博传播手段，通过微博进行 4R 营销，有效实现企业与受众的紧密联系。通过及时获取顾客对产品或服务的反馈信息，企业才能了解市场状况，对市场趋势做出合理判断，在此基础上才能制定出合理的营销策略。

思考：企业如何通过微博与客户建立联系并快速反应？

三、数字化时代的营销新策略

数字技术的迅猛发展改变了人们的生活方式——人际沟通、信息分享、娱乐和购物。随着智能手机的普及，人们用它来访问社交媒体网站、进行社交沟通、进行购物、进行支付，甚至用它来发新年红包。智能手机已成为生活的一部分，消费者已被数字技术所包围。一项研究表明，超过一半的人睡觉时把手机放在枕边——早晨起床后的第一件事就是伸手去拿手机，晚上睡前最后放下的也是手机。

消费者对数字和移动技术的热爱和追逐为营销人员吸引顾客参与提供了沃土。移动互联网、数字技术和社交媒体的发展已给营销界带来了颠覆性的变化。数字和社交媒体营销(digital and social media marketing)涉及运用数字营销工具，诸如网站、社交媒体、商业 Wi-Fi、网络视频、电子邮件、微博、微信公众号以及直播平台，随时随地吸引消费者借助他们的电脑、智能手机、平板电脑、网络电视机和其他数字设备参与。如今，几乎所有公司都或多或少地在运用企业网站、视频网站广告、富媒体电子邮件、微博、微信公众号、微信小程序、移动 App 软件，甚至直播平台进行品牌传播。这些公司不仅建立网站，还将社交和移动媒体整合进营销组合,试图通过这些新媒体来影响消费者,满足消费者的需求。

富 媒 体

富媒体(rich media)是指具有动画、声音、视频和交互性的信息传播媒介,包括HTML、JavaScripts和Interstitial间隙窗口等。富媒体可应用于各种网络服务中,如网站设计、电子邮件、Banner、Button、弹出式广告和插播式广告等。

(一)社交媒体营销策略

社交媒体提供了让人们参与企业品牌活动的机会,已有越来越多的企业运用社交媒体作为营销组合策略的一部分,有的企业还专门建立了社交营销团队。

互联网增长最快的领域之一就是"社交媒体",即具有互动性、以社区为主的网络平台。互联网用户可以利用这个平台来建立联系,谈论兴趣爱好,交换信息和内容。在美国,有Facebook、YouTube和Twitter等网站,但中国的消费者还是喜欢本土的网站,包括微博、微信、QQ,以及优酷、B站、抖音、快手等短视频平台。

社交网络并非只是人们用来娱乐的形式,它们还对消费者的购买决策施加影响。尤其是当传统的沟通渠道越来越失去吸引力的时候。越来越多的消费者开始在做出购买决策之前参考他人的意见,社交媒体渠道上的意见就会在产品销售中扮演重要的角色。有调查研究显示,超过半数的受访消费者指出社交媒体渠道在手机、消费电子产品、化妆品和婴儿护理用品这几个类别中,对购买决策的影响最大。

社交网络把权力赋予了消费者,他们的在线交谈对于一个企业的品牌资产具有重要影响,无论是以正面还是负面的方式。因为社交媒体比报纸和电视等传统形式的媒体更难控制,如果消费者讨论的是不利于品牌的内容,那么企业品牌形象就有可能受到负面影响。

越来越多的企业把社交媒体当作吸引顾客的工具。苹果就曾在人人网发起一次营销活动。品牌的主页名为"苹果大学",主要提供有关苹果产品的信息,包括从 PC 转向 Mac 的视频演示,同时每月向会员发放小礼品。苹果还鼓励会员与自己的iPod拍照,然后把照片放到在线社区里去,成为自己的"iPod之星"。

随着越来越多的企业采用互联网营销策略,品牌吸引消费者眼球的竞争也更加白热化,它们都在寻求更多的网络传播手段。要利用社交网络来营销就必须改变企业的思维定式。以前的方法集中在对消费者的单向宣传上,而社交网络能建立企业与消费者之间的沟通,架起企业与消费者、消费者与消费者之间的桥梁。通过这种双向沟通,消费者能对企业品牌有更深入的了解,企业也能从中获得有关品牌、产品及服务的反馈。

(二)移动营销策略

智能手机的兴起推动移动着互联网的快速发展,而移动互联网的出现又给企业营销带来了挑战。随着用户需求的不断变化,智能手机已成为连接企业与用户的重要工具。企业在移动互联网时代需要运用数字化的移动思维与营销策略进行规划,例如,利用移动互联网与客户实时通信;利用用户位置服务(LBS)、用户消费偏好等信息,向消费者推送有针对性的商务信息，增强企业的传播效果。

移动互联网方便了消费者网上消费。有半数以上智能手机用户在手机上进行过与购物相关的活动——通过 App 或 WAP 网站浏览产品信息；通过扫描二维码进行商品价格比较；阅读网上产品评价来指导购物决策；利用 App 寻找和兑换优惠券；利用 App 或微信小程序寻找推荐的饭店或外卖；等等。智能手机具有随身携带、始终在线、精准定位、高度个人化的特征，这使它们成为理想的数字化移动营销工具，企业应将移动营销策略纳入整体营销工作中。

本章小结

市场是指某种商品或服务的实际购买者和潜在购买者的集合。菲利普·科特勒认为，市场营销是个人或组织通过创造价值并同他人交换价值来获得所需所欲的一种社会及管理过程。市场营销以满足人类各种需要和欲望为目的，通过市场交换实现其潜在和现实需求。市场营销学是研究企业的市场营销活动及其规律的学科。它是一门应用学科，具有强烈的实践性、广泛的综合性和突出的艺术性。

市场营销哲学是企业在开展市场营销活动的过程中，在处理企业、顾客和社会三者利益方面所持的态度。企业营销哲学的演进过程：从生产观念、产品观念、推销观念、市场营销观念、客户观念，再到社会市场营销观念。

市场营销策略可分为产品、价格、分销、促销四个要素，又称"4P 组合"或"4P 模型"。市场营销学主要以 4P 理论为核心。在传统 4P 理论的基础上，市场营销学又衍生出 4C、4R 理论，这些理论都是在 4P 基础上的创新与发展。

思考与练习

一、选择题

1. 某种商品或服务的实际购买者和潜在购买者的集合是指从(　　)视角审视所做的市场含义。
   A. 市场本意　　　　B. 经济学　　　　C. 营销　　　　D. 社会
2. 市场的构成要素可以用下列(　　)等式来简单描述。
   A. 市场=购买人口+购买力+促销力度　B. 市场=购买人口+购买力+购买心情
   C. 市场=购买人口+价格+购买欲望　　D. 市场=购买人口+购买力+购买欲望
3. (　　)以满足人类需要和欲望为目的，通过市场交换满足其潜在和现实需求。
   A. 经济学　　　　B. 市场营销　　　　C. 管理学　　　　D. 商品学
4. 需求(demands)是指(　　)。
   A. 想得到基本需要的具体满足物的愿望　　　　B. 一种感到缺乏的状态
   C. 有购买能力并且愿意购买产品或服务的欲望　　D. 需要
5. 市场营销学具有的学科性质是(　　)。
   A. 学科的应用性、强烈的实践性、狭窄的综合性、突出的艺术性
   B. 学科的应用性、强烈的理论性、广泛的综合性、突出的艺术性

C. 学科的应用性、强烈的实践性、广泛的综合性、突出的艺术性
D. 学科的应用性、强烈的实践性、广泛的综合性、突出的科学性

6. 管理大师彼得·德鲁克曾精辟地指出，现代企业最重要的职能有两个，即( )。
A. 创新和科技　　B. 技术和创新　　C. 管理和营销　　D. 创新和营销

7. 推动企业重视市场营销的主要因素有( )。
A. 业绩上升、营销成本过低、企业增长缓慢、消费者行为改变、行业竞争加剧
B. 业绩下滑、营销成本过高、企业增长缓慢、消费者行为改变、行业竞争加剧
C. 业绩下滑、营销成本过高、企业增长加快、消费者行为改变、行业竞争加剧
D. 业绩下滑、营销成本过高、企业增长缓慢、消费者行为改变、行业竞争放缓

8. ( )认为实现企业目标的关键在于比竞争对手更好地了解目标顾客的需要和欲望，并使顾客感到满意。
A. 生产观念　　B. 推销观念　　C. 市场营销　　D. 客户观念

9. 企业为追求目标市场预期的营销水平，综合运用企业可以控制的产品、价格、分销、促销等要素，并对之进行最佳组合，简称( )。
A. 4A 组合　　B. 4B 组合　　C. 4C 组合　　D. 4P 组合

10. 营销组合策略具有的主要特点是( )。
A. 可控性、复合性、动态性、系统性　　B. 不可控性、复合性、动态性、系统性
C. 可控性、复合性、静态性、系统性　　D. 可控性、复合性、动态性、独立性

二、名词解释

市场　　市场营销　　需求　　产品　　市场营销哲学　　4P 模型　　4C 模型

三、问答题

1. 简述市场营销学的学科性质。
2. 推销观念与市场营销观念有何不同？
3. 市场营销观念与客户观念有何不同？
4. 简述社会市场营销观念的内涵。
5. 市场营销组合有哪些特点？
6. 4P 模型有哪些局限性？

四、讨论题

1. 举例说明什么是营销近视症。企业如何避免营销近视症？
2. 市场营销在企业中的地位有什么变化？这些变化给我们带来了哪些启示？

五、案例分析

近年来，伴随着直播和短视频平台的崛起，直播电商产业发展相当迅猛，实现了爆发式增长。与此同时，经历重重洗牌动荡之后，许多时尚达人脱颖而出，崭露头角。李佳琦、薇娅成为2019年电商直播最具代表性的人物。2019年发布的《直播生态发展趋势报告》指出，直播已经发展成为电商在新时代的新型产业，电商+直播呈现出极强的爆发性，正在创造一个千亿级的新市场。"淘宝直播"作为"直播电商"领域的代表性产品，凭借将直播视频体验和网络购物体验互相结合的商业模式蓬勃发展。直播已经可以带来年度千亿级别

的成交额，已经不是点缀，而是未来商业模式的主流。

分析： 了解李佳琦、薇娅等人直播带货产品类别，是不是所有产品都适合直播带货？

实 训 项 目

一、实训目的

(1) 了解市场需求与产品、服务的关系。
(2) 辨析营销与销售的区别，掌握市场营销组合的内容。
(3) 培养学生搜集资料、分析问题、团队合作、个人表达等能力。

二、实训内容

1. 资料

随着移动互联网时代的到来，各种随身数码设备日渐普及，智能手机和平板电脑等电子产品逐渐成为日常生活中的"必要装备"。但由于数码设备的功能越来越多，其内置锂电池续航不足问题也日益凸显。为解决电池消耗大、待机时间短的问题，便携式移动电源应运而生。移动电源的市场规模增长主要得益于智能手机、平板电脑等移动终端出货量的增加以及移动电源市场渗透率的逐步提高。另外，移动电源单体电池容量逐步增大也是引起移动电源市场规模成倍增长的重要原因之一。

移动电源作为一个快速增长且每年都有大量企业进入的新产业，近年来在移动互联网的带动下呈现出快速发展的态势。但从整个的市场行业竞争格局来看，还没有形成具备移动垄断力的品牌。从品牌占有率来看，南卡、三星、小米、公牛、品能、品胜、绿联、爱国者等移动电源的品牌占有率居前。由于目前移动电源行业还没有相关的行业标准，整个移动电源行业存在进入门槛低、市场混乱、产品缺乏质量标准、质量水平参差不齐等问题。

2. 任务

(1) 为什么市场上出现了众多移动电源生产厂家及品牌？分析移动电源产品市场条件。
(2) 分析当前移动电源行业的机遇与风险。
(3) 如果 W 企业今年要上移动电源产品项目，判断该产品未来的市场机会与市场价值。

3. 要求

(1) 分析内容要尽可能全面，分析过程要深入、细致。
(2) 从营销的角度把握市场需求与新产品的关系。
(3) 详细搜集移动电源市场信息，如移动电源市场主要品牌及其产品特点。

三、实训组织与实施

(1) 将班级成员划分为若干组，每组人数控制在 4~6 人，每组选出组长 1 名。
(2) 阅读实训材料并通过网络渠道查阅并搜集移动电源产品相关资料，了解移动电源产品市场需求现状，分析移动电源的未来发展趋势。
(3) 在讨论的基础上撰写《移动电源市场的现状、问题及企业对策》小组实训报告。
(4) 各小组选出一名代表就讨论结果进行发言，每组发言控制在 10 分钟之内。
(5) 教师进行总结及点评，并为各组实训结果进行打分。

第二章　营销环境分析

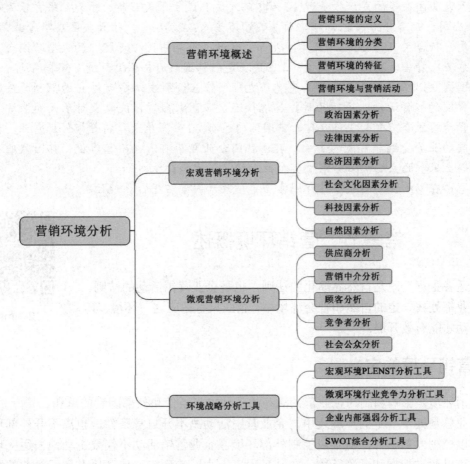

学习要点及目标

　　本章共分四节，将分别介绍营销环境概述、宏观营销环境分析、微观营销环境分析以及环境战略分析工具等内容。

　　通过本章的学习，要求学生了解影响企业市场营销环境的类型及其变化规律，掌握宏观环境因素和微观环境因素对企业市场营销活动的影响和作用，找出外部环境为企业提供的机会以及外部环境对企业造成的威胁，分析企业自身优势与劣势，运用环境战略分析工具制定适合企业生存与发展的营销策略。

引导案例

"萨德"事件令韩国乐天商业帝国前途堪忧

乐天集团是韩国第五大企业,而中国是其最大的海外市场。自1994年进军中国市场以来,乐天集团在华市场已覆盖零售、旅游、石化、金融、制造、食品、建设、服务等多个领域。乐天集团在华的累计投资近10万亿韩元,共设立乐天百货、乐天制果、乐天超市等22个子公司,拥有120多家门店,员工2.6万多人。2016年,乐天集团在华营业额为3.2万亿韩元,折合约191亿元人民币。然而,如此一家在中国"养肥"的大型跨国企业,却不顾中方多次警告,2017年2月27日正式决定向韩国政府提供"萨德"部署用地,这自然会给中国民众以不友好甚至敌对的感觉,也理所应当会引发消费者对它的抵制,最终会影响其在中国的经营活动。短短几日,各地接连出现商家撤货、民众反对乐天的浪潮。乐天在华经营持续遇冷,截至3月7日,中国国内已有20余家乐天玛特超市停止营业。不仅乐天在中国的业务受到非常大的影响,其他韩国企业在华前景也不容乐观。韩国政府在"萨德"问题上采取的立场势必会影响其企业和经济的发展。

思考:在影响企业的众多外部因素当中,政治因素占据什么地位?

第一节 营销环境概述

2-1.mp4

"适者生存"既是自然界演化的法则,也是企业营销活动的法则。任何企业都处在一定的自然和社会环境中,企业只有适应这一环境,其营销活动才能有效开展。

一、营销环境的定义

营销环境是影响和制约企业营销活动的各种内部条件和外部因素的总和。

企业总是处于一定的环境之中,企业营销活动离不开自身条件,也离不开外部环境。企业可以控制内部条件,但难以控制外部环境。企业营销活动不仅要主动地去适应环境,而且也可以通过把握和预测环境,在某种程度上去影响环境,使环境有利于企业的发展。重视研究营销环境及其变化,是企业营销工作的基础。

二、营销环境的分类

按企业界线划分,企业营销环境可以分为外部环境和内部环境,如图2-1所示。

(一)外部环境

外部环境是影响企业营销活动的各种外在因素,如政治、法律、经济、社会文化、科技、自然以及供应商、营销中介、顾客及竞争对手等,如图2-2所示。

第二章 营销环境分析

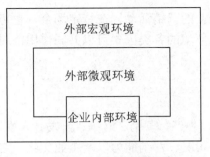

图 2-1 企业营销环境

图 2-2 企业外部环境

外部环境一般是企业难以控制的,企业应当主动适应外部环境。不过个别强势企业也可以通过把握和预测环境,在某种程度上去影响环境的变化。

按对企业营销活动的影响层次不同,企业外部环境可分为宏观营销环境和微观营销环境。

1. 宏观营销环境

宏观营销环境是为企业营销活动提供市场机会和产生环境威胁的主要因素,这些因素包括政治法律因素、经济因素、社会文化因素、科学技术因素、自然因素,如图 2-3 所示。分析宏观营销环境的目的在于更好地认识外部环境,通过企业营销活动来适应外部环境及其变化,从而实现企业的营销目标。

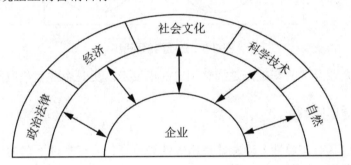

图 2-3 宏观营销环境

2. 微观营销环境

微观营销环境是直接影响与制约企业营销活动的组织或人群因素。这些组织或人群一般是与企业紧密相连,直接影响企业营销能力的各种参与者,如上游企业、下游企业、顾客、竞争者以及社会公众,如图 2-4 所示。

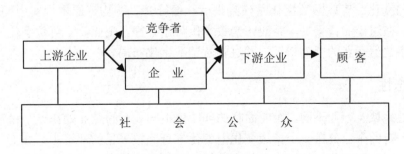

图 2-4 微观营销环境

宏观环境一般以微观环境为媒介间接影响和制约企业的营销活动,在特定场合,也可直接影响企业的营销活动。宏观环境的各类因素与微观环境的各类因素可以共同作用,对企业营销活动产生不确定的综合影响。

(二)内部环境

内部环境是与企业价值链相关的各类因素,如采购、生产、营销、财务、研发、人事、管理以及文化等,这些因素可以归结为内部管理、财务状况、营销能力以及企业文化,它们共同构成企业内部环境,如图 2-5 所示。

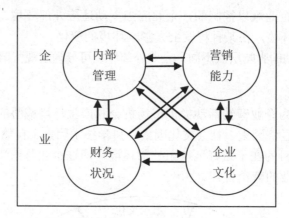

图 2-5 企业内部环境

内部环境是企业经营的基础,是战略制定的出发点,更是企业竞争取胜的根本。

三、营销环境的特征

营销环境一般具有客观性、动态性及相关性等特征。只有掌握了营销环境的这些特征,才能有效地分析营销环境。

(一)客观性

环境具有不以人的意志为转移的特点,它对企业营销活动的影响具有不可控性。一般来讲,企业营销活动很难摆脱和控制营销环境,特别是宏观环境因素,如政治法律因素、人口因素、社会文化因素等的影响,但企业可以通过制定并不断调整市场营销策略去适应环境的发展与变化。互联网数字化时代到来后,像社交、购物等原本现实中的活动转移到了互联网上,在这样的背景下,企业营销数字化势在必行。企业要了解数字化的营销环境,需要理解数字化消费者的行为特征,并进行营销数字化布局。

(二)动态性

由于所处地域及行业不同,企业面临的环境也不同。有的企业处在一个稳定的环境中,如食品行业;有的企业处在一个持续变化但变化本身比较平稳的环境中,如 IT 行业;有的企业则处在一个急剧变化的环境中,如证券行业。但无论如何,"唯一不变的就是变化"。

环境变化虽然可以给企业带来威胁，但也很有可能带来机会。对企业而言，环境变化本身无所谓好坏，给企业带来影响的往往不是环境变化本身而是企业应对变化的方式。GE(美国通用电气公司)前CEO杰克·韦尔奇的一句名言说得好：Change or die(如果不改变自己，就只能死亡)。

(三)相关性

营销环境之间相互制约、相互影响，某一环境因素的变化，可能会导致其他环境因素的变化，形成新的营销环境。宏观环境中的经济政策的变化，会对某些行业产生微妙影响。为促进小排量汽车的销售，2009年国家出台了小排量汽车购置税由10%减到5%的优惠政策。购置税减半政策促使2009年小轿车市场异常火爆，小排量汽车生产企业收益不断增加。但各个环境因素之间有时也存在矛盾，由于家庭收入不断提高，有些家庭有购买小轿车的需求，但油价不断攀高、车库车位资源短缺、城市交通拥堵等一系列问题又制约着家庭轿车的销售。

四、营销环境与营销活动

营销环境对企业营销活动产生制约，企业营销活动又要依赖这些环境才能正常进行，但企业营销活动并不是只能被动地接受环境的影响，企业经营者完全可以采取积极、主动的方式去适应营销环境的变化。

(一)环境对营销活动的影响具有多样性

环境对企业营销产生的影响具有多样性，一般情况下，环境是由外部到内部、由间接到直接、由宏观到微观逐步地对营销活动产生影响。企业要随时关注各类营销环境因素对企业营销活动产生的影响，以及这种影响的途径、性质、力度等问题，并在此基础上对影响结果进行预测。对相机厂商来说，它们不仅要考虑数码相机对传统光学相机的影响，而且还要考虑智能手机的出现对数码相机的影响。

(二)企业处于动态环境之中

营销环境的发展变化，可以给企业带来市场机会，也会给企业带来市场威胁。企业要监测环境因素的发展变化，预测环境现状及发展变化的趋势，从中发现并抓住有利于企业发展的机会，避开或减轻不利于企业发展的威胁因素。移动互联网技术发展很快，以前上网用GPRS这种2G上网方式，现在3G上网基本被淘汰，4G上网已经普及，2019年5G上网已正式商用。

(三)企业营销活动要对变化环境做出积极响应

菲利普·科特勒的"大市场营销"理论认为，企业为成功进入特定的市场，在策略上应协调使用经济的、心理的，乃至政治和公共关系手段，以博得各有关方面的合作与支持，消除市场障碍或壁垒，为企业从事营销活动创造一个相对宽松的外部环境。

【案例 2—1】

特朗普总统令遭到 IT 美国巨头抵制

美国新任总统特朗普 2017 年 1 月末签署行政命令,暂停来自 7 个以穆斯林为主的国家的移民以及签证的发放,为期 90 天。同时,特朗普还发布行政命令,禁止所有难民入境美国,禁令将实施为期 4 个月的时间。美国一些 IT 巨头,如谷歌母公司 Alphabet、苹果公司、Facebook、Uber 和 Stripe 以及一些其他公司正一起努力撰写公开信,反对美国总统特朗普的旅行禁令。IT 企业联合发表公开信,但它们同时也希望其他行业加入。

思考:Alphabet、苹果公司等美国企业为什么会纷纷抵制总统令?

(四)内外环境对不同阶段的企业产生的不同影响

企业处于不同的发展阶段,环境因素对企业产生的作用不尽相同。对处于成长期的企业,研发、人力资源、营销能力、资金以及内部管理制度等内部条件对企业影响会大一些。当企业成长壮大以后,企业内部各项规章制度已经基本健全,经营能力达到一定水平,外部环境因素就会成为影响企业营销活动的关键方面。比如,智能手机技术的发展趋势,会对一些传统手机厂商产生重要影响,因为这些传统手机厂商如果跟不上技术发展的趋势,势必会被市场所淘汰,诺基亚手机就是一个鲜明的例子。

【深度阅读 2—1】 新技术环境下,互联网家装融合的关键点在哪里?(内容扫右侧二维码)

深度阅读 2-1.docx

2-2.mp4

第二节 宏观营销环境分析

宏观营销环境是为企业营销活动提供市场机会和产生环境威胁的主要因素。分析宏观营销环境的目的在于更好地认识环境,通过企业营销活动来适应环境及其变化,实现企业营销目标。宏观营销环境分析的内容主要包括政治因素(political)、法律因素(legal)、经济因素(economic)、社会文化因素(social & cultural)、科技因素(technological)及自然因素(natural)等。

一、政治因素分析

政治因素是影响企业市场营销活动的政治形势及国家方针政策变化的一类因素。政治因素对企业市场营销活动带来的影响主要体现在以下一些方面。

(一)政治形势

政治形势是一个国家或地区的政治状况。一个国家的政治形势稳定与否会给企业营销活动带来重大的影响。战争、内乱、罢工、政权更替等政治事件都会给企业营销活动带来难以预料的影响。因此，企业在营销活动中需要认真分析国家政治形势，特别是涉外营销企业，一定要考虑东道国政局变动和社会稳定情况可能给企业造成的各种影响。2020年1月3日，美国发动空袭杀死伊朗将军苏莱马尼后，中东地区的安全局势呈现高度紧张，这种紧张形势引发了中东黄金市场的剧烈波动。苏莱马尼被杀当天，迪拜22K金的价格迅速跳涨到每克176.5迪拉姆(注：1迪拉姆约等于人民币1.8835元)，创下了2018年1月以来的新高。到了4日，更是上涨到每克179迪拉姆。一件经过加工的黄金首饰，短短几天之内价格就飙涨了数百迪拉姆。

(二)方针政策

国家通常在不同时期，会根据不同形势颁布一些经济政策，制定某些经济发展方针。这些方针、政策不仅会影响本国企业的营销活动，而且还会影响外国企业在本国市场的营销活动。目前，国际上各国政府采取的对企业营销活动有重要影响的政策和干预措施如下所述。

(1) 进口限制。进口限制包括两类：一类是指限制进口数量的各项措施，另一类是指限制外国产品在本国市场上销售的措施。政府进行进口限制的主要目的在于保护本国工业在市场上的竞争优势。2018年2月1日，由美国钢铁企业组成的美国钢铁协会写信给美国总统特朗普，敦促他对所有主要钢材产品的进口采取全面综合的措施，以保护本国钢铁产业。由于美国是全球最大的钢铁进口国，如果对钢铁进口进行贸易限制，将有包括中国、欧盟、韩国等国家和地区在内的钢铁生产受到波及。

(2) 税收政策。政府在税收方面采取的政策措施会对企业经营活动产生影响。比如对某些产品征收特别税或高额税，则会减弱这些产品的竞争力，给经营这些产品的企业效益带来一定的影响。2017年12月，美国参议院通过大规模税改法案，未来10年减税规模达1.4万亿美元，企业所得税从当前的35%降低至20%。一旦减税方案实施，像苹果公司等这样的美国巨头，在海外就有数十万亿美元的利润，或许它们会为了享受税收政策而逐步回流美国，部分中国企业可能会加速在美投资，短期中国资本外流压力将加剧。

(3) 价格管制。当一个国家发生诸如经济危机、通货膨胀等经济问题时，政府会对某些重要物资，或者所有产品采取价格管制措施。政府实行价格管制通常是为了保护公众利益，保障公众的基本生活，但这种价格管制直接干预了企业的定价决策，从而对企业效益产生影响。

(4) 外汇管制。外汇管制是指政府对外汇买卖及一切外汇经营业务所实行的管制。外汇管制对企业营销活动特别是国际营销活动会产生重要的影响。例如，国家实行外汇管制后，企业生产所需的原料、设备和零部件不能自由地从国外进口，企业的利润和资金也不允许或不能随意汇回母国。

(5) 国有化政策。国有化政策是指政府由于政治、经济等原因对企业所有权采取的集中措施。例如，为了保护本国工业避免外国势力阻碍等原因将外国企业收归国有。

(三)国际关系

国际关系是指国家之间的政治、经济、文化、军事等关系。发展国际的经济合作和贸易关系时，不仅要了解市场国的法律制度，还要了解和遵守市场国的法律制度和有关的国际法规、国际惯例和准则。国际关系因素对国际企业的营销活动会产生深刻的影响。一些国家对外国企业进入本国经营设定有各种限制条件。各国法律对营销组合中的各种要素，往往有不同的规定。例如，美国曾以安全为由，限制欧洲制造商在美国销售汽车，以致欧洲汽车制造商不得不专门修改其产品，以符合美国法律的要求；英国也曾借口法国牛奶计量单位采用的是公制而非英制，将法国牛奶逐出本国市场。各国法律对商标、广告、标签等都有自己特别的规定。例如加拿大的产品标签要求用英、法两种文字标明；法国却只使用法文产品标签。在广告方面，许多国家禁止电视广告，或者对广告播放时间和广告内容进行了限制。这些特殊的法律规定，对进行国际营销的企业来讲是必须了解和遵循的。

【案例 2—2】

美国退出跨太平洋伙伴关系协定令全球贸易产生了不确定性

美国总统特朗普 2017 年 1 月 23 日签署行政命令，正式宣布美国退出跨太平洋伙伴关系协定(TPP)。特朗普签署行政命令时表示，退出 TPP 对于美国工人来说是件"大好事"。白宫发言人斯派塞当天在例行新闻发布会上表示，签署这一行政命令标志着美国贸易政策进入新的时期。美国政府未来将增加与其盟友和其他国家发展双边贸易的机会。美国退出 TPP 改变了全球对国际贸易发展趋势的预期，以美国为首的区域贸易主义及以中国为首的自由贸易区主义的两大贸易博弈可能的预期会改变，美国贸易政策令全球贸易变得更加不可确定。

思考：美国退出 TPP 对中国有什么影响？

二、法律因素分析

法律因素是指国家或地方政府所颁布的各项法规、法令和条例等。法律是企业营销活动的准则，企业只有熟悉自己所处的法律环境，规范自己的营销行为，才能用法律手段保护自己的合法权益。与企业营销有关的法律主要可分为以下三类。

(一)维护企业公平竞争的立法

维护企业公平竞争的立法主要是避免不正当竞争，维护和提高整个市场经济运行的秩序和效率。其涉及的主要法律有《中华人民共和国合同法》《中华人民共和国公司法》《中华人民共和国商标法》《中华人民共和国专利法》《中华人民共和国反倾销法》《中华人民共和国反不正当竞争法》等。

(二)保护消费者权益的立法

保护消费者权益的立法的原因在于市场信息获得的不对称性。保护消费者权益的法律涉及很广，包括企业的产品、价格、促销、分销决策等各个方面，如《中华人民共和国产品责任法》《中华人民共和国反暴利法》《中华人民共和国广告法》《中华人民共和国产品质量法》《中华人民共和国食品卫生法》《中华人民共和国消费者权益保护法》等。

(三)保护社会利益的立法

保护社会利益的立法主要是关于环境保护、资源开发利用、承担社会责任等方面的法律。制定这些法律是为了避免出现"外部不经济"的现象。如《中华人民共和国环境保护法》《中华人民共和国城市规划法》《中华人民共和国环境噪声污染防治法》等。

另外，对从事国际营销活动的企业来说，不仅要遵守本国的法律制度，还要了解和遵守国外的法律制度及有关的国际法规、惯例和准则。只有了解并掌握了这些国家的有关贸易政策，才能制定有效的营销对策，在国际营销中争取主动。

【深度阅读 2-2】没有良好的法制环境，创新、创业都是空谈(内容扫右侧二维码)。

深度阅读 2-2.docx

三、经济因素分析

经济因素由各种影响消费者购买能力和支出模式的因素构成，是影响企业营销活动的主要因素。具体来看，经济因素包括经济发展状况、经济增长率、产业结构、货币供应量、银行利率、政府支出等因素，也包括消费者收入来源与数量、消费者支出模式、消费者储蓄与信贷关系，其中收入因素、消费支出对企业营销活动影响较大。

(一)消费者收入分析

收入是构成市场的重要因素，市场规模的大小，归根结底取决于消费者的购买力，而消费者的购买力取决于他们的收入。营销管理者研究消费者收入，通常可以从以下五个方面进行分析。

1. 国内生产总值

国内生产总值(GDP)是衡量一个国家或地区经济实力与购买力的重要指标。国内生产总值增长越快，对商品的需求和购买力就越大；反之，就越小。GDP 总量和增速代表一个国家或地区的经济实力和潜力，对某些企业来讲，分析城市 GDP 数据可以找到有发展潜力的市场。2020 年 4 月 15 日，深圳统计局发布 2019 年深圳全年生产总值为 26927.09 亿元，比上年增长 6.7%，GDP 总量位居全国大中城市第三。

2. 人均收入

人均收入是用国内收入总量除以总人口的比值。这个指标大体反映了一个国家人民生活水平的高低，也在一定程度上决定着商品需求的构成。一般来说，人均收入增长，对商品的需求和购买力就大，反之就越小。国家统计局的数据显示，2019 年国内生产总值(GDP)为 99.09 万亿元，人均国民总收入突破一万美元。

3. 个人可支配收入

个人可支配收入是指在个人收入中扣除消费者个人缴纳的各种税费和交给政府的非商业性开支后剩余的部分，可用于消费或储蓄的那部分个人收入，它构成了实际购买力。个人可支配收入是影响消费者购买生活必需品的决定性因素。国家统计局的数据显示，2019

年，我国居民人均可支配收入为30733元。

4. 个人可任意支配收入

个人可任意支配收入是指在个人可支配收入中减去消费者用于购买生活必需品的费用支出(如房租、贷款、食物、水电、交通、通信等项开支)后剩余的部分。这部分收入是消费需求变化中最活跃的因素，也是企业开展营销活动时所要考虑的主要对象。这部分收入一般可用于购买高档耐用消费品、娱乐、教育、旅游等。

5. 家庭收入

家庭收入的来源比较广泛，包括货币收入和实物收入。其中货币收入又包括工资、奖金、津贴、补贴、以现金形式发放的劳保福利、医疗费；一次性安置费、经济补偿金、遗属生活补助费；离退休金、基本生活费、养老金、失业保险金、救济金；存款及利息、有价证券及红利；租赁、馈赠、继承收入和特许权使用收入；赡养费、抚养费；兼职收入、自谋职业收入、偶然所得、其他通过劳动所得的合法收入。

家庭收入的高低会影响很多产品的市场需求。一般来讲，家庭收入越高，对消费品需求越大，购买力也越大；反之，需求越小，购买力也越小。另外，要注意分析消费者实际收入的变化。在通货膨胀条件下，货币收入和实际收入会不一致，货币收入增加，实际收入可能下降。

(二)消费者支出分析

随着消费者收入的变化，消费者支出模式也会发生相应变化，从而致使一个国家或地区的消费结构也发生变化。西方经济学通常用恩格尔系数来反映这种变化。

19世纪德国统计学家和经济学家恩格尔根据统计资料得出消费结构变化之间的规律。恩格尔所揭示的这种消费结构的变化通常用恩格尔系数来表示，即

$$恩格尔系数＝食品支出金额/家庭消费支出总金额$$

恩格尔系数越小，食品支出所占比重越小，表明生活越富裕，生活质量越高；恩格尔系数越大，食品支出所占比重越高，表明生活越贫困，生活质量越低。

恩格尔系数是衡量一个国家、地区、城市、家庭生活水平高低的重要参数。根据联合国粮农组织提出的标准，恩格尔系数在59%以上为贫困，50%～59%为温饱，40%～50%为小康，30%～40%为富裕，低于30%为最富裕。企业通过恩格尔系数可以了解目前市场的消费水平，也可以推知今后消费变化的趋势及对企业营销活动的影响。

【案例 2—3】

中国恩格尔系数变化趋势

恩格尔系数体现的是一种长期趋势，随着居民生活水平的不断提高，恩格尔系数会逐渐下降。中国城镇居民生活水平的变化基本符合恩格尔规律。1978年中国农村家庭的恩格尔系数约为68%，城镇家庭约为59%。20世纪80年代前期城市居民恩格尔系数一直在55%以上。1985—1995年，尽管各年恩格尔系数有波动，但这十年间恩格尔系数一直在50%～

59%。1996 年以后，恩格尔系数一直在 50%以下。2003 年，中国农村居民家庭恩格尔系数已经下降到 46%，城镇居民家庭约 37%。2019 年恩格尔系数已经降为 28.2%。改革开放以后，随着国民经济的发展和人们整体收入水平的提高，中国农村家庭、城镇家庭的恩格尔系数都在不断下降，居民生活水平得到不断提高。

思考：用恩格尔系数衡量一个国家或地区的生活水平你觉得有道理吗？

(三) 消费者储蓄分析

消费者的储蓄行为直接制约着市场消费量购买的大小。当收入一定时，如果储蓄增多，现实购买量就会减少；反之，如果用于储蓄的收入减少，现实购买量就会增加。

居民储蓄倾向会受到利率、物价等因素变化的影响。人们储蓄目的是不同的，有的是为了养老，有的是为未来的购买而积累，当然储蓄的最终目的主要也是消费。企业应关注居民储蓄的增减变化，了解居民储蓄的不同动机，制定相应的营销策略，以获取更多的商机。

(四) 消费者信贷分析

消费者信贷也称信用消费，是指消费者凭信用先取得商品的使用权，然后按期归还贷款，完成商品购买的一种方式，比如银行按揭购房或银行按揭购车。

信用消费允许人们购买超过自己现实购买力的商品，可以激发更多的消费需求。随着我国商品经济的日益发达，人们的消费观念大为改变，信贷消费方式在我国也逐步开展起来。值得注意的是，过度消费信贷也会带来风险，美国次贷风波就是信贷危机导致的。

四、社会文化因素分析

社会文化因素是指一个国家或地区长期形成的价值观、宗教信仰、风俗习惯、道德规范等。企业总是处于一定的社会文化环境中，企业营销活动必然受到所在社会文化环境的影响和制约。为此，企业营销管理者应了解和分析社会文化因素，针对不同的文化环境制定不同的营销策略，开展不同的营销活动。营销的社会文化因素分析包括以下几个方面。

(一) 人口因素

人口是构成市场的首要因素。市场是由具有购买欲望同时又具有购买能力的人构成，人口的多少直接影响着市场的潜在容量。从影响消费需求的角度来看，人口分析的内容主要包括人口总量、年龄结构、地理分布、家庭组成、性别结构等。

1. 人口总量

一个国家或地区人口数量的多少，是衡量市场潜在容量的重要因素。中国总人口已逾 14 亿，超过欧洲和北美洲人口的总和。随着市场经济的发展，人民收入水平不断提高，中国已被视为世界最大的潜在市场。有数据显示，从 2011 年至 2015 年，苹果公司整体增长中有 43%来自中国市场的贡献，可见，中国市场应该是苹果公司重点布局的领域。

2. 年龄结构

人口的年龄结构决定着不同的需求取向。"十二五"末期，人口总量下行增速，人口自然增长率已经下降至5%以下，老龄化问题日趋严重。随着老年人口的绝对数和相对数的增加，"银色"市场迅速扩大。而出生率下降引起的市场需求变化，虽给儿童食品、童装、玩具等生产经营者带来威胁，但同时也使年轻夫妇有更多的闲暇时间用于旅游、娱乐和在外用餐。为积极开展应对人口老龄化行动，国家2015年10月出台了全面二胎政策。人口出生率下降趋势与二胎政策的出台，又增加了人口年龄结构的不确定性。

3. 地理分布

人口地理分布受到自然条件、经济发展以及社会、历史等因素的综合影响与制约。地区经济发展水平不一，致使中国各地的人口分布差异显著。中国人口的分布不均衡，绝大多数人口集中在东南部沿海地区，而西北部却人口稀少。

人口在地理上的分布，关系到市场需求的异同。居住在不同地区的人群，由于地理环境、气候条件、自然资源、风俗习惯的不同，消费需求的内容和数量也存在差异。人口的城市化和区域性转移，会引起社会消费结构的变化。我国城市化的趋势日益加快，农村市场需求将发生很大的变化。

【案例 2—4】

30年来中国人口迁移状况

从80年代开始，从农村向城市转移的超大规模剩余劳动力成为全国城镇化的主体力量。1984年后，乡镇企业迅速发展，为农村剩余劳动力向城镇的转移创造了条件。直辖市、沿海城市以及部分非农城市开始吸引农村剩余劳动力，中西部省份以及东北省份向东部沿海城市迁移的趋势也在当时开始形成。北京、上海、天津、广东等东部省市的人口吸引力开始初步彰显，而人口迁出最大的省市包括四川、浙江、黑龙江等中东部区域。

90年代的人口迁移中心主要集中在广东省(珠三角)、上海(沪苏浙闽)、北京。从三大中心净迁入流向来看，北京迁入人口来自全国各地，除河北外，其他省份较分散；上海主要吸纳长三角周边的江苏、浙江和安徽等区域人口；广东吸引的大部分人口主要来自经济欠发达的中西部的省份，主要包括湖南、广西、四川等。

有数据显示，2018年，一线、二线、三线、四线城市经济—人口比值分别为2.3、1.6、1.0、0.6，这预示着四线城市人口将继续大幅流出，一、二线城市人口将继续集聚。进入21世纪，我国流动人口开始呈现迸发增长的态势，2010年流动人口数达到2.21亿人。

思考：人口迁移对迁入地与迁出地会产生什么影响？

4. 家庭组成

家庭是社会的细胞，也是商品采购和消费的基本单位。人口的家庭状况主要包括家庭结构与家庭生命周期。家庭结构是指家庭组成的类型及各成员相互间的关系；家庭生命周期是指一个家庭从形成到解体的发展过程。

按年龄、婚姻、子女等状况，生命周期可划分为七个阶段：未婚期，年轻的单身者；

新婚期，年轻夫妻，没有孩子；满巢期一，年轻夫妻，有六岁以下的幼童；满巢期二，年轻夫妻，有六岁和六岁以上的儿童；满巢期三，年纪较大的夫妻，有已能自立的子女；空巢期，身边没有孩子的老年夫妻；孤独期，单身老人独居。

家庭结构的不同状况和家庭生命周期的不同阶段，都会产生不同的需求，出现不同的购买趋势。二胎政策及晚婚、晚育、不育、离婚现象的存在，导致家庭结构出现多元化，除三口之家外，四口之家、"丁克家庭"、单亲家庭、"单身族"也大量出现，家庭消费需求变化很大。

"丁克"

"丁克"是一个20世纪50年代起源于欧美、80年代传入亚洲的生活形态名词。"丁克"的名称来自英文 Double Income No Kids 四个单词首字母 D、I、N、K 的组合，字面意思是双收入，没有孩子。"丁克家庭"一般是指那些具有生育能力而由于主观或者客观原因而选择不生育的家庭。

家庭状况的变化反映到市场上就是营销策略的变化。例如，对某些以家庭为购买、消费的商品，像冰箱、冰柜这类产品应当小型化、简单化设计；食品类产品也应以小包装、方便快捷为主；公寓和小户型商品房将大受欢迎；养老保险及老年公寓也将更加火爆。

5. 性别结构

性别结构是男性人口和女性人口的组成状况。从第六次全国人口普查初步汇总的情况来看，我国出生人口的性别比(以女孩为100)是118.06，比2000年人口普查的出生人口性别比116.86提高了1.2个百分点。性别比的上升，意味着我国男女比例的不平衡，从经济角度来审视，比例的上升对市场的影响不容忽视。性别差异将带来需求的显著差别，反映到市场上就会出现男性用品市场和女性用品市场。此外，随着受教育程度的提高，职业女性人数持续增加，传统女性开始由家庭主妇向职业女性转型。这种变化使一些原来由家庭主妇完成的工作转由市场来消化，这种变化为干洗店、快餐店、托儿所、养老院、保姆等市场提供了成长的机遇。职业女性增多也使女性购买力增强，一些原先只向男性开放的市场，开始为女性量身定做产品，如汽车、电脑等。

(二)教育水平

教育水平是一个国家国民受教育的程度。一个国家、一个地区的教育水平与经济发展水平往往是一致的。不同的教育会体现不同的审美观，购买商品的选择原则和方式也不相同。因此，消费者教育程度的高低，会造成消费者对商品功能、款式、包装和服务要求选择方面的差异。通常，文化教育水平高的国家或地区的消费者要求商品包装典雅华贵，对附加功能也有一定的要求。因此企业进行市场开发、产品定价和促销等活动都要考虑到消费者所受教育程度的高低，采取不同的营销策略。

(三)价值观念

价值观念是人们对社会生活中各种事物的态度和看法。不同文化背景下,人们的价值观念往往有着很大的差异。消费者对商品的色彩、标识、式样以及促销方式都有自己褒贬不同的意见和态度。任何一个产品属性,都会带来利益,利益会连接心理利益,最终心理利益会连接价值观。对于珠宝这种使用价值并不重要,但外显性特别强的产品来说,产品营销策略一般是以表达价值观为主。企业在制定营销策略时应根据消费者不同的价值观念来设计产品和服务。

(四)宗教信仰

宗教是构成社会文化的重要因素,也是影响人们消费行为的重要因素之一。不同宗教在思想观念、生活方式、宗教活动、禁忌等方面各有其特殊的要求,某些宗教组织甚至在教徒购买决策中有决定性的影响,这将直接影响着宗教人群的消费习惯和消费需求。企业在营销活动中应充分了解不同地区、不同国家、不同民族、不同消费者的宗教信仰,提供符合其要求的产品或服务,制定适合其特点的营销策略,避免由于矛盾和冲突给企业营销活动带来的不必要损失。日本索尼公司曾经为了在泰国推销收录机,煞费苦心地想出了一个高招:用释迦牟尼做广告。日本商人的广告创意原本只是想借佛祖来宣传自己的产品,但在佛教之邦的泰国,举国上下信奉佛教,对释迦牟尼至为崇敬,泰国当局忍无可忍,最后通过外交途径向索尼公司提出抗议。

(五)消费习俗

消费习俗是人们在长期的经济与社会活动中所形成的一种消费方式与习惯。不同的国家、不同的民族有着不同的社会习俗和道德观念,从而会影响人们的消费方式和购买偏好,进而影响着企业的经营方式。如西方国家的人们以超前性、享受性消费为主流,而我国人民长期以来形成了积蓄习惯,较为注重商品的实用性。

【案例 2—5】

南方饮食习惯 PK 北方饮食习惯

我国南方、北方人群在饮食习惯方面存在着较大的差异。

南方菜系口味清淡,北方菜系口味浓重。南方饭店菜码小,北方饭店菜码大。南方包子小巧玲珑,外形别致;北方包子大气、粗犷。南方人吃米,北方人吃面。主食的不同,造成了整个饮食结构以及吃法的巨大差异:南方追求华美,北方崇尚简朴;南方饮食精细,北方饮食粗糙。南方人喜欢咸辣、麻辣、油辣、甜辣口味,北方人则喜欢干辣、酸辣口味。南方人要把肉切得细细的,煨得烂烂的,炒得嫩嫩的,把酒烫得温温;北方人则喜欢大块吃肉,大碗喝酒。南方人喜欢吃馄饨,北方人则喜欢吃饺子。南方人喜欢吃葱,北方人喜欢吃蒜;南方人喜欢吃泡菜,北方人喜欢吃咸菜。

思考:不同地域饮食文化的不同对餐饮业营销有什么影响?

(六)审美情趣

审美情趣通常是指人们对事物的好坏、美丑、善恶的评价。不同的国家、民族、宗教、阶层和个人，往往因社会文化背景不同，其审美标准也不尽一致。例如，缅甸的巴洞人以妇女脖子长为美；而非洲的一些民族则以文身为美。因审美观的不同而形成的消费差异更是多种多样。中国妇女喜欢把装饰物品佩戴在耳朵、脖子、手指上，而印度妇女却喜欢在鼻子、脚踝上佩戴各种饰物。近年来，破洞牛仔裤在国内一些年轻人当中十分流行，甚至走在时尚尖端的明星们也对这种不羁的风潮宠爱有加，她们认为这是一种休闲时尚。不同审美观或许能带来不同的市场机会，企业应针对不同的审美观所引起的不同消费需求，制定自己的营销策略。

五、科技因素分析

科技是生产力中最活跃的要素，它影响着人类社会发展进程和人们的社会生活，对行业发展及企业经营也有着重要影响。因此，科技因素也是企业重点关注的一个方面，特别是科技型企业。随着时代的不断发展，传统技术在不断迭代，新技术的出现也在不断地颠覆着传统技术，致使一些传统技术在不断没落。因此，企业管理者应密切关注技术环境的变化。

(一)科技发展促进社会经济结构调整

每一种新技术的出现都会给一些企业带来市场机会，导致新行业的出现，同时也会给一些行业造成毁灭性的打击。例如，塑料业的发展在一定程度上对钢铁业造成了威胁，许多塑料制品成为钢铁产品的代用品；卫星接收机及电信运营商数字机顶盒的出现又对传统有线电视产业造成威胁。新技术的出现催生出许多新的产业，如互联网产业、智能传感产业、大数据产业、人工智能产业、机器人产业、3D打印技术产业、云制造产业、虚拟现实技术产业、微信App开发产业、小程序开发产业、区块链技术产业等。

> **区块链技术**
>
> 区块链技术(blockchain technology)，又被称为分布式账本技术，是一种互联网数据库技术，其特点是去中心化、公开透明，让每个人均可参与数据库记录。如果把区块链作为一个状态机，则每次交易就是试图改变一次状态，而每次共识生成的区块，就是参与者对于区块中所有交易内容导致状态改变的结果进行确认。区块链最早是比特币的基础技术，目前世界各地均在研究，可广泛应用于金融等各领域。

(二)新技术影响零售商业结构和消费习惯

新技术的出现会影响零售商业结构和消费者的消费习惯。随着网络技术，特别是移动互联网技术的发展，"网上购物"等新型购买方式开始逐步流行。人们可以在家中通过网络购买数码产品、购买服装，也可以通过网络订购车票机票、预订宾馆房间，还可以通过网络订购外卖。企业也可以利用网络进行广告宣传、网络调研和网络营销。网络直接影响着零售商业的结构,电子商务已逐步成为商业活动的主流。

【案例 2—6】

淘宝 VR 购物产品 Buy+正式上线

2016 年 11 月 1 日,淘宝正式上线虚拟购物功能 Buy+。Buy+是阿里巴巴推出的全新购物方式,使用 Virtual Reality(虚拟现实)技术,利用计算机图形系统和辅助传感器,可以生成可交互的三维购物环境。淘宝购物由互联网电商单一模式进入沉浸式虚拟购物时代。购物时,买家可以直接与虚拟世界中的人和物进行交互,甚至将现实生活中的场景虚拟化,成为一款可以互动的商品。利用带有动作捕捉的 VR 设备,用户眼前的香蕉、书籍在 Buy+中可以化身为架子鼓,利用这种互动形式,能让用户在购买商品的过程中拥有更多体验。不久的将来,影视、娱乐、游戏、医疗等各领域都会出现大量的 VR 市场需求。

思考:VR 技术会给商家带来哪些机会?

(三)科技发展影响企业营销组合策略的创新

新技术正在改变着企业生产经营的内部因素和外部环境,从而促使企业市场营销策略发生变化。科技发展使新产品不断涌现,产品生命周期明显缩短,无论是手机厂商,还是汽车厂商,几乎每年都要推出新型号、新产品,这势必要求企业更加关注新产品的研发,加速产品技术迭代。科技的发展及运用提高了劳动效率,降低了产品成本,使产品价格下降成为可能。新技术改变了市场间的信息流及物流结构,使分销渠道结构发生了变化,传统长渠道模式逐步被短渠道模式所取代,甚至有些企业直接采取直销模式。同时,运输实体的多样化,提高了运输速度,增加了运输容量及货物储存量,使企业物流的出发点由工厂变成了市场,给分销商造成了威胁。科技发展使广告媒体多样化,信息传播快速化,传播范围更加广阔,促销方式也更加灵活。比如,微信朋友圈本地推广广告,借助 LBS(Location Based Service,基于位置的服务)技术,朋友圈本地推广可以精准定向周边 3~5 公里人群,无论是新店开业、促销、新品上市、会员营销,朋友圈本地广告都能有效触达顾客。企业只有不断跟踪科技发展新动态,同时不断创新营销组合策略,才能使自己适应营销环境的变化。

【案例 2—7】

支付宝通过 AR 实景红包进行促销

支付宝推出的 AR 实景红包促销形式将前沿科技与传统年俗相结合,因具有趣味性与互动体验而成为新潮用户的互动方式。AR 实景红包基于"LBS + AR + 红包"的方式,用户在发、抢红包时,都需要满足地理位置和 AR 实景扫描两个条件。除了用户之间可以借此加强线下交流外,商家也可以利用 AR 实景红包在春节这个特殊的时间点与用户深度互动。AR 红包可以改变过去单一线上交流方式,将线上与线下沟通进行无缝结合,是一种创新营销传播模式,可以为众多商户打开未来商业生态的想象空间,因此快速吸引了众多品牌商家尝鲜。

思考: 商家如何利用 AR 技术吸引客源?

AR

AR——增强现实(Augmented Reality,AR)技术。它是一种将真实世界信息和虚拟世界信息"无缝"集成的新技术,是把原本在现实世界一定时间空间范围内很难体验到的实体信息(如视觉信息、声音、味道、触觉等)通过电脑等科学技术,模拟仿真后再叠加,将虚拟的信息应用到真实世界,被人类感官所感知,从而达到超越现实的感官体验。

(四)科技发展促进企业营销管理的现代化

科技发展为企业营销管理现代化提供了必要的技术与装备,如电脑网络、网络办公、传真机、射频扫描设备、光纤通信等设备的广泛运用,对改善企业营销管理,实现企业现代化发挥了重要的作用。同时,科技发展对企业营销管理人员也提出了更高要求,促使其更新观念,掌握现代化管理理论和方法,不断提高营销管理水平。

【案例 2—8】

没有收银员的 Amazon Go

在 2016 年 12 月 5 日,世界电商巨头亚马逊宣布推出革命性线下实体商店 Amazon Go。Amazon Go 颠覆了传统便利店、超市的运营模式,彻底跳过传统收银结账的过程。顾客只需下载 Amazon Go 的 App,在商店入口扫码成功后,便可进入商店开始购物。Amazon Go 的传感器会计算顾客有效的购物行为,并在顾客离开商店后,自动根据顾客的消费情况在亚马逊账户上结账收费。Amazon Go 即拿即走的购物体验是前所未有的,无疑会给零售业带来无比巨大的影响。Amazon Go 代表着零售业的一种新形态——自动化无人商店。Amazon 希望通过 Amazon Go 新型商店模式逐渐改变都市人群原有的生鲜采购与顾客购习惯,并依托 Amazon Go 新型商店构建零售物流递送网络的终端,依靠顾客对生鲜商品的高频采购需求,最终解决困扰电商平台的最后一英里(last-mile)配送问题。

思考: 亚马逊的 Amazon Go 与马云提出的无人零售店有区别吗?

六、自然因素分析

自然环境主要包括气候、季节、自然资源、地理位置等,自然因素也会从多方面对企业营销活动产生不同影响。例如,不同地区的海拔高度、温度、湿度等气候特征,会影响产品的功能与效果,像服装、食品这类产品受气候的影响比较明显。地理位置会影响人们的消费模式,还会对经济、社会发展产生复杂的影响。营销人员必须熟悉不同市场自然环境的差异，才能做好营销工作。

随着人类社会的进步和科学技术的发展，工业化进程加速，一方面创造了丰富的物质财富，满足了人们日益增长的物质需求；另一方面也造成资源短缺、雾霾等环境污染问题。从20世纪60年代起，世界各国开始关注经济发展对自然环境的影响，成立了许多环境保护组织，促使各国政府加强环境保护的立法。这些问题都对企业营销提出了挑战。对营销管理者来说，应该关注自然环境变化的趋势，并从中分析企业营销的机会和威胁，制定相应的对策。

(一)自然资源分析

自然资源可分为两类，一类为可再生资源，如森林、农作物等，可以被再次生产出来，但必须防止过度采伐森林和侵占耕地。另一类资源是不可再生资源，如石油、煤炭、银、锡、铀等，这种资源蕴藏量有限，由于人类的大量开采，有的矿产已处于枯竭的边缘。自然资源短缺，自然会使企业原材料价格大涨、生产成本大幅度上升，这又迫使企业不得不采用更合理地利用资源的方法，开发新的资源和代用品，这些又为企业提供了新的资源和营销机会。2009年以来，国家共计出台了新能源汽车产业国家政策60余项，逐步形成了较为完善的政策体系，推动了我国新能源汽车产业快速发展。新能源汽车已经成为未来汽车市场的发展方向，在全球范围内，已有多家科技公司纷纷布局新能源汽车。

(二)环境污染分析

工业化、城镇化的快速发展导致环境污染问题日趋严重。环境污染问题已引起各国政府和公众的密切关注，这对企业的发展是一种压力和约束，要求企业为治理环境污染付出一定的代价，但同时也为企业提供了新的营销机会，促使企业研究控制污染的技术，生产绿色产品，开发环保包装，实施绿色营销。绿色营销的核心是对人类的生态关注给予回应的一种经营方式，其最终目的是在化解环境危机的过程中获得商业机会，在实现企业利润和消费者满意的同时，达成人与自然的和谐共处。

【想一想】环境污染对哪些企业提供了市场机会？

(三)政府干预分析

自然资源短缺和环境污染加重的问题，使各国政府加强了对环境保护的干预，各国政府颁布了一系列有关环保的政策法规。政府对自然资源加强干预，往往与企业的经营效益相矛盾。例如，为了控制污染，政府要求企业购置昂贵的控制污染的设备，这势必会影响企业的经营效益，但企业必须以大局为重，要对社会负责，对子孙后代负责，加强环保意识，在营销过程中自觉遵守环保法令，担负起环境保护的社会责任。

企业可以通过产业结构调整与合理布局，发展高新技术，实行清洁生产和文明消费，协调环境与发展的关系，注重发展绿色产业、绿色消费、绿色营销。

【深度阅读2-3】数字营销的新环境、新技术、新场景和新大陆(内容扫右侧二维码)。

深度阅读2-3.docx

第三节 微观营销环境分析

2-3.mp4

微观营销环境是制约和影响企业营销活动最直接的外在因素,这些因素主要有供应商、营销中介、顾客、竞争者以及社会公众。分析企业微观营销环境能更好地协调企业与这些相关群体的关系,促进企业营销目标的实现。

一、供应商分析

供应商是企业整个客户价值传送系统中的重要一环,他们为企业生产产品或服务提供所需的各种资源。这些资源的变化直接影响到企业产品的产量、质量以及利润,并最终影响企业营销计划和营销目标的实现。

(一)供货的及时性和稳定性

原材料、零部件、能源及机器设备等货源的保证供应,是企业营销活动顺利进行的前提。例如,汽车制造公司不仅需要发动机、变速箱、底盘等零配件来进行装配,还需要设备、能源作为生产手段与要素,任何一个环节在供应上出现了问题,都会导致企业的生产活动无法正常开展。为此,企业要在时间上和连续性上保证得到货源的供应,就必须和供应商保持良好的关系,及时了解和掌握供应商的情况。

(二)供货的价格变化

供货价格变化会直接影响企业产品的生产成本。如果供应商提高原材料价格,必然会导致生产企业产品成本上升,生产企业如提高产品价格,可能会影响产品销售;如果价格不变的话,企业的利润又会减少。例如,2017年,作为电脑三大配件之一的内存价格猛涨,单条8GB内存一度接近千元,在电脑整机售价不变的情况下,这给电脑生产商的利润带来很大的影响。因此,企业应密切关注和分析供应商货物价格的变化趋势,以便积极应对。

(三)供货的质量保证

供应商能否供应质量可靠的生产资料将直接影响到企业产品的质量,从而会进一步影响到产品的销售量、企业利润及信誉。例如,2011年,央视3·15晚会曝光了锦湖轮胎的原料掺假,以返炼胶代替原片胶,严重影响轮胎的质量,给采用其品牌轮胎的汽车带来了安全隐患,北京现代、东风标致、东风雪铁龙、上海通用等众多采用该轮胎的车企受到了影响。为此,企业必须了解供应商的产品,分析其产品的质量标准,从而来保证自己产品的质量。

【案例2—9】

苹果公司的供应商

苹果公司的供应商涵盖了材料、生产、代工等领域,共150多家公司,按照行业可将其分为 14 个大类。供应商数量最多的子行业依次为 IC/分立器件、连接器、功能件、结构件、PCB、被动器件。苹果的 IC/分立器件供应商主要集中在美国，部分分布在欧洲，少数在韩国、日本等亚洲国家和地区；存储器、硬盘/光驱供应商较为集中；被动器件的高端领域被日本厂商垄断，中国台湾地区的厂商主要提供片式器件等相对标准化、成熟化的产品；PCB 供应商主要集中在中国台湾、日本；连接器、结构件、功能件厂商主要是欧美、日本、中国台湾地区的公司；显示器件主要由日本、韩国、中国台湾地区的厂商提供；ODM/OEM 主要由中国台湾地区的厂商承担。

思考：面对众多供应商，苹果如何进行品控管理？

二、营销中介分析

营销中介是为企业营销活动提供各种服务的企业或部门。营销中介能够帮助企业促销、销售和分销产品给最终购买者。营销中介对企业营销具有直接的、重大的影响，只有通过有关营销中介所提供的服务，企业才能把产品顺利地送达目标消费者手中。

(一)中间商

中间商是把产品从生产领域转向消费领域的环节或渠道，主要包括批发商(代理商)和零售商两大类。例如，神州数码就代理国际各大品牌的服务器、笔记本电脑、打印机、绘图仪、数码相机等；苏宁电器就是国内大型家电数码类产品零售商。中间商对企业营销具有极其重要的影响，它能帮助企业寻找目标顾客，为产品打开销路，同时为顾客创造效用。为此，企业应根据自身情况选择适合自己的中间商，不仅要与中间商建立良好的合作关系，而且还必须了解和分析中间商的经营活动。

(二)营销服务机构

营销服务机构是在企业营销活动中提供专业服务的机构，如广告公司、广告媒介、市场调研公司、营销咨询公司、财务公司等。这些机构对企业的营销活动会产生直接的影响，企业需要关注、分析这些服务机构，选择最能为本企业提供有效服务的机构。

(三)物流机构

物流机构是帮助企业进行保管、储存、运输的机构，如国内物流知名企业德邦物流、顺丰速运等公司。物流机构的主要任务是协助企业将产品实体运往销售目的地，完成产品空间位置的移动，同时还有协助保管和储存职能。物流机构是否经济、便利，将直接影响到企业营销效果。因此，在营销活动中，必须了解和研究物流机构及其业务变化动态。

(四)金融机构

金融机构是为企业营销活动进行资金融通的机构，如各大银行、信托公司以及保险公司等。金融机构的主要功能是为企业营销活动提供融资及保险服务。在现代经济社会中，企业都要通过金融机构开展经营活动。金融机构业务活动的变化会影响企业的营销活动，比如银行贷款利率上升，会使企业成本增加；信贷资金来源受到限制，会使企业经营陷入困境。企业应分析这些机构并与这些机构保持良好的关系，以保证融资及信贷业务的稳定和渠道的畅通。

三、顾客分析

顾客是使用或接受企业最终产品或服务的消费者或用户，是企业营销活动的最终目标市场，也是营销活动的出发点和归宿。顾客是市场的主体，任何企业的产品和服务，只有得到了顾客的认可，才能赢得这个市场，现代营销强调把满足顾客需求作为企业营销管理的核心。不同顾客具有不同需求，这就要求企业以不同的方式提供相应的产品和服务。企业要注重对顾客进行研究，分析顾客规模、需求种类、需求结构、需求心理以及购买特点，这是企业营销活动的起点和前提。

四、竞争者分析

企业在进行市场营销活动时，不可避免地会遇到竞争对手的挑战，即使在某个市场上没有直接竞争对手，也会受到潜在竞争对手的威胁。竞争对手营销策略的变化，如产品研发、价格制定、广告宣传、渠道设置的变化，都会对其他企业产生或多或少的影响。为此，企业在制定营销策略前应分析竞争对手的营销策略，特别是同行业竞争对手的经营状况，做到知己知彼，并在此基础上有效开展营销活动。竞争者分析的内容主要包括行业内竞争企业数量、竞争企业规模和能力、竞争企业对竞争产品的依赖程度、竞争企业所采取的营销策略以及竞争企业供应渠道及销售渠道等。

【想一想】同样是车企，宝马公司和奇瑞公司是竞争对手吗？为什么？

五、社会公众分析

社会公众是对企业营销活动有实际或潜在利害关系的团体或个人，如媒体公众、政府公众、社团公众、社区公众、一般公众及企业内部公众等。企业在广大公众面前的态度，会帮助或妨碍企业营销活动的正常开展。企业应采取公共关系等措施，树立良好的企业形象，力求保持和主要社会公众之间的良好关系。

【深度阅读2-4】竞争环境中的过度销售(内容扫右侧二维码)。

深度阅读2-4.docx

第四节　环境战略分析工具

进行环境分析是开展市场营销活动的前提，是市场营销战略及营销策略制定的必要条件。进行企业营销环境分析一般可采用宏观层面分析工具、微观层面分析工具及企业层面分析工具，这些工具构成了企业环境战略分析工具。

2-4.mp4

一、宏观环境 PLENST 分析工具

影响企业营销活动的宏观环境主要有政治环境(political)、法律环境(legal)、经济环境(economic)、社会文化环境(social & cultural)、科技环境(technological)及自然环境(natural)，我们可以用这六个因素(PLENST)的重要度及变动时的影响强度来分析其对企业营销活动的影响，这种分析工具被称为 PLENST 箱体模型，如图 2-6 所示。

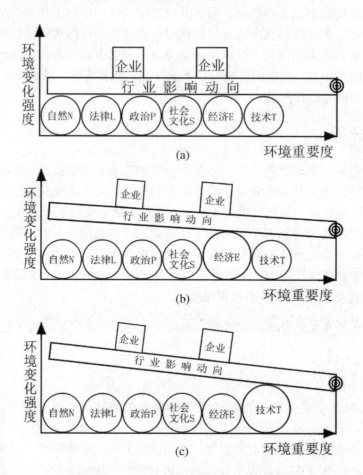

图 2-6　PLENST 宏观环境分析箱体模型

在图 2-6 的箱体模型中，横坐标代表环境对行业影响的重要度，纵坐标代表环境发生变化时对行业影响的强度。右端带有固定点的翘板代表行业影响动向。根据行业特点，将政治环境、法律环境、经济环境、社会文化环境、科技环境及自然环境按对行业影响的重要度由小到大进行排序，形成环境因素球序列。图中，对行业影响重要度由小到大依次为自然因素、法律因素、政治因素、社会文化因素、经济因素及技术因素。

当宏观环境稳定时，各环境因素球直径(环境变动影响力)为衡量，行业翘板为水平状态，表明行业稳定，行业内企业经营也较为稳定，如图 2-6(a)所示；当宏观环境发生变动时，将变动的环境因素找出来(如经济环境或技术环境)，确定其变动时对行业影响的强度大小，并以环境球直径大小标出，此时行业翘板角度发生倾斜，如图 2-6(b)和图 2-6(c)所示。行业翘

板倾斜大小代表行业受环境因素影响的大小,宏观环境因素对行业的影响,最终也会对企业经营活动产生影响。可以说,PLENST 箱体模型分析是一种形象化的宏观环境分析工具。

二、微观环境行业竞争力分析工具

微观环境是企业生存与发展的具体环境,与宏观环境相比,微观环境对企业的影响更为直接,更容易被企业所识别。企业总是在一定行业中进行市场经营活动,因此研究企业微观环境需要分析行业竞争结构,分析行业竞争结构能够把握行业竞争态势,从而能够有针对性地制定营销战略。过去,企业在分析竞争环境时,往往只关注与其直接竞争的企业。然而,影响企业微观环境的因素不仅仅是竞争对手,还包括其他因素。哈佛商学院迈克尔·波特教授认为,影响行业竞争结构存在五种力量,它们分别是同行业竞争者、潜在进入者、替代品、购买者和供应商,如图 2-7 所示。

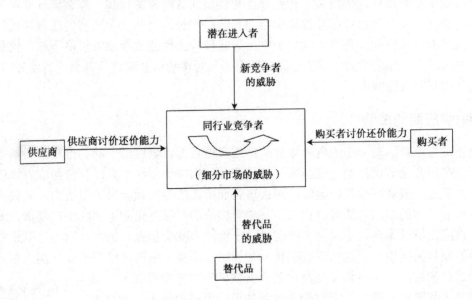

图 2-7 行业竞争结构分析模型

(一)行业竞争者的威胁

行业竞争者的威胁来自直接竞争的公司,如天猫网上商城与京东网上商城,国美电器与苏宁电器。为应对激烈的竞争,企业更需要对竞争对手做充分的了解。在竞争对手分析中,企业应了解的信息有竞争对手的驱动因素是什么(目标)、竞争对手正在做什么(战略)、竞争对手对行业有何看法(前景)以及竞争对手的能力是什么(优势和弱点)。以上四个维度的分析可以帮助企业针对每一个竞争对手制定有针对性的竞争预案。对竞争对手的有效分析有助于企业了解、预测竞争对手的行为和反应,有助于企业在行业竞争中获得优势。

(二)潜在进入者的威胁

潜在竞争者进入后,将通过与现有企业瓜分原有市场,对现有企业形成巨大的威胁。这种进入威胁主要取决于行业吸引力和进入壁垒大小。行业发展快、利润高,进入壁垒小,潜在竞争的威胁就大。进入壁垒包括规模经济、产品优势、资源控制及现有企业的反击程度等。根据行业利润的观点，最有吸引力的行业应该是进入壁垒高、退出的壁垒低。如果行业进入和退出的壁垒都很高，利润潜量就很大，但通常也伴随着较大的风险。如果行业进入和退出的壁垒都较低，企业可以进退自如，获得的报酬稳定，但不会高。最糟糕的行业是进入壁垒低，而退出壁垒却很高，这种情况容易造成产能过剩、竞争加剧。

(三)替代品的威胁

替代品是指与本行业产品具有相同或相似功能的其他类别产品。替代品可以对现有企业产品或业务造成威胁，如智能手机可以替代数码相机，支付宝可以替代银联卡。替代品产生威胁的根本原因往往是它在某些方面具有超过原产品的优势，如价格低、质量高、性能好、功能新等。若替代品的盈利能力强，对现有产品的压力就大，就会使本行业的企业在竞争中处于不利地位。如果某个行业存在替代品或者潜在替代品，那么该行业就失去了吸引力。替代品会制约行业产品价格和企业利润的增长，因此企业应密切注意替代品生产行业中技术的发展创新，特别是竞争加剧而导致替代品性能改善或者价格下跌，使替代品进一步排挤现有产品。例如，微信等即时通信工具对移动运营商短信甚至语音业务的替代，导致运营商利润大幅减少。

(四)供应商的威胁

企业进行经营活动所需的资源需要从供应商处获得，供应商产品的价格、质量会对采购企业生产经营及营销活动带来影响。如果企业的供应商能够提高产品价格或者降低产品和服务的质量，或者减少供应数量，那么该企业所在的行业就会失去吸引力。如果供应商集中或形成一定的组织，或者替代品少，或者供应的产品是企业重要的生产要素，或者企业转换供应商的成本高，那么供应商的讨价还价能力就会加强。例如，国内宝钢企业炼钢所需要的原料为富铁矿，这种矿石在澳大利亚比较丰富，中国每年都需要从澳大利亚进口大量的这种矿石，每年也都要与澳大利亚就铁矿石价格进行谈判。显然，在澳大利亚矿商面前，宝钢企业受到的供应商威胁较大。为减少供应商的威胁，企业可以通过发展与供应商之间的长期互利关系来降低供应商的议价能力。

【深度阅读 2-5】美国高通公司涉嫌滥用市场支配地位(内容扫右侧二维码)。

深度阅读 2-5.docx

(五)购买者的威胁

购买者对行业的竞争压力主要表现为购买要求，如低价、高质、优质服务等，还表现为购买者利用现有企业之间的竞争对生产厂家施加压力，这些都会使销售商的利润受到威胁。影响购买者议价的基本因素有购买批量、对产品的依赖程度、改变销售商时的转换成本以及掌握信息的多少等。购买者讨价还价能力强主要表现为：购买者比较集中或者形成一定的组织；购买者购买数量占销售方收入的比重较大；产品无法实行差别化；购买者改变供应渠道的成本较低；购买者对价格敏感。在许多行业，购买者能够获得更多的有关制造商成本的信息,以及互联网给销售和分销带来的扁平化影响,都增强了购买者的议价能力。企业可选择议价能力弱或者转换销售商能力弱的购买者。当然,根本的策略是提供购买者无法拒绝的优质产品或服务,比如美国苹果公司。

三、企业内部强弱分析工具

企业内部强弱分析涉及企业内部诸多条件,如内部管理分析、研发能力分析、生产能力分析、营销能力分析、企业财务分析、人力资源分析以及企业文化分析等多方面。为了研究方便,我们可以从产品市场强度及决策能力两个方面来分析,如图2-8所示。

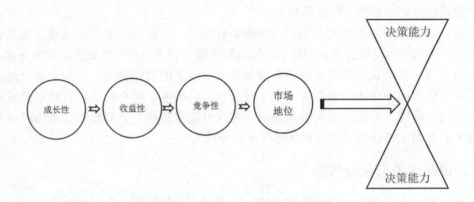

图 2-8 企业内部强弱分析模型

(一)产品市场强度分析

产品的市场强度分析是对企业当前销售的各种产品的市场地位、成长性、收益性、竞争性等方面进行分析。

产品市场地位分析包括产品知名度分析、消费者和中间商意见分析、市场份额和市场覆盖率分析。产品成长性分析即分析企业最近五年的销售量或金额增长趋势。分析时,常用的比率有销售增长率和市场扩大率。产品收益性分析常用的方法有:销售额 ABC 分析,用来分析哪些是 A 类重点产品;边际利润分析,用来分析各产品的利润贡献度;量本利分析,用来分析经营安全率和目标销售量。产品竞争性分析是企业产品相对于竞争产品,在质量、外观、包装、商标、价格等方面具有的优越性,它是衡量产品强度的指标。

(二)市场决策能力分析

市场决策能力分析是以产品市场强度、销售活动能力以及新产品开发能力分析的结果为依据,对照企业的经营方针和经营计划,指出企业在市场决策中的不当之处,探讨企业的中长期市场营销课题和应采取的市场战略,以提高企业经营领导层的决策能力和决策水平,使企业市场提升富有成效。

四、SWOT综合分析工具

(一)市场机会与环境威胁

一家企业要进入某一行业或领域,不仅会面临很多发展机会,而且也会遇到一些威胁。企业在进入某一行业或领域之前,需要对其所面临的市场机会和威胁作分析。

市场机会是市场上存在的尚未满足或尚未完全满足的需求,有时人们称它为潜在市场。市场机会是外界环境变化对企业产生的有利影响,对企业富有吸引力,能给企业带来发展的机遇或使企业优势得到充分发挥。比如国家推行低碳、环保的新能源政策,会给传统车企生产新能源电动车提供一种市场机会。

环境威胁是外界环境变化对企业产生的不利影响,它会给企业带来挑战,如果企业不采取措施,其市场地位将会受到冲击。环境威胁可能来自多方面,比如国际经济方面,2007年爆发的美国次贷危机,给世界经济和贸易带来了巨大的负面影响,不少企业因此倒闭。外界环境变化可能同时给企业带来若干个发展机会,但并非所有市场机会都对企业具有同样的吸引力。因此,企业应对各种市场机会进行分析和评价,并判断哪些市场机会对企业具有较大吸引力,哪些市场机会企业暂时不应考虑。

(二)企业优势与企业劣势

任何一家企业都有自身的优势和劣势。当两家企业处在同一市场或者它们都有能力向同一顾客群体提供产品和服务时,如果其中一家企业有更高的盈利率或盈利潜力,那么,这家企业会比另外一家企业更具有竞争优势。竞争优势是一家企业超越其竞争对手的能力,比如产品种类丰富度、质量水平、可靠性、适用性、风格和形象以及服务及时、态度热情等。由于企业是一个整体,并且竞争优势来源具有广泛性,所以在做优劣势分析时必须从整个价值链的每个环节上,将企业与竞争对手做详细的对比,如产品是否新颖、制造工艺是否复杂、销售渠道是否畅通,以及价格是否具有竞争性等。如果一家企业在某一方面或几个方面的优势正是该行业企业应具备的关键成功要素,那么,该企业的综合竞争优势也许就强一些。

价 值 链

企业经营活动中互不相同但又相互关联的活动构成一个创造价值的动态过程,这个过程即价值链(value chain)。价值链可分为基本活动和支持活动两类,基本活动包含生产、营销、运输和售后服务等;支持活动包含物料供应、技术、人力资源或支持其他生产管理活动的基础功能等。企业要保持竞争优势,实际上就是在价值链某些特定的环节上保持优势。

(三)SWOT分析模型

SWOT 分析是一种通过评价企业的优势(strengths)、劣势(weaknesses)、市场机会

(opportunities)和市场威胁(threats)的竞争态势综合分析方法。SWOT 分析是市场营销运用较多的基础分析方法之一,用于制定企业营销战略。S、W 是内部因素分析,O、T 是外部因素分析。使用 SWOT 分析方法可以从中找出对自己有利的、值得发扬的因素,以及对自己不利的、要避开的东西,发现存在的问题,找出解决的办法,并明确以后的发展方向,为企业管理者作决策和规划提供依据。

SWOT 分析步骤如下。

1) 分析环境因素

运用调查研究方法,分析公司所处的外部环境因素和内部条件因素。外部环境在于分析市场机会和市场威胁,它们是外部环境对企业发展有影响的有利和不利因素,属于客观因素;内部条件在于分析企业优势和劣势,它们是企业在发展中自身存在的积极和消极因素,属主观因素。

企业优势可能表现为:领先的技术创新能力、独特的生产技术、低成本的生产方法、充足的资金、优异的产品、上乘的服务、良好的品牌形象、强大的市场地位、优秀的组织结构等。

企业劣势可能表现为:缺乏创新力、研开落后、缺少关键技术、设备老化、资金短缺、产品竞争力弱、服务跟不上、品牌形象不佳、市场份额小、组织结构不合理等。

市场机会可能表现为:国家政策扶持、市场进入壁垒降低、市场需求增长强劲、出现提高生产率的新技术、竞争对手失误等。

市场威胁可能表现为:出现强大的竞争对手、替代产品增多、市场不断紧缩、行业政策变化、经济衰退、客户偏好改变、突发事件等。

2) 构造 SWOT 矩阵

将调查得出的各种因素根据轻重缓急或影响程度等排序,构造 SWOT 矩阵,如图 2-9 所示。

	外部威胁	外部机会
外部环境	市场增长放缓 竞争压力加大 不利的政府政策 新的竞争者进入 ……	企业属地划入国家新区 产业升级转型 新产业政策扶持 税收优惠 ……
	内部优势	内部劣势
内部条件	成本优势 品牌知名度 营销渠道 技术专利 ……	设备老化 产品线过窄 管理不善 资金缺乏 ……

图 2-9 SWOT 矩阵

构造矩阵时,要将那些对公司发展有直接的、重要的、大量的、迫切的、久远的影响因素优先排列出来，将那些间接的、次要的、少许的、不急的、短暂的影响因素排列在后面。

3) 分析并制定对策

在构造 SWOT 矩阵的基础上，进行环境适应性分析，找出企业面对的关键点：是优势大于劣势，还是劣势大于优势；是机会大于风险，还是风险大于机会。由此可以产生四种战略模式，即增长战略、转型战略、多种经营战略及防御或退出战略，如图 2-10 所示。

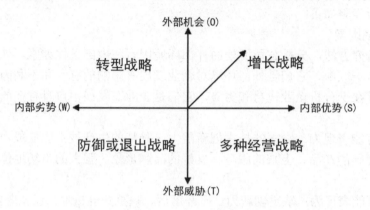

图 2-10　SWOT 战略模式

(1) 增长战略，即一种杠杆效应(优势+机会)战略。杠杆效应产生于内部优势与外部机会相适应。在这种情形下，企业可以利用自身内部优势撬起外部机会，使机会与优势充分结合，促进企业发展。例如，新能源政策会给那些传统汽车企业巨头带来利好，使其未来业绩继续增长。

(2) 转型战略，即一种抑制效应(劣势+机会)战略。抑制效应意味着阻止、影响与控制。当环境提供的机会与企业内部资源优势不相适应或者不相互重叠时，企业优势得不到发挥。在这种情形下，企业就需要追加某种资源，以促进内部资源劣势向优势方面转化。例如，由于传统燃油汽车与新能源汽车技术不同，对有些市场地位弱、品牌知名度不高的汽车企业来讲，新能源政策也许是它们弯道超车的一次绝佳的好机会。

(3) 多种经营战略，即一种脆弱效应(优势+威胁)战略。脆弱效应意味着优势程度的降低、减少。当环境状况对公司优势构成威胁时，优势得不到充分发挥。在这种情形下，企业可以通过多种经营规避威胁，发挥自身优势。新能源政策会刺激更多企业加入新能源汽车的生产行列，对于具有几十年生产经验的车企来讲，传统的燃油发动机及变速箱技术及专利未必会对新能源汽车有所帮助，企业应在传统汽车生产基础上，积极进行新能源汽车的研发与生产，否则很容易被潜在进入者弯道超车。

(4) 防御或退出战略，即一种问题效应(劣势+威胁)战略。当企业内部劣势与企业外部威胁相遇时，企业会面临严峻的挑战，如果处理不当，会威胁企业的生存。在这种情况下企业可以考虑继续防御，也可以选择退出。例如，一个研发能力弱的汽车企业，在石油能源匮乏甚至枯竭的状况下，如果还是墨守成规，继续生产燃油汽车的话，必将是死路一条。企业在防御策略无效的情况下也可以考虑直接退出。

【深度阅读 2-6】行业分析与竞品分析：量化的 SWOT 分析(内容扫右侧二维码)。

深度阅读 2-6.docx

本章小结

企业总是处于一定的环境之中,营销环境是影响和制约企业营销活动的各种内部条件和外部因素的总和。企业营销环境可以分为外部环境和内部环境。企业外部环境可分为宏观营销环境和微观营销环境。宏观营销环境是为企业营销活动提供市场机会和产生环境威胁的因素,这些因素包括政治法律因素、经济因素、社会文化因素、科学技术因素、自然因素。微观营销环境是制约和影响企业营销活动最直接的外在因素,这些因素主要有供应商、营销中介、顾客、竞争者以及社会公众。内部环境是与企业价值链相关的各类因素,如企业内部的物质、文化环境的总和,包括企业资源、企业能力、企业文化等因素。进行企业营销环境分析一般可采用宏观层面分析工具、微观层面分析工具及企业层面分析工具,这些工具构成企业环境战略分析工具。宏观环境分析工具可以运用 PLENST 箱体模型进行分析,微观环境分析采用五种力量(同行业竞争者、潜在进入者、替代品、购买者和供应商)进行分析,企业内部强弱可以从产品市场强度及决策能力两个方面分析。SWOT 分析是一种通过评价企业的优势、劣势、市场机会和市场威胁的竞争态势综合分析方法。

思考与练习

一、选择题

1. ( )一般是企业难以控制的,企业应当主动适应,不过个别强势企业也有可能通过把握和预测环境,在某种程度上去影响环境的变化。
   A. 外部环境　　　　B. 内部环境　　　　C. 动态环境　　　　D. 静态环境

2. 营销环境一般具有( )等特征,只有掌握了营销环境的这些特征,才能有效分析营销环境。
   A. 客观性、静态性及相关性　　　　B. 客观性、动态性及相关性
   C. 主观性、动态性及相关性　　　　D. 客观性、动态性及无关性

3. 宏观营销环境分析的内容主要包括( )等因素。
   A. 政治、法律、经济、社会、科技及自然
   B. 政治、法律、经济、社会文化、科技
   C. 政治、法律、经济、社会文化、科技及自然
   D. 政治、法律、社会文化、科技及自然

4. ( )是衡量一个国家、地区、城市、家庭生活水平高低的重要参数,该系数在59%以上为贫困,低于30%为最富裕。
   A. GDP　　　　B. 恩格尔系数　　　　C. 二八法则　　　　D. 生活质量系数

5. ( )因素是一个国家或地区长期形成的价值观、宗教信仰、风俗习惯、道德规范等。
   A. 社会文化　　　　B. 法律　　　　C. 社会制度　　　　D. 人口

6. 随着工业化、城镇化的发展,( )问题已引起各国政府和公众的密切关注,这对企业的发展是一种压力和约束。
   A. 创新　　　　B. 管理　　　　C. 环境污染　　　　D. 营销

7. 制约和影响企业营销活动最直接的外在因素,如供应商、营销中介、顾客、竞争者以及社会公众等,这些属于( )营销环境。
  A. 宏观   B. 微观   C. 内部   D. 次要

8. 哈佛商学院迈克尔·波特教授认为影响行业竞争结构存在五种力量,它们分别是同行业竞争者、潜在进入者、( )、购买者和供应商。
  A. 友商   B. 合作伙伴   C. 畅销品   D. 替代品

9. 一种通过评价企业的优势、劣势、市场机会和市场威胁的竞争态势综合分析方法称为( )。
  A. PLENST 分析 B. 五种竞争力分析 C. SWOT 分析 D. 市场强度分析

10. 进行环境适应性分析就是要找出企业面对的关键点:是优势大于劣势,还是劣势大于优势;是机会大于风险,还是风险大于机会。由此可产生四种战略模式,即( )等战略。
  A. 增长、转型、多种经营及防御   B. 增长、维持、多种经营及防御
  C. 维持、转型、多种经营及防御   D. 增长、转型、多种经营及退出

二、名词解释

营销环境 宏观营销环境 微观营销环境 恩格尔系数 五种竞争力 SWOT 分析

三、问答题

1. 市场营销环境有哪些特征?
2. 市场营销活动与市场营销环境有什么关系?
3. 简述宏观营销环境分析的内容。
4. 简述微观营销环境分析的内容。
5. 简述企业内部环境分析的内容。
6. 什么是 SWOT 分析?如何应用 SWOT 分析工具对企业进行环境分析?
7. 简述环境战略分析工具及其模型应用。
8. 影响营销的技术环境有什么最新变化?它们是如何影响购买行为的?

四、讨论题

1. 2019 年国内猪肉价格大幅攀升,这也导致禽类肉品价格大幅上涨。对于像双汇这样生产火腿肠的企业来讲,猪肉上涨对企业是利是弊?为什么?

2. 2019 年 8 月 9 日,华为在东莞举行的华为开发者大会上正式发布一款"面向未来"的操作系统——鸿蒙 OS。从波特的五种竞争力角度讨论,为什么华为要推出自己的操作系统?

五、案例分析

  新能源汽车补贴是国家为了贯彻落实国务院关于培育战略性新兴产业和加强节能减排工作的部署和要求,中央财政安排专项资金,支持开展新能源汽车试点。国家希望通过发展新能源汽车,实现节能减排、产业升级和能源安全三大目标,2015 年制定了购置补贴与购置税减免政策。补贴政策出台以后,一些车企年底出现了疯狂抢装现象,部分车企甚至出现骗补行为。资本大量进入新能源汽车产业,但真正具备新能源核心技术的企业寥寥无几。为了形成扶优扶强的财政政策导向,2016 年财政部与有关部门对新能源汽车的补贴政

第二章 营销环境分析

策作了调整,主要是降低了补贴标准,设置了补贴上限,并提高了准入门槛。未来的新能源汽车产业政策将会形成一个相对完善的体系结构,以规范新能源汽车产业链的健康有序发展。

讨论: 试用环境分析法对新能源汽车的宏观政策环境进行综合分析。

实 训 项 目

一、实训目的
(1) 了解营销环境特点以及营销环境对行业、企业的影响。

(2) 掌握SWOT分析的方法,利用SWOT分析方法识别市场机会和环境威胁,并制定相应的行业及企业发展对策。

(3) 培养学生搜集资料、分析问题、团队合作、个人表达等能力。

二、实训内容
1. 资料

据联合国人口司统计,世界人口总数未来40年将从69亿人增至91亿人,主要由老年人口的增长来推动,60岁以上人口将增加12亿人,5岁以下儿童将减少4900万人。世界为什么变得这么老,老得这么快?原因之一是由于医疗水平的提高,越来越多的人可以活到更大年纪。同样重要的是第二次世界大战后头几十年的生育高峰。随着这些全球婴儿潮出生的人的变老,促成了老年人口大爆炸。

人口老龄化也形成了潜力巨大的新市场。随着社会进步和经济收入的提高,老年人正在逐步抛弃"重积蓄、轻消费""重子女、轻自己"的传统观念,花钱买健康正成为现代老人的时尚追求,这表明老龄化已经创造了一个规模庞大的市场。

由于生理、心理等方面的差异性,老年人在衣、食、住、行、用等方面表现出了明显的消费特征。

老年人追求与自己年龄相符的服饰,希望轻便、保暖、透气和耐用。同时,老年人对一些保健性的服饰也有很强的需求。在饮食方面,老年人比较注重保健,讲究食物的营养搭配和饮食禁忌,多选择易咀嚼、易消化、清淡的食品。老年人对居住环境要求较高,希望离医院、菜市场、超市近一些,并且要有较大的户外休闲场所。老年人腿脚不便,拐杖是一些老年人的帮手,轮椅也是一部分年老体弱的老人必备的交通工具。老年人对一些特殊用品的需求量较大,如放大镜、老花镜、穿针器、假牙清洁器、定时提醒药盒、假发等。此外,还有医疗保健按摩、高龄护理、坐便器、尿床用品、助听器等商品。

2. 任务

利用SWOT分析方法分析人口老龄化对保健品、服装、家政服务等行业及企业的影响,并提出相应对策。

3. 要求

(1) 分析内容要尽可能全面,分析过程要深入、细致。

(2) 利用SWOT分析方法识别并归纳市场机会和环境威胁。

(3) 在SWOT深入分析的基础上,寻求行业及企业发展对策。

三、实训组织与实施

(1) 将班级成员划分为若干组,每组人数控制在 4~6 人,每组选出组长 1 名。

(2) 阅读实训材料并查阅有关数据,了解社会老龄化人口的现状,分析并讨论人口老龄化给相关企业带来的机会及企业面临的风险。

(3) 在讨论的基础上撰写《老龄化社会的机会与风险》小组实训报告。

(4) 各小组选出一名代表就讨论结果进行发言,每组发言控制在 10 分钟之内。

(5) 教师进行总结及点评,并为各组实训结果进行打分。

第三章 营销信息分析

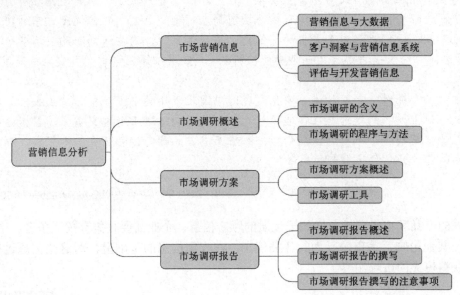

学习要点及目标

本章共分四节,分别介绍了市场营销信息、市场调研概述、市场调研方案及市场调研报告等内容。

通过本章的学习,要求学生了解市场调研的概念、程序、方法,掌握市场调研方案的制定、调研问卷的设计、市场调研报告的撰写,在此基础上,能够灵活运用各种调研方法,开展有效的市场调研活动。

加多宝公司的营销洞察:预防上火的饮料

凉茶是广东、广西地区的一种由中草药熬制、具有清热祛湿等功效的饮品。在众多老字号凉茶中,王老吉最为著名。加多宝公司是经王老吉药业特许在中国大陆地区独家生产、经营王老吉牌罐装凉茶的企业。2002年以前,红罐王老吉业绩还不错,在广东、浙南地区销量稳定。但企业也发现现有产品很难再做大，企业也一直被一个问题所困扰，那就是红罐王老吉当"凉茶"卖，还是当"饮料"卖？

2002年年底，加多宝找到成美营销顾问公司。成美公司认为，销量问题可以从现有用户中寻找突破：了解红罐王老吉满足了他们什么需求，在他们头脑中红罐王老吉和其他饮料或者凉茶之间到底存在什么差异，从而确定导致他们坚持选择红罐王老吉的原因。

为了了解消费者的认知，成美公司一方面研究红罐王老吉、竞争者传播的信息；另一方面，与加多宝内部、经销商、零售商进行大量访谈。完成上述工作后，聘请市场调研公司对王老吉现有用户进行调研。在调研中发现，广东的消费者饮用红罐王老吉主要在烧烤、登山等场合。而在浙南，饮用场合主要集中在"外出就餐、聚会、家庭"。在对当地饮食文化的了解过程中，研究人员发现：该地区消费者对于"上火"的担忧比广东的消费者有过之而无不及，他们对红罐王老吉的评价是"不会上火"。这些认知和购买消费行为均表明，消费者对红罐王老吉是作为一个功能饮料购买，购买红罐王老吉的真实动机是用于"预防上火"。

通过对二手资料、专家访谈等研究发现，中国几千年的中医概念"清热去火"在全国广为普及，"上火"的概念也在各地深入人心，这就使红罐王老吉突破了凉茶概念的地域局限。至此，历经一个半月的调研分析，红罐王老吉品牌定位的研究基本完成，那就是将王老吉品牌定位为"预防上火的饮料"。

(资料来源：http://www.chengmei-trout.com/case_detail.aspx?id=69)

优秀的产品和市场营销方案始于优质的顾客信息，企业需要收集有关竞争者、中间商、顾客以及其他影响营销市场行为的各类信息，在收集信息的基础上，对这些信息进行统计分析，获得可靠的市场洞察。

第一节 市场营销信息

一、营销信息与大数据

3-1.mp4

(一)营销信息

1. 营销信息的概念

营销信息是一定时间和条件下，与企业的市场营销有关的各种事物的存在方式、运动状态及其对接收者效用的综合反映，一般通过语言、文字、数据、符号等表现出来。企业经营决策离不开各类市场营销信息，市场营销信息是制定企业经营决策的重要依据。

2. 营销信息的特征

营销信息具备以下特征：不确定性，市场信息随时都会发生变化；复杂性，收集和分析过程复杂，难以科学控制；多样性，市场信息的来源种类多样。

第三章 营销信息分析

【案例 3—1】

比特币暴涨"带疯"显卡市场

2017年6月底,北京朝阳门外百脑汇电脑配件市场高端显卡货源紧张,"一卡难求"已成普遍现象。卖场主流中高端显卡均存在断货现象,少数仍然在售的显卡在近两个月里也涨价25%到40%,原因是"供应的显卡跟不上"。NVIDIA1070型号的8G显卡卖3700元,比两个月前涨了1000多元;NVIDIA1060型号的显卡售价为2600元,比两个月前涨了600多元,甚至有过一个显卡头一天是2000元,第二天就涨到了2300元的情况。多名店主均坦言,显卡目前供不应求的原因在于,有人大量购买显卡用于挖取比特币。一名比特币"炒家"表示,显卡"挖矿"的效果强于CPU。加上从4月底开始,比特币价格暴涨,引来很多人购置显卡加入"挖矿"的行列中。

思考:预测显卡未来价格走势要考虑的因素有哪些?

3. 营销信息的功能

1) 营销信息是企业经济决策的前提和基础

企业营销过程中,无论是对于企业的营销目标、发展方向等战略问题的决策,还是对于企业的产品、定价、渠道、促销等策略问题的决策,都必须建立在准确获得市场营销信息的基础上。例如,餐饮企业成功的一个关键要素就是选址。选址可采用人流量测量工具,进行重点时段的人流测量,同时要注意区分年龄阶段、消费特征、周边店面的情况以及人流走向等因素,根据房租做好投资预算。

2) 营销信息是制订企业营销计划的依据

企业在市场营销中,应根据市场需求的变化,在营销决策的基础上,制订具体的营销计划,以确定实现营销目标的具体措施和途径。例如,餐饮门店在做装修调研时,就要考虑消费者进店后的走动习惯,往左还是往右。定制桌椅板凳的时候,还要考虑消费者吃饭时胳膊是竖起来还是向两边撑开。

3) 营销信息是实现营销控制的必要条件

营销控制是指按既定的营销目标,对企业的营销活动进行监督、检查,以保证营销目标实现的管理活动。市场环境随时变化,企业营销活动中必须随时注意市场的变化,以此来修订营销计划,使营销活动能按预期目标进行。例如,2016年上半年内存、闪存价格还在不断下滑,但是到了下半年形势就急转直下,价格一路上涨。电脑配件价格的大幅波动必然会对电脑厂商整机成本造成影响,电脑厂商如果能及时了解内存行业信息,合理预测价格走势,就可以在一定程度上控制生产成本。

4) 营销信息是进行内、外协调的依据

企业营销活动中,要不断地收集市场营销信息,根据市场和自身状况的变化,来协调内部条件、外部条件和企业营销目标之间的关系,使企业营销系统与外部环境之间、与内部各要素之间始终保持协调一致。例如,在红罐王老吉品牌定位调研中,公司项目组首先对加多宝公司企业内部专家进行了深度访谈;其次,项目组还对深圳、东莞、浙南、广州等地的大区经理进行了实地访谈,同时对其负责的市场进行了走访;在此基础上,项目组重点对消费者进行了调研,了解购买罐装王老吉重度消费者的各项特征,如年龄、性别、收入、职业以及籍贯,第一次购买的情况和购买饮用频率及饮用场合等营销信息。

(二)大数据

数据已经渗透到每一个行业和领域,成为人们决策的重要因素。受互联网和信息产业快速发展的影响,特别是随着云时代的来临,大数据(big data)也吸引了越来越多人的关注。越来越多的企业将搜集到的大量非结构化数据和半结构化数据进行分析,从而制定出有效的营销决策。

1. 大数据的概念

大数据通常用来形容一个公司创造的大量非结构化数据和半结构化数据,这些数据在下载到关系型数据库用于分析时会花费过多时间和金钱。大数据分析常和云计算联系在一起,这种实时大型数据集分析需要向数十、数百或甚至数千的电脑分配工作。

"大数据"的概念最早由维克托·迈尔·舍恩伯格和肯尼斯·库克耶在编写《大数据时代》中提出,数据可以不用随机分析法(抽样调研)这样的捷径处理,而是采用所有数据进行分析处理。大数据是一种规模大到在获取、存储、管理、分析方面大大超出了传统数据库软件工具能力范围的数据集合(麦肯锡)。大数据也是需要新处理模式才能具有更强的决策力、洞察力和流程优化能力的海量、高增长率和多样化的信息资产。

大数据技术的战略意义不在于掌握庞大的数据信息,而在于对这些含有意义的数据进行专业化处理。如果把大数据比作一种产业,那么这种产业实现盈利的关键在于提高对数据的"加工能力",通过"加工"实现数据的"增值"。

2. 大数据的 4V 特征

大数据具有海量的数据规模(volume)、快速的数据流转(velocity)、多样的数据类型(variety)和价值密度低(value)四大特征。

(1) 海量的数据规模。大数据相较于传统数据最大的区别就是海量的数据规模,这种规模大到在获取、存储、管理、分析方面大大超出了传统数据库软件工具能力范围的数据集合。

数 据 单 位

数据的最小单位是 bit,按顺序给出所有单位:bit、Byte、KB、MB、GB、TB……它们按照进率 1024(2 的十次方)来计算:8bit=1 Byte 1 KB=1024 Bytes 1 MB=1024 KB 1 GB=1024 MB 1 TB=1024 GB 1 PB=1024 TB……

(2) 快速的数据流转。数据具有时效性,采集到的大数据如果不经过快速流转,最终会失效。

(3) 多样的数据类型。数据具有不同的格式:一种是结构化的,如常见的数据;一种是半结构化数据,如网页数据;还有一种是非结构化数据,如图片、音频、视频。现在的数据类型不仅仅是文本形式,更多的是图片、视频、音频、地理位置信息等富媒体形式。单从文本形式来看,数据也需要极大丰富才有分析价值。

(4) 价值密度低。大数据虽然拥有海量的信息,但是真正可用的数据可能只有很小一部分,具有单位价值密度低的特征。以视频监控为例,在长时间连续不间断的监控过程中,有价值的视频信息可能就一两秒。从海量的数据中挖掘一小部分数据工作量巨大,因此大数据的分析也常和云计算联系到一起。

3. 大数据的应用

移动互联网、物联网、社交网络、数字家庭、电子商务等是新一代信息技术的应用形态,这些应用不断产生大数据。云计算为这些海量、多样化的大数据提供存储和运算平台。通过对不同来源数据的管理、处理、分析与优化,将结果反馈到上述应用中,将创造出巨大的经济和社会价值。面向大数据市场的新技术、新产品、新服务、新业态不断涌现。在硬件与集成设备领域,大数据将对芯片、存储产业产生重要影响,还将催生一体化数据存储处理服务器、内存计算等市场。在软件与服务领域,大数据将引发数据快速处理分析、数据挖掘技术和软件产品的发展。大数据应用成为提高企业核心竞争力的关键因素,大数据使企业决策正从"业务驱动"转变"数据驱动"。例如,大数据分析可以使零售商实时掌握市场动态并迅速做出应对,可以为商家制定更加精准有效的营销策略提供决策支持,还可以帮助企业为消费者提供更加及时和个性化的服务。

【案例 3-2】

从啤酒和纸尿裤,你能想到什么?

美国零售业有这样一个传奇故事,沃尔玛将它们的纸尿裤和啤酒并排摆在一起销售,结果纸尿裤和啤酒的销量双双增长!看起来风马牛不相及的两件商品这样一搭配,为什么能取得惊人的效果呢?原来沃尔玛运用了大数据分析技术,成功地发现了"纸尿裤"和"啤酒"的潜在联系。美国太太常叮嘱丈夫下班后为小孩买尿布,而丈夫们在买尿布后又随手带回了两瓶啤酒。这一消费行为导致了这两件商品经常被同时购买,沃尔玛索性就将它们放在一块儿,既方便了顾客,更提高了产品销量。早在 20 世纪 80 年代,沃尔玛就已经开始运用一系列大数据技术来分析和预测其产业,并取得了显著的效果。上面讲到的"纸尿裤和啤酒"的故事,就是沃尔玛运用数据仓库、数据挖掘和数据分析技术对商品进行购物篮分析(marketing basket analysis),从而意外地发现了"纸尿裤"和"啤酒"之间的关联。

思考:啤酒与纸尿裤的关联,能给我们什么启示?

二、客户洞察与营销信息系统

(一)客户洞察

1. 客户洞察的概念

为了创造顾客价值并与这些顾客建立有意义的关系,企业必须深入洞察顾客(customer

insights)的需要和想法。客户洞察不是某个营销人员对客户的熟悉与了解,而是在企业或部门层面对客户信息的全面掌握以及营销策略在营销人员与客户互动方面的有效应用。这种理念已经被越来越多的企业所认可,因为运用客户洞察可以解决一些企业感兴趣的问题。例如,哪一类客户能被新产品所吸引?哪一类产品最有可能被迅速、有盈利地推向市场?如何应用价格策略来吸引高端客户?如何针对不同地区的目标客户来调整价格?哪一个促销组合具有高回报价值?什么样的渠道策略可以接触高端客户?

2. 客户洞察框架

客户洞察框架主要由三部分构成:信息搜集、信息分析与洞察应用。

客户洞察来源于市场信息。为了获得准确的客户洞察,营销人员应从多种渠道搜集市场信息。企业可以利用这些信息获得丰富及时的客户洞察,并用这些客户洞察培育自己的竞争优势。例如,苹果并不是第一家开发数字音乐播放器的公司,但苹果公司通过调研发现了两个关键洞察:人们想要一款可以随身携带他们所有音乐的播放器,并且希望能随心所欲地欣赏音乐。基于这些洞察,苹果利用其擅长的工业设计创造了大获成功的 iPod 产品。

客户洞察基于信息分析。越来越多的企业开始使用大数据洞察并分析客户的实际需求。例如,全球第二大食品公司卡夫公司澳洲分公司,通过大数据分析工具对 10 亿条社交网站帖子、50 万条论坛讨论内容进行抓取分析,发现大家对于维吉酱讨论的焦点不是口味和包装,而是涂抹在烤面包以外的各种吃法。调查人员最终分析出消费者购买的三个关注点,即健康、素食主义和食品安全,并发现叶酸对孕妇尤其重要。卡夫公司基于这些信息制定营销策略,打开了孕妇消费者市场,维吉酱的销售额大幅增加,创造了该产品的历史最高纪录。

客户洞察在于实际应用。营销调研和营销信息的真正价值在于如何被利用以提供客户洞察。许多企业调整了其营销调研和信息功能,组建了自己的客户洞察团队,专门负责设计基于客户洞察的营销调研。为了提高营销信息管理的效率,一些公司设计了营销信息系统,以便在适当的时间以适当的形式向企业管理者提供适当的信息,帮助他们为顾客创造价值并建立更强大的客户关系。

【案例 3—3】

像迪士尼一样做客户洞察
为了改善游客在主题公园的游玩体验,迪士尼在基于深入观察的基础上,推出了一款富有创新的产品——MyMagic+手环。该手环系统由智能手机的应用程序和腕带组成。游客通过佩戴输入信用卡信息的手环,能轻松实现机票存储、门票预订、客房登记与入住、房卡管理、景区购物等功能。此外,该手环系统还可以对园中游客人流活动进行动态监测。其实这一创意来源于对游客的深入洞察:游客面对景区各种接触点已变得应接不暇,怎么才能让游客的活动变得更加轻松,同时又能与游客建立联系? 思考:迪士尼客户洞察给我们什么启示?

(二)营销信息系统

营销信息是提供客户洞察的工具,它的真正价值在于如何运用。因此,企业要建立一个有效的市场营销信息系统,为企业管理者在恰当的时候用恰当的形式提供恰当的信息,以帮助他们运用这些信息创造顾客价值。

营销信息系统(Marketing Information System,MIS)是由营销信息评估、营销信息开发及营销决策而组成的人与程序复合系统。营销信息系统可以连续有序地收集、挑选、分析、评估和分配恰当的、及时的和准确的市场营销信息,为企业营销管理人员制订、改进、执行和控制营销计划提供依据,如图3-1所示。

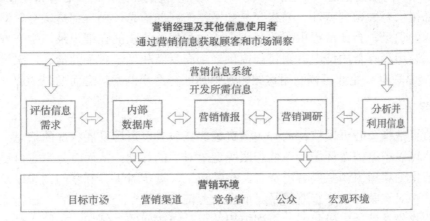

图 3-1 营销信息系统

由图3-1可以看出,营销信息系统的起点和终点都是信息用户——营销经理、内外部合伙人及其他需要营销信息的人。首先,营销信息系统和信息用户进行交互以评估信息需求。其次,营销信息系统与营销环境互动并通过公司内部数据库、营销情报活动、营销调研来开发所需信息。最后,营销信息系统帮助企业分析和利用信息以获取客户洞察,并辅助制定营销决策和管理顾客关系。

三、评估与开发营销信息

(一)评估营销信息

营销信息不仅有助于企业营销部门及其他部门管理者进行市场决策,而且也有助于外部伙伴,诸如供应商、中间商及其他商业服务机构进行商业决策。例如,沃尔玛的零售链系统授权主要供应商获取必要的营销信息,包括顾客的购买模式、储存水平以及在过去的24小时里各家门店销售情况。

有效的营销信息应该满足信息的准确性、及时性、时效性、系统性及经济性。信息准确性是指信息基于事实,这是评价信息最基本的条件。信息及时性是指人们在需要信息的时候就能够拥有必要的信息,及时获得营销信息对营销人员进行决策有着重要作用。信息时效性是指信息都具有一定的时效,过了这段时间信息就不再具有价值或者价值大幅度下降。信息系统性是指与信息使用者相关的信息具有构成的整体性、全面性、运行的连续性、双向性等特点。信息经济性是指在获取信息时要考虑获取信息的成本或代价。

(二)开发营销信息

营销人员可以从内部数据库、营销情报和市场调研中获取或开发所需要的营销信息。

1. 内部数据

内部数据是企业自身的信息。为了有效获得企业内部营销信息，不少企业建立了自己的内部数据库。内部数据是从企业网络的数据资源中收集的关于消费者和市场信息的集合，比如市场部提供有关顾客特征、销售交易和网站访问的信息，顾客部提供有关消费者满意和服务问题的记录，会计部提供有关销售、成本和现金流量的详细记录，生产部提供有关生产计划、装运和存货的情况，销售部提供经销商反馈和竞争对手的情况，渠道合作伙伴提供 POS 交易数据。企业可以利用这些内部信息获得客户洞察，进而增强企业竞争优势。

2. 营销情报

营销情报是指公开可以获得的有关消费者、竞争者及市场发展状况的信息。通过营销情报，企业可以了解消费环境、评估和跟踪竞争对手的行动，从而有效制定自己的营销策略。营销情报的渠道来源主要有消费者、公司员工、竞争对手、互联网调研以及网络热点监测等，其中对竞争对手进行监测是获取企业营销情报的一个重要内容。值得注意的是，营销情报的收集及使用也引起了一系列道德甚至是法律问题。例如，利用"爬虫"技术侵入计算机系统抓取数据，"爬虫"技术不仅违法获取商业信息，而且对服务器造成压力。

【案例 3—4】

"支付宝账单"事件引发疑问

2018 年 1 月 3 日，支付宝公布了一年一度的用户"个人账单"。在账单首页，有一行特别小的字——"我同意《芝麻服务协议》"，并且已经提前点选了"同意"。这份协议的内容，涉及"你允许芝麻信用收集你的信息，并向第三方提供"。这一情况经一位律师在微博上披露后，引发舆论的广泛关注和质疑。

1 月 4 日凌晨，支付宝对于年账单首页《芝麻服务协议》的情况进行了官方说明，表示这件事情肯定是错了，本来是希望充分尊重用户的知情权，让用户知道，只有在自己同意的情况下，支付宝年度账单才可以展示他的信用内容。目前，年度账单首页下方的文字，由"我同意《芝麻服务协议》"改为"同意《在年账单中查询并展示你的信用信息》"；勾选框状态由默认勾选改为默认不勾选；同时点击进入后，跳转页面的内容由《芝麻服务协议》全文改为"授权内容及提示"。

支付宝方面强调，用户的信息安全和隐私问题，同样也是芝麻信用的生命线。用户信息的获取、沉淀、使用和分享，都会在严格遵守相关法律法规的前提下，做到用户知情和同意，做到不过度采集，更绝不会滥用数据。对于此次引发的隐私问题关注，有业内人士认为大众对于自身隐私问题的关注正在觉醒，同时不再是泛泛质疑，而是认真查看隐私协议，了解如何可以关闭授权，真正履行自己知情同意的权利。

思考：大数据时代如何保护个人隐私信息？

3. 市场调研

除了直接获取情报外，企业还需要亲自进行调研，对收集到的原始信息进行整理、分析，形成一个完整的调研报告。市场调研是市场营销的重要活动，只有通过市场调研，才能在营销活动中确立正确的营销目标，制定合理的市场战略与策略，企业营销活动才能达到预期的效果。例如，企业通过营销调研可以帮助决策者评估市场潜力和市场份额，了解顾客满意程度和购买行为，衡量定价、产品、分销和促销活动的有效性。

【深度阅读 3-1】大数据解读《旅行青蛙》崛起之谜(内容扫右侧二维码)。

深度阅读 3-1.docx

第二节　市场调研概述

营销策略的制定需要事先了解企业信息、目标市场信息。只有科学调研，营销策略才有针对性，营销目标才能得以实现。

3-2.mp4

一、市场调研的含义

(一)市场调研的作用

市场调研是指企业针对特定营销问题而进行的设计、搜集、分析数据资料，并提出相关研究结果的市场活动。企业要做出正确的营销决策，必须通过市场调研，准确及时地掌握市场情况，使决策建立在坚实可靠的基础之上。

市场调研对营销决策的重要作用，主要体现在两个方面：一方面，只有通过科学的市场调研，才能发现市场机会，减少市场不确定性，降低企业市场营销决策风险；另一方面，在营销决策实施过程中，企业可以通过市场调研检查决策的实施情况，及时发现决策中的失误和外界条件的变化，为进一步调整和修改决策方案提供依据。

【案例 3—5】

付费阅读市场到底有多大？

大家习惯了互联网的免费，也习惯了去寻找对自己来说"有价值"的东西，比如有人会为了追《太阳的后裔》去购买视频网站会员，也有越来越多的人愿意花钱购买正版电子书。基于这种认知，一些网络平台，如得到、分答、知乎、喜马拉雅 FM 等纷纷进入内容付费领域，在互联网上花钱"买"内容来看或听也并不鲜见。与此同时，愿意为内容付费的用户数也正在不断增长。艾瑞咨询发布的《2016 年中国网络新媒体用户研究报告(简版)》显示，在"2015 年中国新媒体用户付费习惯与意愿统计"中，有 33.8%的新媒体用户已经产生过对新媒体内容的付费行为,有15.6%的用户有付费的意愿但是还没有付费的行为,50.6%的新媒体用户不愿意也不打算为新媒体内容付费,而在 2014 年的调研数据中,有 69.7%的用户不愿意为新媒体付费。2017年2月,36氪付费专栏"开氪"在36氪 App 内正式上线。同一时间,有媒体曝出腾讯也将推出微信公众号付费阅读功能。

讨论:付费阅读市场到底有多大?腾讯推出微信公众号付费阅读,你认为会有市场吗?

(二)市场调研的主要领域

1. 营销环境调研

营销环境调研是市场调研的主要内容之一。营销环境调研的内容主要包括政治和法律环境调研、社会文化环境调研、人口状况调研、经济环境调研、科技环境调研及自然环境调研等。在国内市场愈发饱和之后,很多厂商都选择开拓海外市场,营销环境调研对企业产品进入新市场至关重要。通过对国际手机市场的细致调研,OPPO 在 2009 年就开始了全球布局,并于同年 4 月进入泰国市场。2018 年 1 月 31 日,OPPO 在日本东京举行新闻发布会,宣布正式进军日本市场。OPPO 手机业务在全球已经覆盖了中国、东南亚、南亚、中东、非洲和大洋洲各个区域共计 30 个国家和地区市场。

2. 消费者调研

消费者调研的内容主要包括消费者的购买心理、购买动机以及购买习惯等,调研的目的在于选择恰当的目标市场,制定正确的营销策略。例如,OPPO 手机这些年来一直通过市场调研挖掘并满足消费者的核心需求,积累了丰富的市场拓展经验,赢得了广大用户的认可和喜爱。

3. 市场竞争状况调研

通过市场竞争状况调研,企业可了解自己在市场上所处的地位,以便采取相应的营销策略。市场竞争状况调研的内容包括竞争对象调研、竞争产品调研以及竞争企业市场占有率调研。从游戏行业市场来看,随着企业竞争力的提升和市场准入门槛的提高,客户端网络游戏市场集中度进一步提高,腾讯、网易、盛大、完美、畅游等客户端网络游戏大企业占据显著市场竞争优势地位,市场份额在不断提高。其中,腾讯、网易两家公司2017年第三季度的游戏营收占总体网游市场规模的比重上升至 65.1%,凭借王者荣耀的突出表现,腾讯占整体市场的比重首次超过 50%,进一步拉开与其他厂商的差距。

4. 营销组合调研

营销组合调研主要调研行业内各企业的产品策略、价格策略、渠道策略以及促销策略。在产品策略方面,全面屏设计来临后,各家手机厂商纷纷推出自己的设计方案。全面屏设计的机型虽然屏占比高,看上去视觉冲击力更强,但设计上也有几个难点,比如前置指纹和前置摄像头位置问题。国产手机厂商 Doogee 通过屏下指纹识别技术解决了前置指纹位置难题,通过滑动式前置摄像头设计(类似诺基亚 N97)解决了手机前置摄像头位置难题。

【想一想】你认为屏下指纹识别技术和滑动式前置摄像头技术会不会被竞争对手效仿?

二、市场调研的程序与方法

(一)市场调研程序

市场调研是一项涉及面广、操作复杂的工作，并且有时间要求。为了使整个调研工作能有条不紊地进行，在正式开展市场调研工作之前，必须认真、细致地进行市场调研规划。不同类型的市场调研，内容虽然不同，但从程序来看，都包括调研准备阶段、调研设计阶段、资料收集阶段和分析与总结阶段，如图3-2所示。

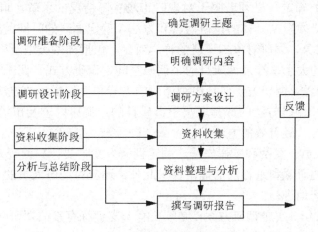

图 3-2 市场调研程序

1. 调研准备阶段

调研准备充分与否，对调研工作和调研质量的影响很大。市场调研准备阶段的主要任务是明确调研主题及调研内容。

调研主题是指某项调研要解决的核心性、关键性的问题，它是市场调研所要解决的具体问题，它说明为什么要做此项调研，通过此项调研要解决哪些问题，通过调研要达到什么目标，体现了市场调研人员的研究思路。例如，某大学学生会进行的一项调研，主题确定为大学生是否超前消费，核心问题是大学生是否超前消费，具体问题是获取大学生消费结构的信息，了解大学生超前消费信息，研究思路可以是随机抽样调研。

调研主题确定以后，要围绕调研主题确定调研内容。调研内容是市场调研的一个重要环节，调研内容界定了问卷或访问提纲的范围，为问卷或访问提纲的编写提供了依据。例如，围绕大学生是否超前消费这个主题，我们可以设定以下调研内容：大学生消费理念、大学生的消费状况、大学生的消费结构、当地物价生活水平、家长每月提供的生活费、大学生课外业余活动情况等。

2. 调研设计阶段

市场调研的计划性是通过调研方案体现出来的。调研方案是整个调研工作的行动纲领，可保证调研工作的顺利进行。设计调研方案，就要对调研工作进行全面规划。市场调研设计一般包括以下主要内容。

(1) 设计调研项目。科学设计调研项目是取得有价值的市场资料的前提和基础。调研项目是指调研过程中所要取得的调研对象的属性、特点、类别、状态、规模、水平等资料，包括定性分析资料与定量分析资料。

(2) 设计调研工具。调研项目设计好后，需要选择反映这些项目的调研工具，如调研提纲、调研表、调研卡片、调研问卷等。

(3) 确定调研空间。调研空间是指调研实施的地区。调研空间的选择要有利于调研目的，有利于资料搜集工作，同时要考虑经济性。

(4) 确定调研时间。调研时间是指调研的开始时间及持续时间。调研是一项时效性很强的工作，调研时间的确定，必须着眼于对现时市场实际情况的了解。调研持续时间与调研方法及规模有关，必须根据具体的调研内容和方法，确定调研的时间跨度。

(5) 确定调研对象。调研对象指调研的样本对象，包括样本类型及样本数量。调研对象多少决定调研范围的大小，涉及调研目的、调研空间、调研方式、调研时间等各方面因素。

(6) 确定调研方法。调研方法包括组织调研的方式和搜集资料的方法，也包括整理和分析市场资料的方法。调研方法的选择取决于调研目的、调研内容及市场状况，调研者须认真比较，选择最适合、最有效的方法。

(7) 落实调研人员、经费和工作安排。制定调研方案时要计算调研人员、经费的数量，并进行落实，这是调研顺利进行的前提条件。此外，还应对调研人员的工作进行合理安排，使调研工作有条不紊地进行。

(8) 组建调研队伍。实施调研方案，必须要有一支训练有素的调研队伍，为此必须做好调研人员的选择、培训和组织工作。

市场调研方案设计好后，还要进行可行性分析，要通过小样本调研试验、专家讨论等检验方法，发现问题，及时修改，尽可能使之科学、合理。

3. 资料收集阶段

市场调研所需的资料，可分为原始资料和现有资料两大类。原始资料是指需要通过实地调研取得的一手资料。现有资料是指通过政府机关、企事业单位或其他机构获得的二手资料。在实际调研中，应当根据调研方案所提出的资料范围和内容，进行原始资料或二手资料的收集。比如，在时间紧、任务重、经费有限的条件下，企业可以通过研究机构或调研公司获取二手资料。此外，有些经济、工商业研究所或调研咨询公司经常发表有关市场调研报告和专题评论的文章，从中可以获得大量的二手资料。

4. 分析与总结阶段

这一阶段的主要任务是资料整理分析和撰写调研报告。

(1) 资料整理与分析。市场调研所获得的大量信息往往是分散的，必须对所收集的调研资料加以整理和分析，这样才能客观地反映被调研事物的内在联系。首先，要检查资料有无重复或遗漏之处，有关数据相互之间是否有矛盾。其次，要把经过核实校正的资料，按照调研方案的要求，归入适当的类别，并做成各种统计表和统计图。最后，要采用数理统计方法，运用 SPSS、SAS 等软件对数据信息进行多变量分析，找出变量之间的相互关系。

(2) 撰写调研报告。撰写调研报告是整个市场调研活动的最后阶段。调研报告建立在客观数据分析的基础之上，是对市场调研工作的书面总结，它将整个调研项目的工作过程和工作成果以书面的形式呈现给营销决策者,并作为营销决策的依据。

(二)市场调研方法

市场调研方法主要包括抽样方式和资料采集方式。抽样方式可根据实际调研情况采用,一般采取随机抽样。资料采集方式主要有访问法、观察法、实验法与文献法。

1. 访问法

访问法是通过询问的方式向被调研者收集资料的方法。其特点是与被调研者保持直接联系,因而可获得较为全面准确的调研资料。采用访问法进行调研,调研者可以把所需收集的资料或所需了解的问题事先设计成问卷的形式,向被调研者询问。在市场调研中常用的方式有入户访问、拦截访问、置留问卷调研、邮寄调研、电话调研、网上调研等。

2. 观察法

观察法是通过观察被调研者的活动取得第一手资料的调研方法。市场调研人员直接到商店、商品展销会、订货会、商品博览会等消费者集中的场所,采用耳听、眼见的方式或借助照相机、录音机、摄像机或其他仪器,把被调研者的活动、行为等真实地记录下来,从而获得重要的市场信息资料。观察法运用得比较广泛,经常用来了解判断商品资源、顾客状况、顾客流量、营业状况及企业商品库存状况等。

【案例 3—6】

利用 Wi-Fi 探针一站式解决商圈客流量监测

尼尔森网联户外媒体监测解决方案最为直观的应用之一是通过 Wi-Fi 探针监测设备,实时了解商铺客流情况,根据总体客流量与实时客流情况,绘制商铺实时客流视图,通过人流走势、波动情况。在客流量监测的基础上,Wi-Fi 监测设备还可以根据信号值强弱绘制客流热点/热区图,基于多台设备信号强度进行用户行为轨迹还原与行走路径分析,以及驻足频次与停留时长,了解用户注意力分配与兴趣热点。此外,Wi-Fi 监测设备还可以记录商铺会员手机 MAC 地址,并将 MAC 地址与尼尔森网联后台大数据标签匹配系统进行匹配,分析商铺会员消费倾向。

思考:Wi-Fi 探针在市场调研方面还有哪些应用?

3. 实验法

实验法是在给定条件下,通过实验对比,对市场经济现象中某些变量之间的因果关系及其发展变化过程,加以分析的一种市场调研方法。实验法源于自然科学的实验求证法。该法的应用范围很广,如产品在改变款式、包装、价格、市场策略等因素时,可以先用实验法进行小规模的实验性测试,以调研市场的反应,然后再分析研究这种改变是否值得大规模推广。

4. 文献法

文献法是利用各种文献、档案资料进行的调研活动。文献法包括两方面的内容:一是从文献档案资料(包括公开资料和未公开资料)中检索出有用的资料；二是不断地搜索新的有关文献资料。文献调研可以为企业市场策略制定提供必要的信息，同时也为实地调研打下基础，不仅可以节约大量的调研费用，而且节约调研时间。

【深度阅读3-2】一堆产品资料如何15分钟挖出王牌卖点？(内容扫右侧二维码)

深度阅读3-2.docx

3-3.mp4

第三节 市场调研方案

一、市场调研方案概述

市场调研方案是指在正式调研之前，根据市场调研的目的和要求，对调研的各个方面和各个阶段所做的通盘考虑和安排。市场调研方案是否科学、可行，直接关系到整个市场调研工作的成败。一般来说，完整的调研方案包括前置、主体和附录部分。如果是一个小型调研项目，可能只有主体部分，而没有前置和附录部分。

(一)前置部分

前置部分包括封面、摘要和目录。

1. 封面

封面要求显著标明调研方案的标题，而且应当遵循委托方的规定采用相应的规范和版式。封面的元素至少包括标题、调研方案提交日期和项目承担机构及负责人。一般来说，调研方案的标题要将调研主题明确具体地表示出来，可采用主、副标题形式。主标题用来说明市场营销决策问题，副标题用来说明具体调研问题，如《扫地机器人产品上市调研方案——华北地区市场消费者购买倾向》。

2. 摘要

摘要是以简洁的文字对调研方案全文加以说明的文字，至少包括项目概述、问题描述和问题处理。项目概述首先描述项目背景、市场调研主题的来源及营销决策问题；其次还要明确具体市场调研问题，如市场调研人员要获取哪些信息；最后还要界定调研目的，指明在调研中要解决哪些问题，通过调研取得什么资料，取得这些资料有什么用途等。

3. 目录

目录是对调研方案内容和结构的说明，应列出调研方案主要部分的标题及其对应的页码。目录的层次结构应当清晰、分明，包含并体现主要内容。

(二)主体部分

主体部分是调研方案的核心，主要包括以下内容。

1. 调研目的

根据市场调研主题，在调研方案中列出市场调研的具体目的和要求。调研目的应明确调研所要解决的问题，为什么要调研，调研能取得什么样的数据，这些数据有什么用途，调研结果能产生什么实际效益或价值。例如，某机构做的校园外卖业态满意度调研方案，其调研目的为"了解学生消费群体这一外卖市场的具体需要，解决外卖质量信任危机问题；了解校园外卖市场及其发展方向，找到信任危机的根源，提高校园餐饮外卖的消费者满意度"。

2. 调研内容

调研内容是收集资料的依据，是为调研主题服务的，可根据调研目的确定具体的调研内容。例如，调研消费行为时，可按消费者购买、使用、使用后评价三个方面列出调研的具体项目。调研内容要全面、具体、条理清晰，调研内容的关键属性要能反映调研目的。

【案例 3-7】

联合利华 Surf 洗衣粉的失败调研

联合利华公司的冲浪超浓缩 Surf 洗衣粉在进入日本市场前，做了大量的市场调研。Surf 洗衣粉的包装经过预测试，设计成日本人装茶叶的香袋模样，很受欢迎；调研发现消费者使用 Surf 洗衣粉时，方便性是很重要的性能指标，于是产品又进行了改进。同时，消费者认为 Surf 洗衣粉的气味也很吸引人。联合利华就把"气味清新"作为 Surf 洗衣粉的主要诉求点。可是，当产品在日本全国导入后，发现市场份额仅能占到 2.8%，远远低于原来的期望值。问题出在哪里呢？问题一：消费者发现那么好的 Surf 洗衣粉在洗涤时难以溶解，原因是日本当时正在流行使用慢速搅动的洗衣机；问题二："气味清新"基本上没有吸引力，原因是大多数日本人是露天晾衣服的。可见，Surf 洗衣粉进入市场时实施的调研设计存在严重缺陷，调研人员没有找到日本洗衣粉销售中应该考虑的关键属性，而提供了并不重要的认知——气味清新，导致了对消费者消费行为的误解。

思考： 从上述案例中我们可以汲取什么教训？

3. 调研对象

调研对象一般为消费者、零售商、批发商。在以消费者为调研对象时，要注意到有时某一产品的购买者和使用者不一致，如对婴儿食品的调研，其调研对象应为孩子的母亲。此外还应注意到一些产品的消费对象主要针对某一特定消费群体或侧重于某一消费群体，如对于化妆品，调研对象主要选择女性；对于酒类产品，其调研对象主要为男性。

4. 调研地区

调研地区范围应与企业产品销售范围相一致，当在某一城市做市场调研时，调研范围应为整个城市。但由于调研样本数量有限，调研范围不可能遍及城市的每一个地方，一般可根据城市的人口分布情况，在城市中划定若干个小范围区域进行调研。

5. 调研进度

调研进度是调研活动进行的时间安排，是检查调研活动进展情况的依据。调研策划者在制定调研进度时，不仅要考虑到客户的时间要求，还要考虑到调研的难度和完成调研的可能性。调研进度一般体现为调研进度表。制定调研活动的进度表，一般要考虑各项工作完成所需的时间，如问卷设计印刷、抽样实施、访问员的招聘和培训、预调研、问卷修改与印刷、调研实施、资料的整理和统计、数据分析、报告的撰写修改和制作等。

6. 调研技术

调研技术包括量表技术、问卷技术及抽样技术。

(1) 量表技术。量表是测量不可观测变量的工具。例如，测量"消费者购买倾向"，是要测量消费者对某种营销措施(如广告、促销等)的心理反应，用于描述消费者购买产品的可能性。消费者看完广告后要求回答"我对购买该产品的想法是什么"，答案为"不想购买""有点想购买""马上想购买"三个选项中的一个。我们可以为这三个选项分别指派数字1、2、3，用数字的大小来量化表达某个消费者看完广告后的购买倾向。

(2) 问卷技术。收集调研信息的工具包括调研问卷、调研表及访谈提纲等，其中问卷技术是获取调研信息最常用的工具。调研问卷设计质量直接影响到市场调研的质量。

(3) 抽样技术。依据统计学原理，调研人员通常是从总体消费群体中抽取一小部分样本进行研究，然后得出关于总体的结论。抽样调研要考虑三个关键因素：首先，调研对象是谁(抽样单位)；其次，应调研多少人(样本规模)；最后，还要考虑如何选取样本(抽样程序)。

7. 调研费用

调研费用因项目不同差异很大，一般来说，调研所要支出的费用项目包括印刷费、方案策划费、问卷设计费、抽样设计费、差旅费、邮寄费、访问员劳务费、受调研者礼品费、统计处理费、报告撰写制作费、电话费、交通费、服务费、杂费及税收。

(三)附录部分

对不适合放在调研方案主体部分的资料可放附录部分进行说明。例如，调研问卷样例、复杂的调研技术说明以及调研涉及的参考文献等。

二、市场调研工具

市场调研工具包括调研问卷、调研表及访谈提纲等多种形式，其中调研问卷是最常用的调研工具。现代问卷调研始于20世纪30年代，调研问卷在市场营销、管理学及社会科学研究中得到了广泛应用。

(一)调研问卷概述

调研问卷是调研者根据调研目的和要求并以一定格式设计的用来收集所需信息的一种调研工具。调研问卷设计是整个调研工作一个极为重要的环节，其设计质量的好坏直接影响调研结果是否全面、准确与可靠。

调研问卷应能过滤适当的调研对象。基于收集信息的目的进行问卷调研时，访问员不能事先判断受访者是否属于本次调研的对象。例如，当对"中等收入"人群的啤酒消费的品牌进行调研时，调研工作者并不知道哪些人属于"中等收入"。此时，将问卷的第一个问题设计成"高、中、低"三个收入区间，这样就能获得符合要求的样本。

调研问卷应能保障收集信息的质量。一致性是调研质量的一个重要的衡量标准，它要求每个问题应当得到被调研者的一致理解，同时受访者对同一个问题的回答在不同情境下保持不变。调研问卷应作为调研工作的原始记录而存档。

(二)调研问卷的结构

完整的调研问卷结构通常包括卷首部分、主体部分及结束部分。

1. 卷首部分

卷首是调研问卷的前置部分，包括标题、问候语及填写说明等内容。

(1) 标题。问卷的标题应该用中性词语陈述调研内容，如"2019年哈工大大学生数码产品使用现状调研"。标题的长度一般不要超过20个字。标题不要使用带有敏感性或者倾向性的词汇，否则会影响被调研者的态度，例如，"2019年是否购买国产汽车的调研"就具有明显的倾向性，建议修改成"2019年国产汽车消费调研"。

(2) 问候语。问候语是指写在问卷开头的一段话，调研者可通过问候语向被调研者说明调研的机构、调研的目的、内容和范围以及调研对象的选取方式，并表示对被调研者的感谢。

【案例 3—8】

调研问卷问候语示例

××女士/先生：

您好！

我是××调研公司的访问员，我们正在进行一次关于智能家居产品在家庭中使用情况的市场调研，您是我们随机选取的幸运调研对象之一。为表达我们的谢意，调研结束后，您将得到我们赠送的一个U盘。调研也许会涉及您的隐私，但这只用于研究，不会泄露给任何单位或任何个人。您的意见无所谓对错，只希望您真实地反映客观情况。我们只占用您宝贵的十分钟。谢谢！

(3) 填写说明。填写说明用来向被调研者介绍填写调研问卷的一些要求，像问卷的填写方式及注意事项等。例如，"请按题目的要求用黑色笔填答，并在合适选项上画〇"。此外，回收问卷的方式和时间等具体事项也要说明。

2. 主体部分

主体是问卷的核心，由一系列问题及备选项构成。问卷主体前部一般设为一组背景问题及选项，主要记录被调研者的一些特征，如年龄、性别、文化程度、职业、收入、教育背景、婚姻状况、家庭情况等。这部分问题要根据调研需要有所选择。

问卷主体在形式上分为开放式问题和封闭式问题两大类。

(1) 开放式问题。不为回答者提供具体的选项，而由回答者自由回答，这类问题称为开放式问题。开放式问题允许回答者充分自由地发表自己的意见，不受限制，因而回答往往是最真实、最自然的。例如问："你喜欢什么类型的微信公众号？"

(2) 封闭式问题。在提出问题的同时，还给出若干个可供选择的选项，供回答者根据自己的实际情况从中选择回答，这类问题称为封闭式问题。封闭式问题的主要优点是回答者填写问卷方便，所需时间和精力也少，同时便于统计处理和定量分析。封闭式问题的选项又分为单选项和多选项。

3. 结束部分

在问卷最后一般要设计一个结束语，主要包括致谢和礼品签收等内容。有的调研问卷也可以列一个包含问卷编号、访问员编号、审核员编号、调研时间与调研地点等信息记录。

(三)调研问卷设计要点

1. 相倚问题的处理

在问卷设计中，经常遇到有些问题只适用于样本中的一部分调研对象，而且某个被调研者是否需要回答这一问题，常常要依据他对前面问题的回答结果而定，这样的问题，称为相倚问题。前面的那个问题叫作过滤问题或筛选问题。被调研者是否应该回答相倚问题，要看他对前面的过滤或筛选问题的回答而定。比如，对于过滤问题"您平时是否上网？"有两种可能的回答：上和不上。而相倚问题"您每次上网时间有多长？"只适合"平时上网"的那一部分被调研者。相倚问题可以考虑采用分叉调研，如回答"是"者按正常顺序进行，回答"否"者从第 5 题开始答。

2. 备选项设计要求

备选项是封闭式问题设计的关键。如何列举备选项关系到被调研者能否回答，能否容易回答，还关系到问卷资料价值的大小。

(1) 备选项应具有穷尽性。列出的备选项应包括所有可能的选项，不能有遗漏，更不能使被调研者无选项可答。如果备选项不能穷尽的话，一般在最后加上"其他"选项。

(2) 备选项之间应具有互斥性。列出的备选项之间不能相互重叠或相互包含，如两个备选项分别为"父亲"和"爸爸"这属于备选项重叠；两个备选项分别为"家长"和"父亲"，这属于包含。另外需要注意的是，单项选择选项不能出现被调研者可以填多于一种备选项的情形。

3. 问题的数目和顺序

问题的数目和顺序，也是问卷设计时要考虑的问题。问题数目的多少，决定着整个问卷的长短。一份问卷，究竟应该包含多少个问题合适，主要依据研究的内容、样本的性质、分析方法等多种因素而定，没有统一的标准。但是总的来说，问卷不宜太长，问题不宜太多，一般以回答者能在 20 分钟内完成为宜。

问题的前后次序及相互间的联系，会影响到被调研者对问题的回答，甚至影响到调研的顺利进行。有关问题的顺序，一般来说，有下列规则：被调研者熟悉的、简单易懂的问题放在前面；能引起被调研者兴趣的问题放在前面；开放式问题一般放在问卷的结尾部分；

总体上按照"行为—态度"的逻辑顺序编排。

4. 提问的技巧

同样的问题,提问方式不同,所产生的效果也会不同。因此,要设计出意思清楚、便于回答、便于统计的问卷,必须注意提问的技巧。

(1) 提问内容要尽可能短而明确。例如,"您对苹果 Apple Watch 是否感到满意?"上述问题不够具体、明确,也不易达到所要调研的目的。到底是对 Apple Watch 的质量、外观、体验还是售后服务,或是其他方面是否满意,问句没有表达清楚。

(2) 明确问题的界限和范围。例如,"你最近一段时间内都听过什么歌?"在上述问题中,"一段时间"的说法不明确,"听过的歌"又太笼统。可改为:"最近一周,你最爱听的歌是哪首?"这样就明确具体了。

(3) 一项提问只包含一项内容。例如,"你觉得这款手机的拍照性能和续航性能怎么样?"上述提问中涉及了两个问题,这种提问不合适。

(4) 避免诱导性提问。诱导性提问会干扰被调研者的正常回答,使调研信息失真。例如,"苹果 iPhone11 手机是成功人士的选择,你会选择吗?"上述问句容易将答案引向肯定,因为不选择就不会是成功人士,从而造成信息偏差。

(5) 避免直接提出敏感性的问题。对于年龄、收入等隐私问题最好采用间接的提问方式,如不要直接询问"您今年多大年纪了""您收入多少",最好是设定个年龄段或收入段让被调研者在给定的范围内进行选择。

(6) 避免否定形式的提问。否定形式的提问不够直接、明了,会影响被调研者的思维,给被调研者带来一些困惑,或者容易造成被调研者相反意愿的回答或选择。例如,"你不认为××产品的质量不是很好吗?"就是否定形式的提高,应改成:"你认为××产品的质量好吗?"

【深度阅读3-3】市场调研问卷参考模板(内容扫右侧二维码)。

深度阅读3-3.docx

3-4.mp4

第四节 市场调研报告

市场调研的最后一项工作是撰写调研报告。市场调研工作的成果体现在调研报告中,因此,市场调研报告是企业制定市场营销策略的依据。

一、市场调研报告概述

(一)市场调研报告的含义

市场调研报告是以一定格式撰写的能反映市场信息,得出调研结论并给出调研建议的文书,是市场调研活动的最终结果。在市场营销调研活动中,通过调研策划、收集市场信息,并对所收集到的市场信息进行加工处理,最终形成调研报告,企业以此作为市场行动决策的依据。市场调研报告的质量是整个市场调研项目质量的重要标志。

(二)市场调研报告的撰写要求

1. 语言简洁

营销人员阅读调研报告的目的是为了快速了解市场信息,或者将调研报告的结论作为决策参考。因此,调研报告的语言应当简明易懂,尽量少用或不用晦涩的术语。

2. 结构严谨

调研报告应当反映整个调研活动的科学性和逻辑性,应当清楚地体现各个组成部分之间的逻辑关系。各部分应当连贯并形成一个诸如界定问题、收集信息、分析数据和产生结论这样的完整研究思路。

3. 内容全面

调研报告应当回答一些必须回答的问题,包括为什么要进行调研,采用什么具体方法进行调研,通过调研数据分析得到了什么结论,报告提出了什么建议。这些问题必须在调研报告中有明确的答案。

4. 资料齐备

调研报告给出的调研结论离不开各种资料的支撑,如问卷、访谈记录等。各种资料应当留有清单以备查看。调研报告应包含证明或者支撑调研结论的资料。

5. 结论明确

调研报告中最重要的内容是调研结论和建议,因此不能使用模棱两可的结论,要客观地陈述调研所发现的事实。调研结论应当有大量的调研资料作支撑,调研资料要和调研结论相统一,不要出现调研资料和结论相矛盾的情况。

二、市场调研报告的撰写

完整的市场调研报告一般包括前置、调研背景、研究思路、调研方案设计、调研数据分析、调研结果、局限说明、结论和建议以及附录等部分。

(一)前置

1. 封面

封面通常包括调研报告标题、调研人员或组织的相关信息、委托方的信息、报告完成日期等内容。调研报告的标题可以根据调研内容概括一句话,例如,"2019年西安市如家连锁酒店入住满意度调研报告"。封面设计要考虑委托方的要求,版面要具有权威性和严肃性,不要太花哨。

2. 目录

目录详细列明了调研报告各个组成部分的名称和页码。目录应根据项目的复杂程度和任务多少来安排结构,不宜过长,尽可能集中在一页。

3. 摘要

摘要用来概括性地说明调研活动的主要成果,通常为高级管理人员快速而宏观地把握调研结果而写,必须清楚简明地叙述调研的核心和要点。摘要主要概括调研问题、调研目标、调研方法、调研设计以及调研结果、调研结论和主要建议。

(二)调研背景

调研背景用于说明调研需求或者展开调研的原因,要讲清楚调研工作是如何依据背景资料来界定营销决策问题和具体调研问题,并明确地提出调研目的。通常先交代调研项目的背景资料,然后叙述如何与决策者和业内专家展开讨论,再论述如何基于二手数据或定性分析来考察与决策问题相关的种种因素,最后引申出调研目的。

(三)研究思路

研究思路部分叙述解决市场调研问题的研究思路、调研范围、调研方式和调研内容。通常先给出研究的理论模型,然后论述调研中涉及的假设、问卷、代表性样本和分析模型。

(四)调研方案设计

调研方案设计这一部分叙述解决问题所需的信息、二手资料的收集、一手资料的收集、测量技术、调研方法、抽样技术和现场工作等内容,是前期调研方案内容的浓缩。

(五)调研数据分析

调研数据分析这一部分叙述资料分析计划与分析技术,即如何运用定量分析或定性分析,具体应用哪些分析技术对调研资料展开研究。

(六)调研结果

调研结果是报告的重点,需要给出详细的分析过程和推导依据。应明确给出主要的成果,细节可以用图表来阐明。

(七)局限说明

局限说明这一部分叙述调研工作中存在的局限性。需要说明调研过程存在的不足,资料收集过程存在的问题,并简单讨论这些问题对最终结果的可能影响。

(八)结论和建议

结论和建议是营销管理者进行决策的依据。结论建立在调研分析的基础上,应具有可行性;建议基于结论而得出,应具有可操作性。结论是对营销决策问题的回答,是对调研目标的响应;建议是在结论的基础上经过逻辑演绎推导出来的可行性措施。

(九)附录

调研过程往往涉及问卷、原始数据表、公式等,它们通常作为附录出现在报告的结尾。

如果报告主体有大量引用，如数据来源、网站、以往的研究、期刊、图书、年鉴等，则需要将这些内容以参考文献的形式列在附录里。

三、市场调研报告撰写的注意事项

(一)必要的文献综述

调研报告离不开对某些构念的讨论，需要给出必要的文献综述，但文献综述并不是简单地罗列。调研报告中出现的文献综述可以选用下面的研究方法。

1. 简单描述法

描述营销决策问题和市场调研问题的总体概况，过去对这个营销决策问题和市场调研问题的观点，做过哪些市场调研，发现了哪些关系，这些探索有哪些共同点和不同点。

2. 追溯历史法

如果对一个问题的研究有显著的时间特色，随着时间变化产生过不同流派，则可以考虑采用这种方法。它可以勾画出研究者对这个问题的回答是如何发展和演变的，这种变化的历史背景和原因是什么。

3. 分门别类法

根据研究者感兴趣的方面，将过去的文献分为几大类，将相同的放在一起进行归纳。例如，可以根据过去研究者解释一个现象的理论视角进行分类，这样可以看出这个现象曾经从哪几个角度研究过；如果你关注的是研究方法，那么可以按照研究者过去使用的研究方法来进行分类。

(二)重视报告对象

调研报告是为特定人员而写的，通常是委托方的营销管理人员。报告的写作和演示要考虑他们的技术水平，明确他们的兴趣所在，知道他们在什么场景中阅读报告、听取演示，以及他们是如何利用报告的。报告应尽可能使用叙述性的语言，避免过多地使用专业术语。

(三)体现逻辑性

调研报告应当在结构上具有逻辑性。报告应当按逻辑关系安排各种资料，各部分的内在联系应一目了然，不能让人费解。逻辑性意味着报告中各章节富有条理、内容顺畅。要满足这一要求就需要调研报告在整体上遵循营销决策问题、市场调研问题、研究方法、研究方案、数据收集、数据分析和结论建议的主线。

【深度阅读3-4】普华永道《2017消费者隐私信息保护调研》(内容扫右侧二维码)。

深度阅读3-4.docx

第三章　营销信息分析

本章小结

为了创造顾客价值并与这些顾客建立有意义的关系，企业必须深入洞察顾客的需要和想法，而这些顾客洞察来自于市场营销信息。企业经营决策离不开各类市场营销信息，市场营销信息是制定企业经营决策的重要依据。

市场调研是指企业针对特定营销问题而进行的设计、搜集、分析数据资料，并提出相关研究结果的市场活动，包括调研准备阶段、调研设计阶段、资料收集阶段和分析与总结阶段。市场调研方法主要包括抽样方式和资料采集方式。抽样方式可根据实际调研情况采用，一般采取随机抽样。资料采集方式主要有访问法、观察法、实验法及文献法。

市场调研方案是指在正式调研之前，根据市场调研的目的和要求，对调研的各个方面和各个阶段所做的通盘考虑和安排。市场调研报告是以一定格式撰写的能反映市场信息，得出调研结论并给出调研建议的文书，是市场调研活动的最终结果。

思考与练习

一、选择题

1. 营销信息具备(　　)等特征。
   A. 不确定性、复杂性、多样性　　　B. 确定性、复杂性、多样性
   C. 不确定性、简单性、多样性　　　D. 不确定性、复杂性、单一性
2. 大数据具有(　　)等四大特征。
   A. 海量的数据规模、快速的数据流转、多样的数据类型和价值密度高
   B. 海量的数据规模、快速的数据流转、多样的数据类型和价值密度低
   C. 海量的数据规模、慢速的数据流转、多样的数据类型和价值密度低
   D. 海量的数据规模、快速的数据流转、单一的数据类型和价值密度低
3. (　　)框架主要由三部分构成：信息搜集、信息分析与洞察应用。
   A. 市场调查　　　B. 市场调研　　　C. 客户信息　　　D. 客户洞察
4. 营销信息系统(MIS)是由营销信息评估、营销信息开发及营销决策而组成的(　　)复合系统。
   A. 信息　　　B. 人与程序　　　C. 程序　　　D. 调查
5. 有效的营销信息应该满足信息的准确性、及时性、(　　)。
   A. 时效性、系统性及经济性　　　B. 现实性、系统性及经济性
   C. 时效性、必要性及经济性　　　D. 时效性、系统性及可靠性
6. 市场调研是指企业针对特定营销问题而进行的设计、搜集、分析数据资料，并提出(　　)的市场活动。
   A. 调研方案　　　B. 市场真相　　　C. 调研问卷　　　D. 相关研究结果
7. (　　)是指某项调研要解决的核心性、关键性的问题，它是市场调研所要解决的具体问题。

A. 调研主题　　　B. 调研方案　　　C. 调查问卷　　　D. 调研结论

8. 利用 WiFi 探针一站式解决商圈客流量监测的调查方式属于(　　)。

A. 访问法　　　B. 观察法　　　C. 实验法　　　D. 文献法

9. (　　)是指在正式调研之前,根据市场调研的目的和要求,对调研的各个方面和各个阶段所做的通盘考虑和安排。

A. 市场调研问卷　B. 市场调研报告　C. 市场调研方式　D. 市场调研方案

10. 以一定格式撰写的能反映市场信息,得出调研结论并给出调研建议的文书是(　　)。

A. 市场调研问卷　B. 市场调研报告　C. 市场调研提纲　D. 市场调研方案

二、名词解释

顾客洞察　大数据　市场调研　市场调研报告

三、问答题

1. 营销信息具有哪些特征?
2. 如何利用营销信息进行客户洞察?
3. 简述市场调研的程序。
4. 完整的市场调研方案都由哪些内容构成?
5. 问卷设计应注意的要点有哪些?
6. 市场调研报告包含哪些内容?

四、讨论题

1. 大数据时代如何保护个人隐私信息?
2. 大数据为市场营销者带来了哪些机遇和挑战?

五、案例分析

互联网家装市场调研方案

一、调研背景

近年来,家装行业出现前所未有的互联网热潮。中商产业研究院发布的《2016—2021年中国互联网家装行业市场分析及投资前景咨询报告》指出,在经历了长达 9 年的探索期(2003—2011 年)后,中国互联网家装的市场规模从 2012 年开始加速增长,2014 年市场规模达到 1197 亿元人民币,2015 年年底突破 1500 亿元大关,2016—2020 年增长比率仍将维持在 36%左右,互联网家装发展潜力巨大。

互联网家装利用互联网技术,通过 O2O 模式将复杂的家装流程标准化、集约化,为家装用户提供包含设计、建材、施工、家具、家电、软装配饰等在内的一站式家装服务,能在一定程度上规避传统家装过程不透明、价格虚高等问题。

二、调研目的

本次调研的宗旨在于:了解消费者对互联网家装市场的认知;了解消费者对互联网家装的消费心理和消费习惯;了解消费者选择互联网家装公司的重要指标是什么及各指标的权重;了解本地各互联网家装公司的经营情况;知道各互联网家装公司的优劣势。通过了解本地互联网家装消费状况,以及竞争对手的市场定位,找出互联网家装市场的空白点,为 XSMATE 家装公司制定一个有针对性的、科学周密的互联网市场开发方案提供翔实的市场数据。

三、调研内容

互联网家装市场主流消费者的特征(包括职业、年龄、文化程度和经济收入);互联网家装消费者的消费动机;互联网家装消费者的消费行为特点;消费者获知互联网家装公司的信息来源;消费者对互联网家装公司的认知情况;消费者对传统家装公司的态度;现有各大家装公司的经营情况、市场营销策略。

四、调研方法

采取互联网调研、入户访问、店堂观察与深度访谈相结合的方式进行。

互联网调研采取在本地有影响的门户网站进行有奖调研形式。入户访问即派专业调研员拿着事先设计好的问卷到指定区域直接进入样本家中获取信息。店堂观察也是由调研员拿着事先设计好的观察方案到各主要家装公司进行观察,由调研员通过观察被调研对象而获得信息。

此次调研在本地进行,调研对象为 24 岁以上、有较大消费能力的常住本地居民。由于该研究为描述性研究,所以决定采用配额抽样方法进行抽样。确定样本总量为 2000 人,其中线上 1000 人,线下 1000 人。线上采取随机抽样形式,线下按年龄层次和性别比例分配名额,样本结构如表 3-1 所示。

表 3-1 线下样本结构表

年龄	24~30	31~40	41~50	51~60	60 以上	合计
男	150	150	80	70	50	500
女	150	150	80	70	50	500
合计	300	300	160	140	100	1000

线下调研实施分散在市内有代表性的地点进行(预计抽选 20 个)。线下调研实施过程分三步进行。

第一步是对所有被抽到的 1000 个样本均由访问员采用面对面的问卷访问,目的是获得调研内容的前三个方面的资料。

第二步是调研员直接到市内各家居市场进行观察,由调研员通过观察被调研对象而获得信息。

第三步是对经第一步调研确定的"家装消费者"做深入的访问调研,以期获得调研内容后三个方面的资料。所谓"家装消费者"是指最近 6 个月内装饰的消费者。

执行访问的访问员为本地某高校传播学院市场专业三年级学生,他们均接受过市场调研和新闻采访训练。每一调研实施地点由两名访问员执行访问,共 40 名访问员。

资料的统计处理在计算机上进行。

五、作业进度表

方案得到认可之日起,30 天内完成全部调研工作,并提交调研报告。具体安排见表 3-2。

表 3-2　作业进度表

日　期	完成的作业	备　注
1~5	问卷初稿设计	
6~8	预调研	
9~10	问卷修正印刷	
11~17	调研实施	
18~21	资料统计处理	
22~30	撰写调研报告	
31	报告打印	

注：日期从本方案被认可的下一天算起。

六、结果的形式

本调研的结果形式是调研书面报告，内容包括：引言、摘要、调研目的、调研方法、调研结果分析、市场开发策略、市场策略、营销策略及媒体组合、附录九个部分。

讨论：

1. 查阅相关统计学资料，了解一下什么是配额抽样方法。该方法如何具体实施？
2. 请你结合本案例，为此次调研活动设计一份调研问卷。

实 训 项 目

一、实训目的

(1) 掌握市场调研的概念、程序、方法，培养学生分析问题与解决问题的能力。
(2) 掌握调研报告的撰写内容与要求，培养学生撰写调研报告的能力。
(3) 培养学生团队合作及沟通能力。

二、实训内容

1. 资料

在很多中国人眼中，巧克力几乎成了高热量、高糖量、不健康的代名词，吃多了会发胖。他们出于对健康或体重的担忧，倾向于选择更健康和天然的零食，而非放纵自己尽情享用巧克力，这导致了巧克力销售量在中国市场的下滑。经济环境的低迷也导致了零售业客流量的减少，给依靠大众消费渠道的德芙、好时以及费列罗等巧克力厂商带来了巨大挑战。2017 年 2 月初，美国最大的巧克力制造商好时(Hershey Company)发布的 2016 年第四季度财报显示，其净利润由去年同期的 2.28 亿美元降至 1.17 亿美元，同比减少近一半。去年好时在中国的销售额下跌了 4%，前两季度也处于下降状态。根据智研咨询发布的《2016—2022 年中国巧克力市场运行态势及投资战略研究报告》，中国巧克力市场人均消费量远低于世界水平，从 2015 年起，巧克力的销售额开始呈下降趋势，截至 2016 年，中国巧克力零售量总体下降 4%。然而，Godiva、Lindt 等超高端品牌则出现了相反的情况。以价格定位更高的 Lindt 为例，市场调研公司英敏特的报告显示，该公司全球销售额 2015 年比 2014 年同期大增 48.3%，而在北京、上海等一线城市 Godiva 的零售店也遍地开花。

事实上，巧克力中的确含有不少脂肪，但是不同原料提供的脂肪对人体的作用不一样。相较于可可脂，一些巧克力中添加的单糖类、植物油、代可可脂等才是发胖的元凶。食用纯正的巧克力对健康有一定的益处。有研究显示，每周吃一次巧克力的人患糖尿病的风险更低，并且在四五年后被诊断患上糖尿病的风险也更低。此外，有实验表明黑巧克力具有一定的降血压效果。

尽管中国人对巧克力表现出的热情度在降低，但国际大品牌依然看好中国市场未来所具有的潜力，纷纷在中国建厂：2015 年 9 月，全球第三大巧克力制造商费列罗在杭州拥有首个在华生产基地；同年 12 月，雀巢将定位中高端的巧克力品牌奇巧通过在国内生产、国内销售的方式引入我国市场；2016 年 12 月，刚刚进入中国市场的德国亿滋国际旗下巧克力品牌妙卡(Milka)也计划头 3 年在我国市场投资超过 1 亿美元，用于建造位于苏州的巧克力生产线。

2. 任务

(1) 根据以上调研数据，你会得出什么样的结论？你认为国内巧克力市场还有没有扩展的空间？

(2) 为什么在大多数巧克力厂商销售萎靡的情况下，个别品牌厂商会逆势而上？

(3) 根据调研信息，撰写一份情人节巧克力销售调研报告。从巧克力销售调研报告来看，对于各品牌巧克力生产厂商来说，会有怎样的销售困境与销售机遇？

3. 要求

(1) 市场分析要以事实为依据。

(2) 市场调研报告撰写内容要完整。

(3) 要从不同品牌角度分析企业销售困境与销售机遇。

三、实训组织与实施

(1) 将班级成员划分为若干组，每组人数控制在 4~6 人，每组选出组长 1 名。

(2) 阅读实训材料并查阅有关数据，对获取的数据进行分析、讨论，从数据中找出隐含的市场信息。

(3) 在讨论的基础上撰写《巧克力市场调研报告》小组实训报告。

(4) 各小组选出一名代表就讨论结果进行发言，每组发言控制在 10 分钟之内。

(5) 教师进行总结及点评，并为各组实训结果进行打分。

第四章 购买行为分析

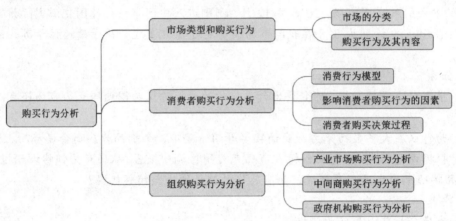

　　本章共分三节，分别介绍了市场类型和购买行为、消费者购买行为分析及组织购买行为分析。

　　通过本章的学习，要求学生认识消费者市场和组织市场的含义及特征，掌握影响消费者市场和组织市场购买行为的因素，了解消费者市场和组织市场的购买决策过程。

大学生的钱都去哪儿了？

　　随着城镇居民生活水平的提高，大学生群体购买力也有了很大的提高。作为一个特殊的消费群体，大学生在消费观念、消费行为方面也发生了变化。大学生走在时代的前沿，他们追求时尚，享受潮流，体现了最流行的消费观。

　　有数据显示，在月伙食费占整体开销比重上，男生女生情况相似，但男生要稍高一些。有近七成男生每月超过一半的钱都用在吃上了，而同样情况的女生不到一半。但有五成大学生在饮食上的花费占到了生活费的一半以上。除了伙食费之外，大学生在服饰方面花费最多，并且表现出明显的品牌偏好。男生一般青睐于运动品牌，以及新潮数码产品、互联网游戏等，在外出游玩上花费也较多；女生具有强烈的爱美之心，大部分女生迷恋于新款服装、配饰、小挂件以及化妆品,对这些产品有着强烈的购买欲望。

伴随移动互联网的普及,淘宝、天猫、京东等网上购物更加便利,许多大学生也越来越青睐于网购,网购逐渐成为大学生活的一部分。据中国高校传媒联盟与蚂蚁金服旗下支付宝联合发布的数据显示,2016年大学生在支付宝上的人均支付金额为40 839元,较2015年增长97%。其中,服装占购物总支出的20.77%,其次是话费、美妆、数码和运动户外用品。在购物单项支出的榜单中,985、211高校几乎狂揽教育、食物、运动的前十名,而且在美妆、网游等方面也显示了不俗的实力。扣除网购花费,大学生线下消费也不容忽视。除正常校内生活支出外,学生花在外卖食品方面的费用也在增加。此外,还有恋爱、游玩、娱乐等各项花费。同学聚餐、班级聚餐、社团聚餐、宿舍聚餐等各种名目繁多的聚餐也明显增多,这部分花费也占据了大学生消费支出的很大比例。

思考:大学生群体消费的消费行为属于理性消费还是感性消费?为什么?

营销策略能够影响消费者的思维方式与行为方式。为了了解消费者买什么、何时买以及怎样买,营销人员首先要了解购买背后的原因。只有掌握了消费者购买的原因,在此基础上才能把握消费者购买行为。

第一节 市场类型和购买行为

一、市场的分类

4-1.mp4

从企业营销的角度来看,市场就是由未满足需求的现实和潜在购买者构成的集合。市场的落脚点在购买者,对市场的分类也应该以购买者为依据。根据购买者类型划分,市场可分为消费者市场和组织市场两大基本类型。

(一)消费者市场

1. 消费者市场的含义

消费者市场是为了满足个人或家庭成员的生活消费需要而购买商品或服务的市场。在消费者市场上,个人是购买的主体,消费品是购买的对象,满足个人或家庭成员的生活消费需要是购买的目的。在任何一个国家或地区,消费者市场都是一个十分庞大的市场,它构成了一个国家的市场主体,是企业的主要服务对象。

2. 消费者市场的特点

一般来说,消费者市场具有购买者人数众多、购买者差异大、购买者属于少量和多次性购买、购买者多属于感情型和非专家型购买等特点。

(1) 购买者人数众多。生活中的每一个人都需要消费从而都会促成某种购买行为的发生,而世界上的人口极其众多,从而必然促成众多购买行为和购买活动的发生。

(2) 购买者差异大。消费者由于受年龄、性别、职业、收入、文化程度、宗教信仰、民族、种族、居住地区、生活环境等因素的影响,在需要、爱好、兴趣、习惯等方面各不相同,从而在消费和购买某种商品时就会对品种、规格、型号、质量、外观、颜色、式样、服务、价格等提出不同的要求。

(3) 购买者属于少量和多次性购买。消费者由于受消费量、购买力、储藏条件以及商品有效期等因素的限制，每次购买的数量一般都比较少。但由于消费者的消费不能停止，从而就必须经常购买，尤其是大量的日用品更是需要随时随地购买。

(4) 购买者多属于感情型和非专家型购买。消费者多是非理性的，购物时易受广告宣传、商品包装和装潢、购物环境等因素的影响，即属于感情型购买；并且购买者大都缺乏专门的商品知识和市场知识，对所要购买商品的性能、使用、保管及维修方法等缺乏了解，大多是购买商品的外行，即属于非专家型购买。

【想一想】在家用产品当中，哪些产品的购买接近于专家购买？

(二)组织市场

1. 组织市场的定义

组织市场是由购买产品或服务的各类机构所构成的市场。组织市场是为了维持组织正常运转和履行组织职能而购买商品或服务而形成的市场。在组织市场上，购买主体是组织，包括工业生产者、农业生产者、建筑公司、运输公司、批发商、零售商、银行、各种非营利机构和政府等。购买对象包罗万象，既有一般消费性用品，又有生产性用品和军工用品等。购买目的较为复杂，有的是为了满足再生产其他新产品的需要，有的是为了转卖或出租，有的则是为了履行组织职能等。

【想一想】快递公司属于组织市场中的成员吗？

2. 组织市场的特点

组织市场是一个极其庞大的市场，最大量和最复杂的交易活动，都是通过组织市场来完成的。因此，企业必须分析组织市场的特点，并据此制定相应的营销策略。

一般来说，组织市场具有以下特点。

(1) 购买者数量少。组织市场的购买主体是组织，同消费者市场的购买主体相比，数量要少得多。

(2) 一次购买量大。组织市场上的购买者多属于大规模购买，有时一位买主一次就能够买下一个企业较长时期内所生产的全部产品。

(3) 理智型或专家型购买。组织购买受感情因素影响较小，也不易受广告宣传和其他促销活动的影响，是一种多人参与的理智型复杂采购决策。此外，组织购买者对所要购买的商品都非常熟悉，有丰富的商品知识和购物经验，有高超的谈判技巧。

(4) 具有派生需求。组织市场购买商品或服务的目的是为了给自己的服务对象提供所需商品或服务。因此，组织购买归根到底是由消费者购买派生出来的。

(5) 需求缺乏弹性。一般来说，组织市场需求受价格影响较小，尤其在短期内组织市场的需求价格弹性较小。

(6) 需求波动大。组织市场需求的波动幅度远远大于消费者市场需求的波动幅度，这主要是受宏观经济环境的影响。此外，派生需求也会对需求波动有大的影响。

3. 组织市场的分类

根据组织市场购买目的的不同，一般可将组织市场分为产业市场、中间商市场和政府市场三大类。

(1) 产业市场。产业市场又叫生产者市场，它是购买产品或服务并将之用于生产其他产品或服务，以供销售、出租或供应给他人的组织所形成的市场。产业市场的购买主体是生产性企业，包括工业、农业、林业、渔业、矿业、建筑业、运输业、通信业、金融业、保险业、公共事业以及服务业等；购买对象主要是生产性用品，也包括一部分消费性用品和服务；购买目的是满足再生产其他新产品或提供新服务的需要。

(2) 中间商市场。中间商市场是为了获取利润而购买商品然后用于出售或出租所形成的市场。中间商市场的购买主体是各类商业单位，包括批发商和零售商；购买对象既有消费性用品，又有生产性用品；购买目的是用于转卖或出租以赚取利润，当然也有一部分用于企业的经营管理，但这只占其总购买量的一小部分。

(3) 政府机构市场。政府机构市场是那些为了执行政府各项职能而采购或租用商品的各级政府单位所组成的市场。政府机构为了维持组织的正常运行和履行组织职能也需要采购相关产品或服务。各级政府一般是通过税收、财政预算等获取的部分国民收入进行政府采购。

二、购买行为及其内容

购买行为是购买者在购买商品或服务的过程中所呈现出的各种特征。这些行为主要包括以下内容。

谁购买(who)——购买者？即购买者是个人还是组织？如果是组织的话，究竟是生产者还是中间商，或者其他非营利组织？

买什么(what)——购买对象？即购买者购买什么？是消费性用品还是生产性用品？如果是消费性用品，究竟是便利品还是选购品或者特殊品？如果是生产性用品，究竟是机器设备还是原材料或者支持性产品？

为何买(why)——购买目的？即购买者购买的目的是什么？是满足消费需要还是生产需要，或者是转卖需要还是履行某种职能的需要？如果是满足消费需要，究竟是满足生理需要还是心理需要或者其他需要？如果是满足生产需要，究竟是满足开发新产品的需要还是维持正常生产的需要或者其他需要等？

谁参与购买(who)——购买组织？即一次购买活动有哪些身份的人参与？每一个人分别担任何种角色？

如何购买(how)——购买方式？即购买者的购买行为类型是什么？如何支付货款？

何时购买(when)——购买时间？即购买者在什么时间购买？是淡季还是旺季？是平时还是节假日？是白天还是晚上？

何地购买(where)——购买地点？即购买者在什么地点购买？是到生产厂家还是到商场？如果是到生产厂家，究竟是到哪个生产厂家？如果是到商场，究竟是到专业商店还是百货商店或者超级市场？

【案例 4—1】

由 PC 端转向移动端用户消费行为的变化

移动互联网发展迅猛，移动电子商务也正加速向各行业渗透。移动端已成为电商基础平台，移动支付也已成为主流。从 PC 端转变为移动端，消费场景改变了，消费时间也改变了，消费者的消费思维和消费行为也发生了改变。从用户行为来看，PC 端消费行为与移动端消费行为存在一定的差异。PC 端更适合做搜索的动作，消费者通常是带着一定的消费目的去寻找消费对象，并对其功能、评价、使用经验等进行网上了解和比较，同时也会受消费平台的广告、促销以及搜索关联推荐等影响，消费集中在大型门户网站，消费偏向理性。移动端减少了详尽资讯搜索和对比了解，漫无目的浏览时间会增长，更适合碎片化使用，消费者购物更加便捷，消费几乎可以随时随地发生；受大 V、网红等意见领袖即时推荐影响，消费认知更倾向感性；消费渠道也更为分散，除了大型的门户消费网站外，消费者更容易接受不同的 App、微商城、代购等的消费方式。

思考： 消费人群由 PC 端转向移动端这种消费行为的变化给商家带来了什么影响？商家如何面对？

购买行为内容(6W1H)分析是市场营销人员在制定营销策略前需要深入研究的，它决定于营销策略的成败。在国内儿童可穿戴设备中，小天才电话手表是当之无愧的领先品牌。小天才电话手表成功的核心在于它以高科技为手段，充分挖掘顾客需求，并将两者完美地结合在一起。它立足于该产品的购买者和使用者分离的特点，同时兼顾家长和孩子的购买行为特点和内在需求，通过电视节目《爸爸去哪儿》中小童星森碟和天天在广告中的演绎，将产品诸多益处完全地展示出来，紧扣用户的价值诉求，产品受到广大家长和孩子的喜爱。

【深度阅读 4-1】用户行为巨变，再没那么多小白用户留给短视频了(内容扫右侧二维码)。

深度阅读 4-1.docx

第二节　消费者购买行为分析

消费者购买行为是指个人和家庭为了满足自身消费而购买产品与服务的行为，所有终端消费者构成了消费者市场。世界各地的消费者在年龄、收入、教育水平等方面存在巨大差异，他们会购买形形色色的产品和服务。

4-2.mp4

一、消费行为模型

消费者每天都会做出许多购买决策，营销人员可以通过研究消费者的实际购买行为来了解他们购买的商品、地点以及花费的金额，但是要了解消费者购买行为的原因却不容易，因为这些原因深藏在消费者的内心。事实上，消费者有时自己也不清楚影响他们购买的因素是什么，就像一个人去超市购物，购物之前也不确定自己购买什么，因为有些商品是随机购买的,有些商品是受促销刺激购买的,有些商品是受外包装影响购买的……

对营销人员来说,核心问题是消费者会对企业营销策略做出怎样的反应。消费者刺激反应模式是解决这一问题的出发点,如图4-1所示。

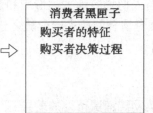
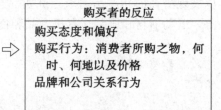

图4-1 消费行为模型

消费行为模型反映了进入消费者黑匣子中的营销及其他刺激,以及消费者由此做出的一定反应。营销人员需要分析消费者黑匣子中影响消费行为的具体因素。营销刺激包括产品、价格、渠道和促销,其他刺激因素包括经济、技术、社会和文化。这些因素都会进入消费者黑匣子,最后转换为一系列购买反应——购买品牌偏好以及消费者在何时、何地、以何价购买了何物。营销人员要确定在消费者黑匣子中,刺激是如何转换成行为反应的,这需要分析消费者如何看待刺激以及对刺激做出的反应,还要分析消费者决策过程本身对消费者购买过程的影响。在经济和技术飞速发展的当下,消费升级成为必然趋势,满足实用的需求早已不再是选择产品的唯一标准,是否足够个性、炫酷成为年轻人的衡量标准。

二、影响消费者购买行为的因素

消费者购买行为受到文化、社会、个人和心理特征等多方面的影响,如图4-2所示。多数情况下,营销人员不能控制这些因素,但必须要考虑到这些因素。

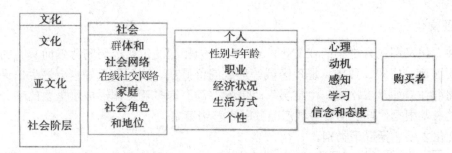

图4-2 影响消费者购买行为的因素

(一)文化因素

文化因素对消费者行为有着广泛而深刻的影响,营销人员需要清楚消费者的文化、亚文化和社会阶层等因素发挥的作用。

1. 文化

文化是影响一个人的需求和行为的最基础的决定因素,它对消费者购买行为具有广泛而深远的影响。人类行为在很大程度上是后天习得的。一个孩子从他的家庭和其他重要的机构学习基本的价值观、观念、需求和行为。每个群体或社会都有自己的文化，同时，文化对购买行为的影响在不同国家或地区存在很大差异。市场营销者总是试图发现文化变迁，以发现潜在的新产品需求。例如，当人们更多地关注健康和健身时，一个提供健康健身服务、运动器材和服装、有机食品和瘦身饮食的巨大产业随之建立。

【案例4—2】

中美网购消费行为的差异

国内电子商务有许多不同于西方的特性，其中一部分原因是中国固有的文化行为所致，尤其是中国网购者的消费习惯与西方国家的差异较大。在判断网购成本方面，国内消费者更偏好以价格来判断，比如说更愿意比价、更喜欢促销、倾向于由商家承担运费等。每当有大规模的促销活动时，例如"双十一"，电商网站流量通常上升非常快。而对于美国网购消费者而言，购物时则会更关注自己所付出的"时间成本"，而这一点很多国内网购消费者不太考虑。对国内电商而言，价格战是当前国内电商卖家的一个重要竞争手段，也是国内网购者最为关注的一项因素。相对于国内用户，西方国家网购者则更注重"时间就是金钱"的效率观念，网购消费者更愿意支付一定的额外费用，用来使自己能更早地获得所购的物品。但这种现象在国内网购消费中并不多见，一些人还是愿意选择资费低廉的快递公司。当然，一些国内电商已经在强调时间的重要性，并推出了顺丰包邮服务。美国电商卖家一般很少打价格战。这主要是因为美国网购市场相对成熟，用户网购消费较为理性，不会为了某些产品价格低就去"剁手"。电商卖家更重视投入产出比，而不仅仅是销量，因为亏本营销不会带来高速增长。

思考：中美网购消费行为产生差异的根本原因是什么？

2. 亚文化

每种文化又都包含更小的亚文化。亚文化是因相同的生活经历和背景而具有的共同价值观，如国籍、信仰、种族、地理区域等形成的价值观。共同的爱好也会滋生出许多其他的亚文化群体，如"二次元""宅男""宅女"等。许多亚文化形成了重要的细分市场，市场营销者常根据他们的需要设计产品并制定营销策略。

亚文化主要包括以下类别。

(1) 民族亚文化。不同国家都存在不同的民族，不同民族都具有独特的风俗习惯和文化传统。例如，我国不同民族在过春节时就有不同的饮食习惯，汉族是吃饺子，蒙古族是吃手抓肉，朝鲜族吃八宝饭，土家族则吃红曲鱼等。

(2) 宗教亚文化。宗教直接影响着人们的生活态度、价值观念和风俗习惯，从而影响人们的消费行为。企业要成功进入某一个目标市场，必须了解并尊重当地的宗教信仰。例如，日本精工(SEIKO)公司为伊斯兰教徒推出了功能新颖的"穆斯林"手表，此表能将世界各地140个城市的当地时间转换为伊斯兰教圣地——麦加的时间，每天鸣叫5次提醒使用者按时祈祷。这种表一经问世，就受到世界各地的8亿穆斯林的普遍欢迎。

(3) 种族亚文化。一个国家可能存在不同的种族，这些种族有不同的生活习惯和文化传统。例如，与美国黑人相比，白人购买衣服、个人用品、家具和香水较多，食品、运输和娱乐较少。美国一些大公司，如西尔斯公司、麦当劳公司、宝洁公司和可口可乐公司等，都非常重视通过多种途径开发黑人偏好的消费品市场。

(4) 地区亚文化。一个国家不同地理位置的地区存在不同的文化和生活习惯。例如中国是一个地域面积大、人口多的国家，受地理条件和气候条件的影响，东西部、南北部地区文化差异较为明显，消费者的购买行为和购买习惯会受这些亚文化的影响。

【深度阅读4-2】"二次元"等互联网亚文化(内容扫右侧二维码)。

深度阅读4-2.docx

3. 社会阶层

几乎每个社会都存在社会阶层。社会阶层是一个社会中因具有相同价值观、兴趣和行为而稳定存在的、有序的组成部分。社会阶层不是由单一因素如收入造成的，而是职位、收入、教育、财富和其他各种变量共同作用的结果。在某些社会体系中，社会成员的阶层是天生的，并且无法改变，比如贵族。但在多数国家内，社会阶层的界限不是严格固定的，人们可以进入上一阶层或下一阶层。

国内中产阶层的划分

对于国内中产阶层的划分，虽有多家之见，存在分歧，但也不乏一致性，如中产阶层成员具有的一致性特征主要包括：良好的教育背景；非体力劳动者；经济收入保持在中等或中上等水平且有一定的固定资产；具有独特的价值品位、消费模式、生活方式等中产最为标志性的文化特征。

(二)社会因素

消费行为同样会受到社会因素的影响，这些社会因素包括消费者所处的小群体、社会网络、在线社交网络、家庭，以及社会角色和地位等。

1. 群体和社会网络

个体行为会受到许多小群体的影响，比如家庭、朋友、邻居及同事会对个体行为产生一定的影响。群体内其他人的消费行为会对个人产生一定的影响。近几年，篮球鞋与牛仔裤的搭配已成为潮流，在年轻人群体中，无论男女，他们渐渐抛弃了"篮球鞋"本身的含义。在大众群体的推动下，他们逐渐被感染，改变了审美情趣，最终也逐渐开始模仿。类似现象还有被滥用的"百搭"一词，个体消费者在群体消费者的长期熏陶下，往往也会认同这种审美观。

群体内其他人的口碑也会对个人产生一定的影响。信赖的朋友、亲人和其他消费者提供的人际信息和推荐文章，比广告或销售人员等商业来源的信息更为可靠。如果你想买台电脑，但对电脑属性参数又不足够了解，那么在买电脑这件事的决策上，你一定会受到周围人观点的影响，所有这些能够影响你决策的人叫作"参考群体"。如果你看到自己的偶像在用某一款电脑，于是你也想买，这是受到"仰慕群体"的影响；如果你看到自己讨厌的一个人在用某款电脑，于是发誓不会买同样型号的电脑，那么这是受到"分离群体"的影响。

市场营销者试图在目标市场上寻找参照群体，因为参照群体展示了新的行为和生活方式，影响着人们的态度和自我观念，进而可能影响人们对产品和品牌的选择。群体影响程度随产品和品牌的不同而不同。若某个产品和品牌恰是购买者所仰慕之人的偏好，参照群体的影响力就很大。如果你关注了电脑行业某位知名人物的公众号，他在文章中有理有据地剖析市面上优秀的电脑并给你做出介绍，那么这就是受到"关键意见领袖"的影响。对于容易受到参考群体影响的品牌，营销者应找到"关键意见领袖"(KOL)，凭借这些意见领袖的专业技能、知识、特殊个性或其他特征而对他人施加社会影响。

一般来讲，群体和社会网络对消费行为的影响主要表现为三个方面：一是示范性，即相关群体的消费行为和生活方式为消费者提供了可供选择的模式；二是仿效性，即相关群体的消费行为引起人们仿效的欲望，影响人们的商品选择；三是一致性，即由于仿效而使消费行为趋于一致。

【深度阅读 4-3】我们需要什么样的网络意见领袖(内容扫右侧二维码)。

深度阅读 4-3.docx

2. 在线社交网络

随着移动互联网的快速发展和智能终端的日益普及，在线社交网络这种新型的社会互动方式迅速发展起来，已经成为人们获取信息、传播信息、交友和娱乐等的重要渠道。博客、微博、QQ、微信、社区、直播等社交媒体蓬勃发展，也给企业带来了与顾客有效沟通的新途径。越来越多企业的市场营销者开始利用新出现的社交网络来推广他们的品牌和产品，同时利用社交媒体与顾客建立更紧密的联系。

在移动互联网时代，时间碎片化、在线实时化、消费个性化、信息社交化、传播裂变化、圈子社群化等已成为消费群体的显著特征，消费者在做出购买决策之前往往会通过社交网络了解用户对产品或服务的评价，在此基础上，他们会选择速度快、产品质量优、价格实惠、服务更好的商家。互联网技术改变了人们获取信息、传播信息的模式，也改变了企业与客户沟通的模式。这种沟通模式的变化对于企业来说，唯有占据移动互联网社交媒体的特定入口，企业才能与顾客建立更紧密的联系并获得竞争优势。

【深度阅读 4-4】从传统 AIDMA 消费模型到移动互联网时代的 AISAS 和 SCIAS 消费模型(内容扫右侧二维码)。

3. 家庭

深度阅读 4-4.docx

家庭成员对购买者的行为也有很大的影响。作为社会中最重要的消费购买成员，家庭消费行为已得到广泛的研究。家庭中丈夫、妻子和孩子在不同产品和服务的选择和购买上所扮演的角色不同。

家庭的决策类型可以分为四种：各自做主型、丈夫支配型、妻子支配型及共同支配型。家庭决策类型会随着社会、政治、经济状况的变化而变化。由于社会教育水平增高和妇女就业增多，妻子在购买决策中的作用越来越大，许多家庭由"丈夫支配型"转变为"妻子支配型"或"共同支配型"。对不同产品类别而言，夫妻在不同购买阶段的参与程度差别很大。购买角色也随消费者生活方式的不同而改变。例如，一般情况下，妻子在食品、家居用品、服饰方面是家庭的主要采购者；丈夫在购买家用电器、数码产品、汽车等产品方面起主导作用，是这些产品的主要购买者。

除此以外，孩子对家庭的购买决策也有一定的影响，例如他们会对父母给他们购买的食物、服装、娱乐和学习用品等方面有重要的影响。

家庭结构的变迁

随着社会生活的多元化和开放化、教育的发展，以及观念的更新，传统大家庭瓦解，家庭规模趋向小型化、微型化，家庭人口数目减少。家庭平均人数下降，家庭人口分布逐渐向三人户集中。基本家庭比例逐渐上升，并越来越占主要地位，主干家庭(祖孙三代家庭)稳中有降，联合家庭(同一代多对夫妻家庭)比例迅速减少，空巢家庭、单亲家庭、夫妻二人家庭等伴随而至并呈增多趋势。

4. 社会角色和地位

每个人都会从属于若干群体，如家庭、公司、社团及各类组织等。一个人在群体中的位置可用社会角色和地位来确定。社会角色是周围的人对一个人的要求或一个人在各种不同场合应起的作用。比如，某人在孩子面前是父亲，在妻子面前是丈夫，在公司是经理。每种身份都伴随着一种地位，反映了社会对他的总评价。人们在购买电脑时要考虑好多因素，电脑如果是用来办公，他会考虑电脑的品牌、外观、性能是否符合自己的社会角色和地位。消费者做出购买选择时往往会考虑自己的社会角色和地位。企业可以根据消费者的需求，将产品设计为专为某种社会角色和地位人群服务的关联产品。

(三)个人因素

购买者的决策还受到个人因素的影响。如消费者的性别、年龄、职业、经济状况、生活方式、个性等。

1. 性别与年龄

不同性别的消费者，其购买行为也有很大差异，烟酒类产品较多为男性消费者购买，而女性消费者则喜欢购买时装、首饰和化妆品等。

【案例 4—3】

消费行为的性别差异

有消费数据表明，国内 75%的家庭总消费由女性决策。根据阿里巴巴透露的数据，阿里电商 70%多的销售额是由女性消费者所实现的。女性消费者有更强的消费欲望，因为女性消费者更容易将情绪反应转变成消费欲望。女性比男性具有更强的敏感性，她们很容易把敏感的情绪转化为消费行为,在这一点上,男性消费者则相对迟钝得多。

对于女性消费者来说,当情绪被激发出来以后,除了传播以外,表达情绪最好的方式就是消费。无论在遭受挫折、心情烦躁、生气等消极情绪占上风时,还是在快乐等积极情绪占上风时,女性消费者多会通过消费的方式来表达自己的情绪,而男性用户的消费行为更加理性。女性消费者更注重消费过程的心理体验,更愿意为好的心理体验而付费;而男性消费者更在意产品和服务的功能和性价比。

思考:消费行为的性别差异给营销活动带来了哪些启示?

不同年龄、不同生命阶段的消费者购买行为完全不同,他们对产品的需求会随着年龄的增长而变化。有研究发现,新婚夫妇半年内的消费总量等于之后五年消费量的总和。人们对食物、衣服、家具以及娱乐等方面的品位往往与年龄密切相关,如在幼年期,需要婴儿食品、玩具等;而在老年期,则更多需要保健和延年益寿产品。家庭随着成员个人的成长和发展经历不同阶段的家庭生命周期,其购买行为也会受到不同的影响。个人特征和改变生活的事件,诸如结婚、生育、购房、离婚、孩子就读大学、个人收入改变、搬离住房和退休等都会导致生命阶段的改变。

【案例 4—4】

从 80 后、90 后消费行为看企业产品营销

随着人口结构的变化,国内 80、90 后成了市场的主要消费群体,作为市场新兴消费群体,他们的消费行为、消费习惯、消费思维正影响着整个市场的发展。

80 后、90 后是在物质充裕的环境下长大的,他们对物质的需求、对人生价值、对新事物的认识都将影响这个时代的商业模式。80 后、90 后在伴随互联网发展成长过程中,也养成了与互联网密不可分的消费习惯和消费行为,互联网成为他们社交、娱乐及分享的平台。

有数据显示,有超过 70%的 80 后、90 后消费群体通过互联网购买商品。对于有些企业来讲,如果它的产品或服务不能出现在互联网上,那它会离被边缘化、被淘汰不远。

从 80 后、90 后消费群体角度来看,能够吸引消费者的产品不仅要具备新颖、实用的使用价值,还必须具备漂亮的"颜值"以及完善的售后服务;越是能体现消费者品位的产品,越能引起他们情感的共鸣,同时激发出他们的购买欲望。作为企业要考虑如何在移动互联网时代利用好互联网,充分发挥线上线下渠道优势,在设计产品时,要熟悉消费者的需求,在为消费者提供个性化、便利化的产品与服务的同时,还需将价值情感因素融入产品与服务之中,不仅要满足消费者的物质需求,而且要能给予消费者情感归属,只有这样才能引起他们的购物兴趣和冲动,从而达成交易。

思考:如何对 80 后、90 后消费者进行产品营销?

2. 职业

职业因素会影响个人所购买商品和服务的种类。农民、一线工人等低收入职业群体偏重求实求廉心理,消费基本用来满足基本生活需要。中等收入职业群体,如白领、医生、教师、公务员,这部分消费者的收入基本稳定,他们比较关注生活质量的提高。高收入职

业群体,如商人和明星等,他们经济条件比较优越,购物挑剔讲究品位,追求美感,看重商品的象征价值,对价格不敏感。企业营销者应针对不同职业群体的消费行为制定相应的营销策略。

3. 经济状况

经济状况是决定购买行为的首要因素,决定着能否发生购买行为以及发生何种规模的购买行为,决定着购买商品的种类和档次。世界各国消费者的储蓄、债务和信贷倾向不同。比如,日本人的储蓄倾向强,储蓄率为18%,而美国仅为6%,结果日本银行有更多的钱和更低的利息贷给日本企业,日本企业有较便宜的资本以加快发展。美国人的消费倾向强,债务、收入比率高,贷款利率高。营销人员应密切注意居民收入、支出、利息、储蓄和借款的变化,这对价格敏感型产品更为重要。

4. 生活方式

生活方式是由个人消费心态表达出来的生活模式,如小资生活。它需要衡量消费者的AIO维度,即活动(如工作、爱好、购物、运动、社会活动)、兴趣(如食物、时尚、家庭、娱乐)和观念(如关于自我、社会问题、商业和产品等)。生活方式不仅反映了个人的社会阶层或个性,而且也描述了个人在整个社会环境中的互动模式。如果运用得当,可以根据对消费者生活方式的了解预测其消费行为。不同消费者具有不同的生活方式,例如,家对于"恋家者"来说有着重要的意义,他们愿意花更多的钱购置家具,也愿意花很多时间对房屋进行修缮。通过对消费者生活方式的观察,可以更好地了解他们的购买或消费倾向。

小 资 生 活

小资特指追求内心体验、物质和精神享受的年轻人,他们追求的生活方式称为小资生活。小资一般为都市白领,在社会中有一定的地位和财富,又与"中产阶级"有一定差距。小资群体有着干净、优雅、博学、讲究等特征,从衣衫穿着到生活用品,小资风尚从家居装潢到床头摆设,从书刊阅读到音乐欣赏,从环球旅游到商场购物都坚持自己的独有风格,他们钟情艺术,融合流行与经典,在时尚潮流涌来的前夜倾力追捧,又在这股潮流沦为大众文化之前及时远离,他们喜欢用咖啡、红酒、巧克力、茶、玫瑰、百合等元素点缀生活,喜欢古典、爵士、轻摇滚等音乐,喜欢海明威、福克纳、马尔克斯、村上春树、徐志摩等人的文学作品,向往丽江、西藏、马尔代夫、澳大利亚等旅游胜地,在一定程度上熟悉一门或多门外语,懂得利用互联网作为生活的工具,笔记本、上网本、平板、智能机使用信手拈来。

5. 个性

每个人的消费行为都受其独特的个性影响。个性是一个人或一群人区别于其他人或群体的独特心理特征。个性特征有若干类型,如理性与感性、外向与内向、细腻与粗犷、谨慎与急躁、乐观与悲观、领导与追随、独立性与依赖性等。一个人的个性影响其消费需求和对市场营销因素的反应。比如,外向的人爱穿浅色衣服和时髦的衣服,内向的人爱穿深色衣服和庄重的衣服；追随性或依赖性强的人对市场营销因素敏感度高，易于相信广告宣传，易于建立品牌信赖和渠道忠诚，独立性强的人对市场营销因素敏感度低，不轻信广告宣传，诸如家用电器的早期购买者就大都具有极强的自信心、控制欲和自主意识。

【想一想】在消费行为中，是"少数的理性消费者带动多数的感性消费者"还是"少数的感性消费者带动多数的理性消费者"？为什么？

(四)心理因素

消费者的购买行为受到动机、感知、学习以及信念和态度等主要心理因素的影响。

1. 动机

当需要达到一定强度而驱使人们去参与行动时，需要就会变成动机。形成人们行为的心理因素大多是无意识的，一个人不可能完全理解自己的动机。可能是产品的某个属性，比如颜色、气味引起消费者的某种联想和感情等影响了购买的决策，比如怀旧包装、文艺包装、香味中性笔等，或者是某句经典的文案，给到消费者激情、怀旧、坚定等方面的情感共鸣。

美国心理学家马斯洛将人类的需求分为由低到高的五个层次，即生理需求、安全需求、社交需求、尊重需求和自我实现需求，如图4-3所示。

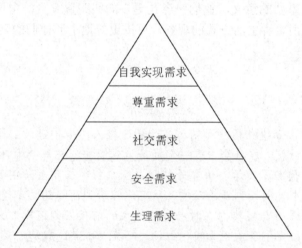

图4-3 马斯洛需求层次理论

一个人同时存在多种需求，但在某一特定时期每种需求的重要性并不相同。人们首先追求满足最重要的需求，把它作为一种动力推动着人们的行为。当主导需求被满足后就会失去对人的激励作用，人们就会转而注意另一个相对重要的需求。当一种需求强烈到一定程度时，它就变成一种动机。动机也是一种需求，它促使人们去寻求满足。一般而言，人类的需求由低层次向高层次发展，低层次需求满足以后才追求高层次的满足。例如，饥饿的人们(生理需求)对艺术界最近发生了什么(自我实现的需求)不会感兴趣，也不会对别人对他们的看法或是否尊重他们(社交或尊重需求)感兴趣，甚至也不会对他们呼吸的空气是否洁净(安全需求)感兴趣。

第四章 购买行为分析

【案例 4—5】

游戏玩家的消费心理

影响游戏玩家消费行为的心理因素主要包括动机、兴趣及认知三个方面。玩家渴望互动、获得尊重、找到归属感等需求达到一定的强度后,便形成了动机。游戏玩家消费动机对游戏玩家购买行为有着非常重要的影响。游戏玩家的消费动机主要包括以下几种。

以追求美感为主要特征的购买动机。游戏玩家往往追求游戏道具的造型、色彩、样式、特效等美学感受。时装道具、坐骑道具、宠物道具、武器道具等,均可以通过求美动机来刺激游戏玩家的消费行为。

以追求游戏道具的价格低廉为主要特征的购买动机。无论在现实世界还是在虚拟世界中,物美价廉是消费者永恒的追求。如果一段时间内,游戏有打折促销的活动,往往这段时间的流水会高于同期其他时段。

以追求道具的新颖性为主要特征的购买动机。比如新类别、新属性、新角色及新职业等。喜新厌旧是人们普遍存在的一种心理状态,为此游戏公司应不断更新游戏版本去满足玩家,同时延续产品的生命周期。

以追求游戏中的名望为主要特征的购买动机。每个人都有被尊重被认可的需求,在游戏中,玩家同样有这类的需求,比如游戏里的各种排行榜。

以追求占有某类道具为特征的购买动机。游戏玩家通常喜欢收集某些装备,游戏开发公司可以收集为手段,结合限时限购等方式,刺激游戏玩家对某类道具的购买欲望。

思考:分析一下"王者荣耀"游戏玩家的消费心理。如果你也是游戏玩家的话,你属于哪一种消费动机?

2. 感知

感知是人们通过收集、整理及解释信息,形成有意义世界观的过程。营销实践中往往有这种现象,在相同情况下,有相同动机的两个人可能会采取完全不同的行动,原因是他们对情况的感知不同。人们对同样的刺激会产生不同的感知,是因为下面这三个感知过程不同:选择性注意、选择性扭曲、选择性保留。

(1) 选择性注意。感知总是与实际有差异的,就像理想与现实之间的差异,因为人们总会选择性注意。在众多信息中,人们易于接收对自己有意义的信息以及与其他信息相比有明显差别的信息。例如,人们平均每天会面对很多广告,但不可能对所有这些刺激都加以注意,如果广告和自己相关,就会主动去看;如果无关,就会自动忽视掉。

(2) 选择性扭曲。人们将信息加以扭曲使之符合自己原有的认识,然后加以接受。由于存在选择性扭曲,消费者所接收的信息不一定与信息的本来面貌相一致。比如,某人偏爱某品牌电脑,当推销员向他介绍其他品牌的电脑时,他总是设法挑出毛病或加以贬低,以维持自己固有的"该品牌电脑最好"这种认识。

(3) 选择性保留。这是指人们易于记住与自己的态度和信念一致的信息,而忘记与自己的态度和信念不一致的信息。比如,某手机品牌忠诚者可能会记住关于该手机的优点而忘记其他竞争性品牌的优点。选择性保留也意味着选择性遗忘,比如大家都说 NIKE 公司广告做得好,实际上 NIKE 公司做了许多烂广告,只不过被大家遗忘了,只记住了那些优秀的广告。

由于存在选择性注意、选择性扭曲及选择性保留,营销者必须努力使营销信息到达消费者,让他们正确接收并记住。

3. 学习

广义上的学习是指由经验而改变行为的过程。人类大部分行为都是通过学习获得的。学习发生在驱使力、刺激物、诱因、反应及巩固的相互作用过程中。尽管作为消费者的我们一直在否认自己被厂家灌输,但是在各种营销宣传教育下,我们学会了用手指点击屏幕,学会了用云盘储存资料,学会了用手机点外卖。移动互联网正在改变企业的商业模式和人们的生活方式,无论是找快餐、还是找商场、找银行、找加油站、找公交……人们都离不开移动互联网,更离不开手机 App,这些都是学习的结果。

学习理论对企业的借鉴意义在于:营销管理者可以通过将产品与强烈的驱动力联系起来,利用刺激性诱因,并提供积极的强化作用,使人们产生产品需求。

4. 信念和态度

通过行动和学习,人们会获得信念和态度,而这些反过来又会影响他们的购买行为。

(1) 信念。信念是指个人对事物持有的具体看法。信念可能建立在现实的知识、观念或信仰之上,可能夹带感情因素。例如,一个顾客对某品牌数码相机的信念可能是它照相效果好、结实耐用、价格为 15 200 元,这些看法可能基于实际知识、观念或信任而产生。顾客的信念决定了企业和产品在顾客心目中的形象,决定了顾客的购买行为。

(2) 态度。态度是个人对事物或观念相对稳定的评价、感觉和偏好。态度使人们产生喜欢或不喜欢某些事情、接受或回避这些事情的固定想法,一个顾客可能持有这些态度:"买就买最好的""外国货的质量好""打折的商品一定没好货"等。由于人们的态度呈现为稳定一致的模式,所以改变一种态度是十分困难的,需要在其他态度方面作调整。

【深度阅读 4-5】基于用户行为的增长逻辑(内容扫右侧二维码)。

深度阅读 4-5.docx

三、消费者购买决策过程

消费者购买过程是消费者购买动机转化为购买活动的过程。不同的购买类型反映了消费者购买过程的差异性或特殊性,但是消费者的购买过程也有其共同性或一般性,西方营销学者对消费者购买决策的一般过程做了深入研究,提出若干模式,采用较多的是五阶段模式。这五个阶段分别是认识需求、信息收集、选择评价、决定购买和购后行为。

(一)认识需求

需求是购买活动的起点,达到一定界限就变成了一种驱使力,驱使人们采取行动予以满足。需求可由内在刺激或外在刺激唤起:内在刺激是人体内的驱使力,如饥饿;外在刺激是外界的"触发诱因",如食物的色香味可以成为触发诱因。需求被唤起后可能逐步增强,最终驱使人们采取购买行动,也有可能逐步减弱。营销人员的任务就是要了解消费者

第四章　购买行为分析

有什么样的需求,如何把消费者需求引向特定的产品。

【想一想】如何看待"打折就想买 不然感觉亏"的消费心理和消费行为?

(二)信息收集

产生需求的消费者可能会从各个渠道寻找更多的信息,比如家庭、朋友、网站、广告、媒体等,但这只能搜集到非常有限的信息,并且大多数信息来源都是商业广告。如果消费者的动机很强烈而周围又有现成满意的产品,那么消费者极有可能直接进行购买;如果不是这样,消费者可能会把需求记在心中或进行针对该需求的信息寻找。

(三)选择评价

消费者在获得全面的信息后就会根据这些信息和一定的评价方法对同类产品的不同品牌加以评价并决定选择。

1. 产品属性

产品属性是指产品所具有的能够满足消费者需要的特性。产品在消费者心中表现为一系列基本属性的集合。例如,电冰箱的属性包括制冷效率、耗电、噪音、是否耐用。在价格不变的条件下,一个产品有更多的属性将更能吸引顾客购买,但是会增加企业的成本。企业应了解顾客主要对哪些属性感兴趣,以确定本企业产品应具备的属性。

2. 重要性程度

消费者会根据自己独特的需要和希望而区别不同属性的重要性程度。比如,在购买电脑时,有的消费者认为运行速度是最重要的,信息储存量是次要的;而另一个消费者却可能和他相反,认为信息储存量是最重要的属性。

3. 品牌信念

品牌信念是消费者对某品牌优劣程度的总的看法。每一品牌都有一些属性,消费者对每一属性都有不同的评价,这些不同的评价构成他对该品牌优劣程度的总的看法,即品牌信念。

【案例 4—6】

谁在为加拿大鹅这个品牌埋单?

加拿大鹅是一家已有 60 年历史的加拿大服装品牌,70 年代该品牌开始集中研发优质轻便的羽绒服,提供给加拿大北方的边境巡逻队、警察等使用。90 年代以后,该品牌渐渐走入大众的视野。2013 年后,加拿大鹅这个品牌被打造成了"网红"。加拿大鹅来自加拿大,不仅原料产自当地,整个生产过程也都在加拿大完成。"加拿大制造"的标签容易让人联想到它相对当地气候的抗寒能力。在多伦多、纽约或是芝加哥这些冬日寒冷的城市,加拿大鹅就像普通制服。在从纽约开往蒙特利尔的火车上,几乎所有人都穿着同一件加拿大鹅。在加拿大生活的人们,大半年的时间都需要穿厚的羽绒服,但为什么普通大学生、中年夫妻、有钱的家庭主妇、中性气质的法国男子都穿着这件1000多美元的羽绒服？在亚洲，加拿大鹅最大的市场是日本，几乎在任何一家服装店的显眼处，都能看到一排加拿大鹅的厚重羽绒服。这股风潮自然也影响了中国。在连卡佛商场，加拿大鹅上市两三周就卖光了。中国顾客非常了解和信任这个品牌，加拿大鹅的冬装外套不仅保暖性强，而且不易过时。

思考：为什么大家对长相丑陋的加拿大鹅趋之若鹜？

4. 效用要求

效用要求是消费者对某产品或服务的效用功能的要求。产品或服务的属性效用必须达到消费者的要求，消费者才会接受。飞利浦电动牙刷、凌美钢笔、碧蓝德滤水壶，凭借各自的独特功能与设计感成为跨境消费者的新宠。虽然地域环境不同，各个地区的消费者在同样需求下，对跨境进口商品的选择会产生差异，但设计感、实用度、美观性等产品效用成为跨境消费者的广泛认知。

(四) 决定购买

评价行为会使消费者对可供选择的品牌形成某种偏好，从而形成购买意图。顾客一旦决定购买，必须面临以下决策：①产品种类决策；②产品属性决策；③产品品牌决策；④时间决策；⑤经销商决策；⑥数量决策；⑦付款方式决策。

(五) 购后行为

消费者购买商品以后会通过商品使用过程检验自己购买决策的正确性，确认满意程度，作为以后类似购买活动的参考。消费者对产品满意与否直接决定着以后的购买行为。满意的顾客会重复购买，并有可能向他人推荐，还有可能购买该公司的其他产品。不满意的顾客则相反。心理不平衡的消费者还可能通过放弃购买或退货来减少失衡感。

第三节　组织购买行为分析

4-3.mp4

组织市场是由购买产品或服务的各类机构所构成的市场，主要由产业市场、中间商市场及政府机构市场组成。组织市场的买卖关系体现为销售组织与采购组织之间的关系，常见的B2B买卖关系如图4-4所示。

传统的买卖关系。这种关系适合一般客户，是最常见的买卖关系，也是一种大多数传统销售人员管理客户的关系类型。例如，某旅行社向金龙汽车企业订购了两辆旅游客车。

大客户导向买卖关系。这种关系适合规模稍大的客户，销售企业通常会任命一位客户经理围绕该客户的需求制订专门的采购计划。例如，某大学实验中心向联想电脑公司订购了2000台一体机电脑用于实验室建设。

大客户资源承诺买卖关系。这种关系适合买卖规模及需求较大的客户，销售企业围绕大客户投入更多的资源，通过销售团队围绕单个大客户开展工作，为大客户提供独特的产品和服务。例如，2017年11月，高通子公司Qualcomm Technologies Inc. 宣布与小米、OPPO、

VIVO 签署了非约束性的关于芯片采购的谅解备忘录,三家手机公司有意在未来三年间向 Qualcomm Technologies 采购价值总计不低于 120 亿美元的手机芯片。

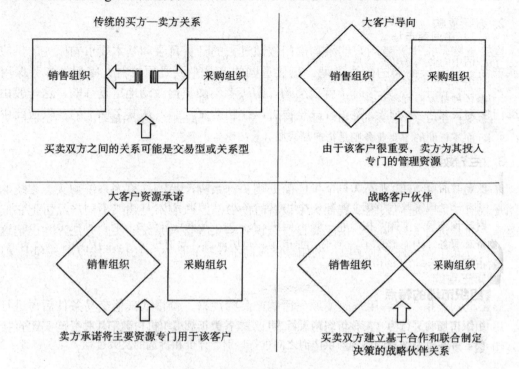

图 4-4　常见的 B2B 买卖关系

战略客户伙伴买卖关系。这种关系适合采购规模大、买卖关系持久的客户,一般通过买卖双方签订长期战略协议来维持。买卖双方都投入了时间和资源,这与战略联盟有许多共同之处。例如,广汽与华为 2017 年 6 月签订战略合作协议,双方将在云计算、大数据、车联网、智能驾驶、新能源和国际化业务拓展等领域展开深入合作,实现优势互补、产业融合,共同推动双方业务的发展。

一、产业市场购买行为分析

产业市场又叫生产者市场,是由那些购买货物和劳务,并用来生产其他货物和劳务,以出售、出租给其他人的组织构成。

(一)产业市场购买类型

根据购买性质划分,产业市场购买类型一般分为新购、直接重购、系统购买及修正重购四类。

1. 新购

新购是指生产者用户初次购买某种产品或服务,这是最复杂的购买类型。新购产品大多是不常购买的项目,如大型生产设备,建造新的厂房或办公大楼,安装办公设备或计算机系统等,采购者要在一系列问题上做出决策,如产品的规格、购买数量、价格范围、交货条件及时间、服务条件、付款条件、可接受的供应商和可选择的供应商等。购买的成本和风险越大,购买决策的参与者就越多,需要收集的信息就越多,购买过程就越复杂。

2. 直接重购

直接重购是指生产者用户的采购部门按照过去的订货目录和基本要求向原先的供应商购买产品,这是最简单的购买类型。直接重购的产品主要是原材料、零配件和劳保用品等,当库存量低于规定水平时,就要续购。购买者不加任何改动地重复订购,这一般由购买部门作为日常业务处理。购买者只是根据以往的购买经验,从其名单上的各供应商中挑选产品。

3. 系统购买

许多生产者用户更愿意从一个供应商处购买一系列产品,这称为系统购买。系统购买开始是政府在购买通信系统或其他大宗设备时的做法。政府不是购买不同产品再把它们组合起来,而是进行系统购买。供应商日益意识到购买者喜欢系统购买的方法,并已把这种系统销售方式作为一种营销手段。例如,供应商不仅提供胶水,还提供涂胶用具和干燥剂。

4. 修正重购

修正重购是指生产者用户改变原先所购产品的规格、价格或其他交易条件后再进行购买。用户会与原先的供应商协商新的供货协议甚至更换供应商。调整的重复购买比直接的重复购买涉及更多的决策参与者。

(二) 产业市场购买决策的参与者

生产者所需的产品或服务一般都数量多、价值高,有的产品技术还复杂,很难由一个人来完成。实际上采购活动通常由一个专门组织来进行,这个组织叫采购中心。采购中心包含所有参与采购决策的人员,即包括产品或服务的使用者、购买决策制定者、购买决策影响者、实际购买者以及控制购买信息者。

采购中心一般由一组承担不同采购任务及职责的人员所组成。采购中心的规模和组成会随着产品和采购情况而有所变化。对于一些简单、常规采购来说,一名采购经理可能会承担所有采购中心的任务。但对于复杂的采购来说,一个采购中心也许会包含几十位来自不同部门的人员。采购中心通常包括一些确定的参与者,他们会正式参与购买决策。例如,民航企业要从波音公司购买一架民航客机的话,决策会涉及公司 CEO、主要飞行员、采购人员和一些法律工作人员、高层管理人员以及其他人员,也可能涉及一些不明显的、非正式的参与者,其中的某些人可能会实际做出购买决策或者对购买决策产生重大影响。例如,购买哪种民航客机机型的决策最后可能交由一位对民航客机技术研究颇深的董事会成员来完成。

(三) 影响产业市场购买决策的主要因素

生产者用户在制定购买决策时会受到许多因素的影响。影响生产者用户购买决策的因素分为环境因素、组织因素、人际因素和个人因素,如图4-5所示。

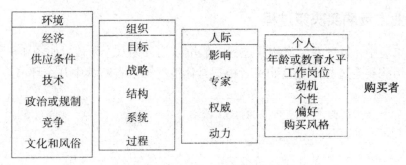

图 4-5 组织购买行为的主要影响因素

1. 环境因素

生产者用户在很大程度上受到现在的和预期的经济环境的影响，如主要需求水平、经济形势及资金成本等。当经济不稳定性增加时，购买者会停止进行新的投资，并力图减少库存。另外一个重要性日益突出的环境问题是重要原材料的短缺。许多公司现在更愿意购买和持有大量的稀缺原材料，以保证充足的供应。商业购买者还受到环境中的技术、政治和竞争对手动态的影响，文化和风俗习惯会强烈影响购买者对营销者的行为和战略的反应，特别是在国际营销环境中。

2. 组织因素

组织因素是生产者用户自身的有关因素，包括经营目标、战略、政策、采购程序、组织结构和制度体系等。比如，以追求总成本降低为目标的企业，会对低价产品更感兴趣；以追求市场领先为目标的企业，会对优质高效的产品更感兴趣。有的公司实行集中采购制度，设立统一的采购部门，将原先由各事业部分别进行的采购工作集中起来，以保证产品质量、扩大采购批量和降低采购成本。这些改变意味着供应商将同人数更少但素质更高的采购人员打交道。

3. 人际因素

人际因素是指生产者内部参与购买过程的各种角色(如使用者、影响者、决策者、批准者、采购者和信息控制者)的职务、地位、态度和相互关系对购买行为的影响。营销人员常常发现很难确定有哪些人际关系因素和群体动态因素对购买决策发生影响。有时候购买者中最有影响力的人不一定就是职位最高的人，参与者对购买决策有影响可能是因为他们掌握着领导权，也可能是因为有相关的特殊专长，或与其他的重要参与者有特殊的关系，营销人员应了解每个人在购买决策中扮演的角色。

4. 个人因素

个人因素是生产者用户内部参与购买过程的有关人员的年龄、教育水平、个性、偏好及风险意识等因素对购买行为的影响，与影响消费者购买行为的个人因素相似。另外，购买者有不同的购买风格：有些人是技术型的，在选定一个供应商之前要把所有竞争产品都进行深入分析；有些人是凭直觉的谈判者，善于在卖方之间耍手腕以得到最优交易条件。

(四)产业市场购买决策过程

在产业市场中,生产者用户购买过程一般可以划分为八个阶段,如图 4-6 所示。新购者基本需要经历购买全过程,重复购买者根据具体情况可以省略其中几个环节。

图 4-6　购买决策程序

1. 确认需要

确认需要是生产者用户购买决策的起点,它可以由内在刺激或外在刺激引起。从内部来说,公司可能会决定推出某个新产品,那么就需要新的生产设备和原材料,或者是一个机器坏了,需要新的零件,也可能是一位采购经理对目前供应商的产品质量、服务或价格不满意。从外部来说,购买者产生某种新的想法可能是因为参加了一个贸易展览会,看见了一则广告,或接到了一位销售人员的电话,称可提供更好的产品或更低的价格。

2. 需求描述

需求描述就是采购人员要列出所需物品应具备的特征及数量。对于复杂的物品,采购人员一般还需要和诸如工程师、使用者、咨询者等人来确定具体细节等一些事项。这些参与者可能会把物品应具备的可靠性、实用性、价格以及其他特点按重要性进行排序。在这一阶段,机敏的供应商应帮助购买者确定他们的需要,并提供关于不同产品特征的有关信息。

3. 产品说明

产品说明是描述所购产品的品种、性能、特征、数量和服务,写出详细的技术说明书,作为采购人员的采购依据。这往往需要工程技术人员进行价值分析,通过对每一组成部分的分析研究来决定是否可以进行重新设计和实行标准化,或用成本更低的方法进行生产。

4. 物色供应商

采购人员应根据产品技术说明书的要求寻找最佳供应商。如果是新购或所需品种复杂,生产者用户为此花费的时间就会较长。调查表明企业采购部门信息来源一般是:内部信息,如采购档案、其他部门信息和采购指南,推销员的电话访问和亲自访问;外部信息,如卖方的产品质量调查,其他公司的采购信息、新闻报道、广告、产品目录、电话簿、展览等。

5. 征询方案

企业采购经理对邀请的合格供应商提出企业采购产品或服务的具体需求,同时让供应商出具相应的采购建议。有些供应商仅仅是发一个目录表或派一个销售人员。不过,当所购物品很复杂或很昂贵的时候,购买者通常会要求每个潜在的供应商提供一份详细的书面报价或正式的口头陈述。

6. 选择供应商

企业采购人员对供应建议书加以分析评价，在此基础上确定适合的供应商。影响采购人员选择供应商的主要因素包括：优质的产品和服务、及时的交货、诚信的公司行为、坦诚的沟通以及具有竞争力的价格，其他重要因素还包括维修和服务能力及技术帮助和咨询、地理位置、过去的业绩以及声誉。企业采购人员应根据这些因素来对供应商进行排序，并找出适合的供应商。

7. 签订订货合同

确定供应商后，企业采购人员还要根据所购产品的技术说明书、需要量、交货时间、退货条件及担保书等内容与供应商签订合同。许多生产者用户愿意采取长期有效合同的形式，而不是定期采购订单。买方若能在需要产品的时候通知供应商随时按照条件供货，就可实行"无库存采购计划"，降低或免除库存成本而由卖方承担。

8. 绩效评价

采购结束后，企业采购人员还应对各个供应商的绩效加以评价，以决定维持、修正或中止供货关系。评价方法是询问使用者或按照若干标准加权评估等。

随着时代与技术的发展，采购过程发生了很大变化。网络信息技术不仅改变了B2B采购过程，而且也使得电子采购发展异常迅猛。电子采购可以使购买者接触到更多供应商，降低采购成本，加快订货过程和缩短交货期。反过来，组织市场营销者可以在网上联系客户，分享市场营销信息，销售产品和服务，提供客户支持服务，以及维护现有的客户关系。B2B市场广泛采用的数字媒介和社会营销方式使供应商可以随时随地接触企业客户并管理客户关系，这种数字化采购平台成为企业与客户互动的新空间。例如，全球企业间电子商务著名品牌——阿里巴巴(1688.com)批发网为数千万采购企业提供海量商机信息和便捷安全的在线交易，成为商人们以商会友、真实互动的社区平台。1688.com已覆盖原材料、工业品、服装服饰、家居百货、小商品等12个行业大类，提供从原料—生产—加工—现货等一系列的产品和服务。

二、中间商购买行为分析

中间商是为了获取利润而购买商品然后用于出售或出租目的的市场参与者，中间商成员包括批发商、零售商及代理商。下面以零售企业为例，分析中间商的购买行为。

(一)中间商购买模式

根据零售企业是否连锁，其采购模式可以分为单店采购模式和连锁采购模式，连锁采购模式按集权的程度又可分为集中采购模式和分散采购模式。

1. 单店采购模式

零售企业越来越趋向大规模连锁型企业发展，但独立的单个零售企业仍广泛地存在着，并且在数目上占绝大部分。在这种零售业态里，商品采购常由一个采购部负责，直接与众多供应商打交道，一般进货量较小，配送成本较大。对于一些规模不大的零售企业，有时店长直接负责商品采购。这种零售企业的店长是企业的法人代表，可以完全按照自己的经营意愿开展经营活动。

单体零售企业的商品采购模式主要有如下三种具体形式。

(1) 店长或经理全权负责。商品采购的权力完全集中在店长或经理的手中，店长或经理选择供应商，决定商品购进时间和购进数量。

(2) 店长授权采购部门经理具体负责。零售企业店长将采购商品的工作下放给采购部门的经理，由采购部门经理根据零售企业经营的情况决定商品采购事宜。

(3) 各商品部经理具体采购。零售企业商品部经理是一线管理人员，他们熟悉商品的经销动态，比较了解消费者的偏好，可以根据货架商品陈列情况以及仓储情况灵活地进行商品采购决策。

2. 集中采购模式

集中采购模式是指零售企业设立专门的采购机构和专职采购人员统一负责商品采购工作，如统一规划同供应商的接洽、议价、商品的导入、商品的淘汰以及POP促销等，零售企业所属各门店只负责商品的陈列以及内部仓库的管理和销售工作，对于商品采购，各分店只有建议权，可以根据自己的实际情况向总部提出有关采购事宜。例如，沃尔玛在中国店铺的采购是从中国供应商处统一采购，由沃尔玛中国公司采购部负责，这属于本地采购；沃尔玛在其他国家店铺的采购也是从中国供应商处采购，不过要通过沃尔玛全球采购网络进行，这是一种全球采购。

3. 分散采购模式

分散采购模式就是零售企业将采购权力分散到各个区域/地区/分店，由各分店在核定的金额范围内，直接向供应商采购商品。从零售企业的发展趋势来看，分散采购是不可取的，因为它不易控制、没有价格优势以及采购费用高。

分散采购模式有以下两种具体形式。

(1) 完全分散采购。完全分散采购形式是总部根据自身的情况将采购权完全下放给各零售企业，由各零售企业根据自己的情况灵活实施采购。

(2) 部分分散采购。部分分散采购形式是零售企业总部对各分店地区性较强的商品(如一些地区性的特产就只适合于该地区销售)，以及一些需要勤进快销的生鲜品实行分散采购，由各分店自行组织进货，而总部则对其他的商品进行集中采购。

【案例 4—7】

> **麦德龙采购模式由统一向分散演变**
>
> 全球第三大零售贸易集团德国麦德龙集团(METRO)进入中国市场以来，开始对采购架构大调整。之前麦德龙的采购工作完全由上海总部统一进行，所有供应商和商品类别的筛选、洽谈、采购、配送等工作，都由上海总部统一安排。北部区总部正式在京独立运作后，北部区所辖 7 家门店中的商品有 30%都由北部区总部来独立采购。麦德龙北部区采购部门

可以独立与当地150余家供应商进行洽谈，完成至少5000种商品在京采购计划。其中，肉制品、果蔬等"鲜货"类别商品，有90%以上都将在北京当地采购。麦德龙在国内的采购决策权会越来越多地被下放至四大地区总部，更贴切地服务于当地的专业客户，甚至开始尝试在不少门店进行"单店采购"。

思考：麦德龙为什么要对采购模式进行改变？统一采购与分散采购各有什么优缺点？

(二)中间商购买过程的参与者

中间商购买过程参与者的多少与商店的规模和类型有关。对于仓买、便利店这种零售业态，一般店主会亲自参与商品选择和采购工作；对于大型超市、百货商城这种零售业态，则有专门组织从事采购工作。大型连锁零售超市，一般还设有统一的"采购中心"。对于连锁超市而言，采购过程的参与者包括以下几种。

1. 商品经理

商品经理是连锁超级市场公司总部的专职采购人员，分别负责各类商品的采购任务，收集同类产品不同品牌的信息，选择适当的品种和品牌。有些商品经理被赋予较大的权力，可以自行决定接受或拒绝某种新产品或新品牌。有些商品经理权力较小，只是负责审查和甄别，然后向公司的采购委员会提出建议。

2. 采购委员会

采购委员会通常由公司总部的各部门经理和商品经理组成，负责审查商品经理提出的新产品采购建议，做出购买与否的决策。由于商品经理控制信息和提出建议，事实上具有决定性作用，所以采购委员会只是起着平衡各种意见的作用，在新产品评估和购买决策方面产生重要影响，并代替商品经理向供应商提出拒绝购买的理由。

3. 分店经理

分店经理是连锁超市下属各分店的负责人，他们掌握着分店一级的采购权。即使某种产品被连锁公司总部的采购委员会接受，也不一定被各个分店接受，这就加大了制造商的推销难度。当销售商能够提出消费者接受新品的有力证据，设计良好的广告和促销计划，或能对零售商提供强有力的财务利益时，他们就会接受订货。

(三)影响中间商购买行为的主要因素

中间商的购买行为同生产者市场一样，也受到环境因素、组织因素、人际因素和个人因素的影响。但是，中间商购买决策及购买行为又有自己的特点，在制订采购计划时，还会受到以下因素的制约：①消费需求；②存货管理；③供应商策略。

(四)中间商购买决策过程

中间商采购产品用于转售，其与生产企业一样，采购后并不用于个人消费，而是最终要满足消费者的需要。因而，中间商的购买决策过程与产业市场的购买决策过程相似，但在具体环节上存在一些差异。例如，中间商的购买需求直接来自于消费市场中的消费需求；

中间商购买商品对时间和数量往往有相当苛刻的要求，采购活动计划性强，希望既能及时、适时、按量满足市场需求，又能最大限度地减少库存，加速资金周转，提高资金效益；中间商对供应商的选择比较慎重，品牌、声誉、价格、商品质量、品种规格、供货能力和及时性、合作诚意等是甄选供应商时需考虑的主要因素。此外，供应商的价格高低和价格折扣程度是中间商选择供应商时考虑的重要方面。

三、政府机构购买行为分析

政府机构是非营利组织中的一员，在非营利组织中占有重要的地位。政府机构市场为许多公司提供了大量的机会。在许多国家，政府机构是产品和服务的主要购买者。政府采购(government procurement)是指国家各级政府为从事日常的政务活动或为了满足公共服务的目的，利用国家财政性资金和政府借款购买货物、工程和服务的行为。政府采购不仅是指具体的采购过程，而且是采购政策、采购程序、采购过程及采购管理的总称，是一种对公共采购管理的制度。

政府机构购买和商业购买在许多方面都很相似，但是公司若想向政府机构销售产品和服务，就必须了解两类购买的区别；要想在政府组织市场上成功，销售者必须寻找政府采购的关键决策者，识别影响购买者行为的各个因素，并了解购买决策过程。

(一)影响政府机构采购的主要因素

与消费者和生产者市场一样，政府机构购买者也受到环境的、组织性公众的密切关注，包括其他各种对政府如何使用纳税人的钱感兴趣的民间集团。由于购买决策受公众的关注，政府机关会要求供应商提供大量的文书。

1. 社会公众的监督

虽然各国的政治经济制度不同，但是政府采购工作都受到各方面的监督。主要的监督者有：①国家权力机关和政治协商会议；②行政管理和预算办公室；③传播媒体；④公民和民间团体。

2. 国际、国内政治形势的影响

在国家安全受到威胁或出于某种原因发动对外战争时，军备开支和军需品需求就大；和平时期用于建设和社会福利的支出就大。

3. 国际、国内经济形势的影响

经济疲软时期政府会缩减支出，经济高涨时期则增加支出。国家经济形势不同，政府用于调控经济的支出也会随之变化。当出现"卖粮难"现象时，政府会按照最低保护价收购粮食，从而增加了政府采购支出。

4. 自然因素的影响

各类自然灾害会使政府用于救灾的资金和物资大量增加。政府机构一般会倾向于选择本国的供应商，而不是外国的供应商。

(二) 政府机构采购对象和类型

政府采购有三类采购对象，即货物、服务和工程。政府采购有四种基本类型：购买、租赁、委托、雇用。其中，购买特指货物所有权发生转移的政府采购行为；租赁是在一定期限内货物的使用权和收益权由出租人向承租人即政府采购方转移的行为；委托和雇用是政府采购方请受托方或受雇人处理事务的行为，工程的招标就属于委托。

(三) 政府机构采购方式

政府机构采购方式分为公开招标、邀请招标、竞争谈判、单一来源和询价。

1. 公开招标

公开招标采购是政府采购部门在公开媒介上以招标公告的方式邀请不特定的企业组织参与投标，在符合条件的投标人中择优选择中标人的一种招标方式。公开招标是政府采购的主要方式。

2. 邀请招标

邀请招标也称为选择性招标，由采购人根据供应商或承包商的资信和业绩，选择一定数目的法人或其他组织(不能少于三家)，向其发出招标邀请书，邀请他们参加投标竞争，从中选定中标的供应商。

3. 竞争谈判

竞争谈判是指采购人或代理机构通过与多家供应商(不少于三家)进行谈判，最后从中确定中标供应商。竞争谈判一般是在投标截止时间结束后参加投标的供应商不足三家的或在评标期间出现符合专业条件的供应商或者对招标文件做出实质响应的供应商不足三家的情形下采用的，一般要上报政府采购监督管理部门批准才可以采用。

4. 询价

询价是指采购人向有关供应商发出询价单让其报价，在报价基础上进行比较并确定最优供应商的一种采购方式。当采购的货物规格、标准统一，现货货源充足且价格变化幅度小的政府采购项目，可以采用询价方式采购。

本 章 小 结

根据购买者类型划分，市场可分为消费者市场和组织市场两大基本类型。消费者市场是为了满足个人或家庭成员的生活消费需要而购买商品或服务的市场。组织市场是由购买产品或服务的各类机构所构成的市场，又分为产业市场、中间商市场和政府机构市场三大类。消费者购买行为是购买者在购买商品或服务的过程中所呈现出的各种特征。消费者购买行为受到文化、社会、个人和心理特征等多方面的影响。消费者购买过程包括认识需求、信息收集、选择评价、决定购买和购后行为。产业市场根据购买性质划分，一般分为新购、直接重购、系统购买及修正重购四类。影响产业市场购买决策的因素分为环境因素、组织因素、人际因素和个人因素。产业市场购买决策的参与者包括产品或服务的使用者、购买决策制定者、购买决策的影响者、实际购买者以及控制购买信息的人。政府采购是指国家各级政府为从事日常的政务活动或为了满足公共服务的目的,利用国家财政性资金和政府借款购买货物、工程和服务的行为。政府机构采购方式分为公开招标、邀请招标、竞争谈判、单一来源和询价。

思考与练习

一、选择题

1. 消费者市场是为了满足(　　)的生活消费需要而购买商品或服务的市场。
   A. 企业成员　　　B. 个人　　　C. 家庭　　　D. 个人或家庭成员

2. 一般来说,消费者市场具有购买者人数众多、购买者差异大、购买者属于(　　)等特点。
   A. 大量和多次性购买、购买者多属于感情型和非专家型购买
   B. 大量和多次性购买、购买者多属于感情型和专家型购买
   C. 少量和多次性购买、购买者多属于感情型和非专家型购买
   D. 少量和多次性购买、购买者多属于理性型和专家型购买

3. 根据组织市场购买目的的不同,一般可将组织市场分为(　　)、中间商市场和政府市场三大类。
   A. 劳务市场　　　B. 产业市场　　　C. 批发市场　　　D. 金融市场

4. 购买行为内容分析主要是指(　　)分析。
   A. 6W1H　　　B. 2W1H　　　C. SWOT　　　D. ADAMA

5. 消费者购买行为是指(　　)的购买行为,即个人和家庭为了满足自身消费而购买产品与服务的行为。
   A. 普通消费者　　　B. 高端消费者　　　C. 低端消费者　　　D. 终端消费者

6. (　　)反映了进入消费者黑匣子中的营销及其他刺激,以及消费者由此做出的一定反应。
   A. 消费结构模型　　　B. 消费行为模型　　　D. 消费能力模型　　　C. 消费习惯模型

7. 消费者购买行为受到(　　)等多方面的影响,多数情况下,营销人员不能控制这些因素,但必须要考虑到这些因素。
   A. 文化、社会、个人和心理特征　　　B. 文化、社会、态度和心理特征
   C. 文化、社会、个人和生理特征　　　D. 文化、科技、组织和心理特征

8. 亚文化是因相同的生活经历和背景而具有的共同价值观,其类别主要包括(　　)。
   A. 民族、宗教　　　B. 种族、地区　　　C. 语言、爱好　　　D. 以上都是

9. 一般来讲,群体和社会网络对消费行为的影响主要表现为(　　)等三个方面。
   A. 趋同性、仿效性、一致性　　　B. 示范性、仿效性、多致性
   C. 示范性、仿效性、一致性　　　D. 示范性、差异性、一致性

10. (　　)适合采购规模大、买卖关系持久的客户,一般通过双方签订长期协议来维持。

A. 传统的买卖关系　　　　　　　B. 大客户导向买卖关系
C. 大客户资源承诺买卖关系　　　D. 战略客户伙伴买卖关系

二、名词解释

消费者市场　组织市场　产业市场　意见领袖　公开招标

三、问答题

1. 消费者市场具有哪些特点？
2. 消费者购买行为的研究包括哪些内容？
3. 影响消费者购买行为的主要因素有哪些？
4. 简述消费者购买决策过程。
5. 组织市场具有哪些特点？
6. 简述生产者购买决策过程。
7. 了解国内真人直播视频互动社区，分析这些社区在用户人群、消费力、消费行为等方面有哪些特征。
8. 对比组织市场和消费者市场，解释两者在市场结构和需求上的差异。

四、讨论题

1. 如何看待"打折就想买 不然感觉亏"的消费心理和消费行为？
2. 政府采购与其他企业采购有何不同？

五、案例分析

自中国进入网购时代以来，电商行业发展如火如荼，行业各平台均得到长足发展。中国网购发展离不开低价产品，长期以来给用户留下的印象便是买便宜上网购。

阿里双十一电商购物节逐渐形成气候，电商行业也出现了购物狂欢，单日交易规模节节攀升，数据被不断刷新。根据以往经验，双十一的核心主题便是低价，让广大网购用户产生冲动消费，最大限度压缩用户的购买决策时间，让用户充分享受剁手的快感。然而，双十一带来的不仅仅是狂欢，同时也带来了一些问题。双十一购物节带来的最大问题便是订单处理慢和快递配送爆仓。此外，单从购物商品来看，消费者低价淘来的宝贝有很多被束之高阁。因为消费者买的时候根本没有考虑自身是否需要，仅仅是看到低价先下手为强，无形中造成了巨大的浪费。阿里双十一网络购物节已经逐步成熟与完善，购物节对消费者的影响也在潜移默化地发生着改变。用户的购物决策不再以价格作为唯一考量因素，而是兼顾对品牌、品质、服务、价格等多重要求进行理性判断，网络购物节的消费趋于理性。

随着居民收入的稳步增长，新兴中产阶级崛起，消费结构从生存型消费向享受型、发展型消费转变，同时也带来了新的消费观念。在这种形势下，电商另一巨头京东则提出了"好物低价"的双十一购物主张。京东主张通过双十一购物节，让用户买到需要的优质商品，而不是通过纯粹的低价提前透支用户的购买力。品质双十一购物节应该让"享受"贯穿到用户整个的购物体验环节，理性下单到为买到的优质商品感到舒心。从用户品牌品质关注度分布来看，用户对品牌品质的关注度逐年大幅上升，用户的促销敏感度与评价敏感度也呈上升趋势，且年龄更加年轻化。

当前，70后、80后、90后已然成为主力消费大军，尤其线上购物领域，他们知道自己需要什么，购买决策目的性更强，也有一套自己的择物标准。对他们而言，无论何种产品，何种价位，商品都是为自己的品质生活服务的，他们具备强大的购买消费能力，但在选择上更需要购买的理由。无论是"低价促销"，还是"好物低价"，不同的理念都会有其存在的市场，不同的购物需求将会持续存在。不过，未来电商购物的大趋势仍然会把握在理性派的主力网购大军手里，品质电商服务将是未来的重头戏。

（资料来源：http://www.sohu.com/a/116591440_466942）

讨论：
1. 比较双十一购物节淘宝、天猫用户群与京东用户群两者的消费行为差异。
2. 详细描述感性消费人群与理性消费人群的主要特征。

实 训 项 目

一、实训目的

(1) 了解特定消费群体的消费特征。
(2) 了解消费者购买决策的过程及影响消费者购买决策的各种因素。
(3) 锻炼学生搜集及分析资料、团队合作、个人表达等能力。

二、实训内容

1. 资料

廖宏斌，男，35 岁，身高 1.78 米，未婚，哈工大 MBA 学历，在杭州市一家规模很大的房地产开发公司担任地区销售经理，收入较高，拥有一所位于高档社区内的大面积公寓和一部价值 30 多万元的奥迪 A4 汽车，属于典型的白领一族。他现在想购买一台电脑，但他现在面临多种机型、多种品牌、多种型号的选择。

2. 任务

请根据你对廖宏斌这类人群的了解，分析其购买行为模式及其影响因素。
(1) 分析廖宏斌群体的消费特点及消费行为。
(2) 他购买电脑的动机是什么？请列举三种可能。
(3) 他搜集电脑信息的来源可能有哪些？哪种信息来源对他做出购买决策影响最大。
(4) 他的购买决策如何受到文化因素的影响？
(5) 他所处的社会阶层如何影响他的购买决策？
(6) 他所处的社会群体(包括家庭、社交圈等)如何影响他的购买决策？
(7) 他的年龄、职业、经济环境和生活方式如何影响他的购买决策？
(8) 他购买电脑的行为属于哪种购买行为？请说明理由。
(9) 他是购买决策参与者中的哪一种角色？哪些可能的角色会影响他的购买行为？
(10) 他对电脑评价的属性(比如台式机还是笔记本机型、价格、外观及颜色、屏幕尺寸和配置等)，你认为哪些重要？请将这些属性按照对他的重要程度排列，并说明理由。

3. 要求

(1) 分析购买过程及影响因素要尽可能全面，考虑购买过程各个阶段的影响因素。

第四章 购买行为分析

(2) 分析过程要深入、细致，如要考虑生理因素、心理因素、认知因素、情感因素、个性因素、行为因素及环境因素等。

(3) 分析购买决策过程及影响因素要透过现象看本质，要从消费行为方面进行分析。

三、实训组织与实施

(1) 将班级成员划分为若干组，每组人数控制在 4~6 人，每组选出组长 1 名。

(2) 阅读所给实训资料，了解新中产男性消费行为，结合实训材料分析廖宏斌这一群体的购买行为模式及其影响因素。

(3) 在讨论的基础上形成《城市白领电脑购买行为模式及其影响因素》小组实训报告。

(4) 各小组选出一名代表就讨论结果进行发言，每组发言控制在 10 分钟之内。

(5) 教师进行总结及点评，并为各组实训结果进行打分。

第五章　竞争行为分析

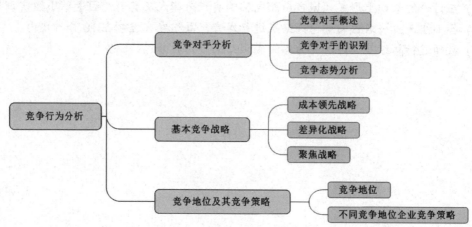

　　本章分三节，分别介绍了竞争对手分析、基本竞争战略、竞争地位及其竞争策略等内容。

　　通过本章的学习，要求学生明确对竞争对手分析的重要性，了解竞争对手的特点，明确如何确定竞争对手和竞争策略，懂得如何根据企业在市场上的竞争地位，制定相应的竞争战略和策略。

星巴克的竞争对手是麦当劳？

　　星巴克从创立之初就一直把顾客体验放在首位，希望咖啡店是一个浪漫、温馨、充满现场感的地方。但在如今大多数的星巴克门店，这样的体验或许很难实现：纸杯取代了马克杯，可以更节省人力和成本；舒适的沙发慢慢淡出了店面，留下的是"不宜久坐"的木质椅；大量烘焙食品、三明治及午饭套餐开始在门店出售，星巴克还是那个抱着电脑就能待一下午的地方吗？你不觉得它更像"咖啡业的麦当劳"？

　　星巴克在2015年财报中描述未来业务拓展的风险为"专业咖啡店，快餐店是最主要的竞争对手"。这里的快餐店不就是指的麦当劳吗？麦当劳是快餐店，星巴克是咖啡店，一家咖啡店的竞争对手为什么是快餐店？除非，快餐店卖咖啡或者咖啡店卖快餐。又或者，两种情况同时发生。人们或许会发现星巴克和麦当劳正在日益彼此仿效，越来越多的人将"快餐"这个标签贴到了星巴克身上，这种定位终将影响星巴克的品牌价值。

星巴克和麦当劳这两家巨头连锁机构正在日益仿效彼此。一味追求效率和利润的高速扩张在很多方面抹杀了星巴克当年备受欢迎的品牌特点，星巴克还是一家咖啡店吗？

思考：如何划分竞争对手与非竞争对手的界限？

市场竞争是市场经济的基本特征之一。正确的竞争战略是企业成功实现营销目标的关键。企业要想在激烈的市场中立于不败之地，在寻找市场机会基础之上，还应考虑竞争对手，分析竞争对手，根据市场竞争态势制定竞争战略。

第一节　竞争对手分析

一、竞争对手概述

5-1.mp4

企业在开展营销活动中，仅仅了解消费者行为是远远不够的，还必须了解竞争对手。只有知己知彼，才能取得竞争优势。

(一)竞争对手的含义

竞争对手一般是指那些提供的产品或服务与本企业相类似，并且所服务的目标顾客也相似的其他企业。例如，联想公司与戴尔公司构成竞争，它们是竞争对手；梅赛德斯-奔驰公司与宝马公司构成竞争，它们是竞争对手。奇瑞虽然也生产汽车，但它与梅赛德斯-奔驰公司或宝马公司的用户群不同，彼此不构成竞争，所以说奇瑞汽车不是奔驰和宝马汽车的直接竞争对手。有些企业提供的产品或服务重叠度大，彼此构成直接竞争对手，如可口可乐与百事可乐、麦当劳与肯德基、国美与苏宁、小米与OPPO。

识别竞争对手看似简单，实则不然。企业的现实竞争对手和潜在竞争对手的范围很广。从现代市场经济实践来看，一个企业会被现实竞争对手吃掉，一个企业也有可能会被潜在竞争对手吃掉，甚至还可能会被跨行业企业吃掉，这就是所谓的"跨行打劫"。为此，我们需要从不同角度分析竞争关系。从不同角度分析竞争关系，可使企业拓宽视野，更广泛地看清自己的现实竞争对手和潜在竞争对手，从而有利于企业制定未来发展战略。

【想一想】夺走柯达公司胶卷市场的并非其老对头富士公司，而是那些根本不用胶卷的数码相机制造商。这说明了什么？

(二)竞争对手的类型

竞争对手的类型可以从产业链来分析。产业链是各个产业部门之间基于一定的技术经济关联，并依据特定的逻辑关系和时空布局关系形成的关联形态。产业链的本质是用于描述具有上下游关系和相互价值交换的企业群结构。从产业链的结构来看，竞争对手可以分为三类，如图5-1所示。

图 5-1 竞争对手类型

1. 同行业的企业

俗话说"同行是冤家"。同行业的企业可能成为竞争对手但并不一定是竞争对手。例如，分别处于两个城市的单体快餐店可能彼此之间不会形成竞争，尽管它们处于同一个行业，但是，如果这两家单体快餐店发展成连锁经营的企业，并且都追求全国性的网络布局，那么这两家企业就很可能成为竞争对手。

2. 实施纵向一体化战略的企业

产业链上下游的企业很可能成为企业的竞争对手。例如，有些企业通过收购上游企业或下游企业的方式实现纵向一体化扩张，这就有可能从以前的合作伙伴变成现在的竞争对手。如果做液晶面板的企业可能向下延伸进入到平板电视生产领域，就与平板电视制造商构成竞争。苹果公司的发展模式正是对这一战略的运用。苹果公司经营整个产业价值链中最重要的部分。在智能手机和平板电脑市场中，核心部分是操作系统和微处理器，这些都是苹果公司自己来研究、开发、设计的，苹果公司控制着整个产业价值链的重要部分，其他产业链则是利用专利技术通过 OEM 的方式进行间接控制，使自己形成相对封闭的产业链发展模式，减轻了各产业链与其他竞争对手的直接竞争。

OEM 与 ODM

OEM(original equipment manufacturer)，即原始设备制造商，是指一家厂商根据另一家厂商的要求，为其生产产品和产品配件，亦称为定牌生产或授权贴牌生产，它是国际大公司寻找各自比较优势的一种战略，能有效降低生产成本，提高品牌附加值。ODM(original design manufacturer)，即原始设计制造商，又称原厂委托设计，是一家厂商根据另一家厂商的规格和要求，设计并生产产品的模式，适合研发能力弱的企业。

3. 实施多元化战略的企业

识别竞争对手是市场营销中的一个关键问题。企业可能发现以前和自己完全没有任何关系的企业现在成为自己强有力的竞争对手。在许多有吸引力的行业中，一些企业会发现产业背景迥然不同的企业也纷纷涉足。例如，与 OPPO、vivo 押注智能手机不同，小米科技早在 2014 年产品线便开始多元化扩张：小米手环、小米电视、小米空气净化器、小米路由器、小米电源、小米无人机、小米电饭煲，2016 年 9 月，小米支付产品 Mi Pay 又正式上线……小米新品类上市必然与生产这类产品的原有企业构成竞争。

第五章 竞争行为分析

(三)竞争的新形式——合作竞争

越来越多的企业在分析竞争对手的时候,不仅将注意力放在对单一企业的分析上,而且还密切跟踪竞争对手之间的动向,谋求与竞争对手结盟,增强自己的竞争地位。

1. 合作竞争的含义

合作竞争,就是使拥有不同优势的企业在竞争的同时也注重彼此之间的合作,通过优势互补,共同创造一块更大的蛋糕,营造更持久的竞争优势,实现"双赢"。

传统意义上的竞争,往往是争抢同一块蛋糕,这种你死我活的输赢之争,不仅使企业外部竞争环境恶化,而且使企业错失许多良机。随着经济一体化的发展和全球竞争的加剧,企业仅靠自身的力量很难抗击来自全球范围内规模、实力不等的竞争者,因而,企业必须与其他企业紧密合作,使不同企业间的资本、人才、技术以及信息资源得以有效、灵活地组合,通过互赢策略在合作竞争中创造更大的利润空间。

【案例 5—1】

竞争,还是合作?

三星电子是全球最大智能手机制造商,同时也是全球最大的处理器、存储器以及高分辨率屏幕制造商。在没有形成竞争关系之前,三星电子和苹果公司是完美的搭档。随着三星电子涉足智能手机市场,三星智能手机发货量已超过 iPhone。两家公司在手机市场上形成你死我活的竞争对手。在过去几年间的大部分时间,双方你告我我也告你,各自就产品的外观、触感以及功能等方面的侵权问题对簿公堂。尽管双方之间存在你死我活的竞争,但两者之间仍保持合作关系,因为控制 iPod、iPhone 和 iPad 的微处理器是由三星电子制造的,苹果公司仍是三星电子处理器、存储芯片的大客户之一,对三星电子的依赖度仍然很高,两者在定制芯片方面的合作已超过五年时间。

思考:苹果公司与三星电子之间为什么会存在竞争与合作关系?

2. 合作竞争的形式

世界范围内企业间合作竞争的运作模式多种多样,最主要的有以下几种。

(1) 同行业企业间的联合。20 世纪 70 年代,欧洲四家飞机制造公司为了与雄踞世界之首的美国波音、麦道两大飞机制造公司相抗衡,由原先的彼此间竞争走向联合,组建欧洲空中客车公司,在德国生产机身,在英国生产机翼,在西班牙生产尾翼,最后在法国组装,把欧洲各国飞机制造业务的优势统一整合起来,形成了一股强大的攻势。至 20 世纪 90 年代初期,其规模已超过美国麦道公司,成为紧随波音的世界第二大飞机制造商,动摇了美国飞机制造业的世界霸主地位。为了维护美国飞机制造业的霸主地位,美国的波音、麦道两大公司又于 1997 年实现了联合,以对付欧洲空中客车公司。

(2) 合作生产。合作生产就是合作企业间根据优势互补、共同发展的原则,相互利用对方的优势资源共同组织生产经营活动,以扩大规模,增加收入,提高效益。例如,浙江纳爱斯公司凭借其品牌和销售网络优势,进行外联合作,委托加工产品。2001 年,纳爱斯委托加工的企业达到 29 家,遍布全国 19 个省。通过委托加工的方式可以实现产地销售,减少了运费,进一步降低了成本,从而使得纳爱斯的低价策略有了保证。

(3) 与上下游企业合作。在互赢思维模式下,企业可以与下游的分销商、经销商或上游的供应商紧密合作,结成命运共同体。例如,宝洁公司就投资 1 亿元人民币用于分销商电脑系统建设和车辆购置,以使分销商管理和覆盖方式实现初级现代化。企业与供应商紧密合作,不仅可以使企业的供应链关系得以稳定,而且可以为企业节省大量的采购成本和管理、协调成本。

(4) 虚拟经营。虚拟经营是指企业在组织上突破有形的界限,虽有生产、营销、设计、人事、财务等功能,但企业内部没有完整地执行这些功能的组织。企业在有限的资源下,为取得竞争中最大的优势,仅保留企业中最关键的功能,而将其他的功能虚拟化——通过各种方式借助外力进行整合弥补,在竞争中最大效率地利用企业有限的资源。虚拟经营在国外早已十分普遍,像耐克、锐步等运动鞋生产厂家根本就没有自己的工厂,其产品却畅销全球。这些企业将其生产部分虚拟化,自己则专注于设计、营销的规划,它们把设计好的样品和图纸交给劳动力成本较低的新兴国家的签约厂商,最后验收产品,贴上自己的商标。

(5) 战略联盟。战略联盟是指几家公司拥有不同的关键资源,而彼此的市场有某种程度的区隔,为了彼此的利益进行联盟,交换彼此的资源,以创造竞争优势。具体的做法有技术联盟、销售联盟、研究与开发(R&D)联盟等。20 世纪 80 年代以来,在全球经济一体化、竞争多样化的发展趋势下,战略联盟的发展日益迅猛,典型的例子有:丰田汽车与其零部件供应商之间的联盟(整车制造商——零部件独家供应商);微软公司与英特尔公司之间的"WINTEL"联盟(操作系统——中央处理器);Google 与 HTC 之间的手机研发代工联盟(手机操作系统研发——手机研发与制造);苹果公司与 AT&T 之间的联盟(信息终端 Iphone/Ipad——通信网络服务)等。

【深度阅读 5-1】规避竞争、资源共享,互联网背景下的家居"异业之战"(内容扫右侧二维码)。

深度阅读 5-1.docx

二、竞争对手的识别

竞争对手的识别方法比较多,可以从不同角度来进行识别,比如可以从行业竞争、市场竞争及业务范围等方面来进行识别。

(一)从行业竞争识别竞争对手

行业是指一组提供同一种或同一类相互可以替代的产品或服务的企业群,如 IT 行业、汽车行业、房地产行业及医药行业等。行业动态取决于需求与供应的基本状况,供求会影响行业结构,行业结构又会进一步影响行业行为,如产品开发、定价和广告策略等。企业要想在整个产业中处于有利地位,就必须全面了解本行业的竞争模式,以确定自己的竞争对手。

(二)从市场竞争识别竞争对手

从市场方面来看,竞争者是那些满足相同市场需要或服务于同一目标市场的企业。例如，从产业观点来看，打字机制造商以其他同行业的公司为竞争对手；但从市场观点来看，顾客需要的是"书写能力"，这种需要用铅笔、钢笔、电脑也可满足，因而生产这些产品的公司均可成为打字机制造商的竞争者。以市场观点分析竞争对手，可使企业拓宽眼界，更广泛地看清自己的现实竞争对手和潜在竞争对手，从而有利于企业制订长期的发展规划。

(三)从业务范围识别竞争对手

每个企业都要根据内部和外部条件确定自身的业务范围。企业在确定业务范围时都自觉或不自觉地受一定导向支配，导向不同，竞争对手识别和竞争战略就不同。

1. 从产品导向识别竞争对手

产品导向是指企业业务范围限定为经营某种定型产品，在不进行产品更新的前提下设法寻找和扩大该产品的市场。在产品导向下，市场扩大是顾客增多，而不是产品种类或花色品种增多。实行产品导向的企业仅仅把生产同一品种或规格产品的企业视为竞争对手。例如，铅笔公司间的竞争、自行车公司间的竞争、灯具公司间的竞争以及白酒厂间的竞争。

2. 从技术导向识别竞争对手

技术导向是指企业业务范围限定为用现有设备或技术生产产品。技术导向企业的生产技术类型是确定的，技术导向把所有使用同一技术、生产同类产品的企业视为竞争对手。例如，铅笔公司间的竞争，竞争产品不单是普通铅笔，还包括学生铅笔、考试用铅笔、绘画铅笔、绘图铅笔、办公铅笔、彩色铅笔等产品；自行车公司间的竞争，竞争产品也不单是普通自行车，还包括加重车、轻便车、山地车、赛车等产品；灯具公司间的竞争，竞争产品也不单是普通灯具，还包括白炽灯、日光灯、吊灯、壁灯、落地灯、医用灯、剧场照明灯等产品；白酒厂间的竞争，竞争产品也不单是普通白酒，还包括低档酒、中档酒、高档酒、家用酒、礼品酒、宴会酒等产品。

3. 从需求导向识别竞争对手

需求导向是指企业业务范围确定为满足顾客的某一需求，并运用可能互不相关的多种技术生产出分属不同大类的产品去满足这一需求。实行需求导向的企业把满足顾客同一需求的企业都视为竞争对手，而不论它们采用何种技术、提供何种产品。例如，书写用品公司的竞争产品包括铅笔、钢笔、圆珠笔、毛笔、打印机等的竞争；短程交通工具公司的竞争产品包括自行车、助力车、摩托车、电动车等的竞争；照明用品公司的竞争产品包括灯具、发光涂料、夜视镜等的竞争；佐餐饮料公司的竞争产品包括白酒、啤酒、红酒、黄酒、果汁、可乐等产品的竞争。

4. 从顾客导向识别竞争对手

顾客导向是指企业业务范围确定为满足某一群体的需求。顾客导向企业要服务的顾客群体是既定的，但这一群体的需求有哪些，满足这些需求的技术和产品是什么，则要根据内部和外部条件加以确定。例如，学生用品公司间的产品竞争就包括铅笔、钢笔、圆珠笔、毛笔、打印机、学生电脑、练习簿、书包、绘图尺、文具盒、实验用品等产品的竞争；婴幼儿用品公司间的产品竞争就包括满足婴幼儿成长需求的玩具、连环画、服装、食品、日用品等产品的竞争。

三、竞争态势分析

竞争态势是产业内部竞争企业间的竞争的关系及相互作用的状态。企业在考虑如何与竞争对手开展竞争时,应先分析竞争对手的竞争态势。

(一)竞争性分析

竞争性分析可以从市场共性及资源相似性两个方面进行分析。

1. 市场共性

企业通常会在几个市场上同时进行竞争,这种竞争对手在多方面相互较量的情况称为市场共性。市场共性关注的是企业与竞争对手共同参与竞争的市场个数,以及每一个单独市场对彼此的重要程度。在多元市场竞争中,企业会在多个市场同时开展竞争,如小米科技和联想电脑之间的竞争,就涉及不同的产品市场(如智能手机、笔记本电脑等)和不同的地理区域市场(国内市场与海外市场)。在几个相同市场进行竞争的企业,不仅会对竞争对手采取行动的市场做出一系列反应,而且还要对参与竞争的其他市场做出相应的反应,这使得竞争更为复杂。例如,联想电脑在台式机及笔记本市场占有绝对竞争优势,但在智能手机市场仍然会面对像华为、小米、OPPO、vivo 这样的国产手机厂商的巨大压力。

2. 资源相似性

资源相似性是指与竞争对手相比,企业的有形资源和无形资源在类型和数量上的相似程度。资源的数量和类型相似的企业往往具有类似的优势和劣势,也会使用类似的战略。例如,圆通快递和申通快递这两个物流企业在国内快递市场存在直接竞争关系,拥有的市场共性比较大,如它们拥有相似类型的运输设备、相似程度的财务资本,以及同样的人力资源和物流信息系统。由于资源相似性高,导致企业间的竞争也非常激烈。

在进行竞争对手分析时,企业通常会对每一个竞争对手的市场共性和资源相似性进行分析,这种分析可以用市场共性与资源相似性矩阵图进行直观的比较,如图 5-2 所示。

市场共性与资源相似性矩阵图显示了企业与单个竞争对手在市场共性和资源相似性方面的不同重合度。重合度代表企业与竞争对手的相似程度。例如,如果企业与竞争对手位于第 I 象限,则说明它们之间具有相似的资源类型和数量,两个企业会利用它们相似的资源组合在许多重要的市场上进行竞争。因此,位于第 I 象限的企业之间是直接的、相互认可的竞争对手,如国美电器和苏宁电器之间的竞争。

相反,如果公司与竞争对手位于第 III 象限,则它们共同参与竞争的市场比较少,资源的相似性也较少,这表明它们之间不是直接的、相互认可的竞争对手。例如,当地的一家专门销售油条、豆浆、煎饼果子的中式快餐店不会直接与海底捞火锅产生竞争。企业与竞争对手间的竞争关系是不断发展变化的,企业的进入和退出、资源类型和数量的变化都意味着企业的直接竞争对手也会随着时间的推移而发生变化。

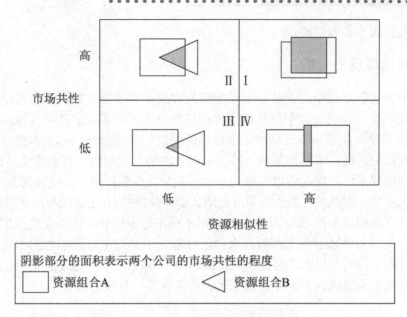

图 5-2　市场共性与资源相似性矩阵

(二)竞争行为分析

竞争行为受竞争意识、竞争动机及竞争能力所驱动。反过来，这些驱动因素又会影响企业实际竞争行为。

1. 竞争意识

竞争意识是对待市场竞争的一种认知，是对市场竞争的认识、意愿、观点和态度的总称。竞争意识是企业采取竞争行动和反应的先决条件，企业要认识到市场共性和资源相似性所导致的竞争对手间的相互竞争程度。竞争意识会影响企业对竞争行动和反应结果的重要性的理解，缺乏竞争意识会导致企业故步自封，最终会丧失竞争优势。例如，对传统企业而言，在新经济领域，它们创新能力较弱，很难形成自己的竞争力。

2. 竞争动机

竞争动机涉及企业对竞争对手的攻击采取行动或做出反应的意向，它与企业感知到的竞争威胁有关。企业意识到竞争对手的存在，如果企业感觉自己的竞争地位不会受竞争对手的威胁而改变，那么企业也许没有参与竞争对抗的动机。一般来讲，企业有可能向在多元市场中进行竞争的具有低市场共性的竞争对手发动进攻，以获得更有利的竞争地位。受攻击的企业如果利益受损，它们也会采取反击行动，来保护它们的市场地位。

3. 竞争能力

在竞争市场中，有的企业可能意识到竞争对手会做出反应，但企业有可能缺乏竞争能力去应对。竞争能力与每个企业的资源以及资源供给的灵活性有关。如果没有可利用的资源，企业就没有能力攻击竞争对手或对竞争对手的进攻进行反击。例如，尽管规模小的一些公司创新能力强，但它们没有足够的资源向现有大公司发动进攻。同样，与本土公司相比，外国公司经常处于不利地位，因为与本土公司相比，它们在供应商、顾客及政府机构方面拥有的资源不具有优势。

(三)对抗与反击分析

在竞争性对抗过程中,企业会利用战略性和战术性措施来形成竞争行动和反应。竞争行动是企业为建立和巩固竞争优势或改善市场地位而主动采取的战略性或战术性行动。竞争反应是指企业为抵消竞争对手的竞争行动而采取的被动战略性或战术性行动。战略性行动或战略性反应是指以市场为基础、涉及组织资源的重大调整、对企业发展有影响的行动。战术性行动或战术性反应是指以市场为基础、涉及较少的资源、对业务层面有影响的行动。

在参与竞争性对抗时,企业必须清楚地认识到战略性行动/反应和战术性行动/反应之间的区别,并在两种竞争性行动/反应之间实现平衡。好多年前,诺基亚实施了一项重要的战略性行动,在智能手机业务上与微软合作,打造一个具有全球影响力的生态系统。在某种程度上,这是一种对苹果的战略性反应。2013年,微软收购了诺基亚的手机业务作为微软移动终端战略至关重要的一部分,这也代表着微软的一种战略性行动。

【案例 5—2】

3Q 大战:腾讯 QQ vs 奇虎 360

IT 行业间最不缺的就是竞争。2010 年年初,腾讯推出 QQ 医生 1.0 版本,随后升级到 QQ 医生 3.2,界面及功能酷似 360。之后 QQ 医生利用春节期间强行推广,敏感的 360 很快意识到 QQ 医生的威胁。5 月 31 日,腾讯悄然将 QQ 医生升级至 4.0 版并更名为"QQ 电脑管家"。新版软件将 QQ 医生和 QQ 软件管理合二为一,增加了云查杀木马、清理插件等功能,涵盖了 360 安全卫士的所有主流功能。凭借着 QQ 庞大的用户基础,QQ 电脑管家将直接威胁 360 在安全领域的生存地位。9 月 27 日,360 发布直接针对 QQ 的"隐私保护器"工具,宣称其能实时监测曝光 QQ 的行为,并提示用户"某聊天软件"在未经用户许可的情况下偷窥用户个人隐私文件和数据,引起了网民对 QQ 客户端的担忧和恐慌。10 月 29 日,360 公司又推出一款名为"360 扣扣保镖"的安全工具,360 称该工具全面保护 QQ 用户的安全,包括阻止 QQ 查看用户隐私文件、防止木马盗取 QQ 以及给 QQ 加速、过滤广告等功能。腾讯对此做出强烈反应,称"360 扣扣保镖"是"外挂"行为。11 月 3 日,腾讯发布公开声明,宣称将在装有 360 软件的电脑上停止运行 QQ 软件,倡导必须卸载 360 软件才可登录 QQ。这是 360 与腾讯一系列争执中,腾讯方面迄今为止做出的最激烈的行动,此举引发了业界震动。

思考:从市场共性的角度分析腾讯与奇虎 360 间的竞争。

第二节 基本竞争战略

企业战略是企业根据环境变化,依据本身资源选择适合的经营领域和产品,形成自己的核心竞争力并在竞争中取胜的谋略。战略都是有目的的,它代表了公司愿景和使命。有效的战略可以整合企业资源、能力

5-2.mp4

第五章 竞争行为分析

和竞争力,使企业更好地适应外部环境。外部环境中的机会和威胁,以及内部环境中的资源、能力和核心竞争力都会影响企业战略选择。

基本竞争战略是企业在业务层面利用核心竞争力获取产品竞争优势的整合及协调活动。基本竞争战略是企业在单个产品市场上如何进行竞争的抉择。美国哈佛商学院著名战略管理学家迈克尔·波特在其1980年出版的《竞争战略》一书中,提出了三种基本竞争战略,即成本领先战略、差异化战略和聚焦战略,如图5-3所示。企业可以选择这三种基本业务层战略中的一种来建立和巩固竞争地位,以此对抗竞争对手。

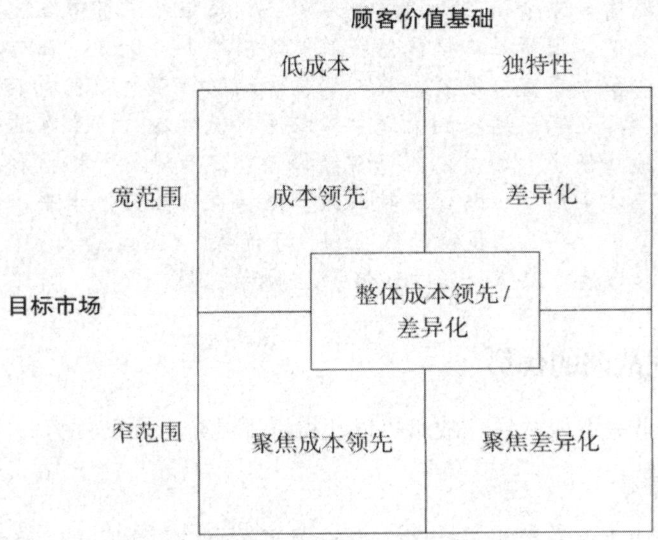

	顾客价值基础	
	低成本	独特性
宽范围	成本领先	差异化
	整体成本领先/差异化	
窄范围	聚焦成本领先	聚焦差异化

（目标市场）

图5-3 业务层面的三种基本竞争战略

一、成本领先战略

(一)成本领先战略的含义

成本领先战略是指企业在一个宽范围市场内通过采取一整套行动,以低于竞争对手的成本,为顾客提供产品或服务。企业可以通过加强成本控制,在研发、生产、销售、服务和广告等领域把成本降到最低限度,从而成为行业中的成本领先者。例如,当年格兰仕微波炉就是依靠成本领先战略,不仅在国内市场上战胜了众多国际品牌,改变了微波炉市场的游戏规则,而且也使自己在国际市场上站稳了脚跟。

互联网是一种"规模效应"的行业,巨头们最常用的战略就是"成本领先战略":先建立一个巨量用户规模的产品,然后利用低成本的流量导入新的产品或服务。例如,在2018年年初爆发的益智类全民竞答游戏App大战中,王思聪的"冲顶大会"第一个抢跑,但到了月底,活跃度明显不及后来者"百万英雄"和"百万赢家",其原因就在于"冲顶大会"是独立App,流量成本高,而后两者有今日头条和360的支持,流量成本低。成本领先战略主要依靠追求规模经济、专有技术和优惠的原材料等因素,以低于竞争对手或低于行业平均水平的成本提供产品和服务,来获得较高的利润和较大的市场份额。

【案例 5—3】

沃尔玛的低成本战略

沃尔玛连锁店公司是世界上最大的连锁零售商。沃尔玛发展的一个重要原因是成功运用了成本领先战略并予以正确实施。沃尔玛的经营策略是"天天平价,始终如一",即所有商品,在所有地区,常年以最低价格销售。为做到这点,沃尔玛将物流循环链条作为成本领先战略实施的载体,利用发达的高技术信息处理系统作为战略实施的基本保障,在采购、存货、销售和运输等各个商品流通环节采取各种措施,对日常经费进行严格控制,将流通成本降至行业最低,把商品价格保持在最低价格线上。例如,在物流循环链条方面,沃尔玛购货环节采取向工厂直接购货、统一购货和辅助供应商减少成本等方式来降低购货成本;存货环节采取建立高效运转的配送中心以保持低成本存货;在运输环节,沃尔玛自身拥有车队,有效地降低了运输成本;日常经费管理环节进行严格控制。可以说,沃尔玛想方设法从各个方面将费用支出与经营收入比率保持在行业最低水平,这就使沃尔玛在日常管理方面获得了竞争对手无法抗衡的低成本管理优势。

思考: 还有哪些做法可以降低沃尔玛经营活动的成本?

(二)成本领先战略的优势

一般来说,企业采取成本领先战略可以获得以下几个方面的优势。

1. 形成进入障碍

企业生产经营成本低,就为潜在进入者设置了较高的进入门槛,致使那些在生产技术上不熟练、在经营上缺乏经验、在投入上缺乏资金和规模较小的企业难以进入此行业,从而减缓竞争压力。例如,早期互联网企业(如阿里巴巴、腾讯等)推出的产品如果在某个新兴领域受欢迎,便会获得大量的用户流量。随着这种产品的逐渐成熟,用户逐渐沉淀形成黏性,互联网企业这种先发优势最终会转换为竞争壁垒。这些企业可以利用用户黏性,在它们拥有的流量入口增加更多的产品或服务,比如阿里巴巴借助其流量入口推出的支付宝、飞猪、口碑等;腾讯借助其即时通信流量推出的各类游戏等。后进企业要进入这个市场就很难,流量成本高不说,用户习惯也很难改变,即使像阿里巴巴这样的互联网巨头,在腾讯地盘推出的即时通信工具"来往"最终也难逃夭折的命运。

2. 降低替代品威胁

在替代品方面,成本领先者的市场地位比其他竞争对手更为有利。当替代品的特性和特征在成本和差异化方面更能吸引顾客的注意力时,这个替代品就成了一个公司非常关注的问题。面对可能出现的替代品,成本领先者往往比其他竞争对手更加灵活。为了保持客户关系,成本领先者会降低产品或服务的价格,通过低价产品或服务及具有的其他竞争优势的特征,成本领先者可以提高顾客对自己产品的偏好程度,降低和缓解替代品的威胁。例如,为了和高铁竞争,民航可以通过降低机票价格、提供快捷航空服务吸引更多的乘客。

3. 减弱卖方和买方压力

成本领先者通过规模效益赚到的利润比其他竞争对手要多,并且还可以利用规模效益继续降低成本、扩大市场份额，较高的利润可使成本领先者能更好地消化供应商的提价。当整个行业的供应成本大幅增加时，只有成本领先者能负担得起该价格，并且还有利润空间。从另一个角度讲，强有力的成本领先者也可以迫使供应商维持原价，从而使供应商利润降低。例如，像沃尔玛、家乐福这样的零售巨头，它们会对供应商产品进行成本分析，在谈判桌前具有话语权。另外，由于成本领先者企业制定的价格较低，和同行企业相比具有较强的竞争力，这也削弱了买方讨价的余地，避免了企业利润的减少。

(三)成本领先战略的竞争性风险

1. 竞争对手开发出更低成本的生产方法

成本领先者用来生产和分销产品的流程可能会因竞争对手的创新而过时。这些创新可以让竞争对手以更低的成本提供产品和服务，或者在不提高价格的情况下给顾客带来额外的利益。例如，竞争对手运用 AI 新技术或更低的人力成本等形成新的低成本优势，就会使企业丧失原有优势。

2. 低成本会和优质服务相矛盾

俗话说："一分钱，一分货。"如果企业过分追求低成本，就有可能降低产品或服务质量从而影响顾客需求的满足，致使顾客需求改变或转移，使企业优势转为劣势。例如，沃尔玛就因为商场服务人员数量太少，不能很好地为顾客提供帮助，以及收银台的数量太少等问题而备受批评。这说明，优质服务与企业不断降低成本的努力之间存在着矛盾。

3. 竞争对手进行模仿

当企业产品或服务具有竞争优势时，一些竞争对手利用自己的竞争力去模仿采用相同或相似降低成本的方法，增强自身竞争优势，削弱原有企业的竞争地位。一旦这种情况发生，成本领先者可以通过增加产品或服务的价值来削弱竞争对手的压力。通常来说，公司可以通过降低产品的价格，或者在保持价格不变的情况下增加产品的差异化特征来吸引客户。需要注意的是，成本领先并不等同于价格最低，如果企业陷入价格最低，而成本并不最低的误区，换来的只能是把自己推入无休止的价格战。企业降价，竞争对手也会随着降价，而且比自己的更低，降价空间超过利润的话，导致企业亏损。例如，在电视机方面，取得成本上的领先地位需要有足够规模的显像管生产设施、低成本的设计、自动化组装和有利于分摊研制费用的全球性销售规模。

二、差异化战略

(一)差异化战略的含义

差异化战略是指企业在一个宽范围市场内向顾客提供与众不同的产品或服务，用以满足顾客特殊的需要，从而形成竞争优势的战略。成本领先者服务的是行业内的典型顾客群，差异化战略瞄准的则是用不同于竞争对手的差异化产品创造价值的顾客群。差异化战略通过开发新的产品或服务以一种新的方式来解决顾客的问题。如"海尔"以模糊控制、节能静音、变温变频等见长；"美菱"以保鲜取胜；"新飞"则以"无氟"吸引消费者。这些丰富多彩的特色竞争使各厂家都拥有一定的消费者。企业运用这种战略主要是依靠产品或服务的特色，而不是产品或服务的成本。

【案例 5—4】

小米手机的差异化战略

2011 年，当时的小米手机可谓是国产智能手机领域杀出的一匹黑马，凭借着 1.5 GHz 双核 Android 机售价 1999 元，突显其高性价比，深受市场欢迎。小米手机一上市就赢得了市场，主要原因就在于小米手机采取了差异化的营销战略。小米手机的差异化营销战略主要体现在以下几个方面。

小米手机深知消费群体的需求，把其手机定位即为发烧而生。手机产品配置与性能都和"发烧"二字相匹配。MIUI 是小米公司基于 Android 进行二次开发的操作系统。MIUI 已经成为小米手机的重要支撑力量和差异化标志。

高端配置，低端价格。人们在体验产品功能的同时，最重要的影响购买因素还是价格。小米手机考虑了消费者所能承受的心理价格，推算出消费者为了满足自己的需求和欲望而愿意支持的总成本。

小米通过电子商务的销售模式消除了中间环节，让消费者足不出户就可以购买，为消费者提供了巨大的便利。

小米积极培养用户的"参与感"，足够大的用户参与感形成了小米粉丝群体。MIUI 及其社区是米粉"参与感"的源头。小米这种运作模式，让米粉们有了很强的存在感和参与感。小米通过微博、微信这两个通道维系小米的客户关系，进一步提升了米粉的存在感和参与感。

思考：小米的差异化策略能否被模仿？

(二)差异化战略的优势

企业实施差异化战略，可以获得超过平均水平的利润，其优势主要有以下几个方面。

1. 形成进入障碍

由于产品或服务具有独特性，如果顾客对该产品或服务具有很高的忠诚度，潜在进入者要战胜这种独特性就必须付出巨大的努力，企业无形中凭借产品或服务的差异化在行业竞争中形成一个进入壁垒，避免了竞争者的侵入。例如，苹果是最典型的例子，它有独此一家的 iOS 系统、自己的 CPU，只能运行苹果应用商店审核过的 App，专卖店有独特的体验氛围，果粉也有自己独特的文化。苹果公司通过良好的客户体验，建立起自己的差异化战略路线，构筑了强大的竞争壁垒。

2. 克服替代品威胁

企业可以从产品、服务、形象、渠道和人员等五个方面入手，结合企业自身的资源优势，针对目标市场，制定自己的差异化战略。通过向顾客提供有特色的产品或服务，赢得顾客的信任和偏爱，企业就会比提供替代品的同类企业处于更有利的地位。例如，智能手机的出现对卡片式数码相机造成极大的冲击，如果相机企业放弃卡片式相机专注于单反相机，为市场提供成像效果更好的专业设备，市场同样广阔。

3. 减弱卖方和买方压力

由于产品差异化可以为企业带来较高的收益，因而卖方即使提高供货价格，也不会给企业带来巨大威胁。企业以具有竞争力的成本来生产差异化产品，可以减少价格的不断上升给顾客带来的压力。只有企业了解目标顾客群追求的价值是什么，各种不同需求的重要性如何，以及目标顾客群为什么愿意额外支付，差异化战略才能有效地帮助公司获取超额利润。例如，苹果 iPhone X 刚上市时，价格高达万元，好多用户还是趋之若鹜。

(三) 差异化战略的劣势

一般来说，企业在保持差异化上普遍存在着以下四种威胁。

1. 形成差异化的成本过高

顾客如果认为实施差异化战略的产品与实施成本领先战略的产品之间的价格差距太大，那么企业提供的差异化特征会超出目标顾客群的需求。企业形成产品或服务差异化的成本过高，致使大多数购买者难以承受产品价格，从而企业就会失去顾客和难以盈利。

【想一想】为什么私人定制的产品或服务价格比较高？

2. 竞争对手模仿和推出类似的产品

如果竞争对手采取模仿方法推出类似的产品或服务，但是价格更低，那么会大大降低企业产品差异化的特色，差异化产品的价值也会进一步减少。例如，在印度手机市场，中国智能手机生产商小米科技利用低价模仿策略在与韩国三星智能手机商的竞争中均取得了成功。

3. 购买者需求的改变

如果购买者不再需要企业长期赖以生存的那些产品差异化特色，则企业的差异化战略就再难以奏效。比如，主打女性手机的企业市场做得并不怎么好，反而那些做老年手机的企业市场做得还不错，这也说明了性别作为手机的差异化卖点市场并不怎么接受。

三、聚焦战略

(一) 聚焦战略的含义

聚焦战略是企业把经营重点放在一个窄范围特定目标市场上，并为这个特定目标市场提供特定的产品或服务。当企业利用核心竞争力来满足特定细分市场的需求时，可以考虑使用聚焦战略。聚焦战略与前两个基本竞争战略不同，它不是面向全行业，而是围绕一个特定的目标进行密集性的生产和经营活动，是在一个窄范围市场内进行成本领先战略或差异化战略。可以运用聚焦战略的细分市场有：某个特定的购买群体，如年轻人或老年人；某一产品线的特定用户，如军用对讲机与民用对讲机；某一特定地理区域的市场，如寒带地区市场、热带地区市场。

实施聚焦战略可以采取两种形式，即在一个窄范围市场内实施聚焦成本领先战略或聚焦差异化战略。总部位于瑞典的宜家公司是一个全球家具零售商，该公司采用了聚焦成本领先战略。公司的目标顾客群是追求低价与时尚的年轻人，针对这些顾客群，公司提供的家居产品融合了新颖的设计、齐全的功能、可靠的质量和低廉的价格等一系列特征。公司通过自己设计的可自行安装的模块式家具，以非常低的价格为客户提供设计优秀、功能化的家居产品，使尽可能多的年轻人能够买得起这些产品。尽管宜家是成本领先者，但它同时也提供能吸引目标顾客群的差异化特征，包括独特的家具设计、店内的儿童游乐场、供顾客使用的轮椅以及延长营业时间等。可见，宜家的聚焦战略不仅包含聚焦成本领先战略，还包括聚焦差异化战略的特征。

【案例 5—5】

中国联通聚焦 90 后用户增强用户流量使用黏性

随着 90 后消费群体的崛起，年轻化风潮席卷各行各业，企业除了要有卓越的产品力，贴近年轻人的潮流营销也必不可少。中国联通在全面实现产品升级的基础上，通过实施聚焦战略，多方位整合互联网资源，将流量交易产品化、内容化、互动化。中国联通与互联网年轻用户积极沟通，不断强化联通年轻、潮流的品牌形象。借助深受年轻人喜欢的手机游戏作为战略支点，2016 年经过"流量红包""1 毛换流量"等引爆互联网的活动之后，中国联通又推出"沃趣寻宝""摇骰子，踩宝箱"等营销游戏，同时联合"植物大战僵尸""PopStar 消灭星星""开心消消乐""水果忍者"等人气游戏推出了专属游戏大礼包。中国联通通过"互联网+"和"年轻化沟通"策略，将内容和订购与游戏结合，鼓励用户流量成长，在为用户提供趣味互动的同时创造用户价值，形成了品牌与用户的双赢局面。

思考： 中国联通是如何聚焦 90 后市场满足年轻人网络需求的？

(二)聚焦战略的优势

聚焦战略实际上是成本领先战略或差异化战略在某一具体市场上的运用，它同前两个竞争战略一样，可以防御行业中的各种竞争力量，如可以用来防御替代品的威胁，可以针对竞争对手最薄弱的环节采取行动等，从而使企业在本行业中获得高于一般水平的收益。

(三)聚焦战略的劣势

企业在实施聚焦战略时，可能会面临以下几个方面的风险：企业生产和经营成本过高；顾客需求的改变；竞争对手采取同样的聚焦战略；竞争对手从企业的目标市场中找到了可以再细分的市场。

【想一想】为什么老年手机比较有市场，而儿童手机却少有厂商问津？

第三节 竞争地位及其竞争策略

一、竞争地位

5-3.mp4

在同一时间点上,处在同一市场中的不同企业,由于资源与能力各不相同,其市场竞争力也不相同。根据企业在市场中的竞争力,竞争者在市场中可以划分为市场领导者、市场挑战者、市场跟随者与市场补缺者。

(一)市场领导者

市场领导者是指在相关产品的市场上市场份额最高的企业。一般来说,大多数行业都存在一家公认的市场领导者,处于全行业的领先地位,这个领导者拥有最大的市场份额,经常在价格调整、新产品引入、渠道覆盖和促销费用上引导其他企业。它们的营销策略也成为其他企业挑战、仿效或回避的对象。各行业均存在市场领导者,如零售行业的沃尔玛、电商行业的亚马逊、快餐行业的麦当劳、饮料行业的可口可乐、运动产品行业的耐克、社交媒体行业的脸书以及网络搜索行业的谷歌等。

市 场 份 额

市场份额,又称市场占有率,定义为一定时间(年或季度)内,某一公司某一产品在同类产品市场销售中所占的百分比。市场份额是判断企业竞争水平的一个重要因素,在市场大小不变的情况下,市场份额越高的公司其产品销售量越大。

(二)市场挑战者

市场挑战者是指在相关产品市场上处于第二位、第三位甚至排名稍低一些处于次要竞争地位同时具备向市场领导者发动全面或局部攻击的一些企业。这种类型的竞争者,一旦条件、时机成熟,就会向市场领导者发起进攻,力求扩大市场占有率,并试图成为领导者。如饮料行业的百事可乐公司、搜索引擎行业的百度公司。

(三)市场跟随者

市场跟随者是指在相关产品市场上处于中间状态,并力图保持其市场占有率不至于下降的企业。这种类型的企业数量较多,它们安于现状,愿意与领导者、挑战者和平共处。它们之所以愿意和这些大企业和平共处,是由它们的资源条件、竞争力所决定。它们如果向市场领导者、挑战者发动进攻,只会遭到惨败,使自己的市场占有率下降。

(四)市场补缺者

市场补缺者是指专心关注相关产品市场上大企业不感兴趣的某些细小部分的众多小企业。几乎每个行业都存在一些专门服务于缝隙市场的企业,它们不去追求整个市场或大规模的细分市场,而是瞄准更小的"子细分市场"。补缺战略通常适合资源有限的小企业,比如初创企业为老年婚恋牵线搭桥的"夕阳婚恋网站",不过大企业的小部门也有可能采取这一战略。在整个市场中占有低市场份额的企业也可以通过补缺策略来获得高盈利。

【深度阅读5-2】创业型生鲜电商如何成为市场的"补缺者"?(内容扫右侧二维码)

深度阅读5-2.docx

二、不同竞争地位企业竞争策略

竞争策略是企业依据自己在行业中所处的地位,为适应竞争形势和实现竞争战略而采用的各种具体行动方案。处于不同竞争地位的竞争者在同一市场中采取的竞争策略不同。根据企业竞争地位、竞争目标的不同,企业具体竞争策略可以分为防御策略、进攻策略、追随策略和补缺策略。

(一)领导者竞争策略——防御策略

市场领导者在相关产品的市场上占有最大的份额。一般来说,大多数行业都有一家企业被认为是市场领导者,它在价格变化、新产品开发、分销渠道建设和促销战略等方面对本行业其他公司起着领导作用,如世界著名的微软公司、通用汽车公司、可口可乐公司、麦当劳等,我国著名的市场领导者有智能手机行业的华为、家电行业的海尔、计算机制造行业的联想、碳素笔行业的晨光等。这种行业主导者几乎各行各业都有,它们的地位是在竞争中自然形成的,但不是固定不变的。

市场领导者要保持竞争优势,击退其他对手的进攻,一般采取防御性策略:扩大市场需求总量;保护市场占有率;提高市场占有率。

1. 扩大市场需求总量

当一种产品的市场需求总量扩大时,受益最大的是处于领先地位的企业。一般来说,市场领导者可从三个方面扩大市场需求量。

(1) 开发新用户。每种产品都有吸引新用户、增加用户数量的潜力。因为可能有些消费者对某种产品还不甚了解,或产品定价不合理,或产品性能还有缺陷等。一个制造商可从三个方面找到新的用户:市场渗透策略,如香水企业可设法说服不用香水的女性使用香水;市场开发策略,如说服男性使用香水;地理扩展策略,如向其他国家推销香水。

【案例5—6】

为App开发新用户

在App推广方面,很多企业都很苦恼:我的App怎样让用户去下载使用?其实让用户用上这个App的一般场景应该是以下这种方式。

占领潜在用户的心智。我们可以在诸如《歌手》这样的综艺节目里,通过某著名主持人或嘉宾说出这个App,并使用这个App,于是潜在用户对这个App有了初步印象。我们还可以通过电视台、各类招商广告、各种大众品牌媒体进行宣传,或者通过户外媒体进行曝光,比如在地铁、楼宇、分众等媒体上,做一个大大的符号告诉潜在用户这个App是做

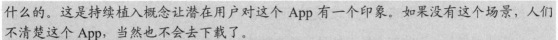

什么的。这是持续植入概念让潜在用户对这个 App 有一个印象。如果没有这个场景，人们不清楚这个 App，当然也不会去下载了。

让需求勾起回忆。当某一天潜在用户有了需求，比如他要订蛋糕，他可能去各大搜索引擎或者是 App 商店，根据自己的需求进行搜索，搜索后会有推荐，他通过推荐进入到这几个 App 的下载选择页面，然后是各个 App 的简介和截图。这个时候，他就会选择一个他所熟悉的 App，然后完成下载。这个熟悉的 App 就会是我们推广的那个 App。

思考：哪些 App 的推广策略对你印象最深？哪些推广策略比较有效？

(2) 寻找新用途。企业还可以通过发现和推广产品的新用途的方式来扩大市场，如美国杜邦公司的尼龙产品不断开发出新的用途也是一个成功的典型。

【案例 5—7】

开发尼龙新用途

尼龙是杜邦公司杰出的科学家卡罗瑟斯及其领导下的一个科研小组研制出来的，是世界上出现的第一种合成纤维。1940 年，杜邦公司生产的第一双尼龙丝袜面市。几年后，当制造部门转而生产战争物资时，杜邦公司又开始制造尼龙降落伞。当涤纶抢占了针织品生产时，尼龙又被用于制作装饰织品。随后，尼龙又有了制作地毯、挂毯的巨大市场，紧接着杜邦又发现了尼龙在人造草皮上的用途。现在，尼龙正逐渐取代人体器官行业的金属材料用以生产人造心脏瓣膜和人工全髋关节。

思考：类似的例子还有哪些？

(3) 增加使用量。促进用户增加使用量是扩大需求的一种重要手段，企业应说服人们在每个使用场合更多地使用本企业产品。例如，有一家牙膏企业，为了增加产品使用量，广泛征求意见，企业老板收到很多方案，但都不满意。有一个人的方案只写了一句话：把牙膏管口的直径扩大。企业老板很满意，奖了这个人 10 万元。

2. 保护市场占有率

处于市场领先地位的企业，在力图扩大市场总需求的同时，还必须时刻防备竞争者的挑战，保卫自己已有的市场地位。例如，可口可乐公司要防备百事可乐，吉列公司要警惕毕克公司，丰田公司要小心日产公司等。这些挑战者都是很有实力的，市场领导者稍不注意就可能被取而代之。因此，市场领导者在任何时候都不应满足于现状，必须在产品创新、服务水平提高、分销渠道畅通和降低成本等方面真正处于该行业的领先地位。

3. 提高市场占有率

提高市场占有率是市场领导者增加收益、保持领先地位的一个重要途径。研究表明，市场占有率是与投资收益率有关的最重要的变量之一。市场占有率越高，投资收益率也越大。另外，收益率的增长不仅取决于市场占有率的提高，还要取决于为提高市场占有率所采取的市场营销策略。

企业在提高市场占有率时应考虑以下三个因素：①引起反垄断活动的可能性；②为提高市场占有率所付出的成本；③争夺市场占有率时所采用的营销组合战略。

(二)挑战者竞争策略——进攻或防御策略

市场挑战者是指那些在市场上处于次要地位(第二位或第三位)的企业,如美国汽车市场的福特公司、快餐业的肯德基、软饮料市场的百事可乐等。这些处于次要地位的企业通常可采取两种策略:一是争取市场领先地位,向竞争对手挑战,即进攻策略;二是安于次要地位,在"共处"的状态下求得尽可能多的收益,即防御策略。处于市场次要地位的企业,都要根据自己的实力和环境提供的机会与风险,决定自己的竞争策略是"进攻"还是"防御"。

市场挑战者如果要向市场领导者和其他竞争者进攻,首先必须确定自己的进攻对象,然后选择适当的进攻策略。

1. 确定进攻对象

一般说来,挑战者可在下列三类竞争对手中确定进攻对象。

(1) 攻击市场领导者。如果市场领导者对目标市场服务效果差而令顾客不满或对某个较大的细分市场未给予足够关注的时候,攻击市场领导者是有意义的。例如,企业通过开发新产品,以更好的产品来夺取市场的领先地位。

(2) 攻击与自己实力相当者。挑战者对一些与自己势均力敌的企业,可选择其中经营不善,甚至发生亏损者作为进攻对象,争夺其市场份额,这种竞争策略风险会小些。

(3) 攻击地方性小企业。企业为壮大自己的实力和提高竞争地位,也可以进攻那些经营不善的弱小公司。

2. 选择进攻手段

一般来说,进攻的基本手段有两种,即正面进攻和侧翼进攻。

(1) 正面进攻。正面进攻通常是处于强势地位的企业向市场领导者或与自己规模相仿的公司发动进攻时所采取的策略。在正面进攻战中,进攻者通常以与竞争对手产品相同、价格相当、推广方式也类似的方法展开对抗。例如,在与可口可乐长达一百多年的竞争中,百事可乐采用的就是针锋相对的正面进攻策略,无论是在产品品类方面,还是产品价格方面,甚至广告宣传方面,都给可口可乐带来极大威胁。

(2) 侧翼进攻。侧翼进攻对于那些拥有资源少于竞争对手的攻击者来说更具有吸引力。侧翼进攻的指导思想是"集中优势兵力,打击对方弱点"。侧翼进攻较正面进攻有更大的成功机会。例如,面对耐克和阿迪达斯这样的强劲对手,总部位于美国波士顿的鞋类生产商新百伦(New Balance),其销售额自2010年来却能年均增长17%,业绩增长中有很大部分都来自于美国以外地区。

(三)跟随者竞争策略——跟随或模仿策略

1. 市场跟随与模仿

美国管理学家西奥多·莱维特曾指出,产品模仿有时像产品创新一样有利。因为一种新产品的开发者要花费大量投资才能取得成功,并获得市场领先地位,而其他企业(市场跟随者)从事模仿或改良这种产品,虽然不能取代市场主导者,但因不需大量投资,也可获得很高的利润。在很多情况下,跟随者可让被追随企业承担新产品开发、信息收集、市场开发等所需的大量经费,自己坐享其成,减少支出和风险,并避免向市场领导者挑战可能带来的重大损失。例如,2011 年 4 月摩托罗拉推出具有指纹识别功能的 Atrix 4G ME860 智能手机,2013 年 9 月苹果公司推出带有指纹识别功能的 iPhone 5s 手机,2014 年 1 月 vivo 推出 Xplay3S 国内首款指纹识别手机。

2. 市场跟随者策略

市场跟随者并不是被动地跟随领导者,它们可以灵活采用以下跟随策略。

(1) 紧密跟随。市场跟随者在细分市场及营销组合方面尽可能仿效市场主导者,这类企业有时被看成是依赖市场主导者生存的寄生者。例如,占据市场主导地位的手机厂商的一些领先技术通常会被其他企业所模仿,比如指纹识别技术、全面屏技术。

(2) 保持距离跟随。市场跟随者在核心技术方面模仿被跟随者,但在包装、广告和价格等方面又与被跟随者保持一定的差异。例如,一些手机厂商在指纹识别技术方面进行创新,采取了屏下指纹识别技术。

(3) 有选择跟随。市场跟随者在某些方面紧跟被跟随者,但在另外一些方面又发挥自己的独创性。他们会有选择地改进被跟随者的产品、服务和营销策略,避免与被跟随者正面交锋。例如,在模仿指纹识别技术方面,为了扩大屏幕利用率,有手机厂商将指纹识别传感器进行了后置处理,这就是一种有选择的跟随。

(四)补缺者竞争策略——利基策略

在现代市场经济条件下,每个行业几乎都有些小企业,它们专心于市场上被大企业忽略的某些细小部分,在这些小市场上通过专业化经营来获取最大限度的收益。市场补缺者的作用是拾遗补缺,它们虽然在整体市场上仅占有很少的份额,但是比其他公司更充分地了解和满足某一细分市场的需求,能够通过提供高附加值而得到高利润和快速增长。

1. 利基市场

规模较小且大公司不感兴趣的细分市场称为利基市场,其英文为"niche"。理想的利基市场应具备:有足够的市场潜量和购买力;利润有增长的潜力;对主要竞争者不具有吸引力;企业具备占有此补缺基点所必要的资金和能力;企业既有的信誉足以对抗竞争者。

处于发展初期或比较弱小的企业适合采用市场补缺策略。例如,有的企业专门生产医用口罩。由于利基市场有利可图,许多大中型公司也设立专门的业务部门或分公司进入这一市场。例如,耐克公司一直不断地为各种不同的运动员设计特殊的鞋,如篮球鞋、排球鞋、网球鞋、跑步鞋、登山鞋、啦啦队鞋、气垫鞋等,以创造利基市场。

2. 市场补缺者的策略

补缺策略的关键是专业化。实施补缺策略的企业必须在市场、顾客、产品或营销组合等方面进行专业化经营。例如,食品公司可以专门为民航部门提供航空食品;某书店专门经营古旧图书;某家政服务公司专门为老年人提供上门读报服务;某服装企业专门为银行、保险公司或学校生产定制服装。

【深度阅读 5-3】产品经理谈"模仿"(内容扫右侧二维码)。

深度阅读 5-3.docx

本 章 小 结

竞争对手一般是指与本企业提供相同或相似产品或服务,且目标市场接近的企业。从产业链的结构来看,竞争对手可以分为三类:同行业的企业、实施纵向一体化战略的企业、实施多元化策略发展的企业。

企业基本竞争战略包括成本领先战略、差异化战略和聚焦战略。成本领先战略是指企业在一个宽范围市场内通过采取一整套行动,以低于竞争对手的成本,为顾客提供产品或服务。差异化战略是指企业在一个宽范围市场内向顾客提供与众不同的产品或服务,用以满足顾客特殊的需要,从而形成竞争优势的战略。聚焦战略是企业把经营重点放在一个窄范围特定目标市场上,并为这个特定目标市场提供特定的产品或服务。

根据企业在市场中的竞争力,竞争者在市场中可以划分为市场领导者、市场挑战者、市场跟随者与市场补缺者。市场领导者是指在相关产品的市场上市场份额最高的企业,主要采取防御策略。市场挑战者是指在相关产品市场上处于第二位、第三位甚至排名稍低一些处于次要竞争地位同时具备向市场领导者发动全面或局部进攻的一些企业,可采取进攻或防御策略。市场跟随者是在相关产品市场上处于中间状态,并力图保持其市场占有率不至于下降的企业,主要采取追随策略。市场补缺者是指专心关注相关产品市场上大企业不感兴趣的某些细小部分的众多小企业,主要采取补缺策略。

思考与练习

一、选择题

1. 竞争对手一般是指那些提供的产品或服务与本企业相类似,并且(　　)的其他企业。
   A. 所服务的目标顾客也不同　　B. 所服务的目标顾客也相似
   C. 服务地理位置相近　　D. 服务价格相近
2. 从产业链结构来看,竞争对手可分为同行业的企业、(　　)等三类。
   A. 实施横向一体化战略的企业、实施多元化战略的企业
   B. 实施纵向一体化战略的企业、实施多元化战略的企业
   C. 实施纵向一体化战略的企业、实施单一战略的企业
   D. 实施低成本战略的企业、实施差异化战略的企业
3. 世界范围内企业间合作竞争的运作模式多种多样,常见的形式主要有(　　)。
   A. 同行业企业间的联合、收购兼并、与上游企业合作、虚拟经营、战略联盟
   B. 不同行业企业间的联合、合作生产、与上下游企业合作、网店经营、战略联盟
   C. 不同行业企业间的联合、合作生产、与下游企业合作、虚拟经营、战略联盟
   D. 同行业企业间的联合、合作生产、与上下游企业合作、虚拟经营、战略联盟
4. (　　)是指一组提供同一种或一类相互可以替代的产品或服务的企业群。
   A. 行业　　B. 企业　　C. 合作伙伴　　D. 战略联盟
5. (　　)是指与竞争对手相比,企业有形资源和无形资源在类型和数量上的相似程度。

A. 组织相似性　　B. 资源相似性　　C. 品牌相似性　　D. 渠道相似性

6. 企业根据环境变化，依据本身资源选择适合的经营领域和产品，形成自己核心竞争力并在竞争中取胜的谋略称为(　　)。

　　A. 企业战略　　B. 企业策略　　C. 营销策略　　D. 营销方案

7. 业务层战略是指在具体的产品市场上，企业用来开发核心竞争力以获得竞争优势的一系列相互整合及协调的活动，它是企业做出的关于如何在单个产品市场上进行竞争的一系列选择，包括(　　)等战略。

　　A. 成本领先、差异化和聚焦　　　　B. 品牌领先、差异化和聚焦
　　C. 成本领先、同质化和聚焦　　　　D. 技术领先、差异化和集中

8. 不属于成本领先战略优势的是(　　)。

　　A. 形成进入障碍　　　　　　　　　B. 降低替代品威胁
　　C. 减弱卖方和买方压力　　　　　　D. 低成本保证了优质服务

9. 根据企业在市场中的竞争力，竞争者在市场中可以划分为(　　)。

　　A. 市场领导者、市场挑战者、市场跟随者与市场补缺者
　　B. 市场支配者、市场挑战者、市场跟随者与市场竞争者
　　C. 市场领导者、市场统治者、市场跟随者与市场竞争者
　　D. 市场支配者、市场跟随者、市场模仿者与市场补缺者

10. 一般来说，大多数行业都存在一家公认的市场领导者，处于全行业的领先地位，这个领导者拥有最大的(　　)，经常在产品研发、价格制定等方面引导其他企业。

　　A. 产品线　　B. 注册资本　　C. 市场份额　　D. 销售利润

二、名词解释

竞争对手　成本领先战略　差异化战略　聚焦战略　利基市场

三、问答题

1. 从产业链的结构来看，竞争对手可以分为哪三类？
2. 如何识别竞争对手？
3. 竞争态势分析的内容有哪些？
4. 如何从竞争地位的角度划分竞争对手？
5. 简述成本领先战略的优缺点。
6. 简述差异化战略的优缺点。
7. 简述重点集中战略的优缺点。
8. 简述市场领导者、市场挑战者、市场跟随者及市场补缺者所采取的竞争策略。

四、讨论题

1. 为什么市场挑战者有时会比市场领先者更有优势？
2. 搜集手机行业资料，分析谁是较强的竞争者，谁是较弱的竞争者？

五、案例分析

国内手机市场一直存在两种增长模式，即爆发式增长和渐进性扩张。小米、OPPO、vivo

无疑属于前者，而后者也不乏有技术实力强的一些品牌，比如华为、早期的联想和中兴。很难从主观上评判两种增长模式的优劣，它们在本质上都属于"红利叠加"的产物。比如小米的崛起离不开互联网模式的红利，OPPO 和 vivo 的亮眼表现与之在线下渠道的坚持不无关系，即便是看似渐进性增长的华为，也离不开 3G、4G、5G 消费升级等一次次利好因素的出现。实现爆发式增长的手机厂商往往扮演着颠覆者的形象，正如互联网模式对传统通信模式的颠覆，OV 的全渠道模式又引发了对互联网模式的重新思考。爆发式增长是一个"做大"的过程，有机遇也有风险。渐进性扩张是一个"做精"的过程，颠覆者的出现对这类厂商同样形成了两种刺激：要么审时度势并在市场策略、技术研发、营销手段等方面与时俱进，从被颠覆的对象转型为新格局的"弄潮儿"；要么因为动作上的保守缓慢或者不肯放弃既得利益，对市场趋势产生误判，最终彻底成了被颠覆的对象，这也是很多旧巨头没落的原因所在。从外界的因素来看，国内手机市场的饱和以及全球手机市场增长趋缓都是不争的事实，尤其是中国信息通讯研究院公布的数据显示，2017 年 3 月份国内手机市场的出货量出现了同比下降的态势。对于这样一个饱和的市场，新一轮爆发式增长的出现已经是小概率事件，渐进式扩张将成为行业发展的主线。由此来看，华为、荣耀、OPPO、vivo、小米等其实站在了同一起跑线上。

讨论：从差异化竞争战略角度分析智能手机厂商的竞争策略。

（资料来源：http://www.tmtpost.com/2614910.html）

实 训 项 目

一、实训目的

(1) 能够对行业内不同企业的竞争地位进行识别。

(2) 能够对处于不同竞争地位企业的战略进行分析。

(3) 培养学生搜集与分析资料、团队合作、个人表达等能力。

二、实训内容

1. 资料

对于 70 后、80 后乃至 90 后而言，诺基亚都是一个无法在他们生命轨迹中抹去的字眼。当年在手机市场笑傲同侪的诺基亚，有太多经典机型被大众熟知并使用。但在智能手机大潮来临的时候，诺基亚在手机业务上并没有很好地抓住机会，舍弃最火爆的安卓系统，与微软智能手机操作系统结合在了一起，最终因不断亏损，只能把手机业务打包出售给微软。

值得关注的是，2015 年 7 月，诺基亚官方发表声明，诺基亚将重新进入智能手机领域。2017 年 1 月 8 日，诺基亚在中国发布了一款安卓手机——诺基亚 6。2017 年 1 月 11 日下午，诺基亚授权厂商——来自芬兰的初创公司 HMD 在北京召开发布会，宣布正式推出诺基亚 6 手机，售价 1699 元，并于 1 月 19 日在京东开卖。从 Nokia 6 这款首部回归之作来看，诺基亚似乎并没有做好充分的市场调查，虽不乏亮点，但更多的是与当下智能手机市场的格格不入。Nokia 6 这款手机专为中国市场量身打造……从最核心的处理器来看，Nokia 6 搭载高通骁龙 430 八核处理器。这样一个性能孱弱的处理器，一般都是售价不足六七百元的国产手机才用上，而价位到了 800 元档就会采用高通骁龙 625 处理器。在其他硬件配置上，Nokia

第五章 竞争行为分析

6 采用 4GB RAM+64GB ROM 储存组合、主摄像头 1600 万像素、前置摄像头为 800 万像素、指纹解锁、双扬声器、5.5 英寸 Hybrid In-cell 屏幕(IPS 技术)、覆盖 2.5D 弧面康宁玻璃……这些硬件配置算是主流水平，再加上不错的外观设计和材质，外形看起来还是有着高大上之感。但不管怎么说，Nokia 6 与相同配置的国产手机相比，1699 元的售价足足比后者高了近千元。对于一直盼望重新看到诺基亚重回手机市场的铁杆粉丝来说，无论 Nokia 6 表现怎样，都一定是买买买的节奏。但对于已经被低价高质的国产手机宠坏的绝大多数消费者来说，认为 Nokia 6 就像是一个"绣花枕头"。

Nokia 6 的推出意味着诺基亚智能手机业务全面重启。当下的智能手机市场远不是诺基亚独自争霸的年代，有太多的巨头存在，形势也更加错综复杂。错过了高速成长阶段的诺基亚，想靠情怀就满血复活真的太难了。

2. 任务

(1) 搜集 Nokia 6 手机产品相关资料，分析其细分市场、产品定位与营销策略。

(2) 搜集诺基亚竞争对手的产品，分析其细分市场、产品定位与营销策略。

(3) 诺基亚智能手机进入市场后处于什么样的竞争地位？要保持这样的竞争地位诺基亚应该采取什么样的竞争策略？

(4) 分析手机行业的竞争格局(领导者、挑战者、跟随者及利基者)，分析各公司或品牌所采取的竞争战略。

3. 要求

(1) 资料搜集要尽可能地全面与深入。按照品牌分类，从市场细分、目标市场、产品定位以及产品、价格、渠道和促销等营销组合因素展开。

(2) 根据各企业或品牌手机产品定位与营销组合分析其竞争战略。

(3) 重点分析手机行业的市场领导者的竞争战略以及其他各竞争者针对市场领导者的竞争战略。

(4) 对各企业或品牌竞争战略的实施效果做出分析判断并提出改进意见。

三、实训组织与实施

(1) 将班级成员划分为若干组，每组人数控制在 4~6 人，每组选出组长 1 名。

(2) 利用课外时间通过网络等渠道搜集手机行业相关资料。仔细阅读资料，并对资料内容进行整理、归纳。

(3) 在讨论的基础上形成《诺基亚智能手机竞争地位及竞争策略分析》小组实训报告。

(4) 各小组选出一名代表就讨论结果进行发言，每组发言控制在 10 分钟之内。

(5) 教师进行总结及点评，并为各组实训结果进行打分。

第六章 目标市场战略

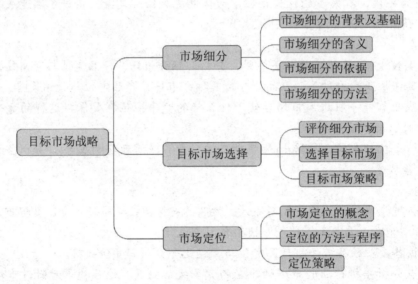

学习要点及目标

本章共分三节,分别介绍了市场细分、目标市场选择及市场定位。

通过本章的学习,要求学生了解市场细分的基本含义及作用,把握市场细分的依据;有效评价企业目标市场,理解目标市场选择的模式及基本策略;掌握企业在目标市场上的定位方法、程序及策略。

百度外卖精准定位白领市场

随着"互联网+"的发展,餐饮行业进入了一个互联网时代。2014年5月,百度外卖开始上线运营。上线伊始,百度外卖就确立了面向白领市场的清晰定位,同时打出"品质生活安全送达"的品牌宣传口号,并坚持以技术创新带动服务升级,实现从餐饮到商超等品类的全覆盖。百度以外卖为基石借助其商业生态圈,逐步建立起一个集商品、服务、支付和物流于一体的同城链接的交互网络体系。2016年上半年,百度外卖凭借33.6%的市场份额高居白领市场首位,已成为业界最有品质的外卖平台。

与美团外卖、饿了么不同,百度外卖作为一种品质外卖基本不做高校外卖市场。因为高校市场具有明显的季节性,学生放假后外卖服务没法进行。百度外卖将主打中高端白领市场作为自己的差异化目标市场战略。由于这一市场用户具备高消费能力,导致他们对价格不太敏感,不会轻易受到外卖补贴变化影响而发生转换。

通过对百度外卖用户进行画像,可以发现百度外卖目标市场定位比较准确。百度指数数据显示,百度外卖用户城市集中在一、二线重点城市,其中北、上、广、深为最多的城市。从城市分布可以看出,百度外卖主要走中高端白领市场,用户集中于一、二线城市,与定位相吻合。百度外卖的用户年龄分布集中在20~40岁,其中20~29岁的用户占比达51%。从用户属性来看,PC端用户以男性为主,占比高达89%。由此可知,百度外卖的用户是以20~40岁的一、二线白领用户为主,其中男性用户居多。

可惜,百度外卖在2017年8月24日被饿了么合并。2018年10月15日,百度外卖正式更名为"饿了么星选",App也采用了新的标识。

思考:
1. 当年百度外卖为什么选择白领市场作为细分市场?请给百度外卖目标用户群画像。
2. 当年百度外卖与美团外卖、饿了么外卖相比,目标市场有何不同?

在激烈的竞争环境下,企业管理者已意识到企业不可能吸引市场上所有的顾客或者说至少不能以同一种方式吸引所有的顾客。这是因为购买者数量众多,又分散在各处,需求和购买行为也不尽相同,企业在不同细分市场中的能力也有差异。企业必须识别出它最擅长且能获利的细分市场,并将此市场作为自己的目标市场,在此基础上进行合理定位,同时设计出营销组合策略。

第一节 市 场 细 分

6-1.mp4

市场中的消费者在需求、资源、定位、购买态度与购买行为等方面也存在着巨大的差异。通过市场细分,企业可以把千差万别的市场划分为简单的几个部分,以便有效地为目标市场提供匹配的产品或服务。

一、市场细分的背景及基础

(一)市场细分产生的背景

市场细分是由美国市场营销学家温德尔·史密斯(Wendell R. Smith)于20世纪50年代中期首先提出来的。这一理论为企业有效地开展市场营销活动指明了方向,受到了理论界的高度重视,许多企业也将其运用于营销实践。

1. 大量营销阶段

19世纪末20世纪初期,西方经济处于工业化初级阶段,以制造业为中心的资本主义经济增长极为迅速,整个市场呈现出供不应求的现象。如何提高生产效率以扩大产量,生产出更多的价廉物美的商品，成为企业关心的首要问题。许多企业实行大量市场营销，大批量生产单一品种、单一花色的产品，面对所有的顾客进行销售，试图以低成本、低价格占领市场，获得规模经济效益。例如，20 世纪初期，美国福特汽车公司只生产黑色 T 型车就是一个很好的例子，这算是福特公司追求生产效率的极端表现之一。

2. 产品多样化营销阶段

20 世纪 20 年代以后，随着技术的快速发展，西方国家的生产力水平有了大幅度的提高，商品供应日益充足，买方市场形势逐步形成。面对日益激烈的市场竞争，不少企业开始认识到，众多企业生产大体相同的单一产品，不仅不能满足顾客多样化的需要，也不利于企业提高自身的竞争能力。于是，一些企业开始实行产品多样化营销，通过向市场推出在外观、质量、款式、花色及价格等方面有所差异的两种或两种以上的产品，给顾客提供多种选择机会，以借此吸引更多的顾客。例如，福特汽车公司面对市场形势的变化不得不改变原来单一的黑色 T 型车的生产销售格局，转而生产全新的不同颜色、不同档次的 A 型车。

3. 目标市场营销阶段

20 世纪 50 年代，随着技术的不断创新，新产品竞相上市，社会产品供应量迅速增加。在这种情况下，传统的以企业或产品为中心的观念和营销模式已不能适应市场变化和企业发展的要求。许多企业开始关注消费者需求的变化，逐步将市场需求调研提上企业的重要议事日程，以市场为中心的市场营销观念应运而生。许多企业在市场营销观念的指导下，开始进行目标市场营销。例如，福特汽车公司针对各个细分市场的不同需要，陆续推出了多品牌不同类型的各类汽车，如福特、林肯(Lincoln)、水星(Mercury)，以及 Escort、Taurus、Focus、Mondeo、野马跑车、Fiesta、Explorer SUV 休旅车、F 系列卡车、常被改装成加长型豪华车的林肯 Town Car，以及警车与出租车 Crown Victoria 等，以适应不同市场需求。

(二)市场细分的理论基础

产品属性是影响顾客购买行为的重要因素。根据顾客对不同属性的重视程度，顾客的偏好基本可以分为同质偏好、分散偏好及集群偏好三种模式，这些偏好模式的存在是市场细分的客观依据。以奶油蛋糕为例，其市场可按奶油含量及甜度两个属性进行划分，如图 6-1 所示。

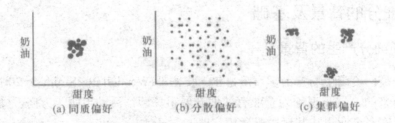

图 6-1　三种市场偏好模式

1. 同质偏好

图 6-1(a)显示，市场上所有的顾客有大致相同的偏好，且相对集中于中央位置，即顾客对蛋糕的甜度和奶油的需求类同。在这样的条件下，各品牌的产品特性比较集中。

2. 分散偏好

图 6-1(b)显示，市场上的顾客对蛋糕的两种属性偏好散布在整个空间，偏好分散。进入该市场的第一品牌可能定位于中央位置，以最大限度地迎合数量最多的顾客。因为定位于中央的品牌可将消费者的不满足感降到最低水平。进入该市场的第二个品牌可以定位于第一品牌附近，与其争夺份额。也可以远离第一品牌，形成有鲜明特征的定位，吸引对第一品牌不满的顾客群。

3. 集群偏好

图 6-1(c)显示，市场上出现几个群组的偏好，客观上形成了不同的细分市场。这时，进入市场的企业有三种选择：定位于中央，以尽可能赢得所有顾客群体；定位于最大的或某一"子市场"；可以发展数种品牌各自定位于不同的市场部位。

二、市场细分的含义

由于受企业自身条件的限制，企业不可能向市场提供能够满足一切需求的产品或服务。企业需要进行市场细分，选择最有利的目标市场，制定有效的竞争策略，以取得竞争优势。

(一)市场细分的概念

市场细分就是以消费需求的某些特征或变量为依据，区分出具有不同需求的顾客群体。经过市场细分后所形成的具有相同需求的顾客群体称为细分市场。每一个细分市场的需求具有相似性，不同细分市场之间的需求具有差别性。例如，按年龄划分的老年服装市场及童装市场就是两个不同的细分市场，这两个市场的顾客群对服装的需求特性不同，而同一个顾客群(如老年客户)对服装需求特性又具有相似性。

市场细分的基础是购买者需求的"异质性"而不是产品本身的差别。由于购买者的购买目的、社会地位、经济条件、所处文化环境以及个性和心理特点等不同，购买需求具有很大的差异性，这是市场细分的基础。如果所有购买者的需求、偏好、购买习惯等都相同或相似，即具有"同质性"需求，那么就没有必要进行市场细分。

市场细分并不总是意味着把一个整体市场进行分解，在更多情况下，市场细分是一个聚集而不是分解的过程。另外，市场细分也不宜过度，一般应从成本和收益比较出发进行市场细分。从企业市场营销的角度来看，无论消费者市场还是产业市场，并非所有的细分市场都有意义，选择细分市场要考虑细分市场的可测量性、可进入性及可盈利性。

(二)市场细分的作用

市场细分理论使市场营销理论更趋完整和成熟，在实际的市场营销活动中，很多企业通过市场细分取得了成功。

1. 为企业提供了有效的市场分析工具

市场细分过程实际上就是一个对市场需求进行深入分析的过程。通过市场细分，企业不仅可以从整体上把握一个市场的需求情况，而且可以深入到市场内部对每个细分市场的需求情况有更准确、更深刻的认识。作为百胜旗下的两家企业，肯德基的细分市场是喜欢追求时尚新颖的儿童和青少年，并希望通过他们带动全家去肯德基消费；而必胜客的细分市场则是喜欢西式餐饮的中青年，他们能接受新鲜的西方理念、较为中等的价格，以及轻松的用餐环境。两家快餐企业针对不同年龄段消费者的需求推出了不同的产品，如肯德基推出的儿童套餐、全家桶及生日套餐，必胜客针对白领推出的商务午餐以及针对女性推出的下午茶等。

2. 市场细分有助于企业发现市场机会

市场机会就是尚未得到满足的市场需求。这种需求往往是潜在的，有时候可能连消费者自己也没有发现有这种需求，通过市场细分这一有效的市场分析工具就可能发现这种市场空隙，通过产品开发将潜在的顾客需求转化为现实的市场需求，从而为企业发展提供新的市场机会。例如，"汇源"果汁充分满足了人们对于营养健康的需求，凭借其100%纯果汁专业化的品牌战略和新产品开发速度，在短短几年时间就跃升为中国饮料工业十强企业，成为果汁饮料市场的领导者。

3. 市场细分有助于增强企业竞争力

在没有市场细分的情况下，在一个行业内，企业要面对整个行业的其他企业的竞争。而通过市场细分，行业内竞争对手就局限在企业所选择的细分市场的范围内，从而可以大大减少竞争对手的数量，增强企业竞争力。当年苹果 iPad 推向市场时，业界对该产品都表示怀疑，认为这个产品有很多缺陷，如没有 USB 接口、没有物理键盘、没有摄像头、不适合编辑长文档、不能执行多任务等。媒体记者采访乔布斯时，乔布斯的回答揭示了问题的真相："iPad 是为信息消费者而不是为信息制造者开发的！"显然，苹果将电脑顾客划分为信息消费者和信息制造者两个细分市场，iPad 的目标客户就是信息消费者，他们的主要需求是上网、玩游戏、分享照片等。

三、市场细分的依据

(一)消费者市场细分

消费者市场上的需求千差万别，影响因素错综复杂，因此市场细分没有一个绝对标准的方法或固定不变的模式。企业可将影响消费者行为的不同因素作为市场划分的标准。

1. 人口因素

人口因素包括消费者的年龄、性别、职业、收入、教育水平、家庭结构及生命周期、民族等。按人口因素细分市场是市场细分的一个极重要的依据和标准。

(1) 按消费者年龄阶段进行细分。不同年龄阶段的消费者，由于生理、性格、爱好、经济状况的不同，对消费品的需求往往存在很大差异。一些生产玩具、服装、食品的公司会利用年龄阶段细分方法为不同年龄与生命周期的消费群体提供不同的产品与营销服务，比如儿童对玩具、少儿读物的需求最多；青年对时装、文化体育用品的需求较多；而营养滋补品和医疗保健用品的需求者多为老年人等。绝大多数的平板电脑制造商忙于将产品营销给成人群体，而亚马逊识别出一个小型的平板市场——Kindle Fire 平板电脑市场，亚马逊并没有把这款平板电脑看成是苹果 iPad 的竞争对手,而是把这种产品定位为一种电子书——一款可以给孩子提供集娱乐、教育与保姆功能于一身的教育教学工具。

(2) 按消费者性别进行细分。性别是影响消费者行为的一个重要因素,不少商品在用途上有明显的性别特征,如男装和女装、男表与女表。美容美发、化妆品、珠宝首饰、服装等许多行业,长期以来基本是按性别来细分市场。男性化妆品产业近几十年来发展迅猛,许多先前迎合女性化妆品的制造商也逐步拓展了男性化妆品产品线,比如针对男性市场的古龙香水就是一个很好例子。

(3) 按消费者职业进行细分。消费者的职业不同也会引起不同的消费需求,如白领人员与蓝领人员对服装鞋帽、化妆品、公文包及文具等产品的需要就存在很大的差异。像激光翻页笔这种产品的市场细分一般以职业来进行划分,目标市场主要集中于从事教育、培训及产品发布等工作的职员。

(4) 按消费者收入水平进行细分。收入的变化将直接影响消费者的购买力及生活方式,因而对消费数量和结构具有决定性的影响。收入高的消费者比收入低的消费者更倾向于购买价格高的产品,如钢琴、汽车、空调、豪华家具、高档腕表、珠宝首饰、皮草、高档化妆品、金融服务和旅游等产品等,因此这些产品的市场适合用收入标准来进行细分。

(5) 按受教育程度进行细分。消费者受教育程度的不同也必然形成不同的消费行为和需求特点,这是由于文化水平影响着人们的价值观和审美观。受教育程度不同的消费者,在志趣、生活方式、文化素养、价值观念等方面都会有所不同,因而会影响他们的购买种类、购买行为、购买习惯。书籍、杂志、电脑、乐器、单反相机、保险、金融理财等产品的市场细分与教育密不可分。

(6) 按家庭结构及生命周期进行细分。家庭结构按人口数量可以分为单身家庭(1 人)、单亲家庭(2 人)、小家庭(2~3 人)、大家庭(4~6 人或 6 人以上)。家庭人口数量不同,在住宅大小、家具、家用电器乃至日常消费品的包装大小等方面都会出现需求差异。家庭生命周期是反映一个家庭从形成到解体呈循环运动的过程,一般把家庭生命周期划分为形成、扩展、稳定、收缩、空巢和解体六个阶段。在不同家庭生命周期阶段,家庭购买力、家庭成员对商品的兴趣与偏好会有很大的差别。

【想一想】举例说明不同家庭生命周期阶段在需求方面有什么不同?

(7) 按民族类别进行细分。世界上大部分国家都拥有多种民族,我国更是一个多民族的大家庭,除汉族外,还有 55 个少数民族。这些民族都各有自己的传统习俗、生活方式,从而呈现出各种不同的消费需求,这些需求差异集中体现在饮食、服饰、婚俗等方面。

2. 地理环境因素

地理环境因素细分即根据不同地域消费者行为的特征来细分市场。如细分为国家、地区、省市、南方、北方、城市及农村市场等。由于各个地域的地理条件、自然气候、人口密度、文化传统和经济发展水平等因素的不同,不同地域的消费者的消费习惯和偏好也不同。例如,我国出口的传统产品在东南亚市场很受欢迎,而在欧美市场上却难以打开销路,这是由于东南亚一带华人较多,受中国文化的影响较大,从而消费习惯相近。

【案例 6—1】

"麦当劳"的地理细分

从麦当劳的发展历程可以发现，麦当劳一直非常重视市场细分。在麦当劳众多细分因子当中，地理细分是一个重要的细分标准。麦当劳进行地理细分的主要目的在于分析各区域的差异，对不同细分市场采取不同的营销策略。

麦当劳拥有美国国内和国际市场，无论是在国内还是国外，不同地区的消费者都存在不同的饮食习惯和文化背景，如美国东西部的人喝的咖啡口味是不一样的：东部人爱喝清淡的咖啡，而西部人爱喝较浓的咖啡。麦当劳通过把市场细分为不同的地理单位进行经营活动，从而做到因地制宜。对于美国国内细分市场，麦当劳以西方饮食文化为主导。对于国际细分市场，麦当劳则采取了不同于国内的营销策略，比如与其他洋快餐相比，鸡肉产品也更符合中国人的口味，更加容易被中国人所接受。针对这一情况，麦当劳改变了原来的产品策略，推出了鸡肉产品。这一改变正是针对地理要素所做的，也加快了麦当劳在中国市场的发展步伐。

思考：地理环境对餐饮企业市场选择有何影响？

3. 心理因素

根据消费者的心理特征，可以按照消费者的生活方式、性格、购买动机来细分市场。

(1) 按消费者生活方式进行细分。越来越多的企业，尤其是服装、化妆品、家具、餐饮、娱乐等行业的企业，越来越重视按照人们的生活方式来细分市场，如按消费者生活方式可以区分出"传统型"与"新潮型"、"节俭型"与"奢华型"、"严肃型"与"活泼型"、"社交型"与"顾家型"等消费者群。这种细分方法能显示出不同群体对同种商品在心理需求方面的差异性，如有的服装公司就把妇女划分为"朴素型妇女""时髦型妇女""男子气质型妇女"三种类型，分别为她们设计不同款式、颜色和质料的传统服装、时尚服装与中性服装。

(2) 按消费者性格进行细分。消费者的性格对产品偏好有很大的关系。性格可以用外向与内向、乐观与悲观、自信、顺从、保守、激进、热情、老成等词汇来描述。性格外向、容易感情冲动的消费者往往好表现自己，因而他们喜欢购买能表现自己个性的产品，如奇装异服；性格内向的消费者则喜欢大众化，往往购买比较平常或保守的产品，如深颜色的传统服饰。富于创造性和冒险心理的消费者，则对新奇、刺激性强的商品特别感兴趣，如死飞自行车、蹦极游乐项目等。一些生产化妆品、香烟、啤酒、保险之类产品的企业，有时按消费者个性特征为基础进行市场细分也取得了成功。

(3) 按消费者购买动机进行细分。消费者购买动机是消费者追求的利益。消费者对所购产品追求的利益主要有求实、求廉、求新、求美、求名、求安等，这些都可作为细分的变量。例如，有人购买服装为了遮体保暖，有人是为了美的追求，有人则为了体现自身的经济实力等。

第六章　目标市场战略

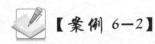

【案例 6-2】

汇源公司的饮料细分市场

在碳酸饮料横行的 20 世纪 90 年代初期，汇源公司就开始专注于各种果蔬汁饮料市场的开发。虽然当时国内已经有一些小型企业开始零星生产和销售果汁饮料，但大部分由于起点低、规模小而难有起色。而汇源公司是国内第一家大规模进入果汁饮料行业的企业，其先进的生产设备和工艺是其他小作坊式的果汁饮料厂所无法比拟的。"汇源果汁"充分满足了当时人们对于营养健康的需求，凭借其 100%纯果汁专业化的"大品牌"战略和令人眼花缭乱的"新产品"开发速度，在短短几年时间就跃升为中国饮料工业十强企业，其销售收入、市场占有率、利润率等均在同行业中名列前茅，从而成为果汁饮料市场当之无愧的引领者。

思考：分析汇源果汁在饮料行业中脱颖而出的制胜策略。

4. 消费行为因素

消费行为因素包括影响消费者购买或使用商品的时间、消费数量、消费频率及消费偏好等的因素。

(1) 按消费时间进行细分。许多产品的消费具有时间性，例如月饼的消费主要在中秋节以前，旅游点在旅游旺季生意最兴隆。因此，企业可以根据消费者产生需要、购买或使用产品的时间进行市场细分，如航空公司、旅行社在寒暑假期间大做广告，实行优惠票价，以吸引师生乘坐飞机外出旅游。

(2) 按消费数量进行细分。按消费数量划分，消费群体可分为大量用户、中量用户和少量用户。大量用户人数不一定多，但消费量大，如外卖订餐用户群主要集中在单身职业年轻人和学生，家庭外卖订购数量就较少，中、老年人群体则更少。

(3) 按消费频率进行细分。按消费频率划分，消费群体一般可分为经常消费群体、一般消费群体、不常消费群体。如酒水消费，有的消费者每天都有饮酒习惯，有的消费者偶尔节假日有饮酒习惯，而有的消费者很少饮酒或不饮酒。针对不同细分市场的消费群体，酒类企业可以在价格、包装方面采取不同的营销策略，满足不同细分市场的需求。

(4) 按消费偏好进行细分。有些消费者在消费方面有明显的偏好，而有些消费者在消费方面则无明显的偏好。例如，有的消费者偏好于某品牌的产品，如海尔电器、华为手机、格力空调等或偏好于某些服务，如南方航空公司、海底捞火锅店等；而有的消费者则无明显的品牌偏好，消费偏好有可能体现在价格方面。企业应识别消费群体的消费偏好，根据消费群体的不同偏好提供不同产品或服务。

(5) 按追求的利益进行细分。对于同类产品，不同消费群体追求的利益存在差异，因此也可以按消费群体追求的利益点进行市场细分。例如，自行车购买群体就存在不同的利益点，这些利益点可以体现在竞技比赛、运动性能、健身、旅游、交通和娱乐等多方面。为了满足用户的不同利益追求，自行车制造企业可以将自行车市场细分为公路竞技自行车市场(训练、比赛)、山地自行车市场(休闲、越野或健身)和城市代步自行车市场(环保出行)，针对不同市场设计不同的产品，制定不同的营销策略。

【案例 6—3】

冷榨果汁，一个高端细分市场？

随着健康饮品的消费升级，人们越来越青睐于那些最小化加工的饮料，果汁生产商们也在不断地创新压榨和混合的方式，从而将果汁"去商业化"，而冷榨成为最值得关注的方式。冷榨是一种特殊的水果榨汁工艺，传统的水果和蔬菜榨汁方式采取的是离心榨汁，使用快速旋转的叶片排出汁液，而冷榨则采用的是液压慢速粉碎。市场上的冷榨果汁推动了整个瓶装果汁类别的销售增长，其中一些产品还会经过高压处理(HPP)，以获得 30 天的冷藏保质期。HPP 主要采用高压而不是热量来杀死潜在的有害微生物，以确保产品安全、美味。离心榨汁中的热量和循环空气对营养物质的保留都有着不利影响，而冷榨果汁能最大限度地保护维生素、矿物质和酶的完整性，这样的结果也促进了消费者对冷榨果汁的兴趣。冷榨果汁的先驱 Evolution Fresh(星巴克旗下的一个品牌)2018 年打破产品界限，推出了 7 种有机 Smoothie，将冷榨果汁、蔬菜汁与益生菌、椰奶以及其他功能性成分结合在一起，满足消费者对肠道健康和健康零食的多重需求，使品牌超越高端果汁市场，拓展进入高端功能饮料细分市场。

思考：了解冷榨果汁产品的市场价格，你认为冷榨果汁产品会有市场吗？

(二)组织市场细分的依据

由于组织市场有它自身的特点，企业应采用相应的标准来进行细分，常用的组织市场细分标准有用户的需求、用户的规模、用户的地理分布等。

1. 用户的需求

按用户对产品的不同需求来细分市场，是一种常用的细分方法。在组织市场上，特别是在产业市场上，同一种产品可以有多种不同的用途。例如，晶体管厂可根据晶体管的用户不同将市场细分为军工市场、工业市场和商业市场。又如，钢材制造商可将钢材市场细分为航空航天器材制造用钢材市场、汽车制造用钢材市场和一般民用住宅建设用钢材市场等。

2. 用户的规模

用户的规模决定了用户对产品的需求量，因此企业在细分生产者市场时，可将用户分为大客户、中客户、小客户三类。根据"二八"原则，大客户数量少但购买额大，对企业的销售市场有举足轻重的作用，是利润的主要来源，企业应予以特别重视，应与大客户保持直接的、经常的业务联系。对小客户则可通过中间商来销售。

例如，国内一家煤炭生产企业按照客户规模将其顾客分为两大类：一类是大客户，如大电厂、焦化厂等，这类客户由企业的全国客户经理负责直接联系；另一类是小客户，如居民用蜂窝煤球厂、机关、事业单位自备锅炉用煤等，由外勤推销人员负责联系。

3. 用户的地理分布

每个国家或地区大都在一定程度上受自然资源、气候条件、社会环境及历史等因素影响,形成若干各具特点的产业带。例如我国的东北地区是重工业集中的地区、江浙两省是丝绸工业区、山西是煤炭工业区、东南沿海是高科技产业和轻工产品的主要生产区等。这决定了生产资料市场往往比消费品市场在区域上更为集中,地理位置因此成为细分生产资料市场的重要标准。选择用户较为集中的地区作为企业的目标市场,不仅可以享受市场营销的规模经济,降低运输成本和营销成本,而且能够更好地满足用户的需求。

四、市场细分的方法

在进行市场细分的时候,既可以使用一个变量标准,也可以使用两个甚至更多变量标准。市场细分的方法多种多样,通用采用的方法主要有以下几种。

(一) 单一因素法

单一因素法即根据市场主体的某一因素进行细分,如按性别细分化妆品市场、按年龄细分服装市场、按用途细分家用车与商用车市场等。这种方法简便易行,但难以反映复杂多变的顾客需求。

【案例6—4】

惠普PC的市场细分

消费家用PC市场仍然是各大厂商的必争之地。虽然在笔记本的冲击和影响下,这个市场的销量有所减少,但对于第一次选购电脑的家庭来说,购买一台经济实惠的家用PC还是最佳选择。惠普清楚地认识到了这一点,对旗下的产品线进行了细致梳理,按照不同目标客户群的需求推出了满足不同细分市场的不同产品线。在产品型号方面,惠普摒弃了之前绕口的字母命名规则,改用了更加直观易懂的乐玩、乐触、乐教、黑幻等中文名称来进行命名。这四种型号针对四类不同的目标客户群:乐玩系列更加倾向于普通的游戏爱好者,是针对一般娱乐家庭设计的主机;乐触系列则是面向年轻小资一族,摆脱线路束缚,追求自由简洁;乐教系列对于有正在上学的孩子的家庭来说能够起到很好的帮助作用,随机附带的教育软件能够为家长节省不少时间和精力;黑幻系列则代表了游戏发烧友们对电脑的态度,性能强劲、外观炫酷,追求极致游戏体验。

思考:消费家用PC市场细分与笔记本电脑市场细分是否存在共性?为什么?

(二)综合因素法

综合因素法即用影响消费需求的两种或两种以上的因素从多个角度进行市场细分,例如某服装企业根据性别(男、女)、收入水平(如1000~2000元,2000~5000元,5000~1万元,1万元以上)、年龄(儿童、青年、中年、老年)可将市场细分为32个子市场(2×4×4=32)。综合因素法的核心是对并列多因素加以分析,所涉及的各项因素都无先后顺序和重要与否的区别。

(三)系列因素法

当细分市场所涉及的因素是多项,且各项因素之间有先后顺序时,可由粗到细、由浅入深、由简至繁、由少到多对用户进行画像,这种方法叫作系列因素法,如图 6-2 所示。

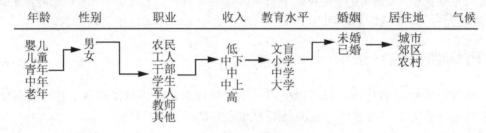

图 6-2 系列因素法

根据系列因素法,图 6-2 的人群画像为青年男性、职业为干部、收入为中下等、教育程度为小学、婚姻状况为未婚、居住地为城市的用户群体。

【做一做】近些年,越来越多的中青年过早有了脱发的迹象,并且每年呈增长趋势,脱发问题开始成为社会性的话题。一些厂家针对这种脱发现象推出了系列生发产品。这些生发产品针对的是什么样的人群(细分市场)?是男性,还是女性?是年轻人,还是老年人?是体力劳动者,还是脑力劳动者?请你选用下列词语,利用系列因素法对脱发细分市场目标人群进行用户画像,注意这些词语的先后顺序。

描述用语:性别(男/女)、职业(体力劳动者/脑力劳动者)、年龄(少年、青年、中年、老年)、生活习惯(生活有规律/生活无规律)、不良嗜好(有/无)。

用户画像: 。

【深度阅读 6-1】到处都是大数据,究竟什么样的电影用户画像是有用的?(内容扫右侧二维码)

深度阅读 6-1.docx

第二节 目标市场选择

市场细分揭示了企业市场的机会。企业应该在市场细分的基础上,评价不同的细分市场,然后确定为之服务的目标市场。

6-2.mp4

一、评价细分市场

在评价不同的细分市场时,企业应考虑三个因素:细分市场的规模及成长性、细分市场结构的吸引力以及企业目标战略及资源。能够同时满足这三个条件的细分市场可以考虑作为企业的目标市场。

(一)细分市场的规模及成长性

企业选定的细分市场要规模足够大或具有相当的发展潜力,这样企业才有必要为满足该目标市场的需要而投入相应的人力、物力和财力。德国"宝马"汽车在美国市场上的成功就得益于对美国市场的有效细分和对目标市场的准确把握。20世纪70年代中期,德国"宝马"汽车将目标定为收入较高、充满生气、注重驾驶感受的青年市场,因为该市场的消费者更关心汽车的性能,更喜欢能够体现不同于父辈个性和价值的汽车,到80年代中期"宝马"汽车已在这个细分市场销售了10万多辆小汽车。

(二)细分市场结构的吸引力

企业需要研究影响细分市场吸引力的结构性因素。例如,如果一个细分市场包括众多强大竞争对手,或者进入这个细分市场的门槛比较低,市场竞争激烈,那么这个细分市场对企业的吸引力就会减弱。相反,如果企业选定的细分市场未被竞争者完全垄断,或竞争对手少,竞争不激烈,细分市场对企业具有较强的吸引力,该细分市场有可能是企业所考虑的潜在目标市场。当年日本本田公司在向美国消费者推销其汽车时,就成功运用了市场细分策略,选择了可以进入的目标市场。根据本田公司的预测,20世纪80年代末,随着两人家庭的增多,年轻消费者可随意支配收入越来越多,涉足高级轿车市场的年轻人也会越来越多。本田公司认为与其同数家公司争夺一个已被瓜分的中年人汽车市场,不如开辟一个尚未被竞争对手重视的、自己可以进入的富裕年轻人汽车市场。

(三)企业目标战略及资源

即使一个细分市场有合适的规模与成长性,且拥有结构吸引力,企业也必须考虑它的目标战略及资源条件。一些充满吸引力的细分市场有可能会被企业放弃,因为这些细分市场与企业长期发展目标不一致,或者企业缺乏在细分市场上获取成功的技能与资源。例如,近年来家用紧凑型轿车市场发展迅速,考虑到公司的战略目标与企业资源,对于豪华型轿车制造商奔驰、宝马来说,进入家用紧凑型轿车市场不符合企业目标战略,因此该市场对豪华车制造企业来讲吸引力并不大。

二、选择目标市场

目标市场是企业在市场细分基础之上,根据各细分市场需求及企业资源状况,决定进入的那个细分市场。目标市场是企业选择为之服务的细分市场,企业在选择目标市场时,有五种市场覆盖模式,如图6-3所示。

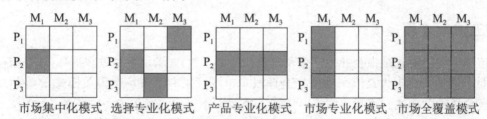

图6-3 目标市场选择策略示意

图中横坐标表示市场,M_1、M_2、M_3分别表示具有不同消费者群的细分市场;纵坐标表示产品,P_1、P_2、P_3分别表示不同的产品。

(一)市场集中化模式

市场集中化模式是一种最简单的目标市场选择模式,即企业只选取一个细分市场(M_1)作为自己的目标市场,同时只生产一类产品(P_2)供应这一单一的目标顾客群体。例如,某服装厂商只生产婴幼儿服装产品。市场集中化模式的适用条件:企业具备在该细分市场进行经营的优势条件;限于资金能力,只能经营一个细分市场;该细分市场竞争不够充分;准备以此为出发点,取得成功后向更多的细分市场扩展。

(二)选择专业化模式

选择专业化模式是指企业选取若干个具有良好的盈利潜力和吸引力,且符合企业目标和资源条件的细分市场作为目标市场,为不同的目标市场(M_1、M_2、M_3)提供不同的产品(P_2、P_3、P_1),不同目标市场实施不同的营销策略。例如,某乳品企业为婴幼儿群体、学生群体以及老年群体分别提供婴幼儿健康奶、学生营养奶、老年补钙奶等产品。选择专业化模式可以有效地分散经营风险,即使某个细分市场盈利情况不佳,仍可在其他细分市场取得盈利。采用选择专业化模式的企业应具有较强的资源和营销实力。

(三)产品专业化模式

产品专业化模式是指企业集中生产一种产品(P_2),并向各类顾客(M_1、M_2、M_3)销售这种产品。例如,某饮水器厂生产的通用饮水机产品,可以同时向家庭、机关、学校、银行、餐厅、招待所等各类用户销售。产品专业化模式的优点是企业专注于某一种或某一类产品的生产,有利于形成和发展生产和技术上的优势,在该领域树立专业化品牌形象。

(四)市场专业化模式

市场专业化模式是指企业专门生产经营满足某一顾客群体(M_1)需要的各种产品(P_1、P_2、P_3)。例如,某服饰生产企业专门向男士提供西装、领带、皮带、衬衣、裤子和鞋袜等各种男士服饰用品;某工程机械公司专门向建筑业用户供应推土机、打桩机、起重机、水泥搅拌机等建筑工程中所需要的机械设备。市场专业化经营的产品类型众多,能有效地分散经营风险,但由于集中于某一类顾客,当这类顾客的需求下降时,企业会遇到收益下降的风险。

(五)市场全覆盖模式

市场全覆盖模式是指企业生产多种产品(P_1、P_2、P_3)去满足各种顾客群体(M_1、M_2、M_3)的需要。例如,德国大众汽车集团在全球汽车市场就采取了市场全覆盖模式,其中大众旗下就有桑塔纳、捷达、速腾、宝来、朗逸、凌渡、甲壳虫、高尔夫、帕萨特、迈腾、尚酷、CC、辉腾、途锐、途观、夏朗、途安、迈特威等众多品牌;斯柯达旗下有明锐、野帝、晶锐、昕锐、昕动及速派等品牌;奥迪旗下就有 A1、A3、A4、A5、A6、A7、A8;Q3、Q5、Q7;TT、R8 等众多型号;其他独立品牌还有兰博基尼、布加迪、保时捷、宾利、西雅特等众多品牌。一般来说,市场全覆盖模式适合实力雄厚的大型企业选用。

第六章 目标市场战略

三、目标市场策略

确定目标市场是企业营销工作的重心，企业确定目标市场的方式不同，选择目标市场的范围不同，营销策略也有所不同。一般来说，可供企业选择的目标市场策略有三种，即无差异性营销策略、差异性营销策略和集中性营销策略，如图 6-4 所示。

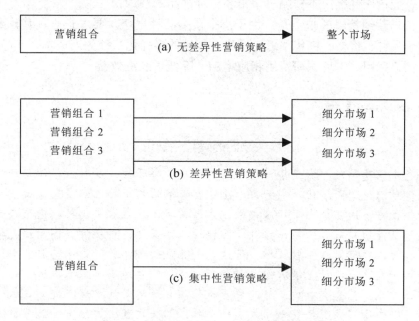

图 6-4 三种可供选择的目标市场营销策略

(一)无差异性营销策略

无差异性市场策略是指企业不进行市场细分，把整体市场作为目标市场。它强调市场需求的共性，而忽视其差异性。企业为整个市场设计生产单一产品，实行单一的市场营销方案和策略，来迎合绝大多数的顾客。例如美国可口可乐公司早期就是采用这种无差异性市场策略；我国第一汽车制造厂在经济体制改革以前也是采用这种策略，生产单一的解放牌卡车，满足整体市场的需要。

无差异性市场策略的优点是品种少，适合大批量生产，有利于发挥规模经济的优势；可以降低生产、存货和运输成本；缩减广告、推销、市场调研和细分市场的费用，进而以低成本策略在市场上赢得竞争优势。

无差异性市场策略的缺点是应变能力差，一旦市场需求发生变化，难以及时调整企业的生产和市场营销策略。另外，如果同行业中的绝大多数企业都实行无差异性营销策略，就会造成在大的市场上竞争激烈而在较小市场需求得不到满足的局面。

(二)差异性营销策略

差异性营销策略是指企业以整体市场上的各个子市场作为自己的目标市场，根据各个子市场的不同需要，分别提供不同的产品和制定不同的市场营销组合，有针对性地满足不同细分市场顾客的需求。例如，我国的饮料企业在推出新产品时也采用了此种策略，如农夫山泉的"有点甜"、农夫果园的"混合"果汁及"喝前摇一摇"、康师傅的"每日C果汁"、汇源果汁的"真鲜橙"，这些特点在消费者心目中都留下了很深的印象。可见，差异化营销策略是企业极具竞争力的营销工具之一。

差异性市场营销策略的优点是：面向广阔市场，满足不同顾客需要，扩大销售量，增强竞争力；企业适应性强，不依赖一个市场一种产品。

差异性市场营销策略的缺点是：由于小批量多品种生产，要求企业具有较高的经营管理水平；由于品种、价格、销售渠道、广告、推销的多样化，使生产成本、产品改良成本、存货成本、销售费用、市场调研费用相应增加，降低了经济效益。

【案例6—5】

农夫果园的差异化营销

在当今的市场竞争中，由于技术、人员、信息的公开性、及时性，使得产品同质化现象日趋严重。可以说，同质化已成为每个企业在新品推广中面临的最大挑战。农夫山泉采用差异化营销策略，成功推出了"农夫果园系列饮料"。在农夫山泉推出"农夫果园"之际，市场上的果汁饮料口味繁多，橙汁、西柚汁、苹果汁、柠檬汁、葡萄汁、梨汁、芒果汁、桃汁、杏汁、猕猴桃汁不胜枚举。但这些产品一般都是单一口味，农夫果园作为一个后进入的品牌，在产品设计上没有像一般的厂家那样依照现有的口味跟进，而是独辟蹊径选择了"混合口味"作为突破口，凭此屹立于强手如林的果汁市场。混合口味作为差异化营销的基础，做出这样的选择显示了农夫的勇气，因为在国内市场上"混合口味"还没有成功的先例。农夫果园走混合果汁路线，一来避开了与先入市的几大品牌正面冲突，二则可以确立在混合果汁品牌中的领导地位。农夫果园推出的有橙、胡萝卜、苹果混合和菠萝、芒果、番石榴混合等几种口味，一上市就紧紧抓住了消费者的心理。

思考：市场能接受饮料的过度差异化吗？为什么？

(三)集中性营销策略

集中性营销策略是指企业以整体市场上的某一个子市场作为目标市场，根据该子市场的需要，集中力量生产一种产品和制定一种市场营销组合，以满足该子市场的需要。采用集中性营销策略的企业，不是谋求在较大市场上占有较小的市场占有率，而是谋求在较小或有限的市场上拥有较高的市场占有率，然后再寻找机会谋求更大的发展。大企业可以采取集中性策略，如德国的梅赛德斯-奔驰公司就选择了汽车市场中的高档车市场作为它的目标市场，而日本的铃木汽车公司选择廉价的轻型汽车市场作为它的目标市场，都取得了成功。与大企业相比，该策略更适宜于资源有限的小企业。

集中性营销策略的优点是：企业能够集中资源对某一细分市场做深入细致的调查和了解，从而制定出更有针对性的营销策略；生产和销售专业化能够降低企业生产和经营成本。

集中性营销策略的缺点是具有较大的风险性。因为企业的目标市场较小，一旦市场需求发生变化，企业就会陷入困境。

【案例 6-6】

智能手机进入细分时代

智能手机市场竞争越来越激烈，苹果、三星、华为、OPPO、vivo、小米等大型智能手机制造厂商销量强劲，留给中小型智能手机制造厂商的生存空间也越来越小。目前智能手机产业已从"蓝海"变成"红海"，行业竞争激烈，一些品牌在市场上消失，另一些品牌又在市场上出现。

如何跳出智能手机的"红海"？市场细分策略成为解决智能手机行业发展瓶颈的法宝。随着手机用户需求的日益个性化和多元化，音乐手机、拍照手机、女性手机、老年手机、儿童手机、盲人手机等一系列针对特殊人群定制的手机应运而生，为特殊群体提供贴心的服务。从消费者的角度来看，白领、老人、商务人士、行业客户等，不同的人群有着自己完全不同的应用需求。因此，这势必要求手机终端市场必须考虑产品的差异化和细分化。近年来，一些手机厂商都在加快智能手机终端产品的市场细分化步伐。其中，老年手机便是其中的代表。老年手机一般具备一键报警、一键急救、GPS 定位以及大字体显示功能，为老人的生活带来更多便利。此外，警务通手机、物流手机等，也都是对特定细分市场所定制的智能手机机型。正是这些机型的涌现，可以使一些中小智能手机企业产品线不断丰富，满足了不同人群和行业的需求。

思考： 与老年手机相比，你觉得儿童手机这一细分市场对商家是一种机会吗？为什么？

【深度阅读 6-2】Teasoon 瞄准商务人群做差异化高端茶饮(内容扫右侧二维码)。

深度阅读 6-2.docx

第三节 市 场 定 位

从某种意义上讲，市场竞争成功与否取决于消费者而不是企业本身。在这种情况下，企业及其产品能否在消费者心目中建立起独特印记，就成为市场竞争制胜的关键。

6-3.mp4

一、市场定位的概念

(一)市场定位的含义

定位一词是由美国学者阿尔·里斯和杰克·特劳特提出的，在著名的《定位》一书中，他们对定位做出了精确的阐述：定位起始于产品，一件商品、一项服务、一家公司、一个机构甚至是一个人都可以定位……然而，定位并非是对产品本身做什么，**定位**就是针对潜在顾客的心理采取行动，将产品、品牌等在潜在顾客的心目中定一个适当的位置。

自阿尔·里斯和杰克·特劳特提出定位的概念后，这一概念在全球得到了广泛的传播。但从今天的情况来看，尽管很多人都了解定位这样一个表达，但是还是有很多人并没有理解定位的本质。

理解定位的本质,至少应当把握以下三方面的内容。

1. 定位针对的是消费者的心智

阿尔·里斯和杰克·特劳特非常强调定位针对的是消费者的心智这一含义,并且指出控制消费者的心智是营销的最高境界。定位的概念充分体现了以消费者为中心的思想,并且明确指出了定位的本质是对潜在顾客的心理采取行动,是将产品在顾客的心目中确定一个适当的位置。宝马的灵魂在于"驾驶的乐趣"。20世纪80年代,象征着身份地位的奔驰,作为传统高档豪华车的代表已抢尽先机;宝马作为挑战者,并没有定位为"我也是尊贵、豪华",而是定位于"驾驶的乐趣",从而和奔驰等豪车品牌进行区分。如今,人们已经完全认同宝马"驾驶的乐趣"的内涵;宝马代表着一种精彩的驾驶生活,一种活力、激情和自由的生活方式。

2. 定位既可以是产品定位,也可以是市场的定位,还可以是品牌的定位

定位可以针对某一产品,或某一市场的目标客户群,也可以范围更为广泛。从实践来看,最常见的定位有产品定位、市场定位、品牌定位及企业定位。

产品定位就是针对消费者对产品某种属性的重视程度,塑造该产品鲜明的个性或特色,从而使消费者内心对该产品有深刻的感知。这些产品的个性或特色可以从形态、成分、结构、性能、商标、产地体现出来,也可以从消费者心理上反映出来,如豪华、朴素、时髦、典雅等。例如,王老吉产品定位为一种能预防上火的凉茶(它是一种饮料),而不是一种能预防上火的汤药(尽管里面有金银花等中草药成分);红牛饮品则将自己定位为能缓解疲劳的能量饮料,而不是一种用来解渴的普通饮料。

市场定位是指企业产品针对的目标消费者群体是哪一类人群。例如,王老吉产品具有预防上火的功效,其市场定位就像其广告说的——"怕上火 喝王老吉",目标市场是针对怕上火的一类人群;红牛饮品的市场定位则是那些运动后容易疲劳的人群。

品牌定位是企业在市场定位和产品定位的基础上,建立一个与目标市场有关的品牌形象,通过将具体的产品形象升华为抽象的品牌形象,达到现实及潜在顾客的正确认知。例如,有人一提起"上火",大家自然会想到"王老吉",这就是品牌定位的力量;同样,当大家想要补充能量的时候就会自然想到"红牛"。品牌定位成为融入消费者日常生活中的概念。品牌定位是市场定位的核心和集中表现。企业一旦选定了目标市场,就要设计并塑造自己相应的产品、品牌及企业形象,以争取目标消费者的认同。品牌是产品与消费者连接的桥梁,品牌定位也就成为市场定位的集中表现。

市场定位、产品定位与品牌定位三者有共通的关系:产品定位是品牌定位的实际呈现,品牌定位是市场定位约束下抽象出来的营销特征,三者强调的着重点不同。

产品定位更倾向于描述具体的产品在功能特色、用户价值等方面的特性。

市场定位更倾向于描述在怎样的目标市场中,扮演什么环节的角色。

品牌定位更倾向于描述品牌的内涵与价值、本品牌(所代表的系列产品)所处的竞争层级。

3. 尽管定位并非对产品本身做什么,但是定位仍然起始于产品

产品定位是对目标市场的选择与企业产品结合的过程,是市场定位的具体化工作。正

因为是企业产品使消费者对企业品牌产生实际的印象,因此,在定位的过程中,产品是实现定位的最根本的基础。定位其实是一种传播策略,就是让企业产品、品牌占领目标消费者的心智空隙,即通过传播手段塑造产品、品牌在目标顾客心目中的有利地位。例如,海飞丝的广告语"头屑去无踪,秀发更出众",让去屑概念深入人心。

【案例6—7】

采乐的市场定位

一直以来,去屑洗发水市场是一个高强度竞争的市场,好多洗发护发品牌几乎都包含了去屑的品种,海飞丝、风影、百年润发、好迪、蒂花之秀、亮庄、柏丽丝……经过多年的市场培育,海飞丝的"头屑去无踪,秀发更出众"早已深入人心。随着风影的"去屑不伤发"的承诺,它也在这个领域拥有了一席之地。去屑市场份额被少数品牌所占据,其他众多品牌瓜分剩余的小块市场份额,两极分化现象十分严重。在这种情形下,西安杨森独辟蹊径,瞄准"药物去屑",推出采乐去屑特效药,为自己开辟了一方市场空间。药品行业中,没有一家厂商生产过去屑特效药;洗发水行业里,也没有一种洗发水可以达到药物去屑的效果。采乐找到一个极好的市场空白地带:药物去屑,市场推广中宣称"专业去屑,8次彻底去除头屑"。它站在医学研究的角度谈治疗头皮屑,注重利用医学权威,这就是采乐鲜明的市场定位,它一上市就赢得了大部分重度头皮屑患者的欢迎。同时,采乐采取小包装的产品策略,营销渠道主要是医院和药房,在国内消费者的心目中,采乐是专门针对头屑的去屑特效药。采乐通过有效定位,很好地规避了去屑洗发水市场的激烈竞争。

思考:同样主打去屑功效,采乐与海飞丝的定位有何不同?

(二)市场定位的作用

1. 定位可以创造产品差异

产品通过不同的定位可以实现差异化。定位差异化一般来自质量、美观、方便、舒适、价格、服务、利益等方面。不管是销售某一产品,还是提供某一服务,或是经营某一事业,要想在消费者心中留下深刻印象,差异化是定位的首要原则。同一个产品可以有不同的定位,比如小苏打一直被用作家庭的清洁用品,但有的企业却做成精美包装的"冰箱除臭剂",有的则做成了"调味剂的绝佳配料"。同一个产品改变一下配方也可以进行不同的定位,比如宝洁公司推出的海飞丝、飘柔、潘婷三种洗发水,其差别在于去头屑、柔顺、营养三个方面。

【案例6—8】

香皂定位

联合利华的力士香皂是国际风行的老品牌。它70多年来在世界79个国家用统一策略进行广告宣传,并始终维护其定位的一致性、持续性,因而确立了它国际知名品牌的形象。力士香皂的定位是美容。美容是人们更高层次的需求和心理满足,这一定位巧妙地抓住了人们的爱美之心。通过国际影星推荐，力士很快获得全球认知。70多年来，力士始终执行这一国际影星品牌战略，与无数世界著名影星签约，保持了定位的连续性和稳定性，成功地树立了"力士"的国际品牌形象。

宝洁的舒肤佳也是知名品牌，它的定位是除菌。因为现在人们对健康越来越看重，而在某些传染病感染者越来越多的今天，人们首先重视除菌，其次才是美容，舒肤佳的定位也很巧妙。舒肤佳的广告没有用国际大牌影星，广告画面没有豪华的场面，其包装的色泽也比较灰暗，美感不强，但这些恰好表现出这一品牌"大众化、实用、质朴、不矫饰"的个性。这种个性借助于宝洁公司的赫赫声威，极大地满足了消费者对产品差异性功能的要求，因此其市场占有率很快超过力士而成为中国香皂市场的第一品牌。

思考：分析力士香皂与舒肤佳香皂市场定位的差异。

2. 定位是制定营销策略的基础

市场定位决定了产品的发展方向，市场定位的准确与否，关系到营销策略的成败，因此市场定位制约了营销组合策略的制定。例如，像依云这种定位于高端的饮用水品牌其产品、价格、渠道及促销策略就不同于定位于低端的其他饮用水品牌。

【案例 6—9】

依云矿泉水的营销策略

来自阿尔卑斯山脉的法国依云天然矿泉水素以天然和纯净享誉世界，是矿泉水中的"奢侈品"。依云矿泉水这种高端品牌定位，决定了它的营销策略不同于其他竞争对手。

产品策略不同。依云矿泉水产于法国阿尔卑斯山，经过15年法国阿尔卑斯山深处古冰川的过滤作用，依云天然矿泉水缓慢而稳步地获得了一种独特的矿物质均衡。依云在水源地进行灌装，整个过程中没有任何外界接触或污染。

价格策略不同。依云矿泉水在中国市场300 ml瓶装定价在15至20元不等，是为高端消费群打造的高品质矿泉水。

渠道策略不同。在国内有超过50%的五星级酒店、近90%的顶级高档消费场所指定依云作为其饮用水消费产品。在一些重要场合，比如八国峰会、国内奥委会等，依云矿泉水成为领导人的指定饮品。

促销策略不同。2003年，法国依云矿泉水推出一个广告，这个广告讲述一个小水滴历险最后回到发源地的故事，配乐则是童声版摇滚乐"We Will Rock You"。广告中虽然没有直接点明依云水，但小水滴的可爱、干净等则让消费者产生了丰富的联想，依云水的理念也得以最大限度地传播。

依云矿泉水通过高端品牌定位，让其产品比竞争对手有更多的产品差异和价格优势，产品通过高端渠道销售及故事营销传播，树立了高端饮用水的良好形象，与其他品牌进行了有效区分，赢得了品牌竞争优势。

思考：2015年2月1日，农夫山泉在长白山抚松工厂举行了新品发布会，推出了750 ml售价在35至50元间的高端玻璃瓶装水。对比依云矿泉水的定位策略，你觉得消费者也会对农夫山泉这种高端水买账吗？

第六章 目标市场战略

3. 定位创造竞争优势

企业单凭质量上乘或价格低廉已难以获得竞争优势，竞争优势其实还来源于正确的定位。当我们分析"今日头条"的崛起时发现，与其他的手机新闻客户端以人工编辑来推送新闻不同，"今日头条"搭建的是一个个性化信息的"用户分析+搜索+推荐"的技术平台。前者更多是门户类网站的延伸，用户看到的是千篇一律的新闻；后者则能学会甄别用户的独特需求，只推送那些单个用户感兴趣的新闻。一旦实现了精准化推送，广告的投放就可以做到更为高效，这无异于挖到了金矿，极大地助力了"今日头条"的增长。

【案例 6—10】

香港金融业依靠定位取胜

香港金融业非常发达，在香港弹丸之地，各类银行多达几千家，这些银行如何在这个狭小的市场找到自身的生存空间？它们的做法就是利用定位策略，突出自身优势。

汇丰——定位于分行最多、全港最大的银行。20世纪90年代以来，为拉近与顾客的情感距离，新的定位立足于"患难与共，伴同成长"，旨在与顾客建立同舟共济、共谋发展。

恒生——定位于充满人情味的、服务态度最佳的银行。通过走感情路线赢得顾客的心。突出服务这一个卖点，也使它有别于其他银行。

渣打——定位于历史悠久的、安全可靠的英资银行。这一定位树立了渣打可信赖的"老大哥"形象，传达了让顾客放心的信息。

中国银行——定位于有强大后盾的中资银行。直接针对有民族情结、信赖中资的目标顾客群，同时暗示它提供更多更新的服务。

廖创兴——定位在助你创业兴家的银行。以中小工商业者为目标对象，为他们排忧解难，从而牢牢地占领了这一市场。

香港各家银行通过有效定位，突出各自的特色，使香港金融业呈现出百家争鸣、百花齐放的繁荣景象。

思考：结合香港银行定位策略，分析一下内地各大银行的定位策略。

二、定位的方法与程序

定位不仅是一种思考，而且在实践中需要专业性的工具使之操作具体化。定位图就是进行定位时最常使用的一种工具。

(一)定位图的概念

定位图是一种利用二维坐标图分析产品(品牌)及其属性从而解决产品(品牌)定位的分析工具。定位图实质上就是一种双因素分析图，其坐标轴代表消费者评价产品或品牌的特征因子。用图中的字母代表市场上的主要产品或品牌，它们在图中的位置表示消费者对其在各关键因素上表现的评价。图6-5所示为啤酒的定位图，横坐标表示啤酒口味苦甜程度，纵坐标表示口味的浓淡程度。图中代表啤酒品牌的字母所处的位置反映了消费者对其口味和味道的评价。例如，E 被认为味道较甜，口味较浓；A 则味道偏苦及口味较浓。

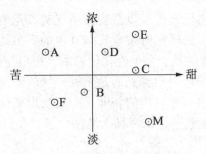

图 6-5　啤酒产品/品牌定位图

通过定位图，可以显示各产品或品牌在消费者心目中的印象及之间的差异，在此基础上做出定位决策。

(二)利用定位图进行定位的程序

1. 确定关键因素

关键因素或指标的选择正确与否决定着定位图的有效性，从而影响定位的准确性。影响消费者决策的因素多种多样，因此定位图维度的选取也多种多样。要在复杂的要素中找出关键的两个维度变量一般要从消费者关注点上去寻找。首先，通过市场调查了解影响消费者购买决策的诸因素及消费者对它们的重视程度；其次，通过统计分析剔除那些对消费者购买决策影响较小的因素，选出重要性较高的几个因素；最后，在剩下的若干因素中选取两项对消费者决策影响最大的因素。

2. 确定竞争产品或品牌在定位图上的位置

在选取关键因素后，接着就要根据消费者对各产品或品牌在关键因素上表现的评价来确定各产品或品牌在定位图上的坐标。在确定位置之前，要对各个产品或品牌的变量进行量化，特别对于一些主观变量(如啤酒口味的浓淡程度)，只有将消费者的评价转化为可量化的数值，才能在定位图上对产品或品牌进行定位。

3. 根据差异性来确定定位

定位图直观地显示了消费者对各种产品或品牌的性质及之间差异的认知。在定位图中，只要两点不重叠，就说明它们之间存在着差异，而纵、横向距离的大小则表示它们在这两方面特征因子上的差异的大小。定位就是要突出产品与其他品牌的差异，若自己的产品或品牌与其他某些产品或品牌的位置相接近，则意味着在消费者的心目中，该产品或品牌在关键因素上缺乏出众之处。越是接近，被替代的可能性越大。在这种情况下就应考虑通过重新定位来拉开与其他产品或品牌的距离，实现定位差异化。

4. 寻找市场机会

在市场上即使产品或品牌再泛滥也不等于没有涉足的余地，利用定位图有助于寻找被忽略的市场空白，如图 6-6 所示。在图 6-6 中，a 至 g 是根据消费者的需求状况而划分的 7 个区域，即 7 个细分市场。区域中的点表示符合该类型需求的品牌。这 7 个区域中点的密度并不相同,其中 a 与 e 所在区域、f 与 g 所在区域的密度比较大。密度越大则竞争越激烈,因此不宜去硬碰。d、c 两区中的点相对稀疏,这表示竞争相对缓和,而 b 区还处于空白,这预示着一个诱人的潜在市场,意味着机会的存在。

运用定位图寻找市场机会时要注意以下两点。

(1) 定位图的空白部分不一定等于市场机会,只有存在潜在的需求才能说得上是潜在市场。对于消费者不感兴趣的定位,即使空间再大也毫无意义。比如,能拍照的手机有市场需求,而能打电话的单反相机则未必有市场需求。

(2) 当定位空间范围较大时,具体定位反而不易把握。这时可以用"理想标准"这一概念进行定位。首先确定目标消费者心目中的理想产品或品牌是怎样的,然后在图上确定它的位置,企业以此位置作为产品或服务的定位参照。一般来讲,定位与理想产品或品牌越接近,成功的可能性越大。例如,小汽车的外观与油耗是国内大多数用户比较关注的,同档次的小汽车,如果外观能漂亮一些,油耗能低一些,会受到很多用户的欢迎。

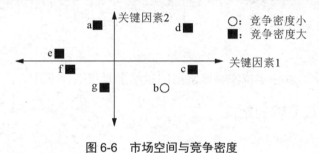

图 6-6　市场空间与竞争密度

5. 跟踪定位认知检测定位有效性

确定了产品或品牌在定位图上的位置并非大功告成,将定位信息成功地传递并保证消费者正确理解才是定位成功的保证。如图 6-7 所示为某个小汽车品牌的定位图。

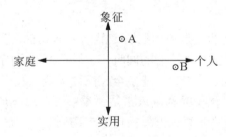

图 6-7　汽车市场定位图

企业将一新车型定位为成功人士超凡气度的象征,在定位图上它应处于 A 点,但经调查却发现消费者觉得它是一辆上班人士的普通座驾,在消费者心目中的定位图上它处于 B 点位置。这一差距足以引起企业的重视并着手认真研究在营销沟通上失败在什么地方,以及应如何改进。可见,定位图可以反映消费者对产品或品牌定位的认知,但消费者的理解不一定会与企业所确立的定位相符。这种定位认知偏差意味着企业与消费者在沟通上存在差异,这种差异长期存在的话会导致产品或品牌定位失效。

【案例 6—11】

斯柯达 Yeti 的定位

刚进入中国市场的斯柯达 Yeti 是以进口形式率先引入的,在当时的背景下,品牌认知度小,再加上不菲的售价,造成斯柯达 Yeti 产品力并不高。斯柯达意识到这个问题后,决定把 Yeti 进行国产化。斯柯达把 Yeti 与大众途观定位成同一个级别,而且宣传口径也是 Yeti 与大众途观是同一个平台打造,即便是这样人们还是愿意多花一点钱去买市场认知程度更高、空间尺寸更大的途观。明明是一个小型 SUV 的身材,偏偏去抢紧凑型 SUV 的市场,斯柯达 Yeti 市场定位的偏差以及最初定价偏高,使其丧失了在华发展的大好局势,最后落得停产的结局。

思考:在 SUV 市场最火爆的那几年,为什么斯柯达 Yeti 却不行呢?

三、定位策略

企业对产品或品牌进行定位,一些常用的策略主要包括以下几类。

(一)针对产品或品牌的定位

1. 属性定位

每个产品都有其不同的属性,企业可以依据产品鲜明的属性特征进行定位。例如,秋林格瓦斯饮料定位为一种面包发酵的饮料;"七喜"汽水定位为"非可乐",强调它是不含咖啡因的饮料。

2. 功能定位

对于消费者而言,产品功效是人们购买产品的基本动机。消费者通常重视产品的功能性与实用性,功能定位在突出产品性能的同时,主要以产品之间的差别作为定位的切入点,比如定位可以突出产品的高效功能、快速安全、高效节能以及产品采用的新技术等。例如,宝洁公司出品的洗发水中,飘柔的利益承诺是"柔顺";海飞丝的是"去头屑";潘婷的是"健康亮泽";沙宣的是"垂直保湿";而伊卡璐则是"气味芬芳"等。

3. 价格定位

价格定位与产品定位紧密相连。价格定位是依据产品的特征,把产品价格确定在某一区间,从而在顾客心目中建立一种价格类别的形象。

(1) 高价定位。高价格是一种高贵质量的象征,只要企业产品或服务属于"高贵质量"的类别,高价位就会认为是合乎情理的。比如,劳斯莱斯轿车的定位、劳力士手表的定位。

(2) 中价定位。中价定位就是把产品或服务价格,确定在目标市场顾客平均购买力所能支付的价格区间。例如,家用紧凑轿车"大众速腾"的定位、日本"精工"手表的定位。

(3) 低价定位。低价定位就是用相对于商品质量和服务水平较低的价格,来突出产品的与众不同的定位策略。例如,在小米各型号的手机中,红米手机性能中规中矩,价格定得

第六章 目标市场战略

较低，主要面向初次使用智能手机的人群。

(二)针对消费者的定位

1. 性别定位

在传统市场领域，如服装、化妆品、卫生用品等领域，性别消费差异比较明显。性别定位就是为产品或服务附加不同的特征，从而使产品或服务的销售更具有性别的针对性。例如，朵唯的女性手机、范思哲的男士香水、广东发展银行的"女性真情信用卡卡"，连现在的衣柜厂家也推出了男士衣柜和女士衣柜。

2. 特定消费群体定位

针对特定年龄、民族、职业或爱好的消费群体进行的定位。例如，便携式扩音机可以按职业进行定位，目标客户群体可以是教师、导游等用户群；"不倒翁"防滑鞋定位于老年群体。

3. 使用量定位

可根据消费者使用产品或接受服务的数量或频率将消费群体划分为轻度使用者、中度使用者以及重度使用者。例如，对于酒类消费群体来说，轻度使用者是那些偶尔饮酒的群体，这类群体对价格不敏感；重度使用者是那些每天都有饮酒习惯的群体，这类消费者消费数量大，对价格较为敏感。

4. 生活情调定位

生活情调定位就是使消费者在产品的使用过程中能体会出一种良好的令人惬意的生活气氛、生活情调、生活滋味和生活感受，而获得一种精神满足。例如，青岛啤酒的"青岛纯生，激活人生"；美的空调的"原来生活可以更美的"；云南印象酒业的"有效沟通，印象干红"。

(三)针对市场竞争者的定位

1. 领导者定位

这是一种占据某一产品类别第一或领导位置的定位策略。"第一"是一种最容易进入心智的途径，争取"第一""领先""最大"就能占据该品类，成为该品类内的首选，甚至成为该品类的代名词，如阿迪锅成为电压力锅的代名词。最先进入人们心智的品牌，要比后进者具有更强的竞争优势。例如，哈尔滨啤酒——中国最早的啤酒；九阳豆浆机，豆浆机的开创者与领导者；香飘飘奶茶，杯装奶茶的开创者。

2. 竞争定位

竞争定位属于一种对抗定位，一个有竞争实力但在市场上尚未取得稳定地位的产品或品牌，可以去考虑和一个已在市场上建立起领导者地位的产品进行对抗，以吸引消费者的关注，从而在市场上取得竞争优势。例如，美国的百事可乐就是采用对抗竞争方法，直接同位居首位的可口可乐展开竞争，并成为仅次于可口可乐的第二大可乐型饮料。百事可乐的竞争定位策略如下：针对可口可乐的主打品牌可口可乐，百事可乐推出百事可乐品牌；针对可口可乐的雪碧品牌，百事可乐推出七喜品牌；针对可口可乐的芬达品牌，百事可乐推出了美年达品牌；针对可口可乐的美汁源果粒橙品牌，百事可乐推出了果缤纷品牌。

3. 比附定位

比附定位是通过与竞争品牌的比较来确定自身市场地位的一种定位策略。比附定位实质是一种借势定位，借竞争者之势，衬托自身的品牌形象。在比附定位中，参照对象的选择是一个重要问题。一般来说，只有与知名度、美誉度高的品牌作比较，才能借势抬高自己的身价。例如，美国阿维斯出租汽车公司定位为"我们是第二，所以我们要进一步努力"，这种定位使自己的品牌知名度得到很大提升，赢得了更多的忠诚客户。内蒙古宁城老窖打出的广告语"宁城老窖——塞外茅台"，也是一种比附定位策略。

4. 高级俱乐部定位

公司如果不能攀附第二，也可以借助群体的声望，把自己归入某一个圈子——高级俱乐部里，强调自己是其中的一员，从而提高自己的形象和地位。公司可以宣传自己是三大公司之一，或者是行业十大公司之一，或者是世界五百强企业之一，这些都属于高级俱乐部定位策略。例如，美国克莱斯勒汽车公司就宣布自己是美国三大汽车公司之一，使消费者感到克莱斯勒和第一、第二一样都是知名轿车，同样收到了良好的宣传效果，提升了公司在受众心目中的位置。

【深度阅读6-3】2018年以后，"定位理论"是否依然有效？(内容扫右侧二维码)

深度阅读6-3.docx

本 章 小 结

市场细分是以消费需求的某些特征或变量为依据，区分具有不同需求的顾客群体。市场细分后所形成的具有相同需求的顾客群体称为细分市场。每一个子市场的需求具有相似性，不同子市场之间的需求具有差别性。消费者市场细分的依据包括人口因素、地理环境因素、心理因素、消费行为因素；组织市场细分的依据包括用户的需求、用户的规模、用户的地理分布。市场细分的原则有可测量性、可进入性、可盈利性。

目标市场是企业在市场细分基础之上，根据各细分市场需求及企业资源状况，决定进入的细分市场。目标市场营销策略有无差异性营销策略、差异性营销策略和集中性营销策略。

定位是一种传播策略，是针对潜在顾客的心理采取行动，将产品、品牌等在潜在顾客的心目中定一个适当的位置。定位可以创造产品差异，是制定营销策略的关键环节，定位可以创造竞争优势。定位图是进行定位时最常使用的一种工具，如果对其科学地加以应用，将会达到事半功倍的效果。定位策略主要有针对产品或品牌的定位、针对消费者的定位及针对市场竞争者的定位。

第六章 目标市场战略

思考与练习

一、选择题

1. 根据顾客对不同属性的重视程度,顾客的偏好基本可以分为(　　)三种模式,这些不同偏好模式的存在是市场细分的客观依据。
   A. 同质偏好、集中偏好及简单偏好　　B. 异质偏好、分散偏好及集群偏好
   C. 异质偏好、集中偏好及集群偏好　　D. 同质偏好、分散偏好及集群偏好

2. 市场细分是以消费者的某些特征或变量为依据,区分出具有不同(　　)的顾客群体。
   A. 性别　　　　　B. 需求　　　　　C. 年龄　　　　　D. 民族

3. 从企业市场营销的角度来看,无论消费者市场还是产业市场,并非所有的细分市场都有意义,选择细分市场要考虑细分市场的(　　)。
   A. 不测量性、可进入性及可盈利性　　B. 可测量性、不可进入性及可盈利性
   C. 可测量性、可进入性及适应性　　　D. 可测量性、可进入性及可盈利性

4. 企业可将影响消费者行为的不同因素作为市场划分的标准,通常采取的细分标准主要包括(　　)等因素。
   A. 人口、地理、心理及行为　　B. 人口、地理、生理及行为
   C. 家庭、地理、心理及性别　　D. 民族、海拔、心理及行为

5. (　　)是根据市场主体的某一因素进行细分,如按性别细分化妆品市场、按年龄细分服装市场、按用途细分家用车与商用车市场等。
   A. 多因素法　　B. 单一因素法　　C. 综合法　　D. 经验法

6. (　　)是企业在市场细分基础之上,根据各细分市场需求及企业资源状况,决定进入的那个细分市场。
   A. 消费市场　　B. 用户市场　　C. 目标市场　　D. 劳务市场

7. (　　)是指企业以整体市场上的各个子市场作为自己的目标市场,分别提供不同的产品和制定不同的市场营销组合,有针对性地满足不同细分市场顾客的需求。
   A. 差异性营销策略　　　　B. 无差异性营销策略
   C. 集中性营销策略　　　　D. 普遍营销策略

8. 定位就是针对潜在顾客的(　　)采取行动,将产品、品牌等信息在潜在顾客的心目中占据一个适当的位置。
   A. 生理　　　　　B. 心理　　　　　C. 性别　　　　　D. 偏好

9. 秋林格瓦斯饮料定位为一种面包发酵的饮料;"七喜"汽水定位为"非可乐",强调它是不含咖啡因的饮料,这些都属于(　　)定位。
   A. 领导　　　　　B. 竞争　　　　　C. 属性　　　　　D. 比附

10. 一般来说,与知名度、美誉度高的品牌作比较,能够借势抬高自己的身价,如内蒙古宁城老窖打出的广告语"宁城老窖——塞外茅台",这属于一种(　　)定位。
    A. 属性　　　　　B. 功能　　　　　C. 价格　　　　　D. 比附

二、名词解释

市场细分　　目标市场　　差异性营销策略　　集中性营销策略　　市场定位

三、问答题

1. 市场细分有哪些作用？
2. 简述消费者市场细分的依据。
3. 营销人员在消费者市场中如何进行行为细分？讨论并举例说明行为细分的方法。
4. 目标市场选择有哪些条件？
5. 简述目标市场策略。
6. 举例说明如何利用定位图进行产品或品牌定位。
7. 举例阐述常用定位策略。

四、讨论题

1. 讨论国内各大银行的市场定位策略。
2. 讨论小米科技推出的红米品牌手机与小米品牌手机定位策略的异同。

五、案例分析

Counterpoint 统计数字显示，在 2017 年中国产智能手机销量排行榜中，国产品牌已经牢牢霸占了主导地位。销量第一的手机型号为 OPPO R9S；第二位是 iPhone 7 Plus；第三位是 vivo X9；第四位是 OPPO A57；第五位是 iPhone 7；第六位是 OPPO R11；第七位是 vivo Y66；第八位是荣耀 8Lite；第九位是红米 Note 4X；第十位是荣耀畅玩 6X。

在这其中除了苹果手机之外，均为国产品牌，其中有 5 款出自 OV，2 款出自荣耀，1 款出自小米。国产手机品牌已经占据了国内大部分市场，尤其是二、三线城市。随着国产手机品牌在技术和品质上的提升，这个趋势会越来越大。纵观 2017 年，手机市场除了全面屏与苹果 iPhone X 的人脸识别，整个智能手机创新乏善可陈。国内市场趋于饱和，华为、OV、小米纷纷出海。华为旗下荣耀 2018 年主攻全球化市场，华为也加快了进入美国市场步伐；OV、小米在印度等东南亚市场攻城略地，小米已成印度最大智能机品牌。

讨论：1. 分析国内各品牌手机的目标市场及其定位。
　　　2. 这些国内品牌手机厂商为什么要谋求海外市场？

实 训 项 目

一、实训目的

(1) 掌握市场细分、目标市场选择和市场定位的流程、方法及策略，理解定位图在实际产品定位中的具体应用。
(2) 培养学生搜集资料、分析资料的能力。
(3) 培养学生团队合作及沟通能力。

第六章 目标市场战略

二、实训内容

1. 资料

某著名家电企业决定进入手机市场。通过市场调查，了解到消费者对手机产品最为关注的是功能组合和外观设计，又了解到这一市场上已有 A、B、C、D 四家公司提供同类产品，它们所处的市场位置各不相同。在这种情况下，该公司(假设为 G)应如何为自己的手机产品定位？根据定位图，大体有四种定位选择，即定位图中 G1、G2、G3、G4 位置，如图 6-8 所示。

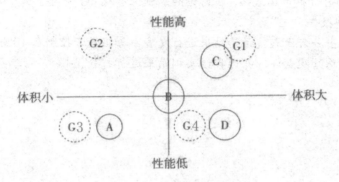

图 6-8 手机市场定位图

方案一：定位在 G1 位置

G1 定位在竞争者 C 附近，此定位需要考虑以下条件：①高性能手机的市场需求量能容纳两家公司产品的销量；②本公司能比 C 公司生产出更好的产品，如性能组合更全面，并具有某种独特功能(如无线充电技术)等；③这一定位与本公司的资源、实力、特长、声望是相称的。

方案二：定位在 G2 位置

定位在左上角空白处。这是一个喜欢高性能，同时还要求手机外观足够小巧别致的细分市场，目前尚无公司提供类似产品。要进入该市场的公司需具备以下条件：①公司拥有生产较高性能手机的技术；②公司在产品外观设计方面具有优势；③通过宣传，公司能有效地使潜在购买者相信本公司手机的性能远比 A 公司的高，而与 C 公司的不相上下；④公司产品的价格能为消费者接受，而预计的市场需求能保证达到企业的利润目标。

方案三：定位在 G3 位置

方案四：定位在 G4 位置

2. 任务

(1) 请分析方案三的定位(G3 位置)所要考虑的条件。对于 G 公司来说，方案三的定位是否有潜在市场？如果有的话，请分析其用户群特征。

(2) 请分析方案四的定位(G4 位置)所要考虑的条件。对于 G 公司来说，方案四的定位是否有潜在市场？如果有的话，请分析其用户群特征。

(3) 假如你是该公司总经理，你如何为公司手机新项目选择目标市场并进行市场定位？

3. 要求

(1) 市场细分标准选择要具有可操作性，目标市场选择要结合目标消费者的特征来进行，市场定位要有别于其他竞争对手。

(2) 分析内容要尽可能全面，分析过程要深入、细致。

(3) 要将分析内容进行整合，形成完整的实训报告。

三、实训组织与实施

(1) 将班级成员划分为若干组，每组人数控制在 4~6 人，每组选出组长 1 名。

(2) 阅读实训材料，通过定位图了解 A、B、C、D 四家手机公司的市场定位，分析该企业(G)的目标市场及其市场定位策略。

(3) 讨论 G 公司目标市场战略，在讨论的基础上形成《G 公司手机产品目标市场及其定位策略》小组实训报告。

(4) 各小组选出一名代表就讨论结果进行发言，每组发言控制在 10 分钟之内。

(5) 教师进行总结及点评，并为各组实训结果进行打分。

第七章 产品与服务策略

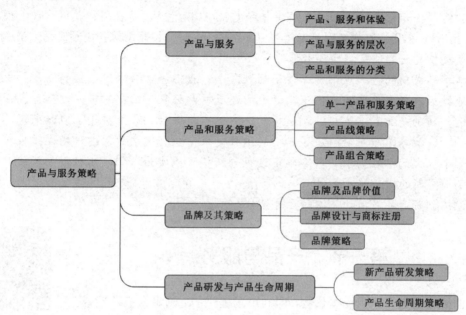

本章共分四节,分别介绍了产品与服务、产品和服务策略、品牌及其策略、产品研发与产品生命周期等内容。

通过本章的学习,要求学生了解产品与服务的概念及其分类,掌握产品和服务策略;熟悉品牌的含义及其策略;理解新产品及其研发过程,学会运用产品生命周期理论开展营销活动。

共享单车:颠覆性的创新+刚性的需求

2016年最火的互联网产品,当属共享单车了。以摩拜、ofo为代表的共享单车企业,一年内进行了数轮融资,掀起了共享单车创业项目的新浪潮。一般来说,一个成功的互联网产品,至少由创新和刚性需求组成。当年共享单车最成功的地方,也是它的颠覆性创新与刚性需求。这种创新模式利用互联网技术颠覆了以前固定式取车和停车的模式，让原本受制于固定停取车的模式变得更为简单。

在我们以往的生活中，单车租赁模式早些年就已经出现在一些城市里，如大学城里的单车租赁、公园里的单车租赁，甚至西安城墙上的单车租赁等，但为什么没有火起来？其根本原因就是停车取车点的问题，这种租赁模式只能到固定的地点取车和停车，用户体验并不好。共享单车则不同，它完全打破了固定取车和固定停车的模式。从使用创新模式来看，它更从"人性"出发，给用户创造了良好的体验。在技术层面，共享单车企业进行了颠覆性创新，例如ofo新一代智能锁终端系统就采用了云平台、大数据整体智能方案，集成机械、智能两种开锁方式，同时集成北斗和GPS双模定位，帮助用户获得方便、便捷的骑行体验。ofo还运用卷积神经网络及谷歌TensorFlow人工智能系统，使预测结果更精确，为运营调度提供更好的决策，实现智能运营，给用户带去更好的体验。

共享单车成功的另一点则是抓住了刚性需求。我们经常会遇到这样的场景：每天上下班乘坐地铁后，公司住地离我们下车的地方还有一两公里，公交塞车或没有站点，走路又有点儿远，特别是北、上、广、深这样的一线城市，最后一公里对于上班族来说，简直就是"痛苦"。共享单车正好解决了人们的这种需求。从全国来看，这种场景比较普遍，可以说是一个很大的潜在需求。共享单车这种创新模式确实为人们的出行带来了便利，给人们提供了一个新的出行解决方案。

讨论：创新产品成功的关键因素是什么？

第一节 产品与服务

7-1.mp4

我们把产品定义为市场提供物，即向市场提供的、满足人们欲望或需要的任何东西。产品不仅包括有形产品，如汽车、笔记本电脑和手机，广义上，产品还包括服务、设计、事件、人员、地点、组织、观念或者上述内容的组合。通常，我们用产品这个概念来涵盖以上任何一个项目或全部项目。因此我们说，手机、汽车、咖啡、服装是产品，教育、医疗、金融、旅游、娱乐、健身等同样也是产品。

服务是一种特殊的产品形式，它由活动、利益或满足组成并用于出售的一种产品形式，本质是无形的，服务的出售不会带来服务所有权的转移。服务的实例包括银行业务、酒店服务、航空运输、零售、通信和家居维修等。

一、产品、服务和体验

在市场提供物中，产品是最为关键的因素。市场营销就是从为目标顾客群设计他们需要的有价值的市场提供物开始的。能够满足人们需求的市场提供物不仅包括有形产品，也包括无形服务。例如，市场提供物可能由纯粹的有形商品组成，如肥皂、牙膏或者食盐等，它们无须提供与产品配套的服务；市场提供物也可能由纯粹服务组成，如体检和金融服务。这是市场提供物的两个极端情况。更多情况下，市场提供物是在两个极端之间存在的产品和服务的组合。

第七章　产品与服务策略

一般来讲，企业市场提供物既包括有形产品，又包括无形服务。有形产品是一类能看得见摸得到的实体产品，如汽车、手机、服饰等，有形产品种类非常丰富。无形产品是服务类提供物，它是无形的、不可分离的，具有可变性和易消失性，如理发、旅游、教育、银行业务、酒店服务、家居维修等。

随着产品和服务商品化的程度越来越高，许多企业正不断努力为顾客创造更多、更好的价值。为了使提供给顾客的产品能够差异化，除了简单地制造产品和传递服务，企业还致力于创造和管理顾客对企业和品牌的体验。例如，一些企业会把体验作为市场营销的重要组成部分。迪士尼一直通过电影和主题公园为消费者创造梦想和难忘的回忆。同样，耐克也一直宣称："鞋子并不重要，重要的是你穿着它的感觉。"如今，各行各业的企业为了创造顾客体验，都在对传统产品和服务进行重新设计。例如，小米之家体验店不仅出售手机，更开拓了包括电视、机顶盒、路由器、无人机、空气净化器等一系列产品线的生态链，通过这种家庭生活生态圈让人们流连和体验数字技术的奇妙之处。

二、产品与服务的层次

为了研究方便，营销人员通常把整体产品划分为核心顾客价值、实体产品及附加服务和利益三个层次来研究，每一个层次都会增加顾客的价值，如图 7-1 所示。

(一)核心价值层

产品的最基础层次是核心价值(core value)层，又称核心产品。核心价值层是产品为购买者提供的基本效用和利益所在，是产品的使用价值，是购买者真正要买的东西，反映了消费者购买产品的基本动机。研发人员在设计产品时，必须界定解决顾客问题的价值所在，只有这种价值能满足购买者需求时，产品才能被市场所接受。例如，苹果 iPad 的购买者购买的不仅仅是一台平板电脑，他们购买的其实是学习、娱乐、自我表达以及与家人和朋友的情感沟通，是通往世界的一个可移动且个性化的窗口。

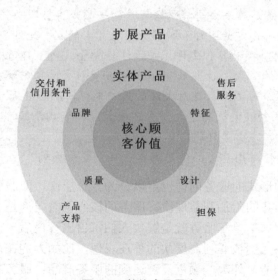

图 7-1　整体产品层次

> **想一想**：如何理解露华浓公司的查尔斯·露华森(Charles Revson)曾说过的"在工厂，我们制造的是化妆品；在商店，我们销售的则是希望"这句话？

(二)实体产品层

产品的第二层次是围绕产品的核心利益所构造的一个实体产品层，又称形式产品。实体产品层将产品核心利益转化为实际的具体产品。这一层次反映了产品的特征、设计、质量等级、品牌名称和包装。在核心价值层的基础上，实体产品层给购买者提供了更多的选择空间，可以满足购买者的更多需求。例如，苹果 iPad 这一实际产品就是由它的名称、外观尺寸、形状、颜色、功能、包装和其他特质精心融合在一起实现顾客核心价值。

(三)附加服务和利益层

产品的第三层次是附加服务和利益层，又称附加产品。附加服务和利益层围绕顾客核心价值及实体产品构造系列扩展产品。例如，iPad 不仅是一个数码设备，它还为客户提供完整的解决方案。顾客购买 iPad 时，苹果会为顾客提供产品保修服务，同时也会为顾客提供大量的 App 和其他附件。它还提供 iCloud 服务，顾客可以在任何地点把他们的照片、音乐、文件、App、日历、通讯录和其他内容上传到 iCloud。

在开发产品的时候，营销人员必须首先识别顾客希望从产品中寻求哪些核心价值，然后设计实体产品，并且找到扩展的途径，以创造顾客价值和满意的顾客体验。

【案例 7—1】

苹果通过 iCloud "本土化"提升用户体验

苹果公司宣布从 2018 年 2 月 28 日起，中国内地的 iCloud 服务将转由云上贵州大数据产业发展有限公司负责运营。从这一天起，中国内地的 iCloud 用户将享受云上贵州公司提供的云存储服务。iCloud 是苹果公司提供给用户的一项云存储服务。用户借助 iCloud 存储及共享功能，可以轻松将指定的照片和视频分享给指定的人。此外，通过 iCloud 云盘，用户还可以在 iCloud 上安全存储各种文件，并通过 iPhone、iPad、Mac 或 PC 进行访问。由于苹果服务器部署在海外的缘故，过去 iCloud 服务一直被大陆用户诟病连接速度慢，服务器状态差。如今交由中国公司运营，这对大陆的用户来说，iCloud 服务速度会有显著提升，iCloud 服务器稳定性也会极大提高。大陆用户在上传和下载数据时，无须跨越中美长距离来回传输，提高了速度，减少了延迟。

思考：产品附加价值对用户产品使用满意度有重要影响吗？

作为产品的另一种形式的服务同样也可以分为三个层次，即服务的核心利益层次、服务的形式利益层次及服务的附加利益层次。服务的核心利益层次是人们购买产品的根本利益所在，例如人们使用共享单车服务就是解决人们每日出行最后一公里的代步问题；服务的形式利益层次是解决人们核心利益层次的外在表现，比如人们在使用共享单车服务时，可以选择不同车型、功能、外观、颜色及舒适度的服务产品；服务的附加利益层次是在提供基本的核心利益基础上一些其他必要服务，比如共享单车的租赁形式、结算服务、寻车服务、即停即走的便利性、扫码解锁的安全性，以及 App 互动和反馈等服务，如图 7-2 所示。

图 7-2　共享单车产品与服务层次

【想一想】两轮电动平衡车是近年来出现的介于新型交通工具和玩具之间的一种新型产品。它与电动自行车和摩托车车轮前后排列方式不同，而是采用两轮并排固定的方式，采用蓄电池供电，依靠人体重心的改变来实现平衡车的启动、加速、减速、停止等动作。结合整体产品层次理论写出两轮电动平衡车的三个产品层次内容。

三、产品和服务的分类

满足人们需求的市场提供物分为看得见摸得到的有形类产品(如汽车、手机、服饰等实体产品)和看不见的无形类产品(如理发、旅游、教育、银行业务、酒店服务、家居维修等服务)。

(一)有形类产品

有形类产品是种类最为丰富的市场提供物，也是市场营销研究的重点。根据购买对象的购买目的不同，有形类产品一般可分为消费品和产业用品。

1. 消费品

消费品是最终消费者购买的用于个人消费的产品，其中像日化用品、食品饮料、烟酒等使用寿命较短、消费速度较快的一类消费品又称为快速消费品(FMCG)。营销人员根据顾客购买产品的方式，将消费品进一步分成便利品、选购品、特殊品和非渴求品。

(1) 便利品。便利品是消费者经常购买的产品和服务，购买的时候几乎不做比较，也不费精力，很快就拿定主意。实例包括洗衣粉、糖果、报纸和快餐。便利品通常价格低廉，商场销售人员通常把它们摆放在显眼的地方，以确保顾客在需要它们的时候总能买得到。

(2) 选购品。选购品是消费者购买频率比较低的产品和服务，顾客会仔细比较其适用性、质量、价格和款式。实例包括家具、服装、二手车、大家电以及酒店和航空服务。营销人员通常选择较少的商店分销选购品,但提供必要的销售支持以帮助顾客进行选购。

(3) 特殊品。特殊品具有独一无二的特点或品牌识别特征,有购买群体愿意支付更多的金钱或精力而拥有这些产品,比如特定品牌的汽车、高价的摄影器材、设计师量身定做的服装,以及医疗或法律专家的咨询服务。兰博基尼(Lamborghini)汽车就是一种特殊品,购买者通常为了买到一辆兰博基尼汽车而愿意跑很远的路。

(4) 非渴求品。非渴求品是顾客一般不考虑主动购买的消费品。大多数新产品在消费者通过广告了解它们之前,都是非渴求品。人们不主动购买的产品和服务的典型实例包括人寿保险、预先计划的葬礼服务、红十字会的献血活动等。非渴求品的特性决定了它需要大量的广告、人员销售和其他营销努力。

2. 产业用品

产业用品是购买后用于进一步加工或企业经营的产品。消费品与产业用品之间的显著区别就在于它们被购买的目的。如果一位消费者购买一台割草机修剪自家草坪,那么,这台割草机就是消费品。如果该消费者购买割草机用于做园艺生意,这台割草机就成了产业用品。产业用品一般包括材料和零部件、设施设备、辅助品等。

(二)无形类产品

市场提供物除了像消费品、产业用品这样的有形实体产品外,还包括服务一类的满足人们需求的无形产品,比如餐饮、旅游、医疗、保险、金融、教育等服务产品。这些无形产品同样需要营销活动。有形产品和无形服务具有一定的关联性,如图7-3所示。

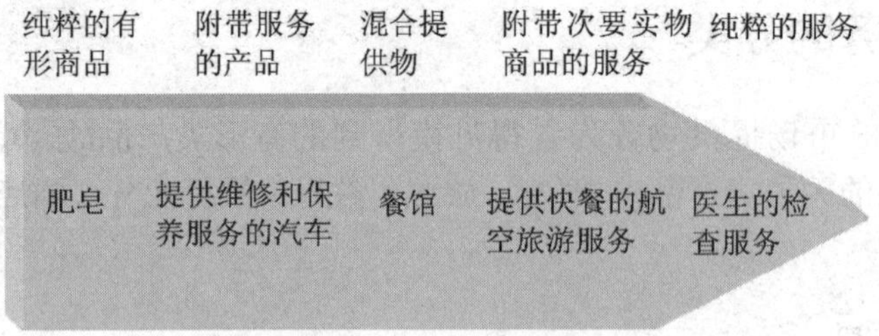

图 7-3 有形产品和无形服务的关联性

随着第三产业的快速发展,满足人们需要的无形产品也越来越多,服务产品也成为市场营销研究的重点。从广义上讲,无形产品不仅仅包括服务,还包括其他可供出售的内容,比如体验、组织、人员、地点、设计和创意等。

1. 服务

服务是一类具有无形性的特殊市场提供物。服务千差万别,来源也复杂,有来自政府提供的公共基础设施服务,有来自企业提供的电力、电信、保险、金融、教育、医疗、交通及零售服务。企业在设计营销方案时必须考虑服务的四个特征,即无形性、不可分割性、可变性及易逝性。

(1) 无形性。服务的无形性是指购买服务之前,服务的结果无法预先感知。比如,人们在进行整容手术之前并不知道最终效果如何;航空公司的顾客只是拿到机票并得到乘客和行李会同时安全抵达目的地的承诺。为了减少服务的这种不确定性,客户只能通过服务的地点、人员、价格、设备和沟通来确定。因此，服务提供者的任务就是让服务在一个或者更多方面有形化，并传递有关质量的正确信息。

(2) 不可分割性。服务的不可分割性指的是服务人员提供服务的过程与顾客接受服务的过程是同步的，比如理发。不管提供者是人还是机器，它们本身也是服务的一部分；顾客也不仅仅是服务的购买者，他们有时在服务中也发挥了重要作用。比如对于驾校来讲，学习效果不仅与驾校教练的教学水平有关，也与学员接受能力有关。

(3) 可变性。服务是由人表现出来的一系列活动，由于没有两个完全一样的员工，也没有两个完全一样的顾客，那么就没有两种完全一致的服务。服务的可变性指的是服务的质量不仅取决于提供服务的员工，也取决于员工和顾客之间的相互作用，同时也会受到时间、地点以及提供方式等的影响。例如因提供优质服务而著称的五星级饭店，也会因为服务人员的接待能力及态度不同而使服务有所差异。

(4) 易逝性。服务的易逝性指的是服务不能被储存以备将来销售和使用，也不能转售或者退回的特性。例如，一个有160个座位的航班，如果在某天只有80个乘客，它不可能将剩余的80个座位储存起来留待下个航班销售；同样，一个心理咨询师提供的咨询服务无法退货，也无法转让给他人。由于服务的不可存储性，当服务需求出现明显波动时，服务提供方很难满足这种需求。例如，春运高峰期，交通部门虽然准备了更多的车辆也满足不了这种异常需求。

【案例7—2】

海底捞的服务营销

海底捞是一家以经营川味火锅为主的大型连锁餐饮企业。公司自成立以来，始终奉行"服务至上，顾客至上"的理念，以贴心、周到、优质的服务，赢得了纷至沓来的顾客和社会的广泛赞誉，赢得了顾客的一致推崇并在众多的消费者心目中留下了"好火锅自己会说话"的良好口碑。

海底捞以高档的服务著称却以普通的价位经营，令很多普通的工薪家庭和学生都享受到了五星级的服务和一流的食物。海底捞利用在细节上的周到服务打动了消费者的心，使其成为海底捞的忠诚顾客并通过口碑营销传播给新的消费者。同时，海底捞还运用了服务差异化营销，并把这个策略灌输到所有一线员工。海底捞超值服务体现出来的不仅有美味的火锅，还有顾客的愉悦。在服务环节上，海底捞能够做到标准化的同时也做到满足顾客的个性化需求，比如根据不同消费者的不同需求，海底捞店员可以自主赠送顾客不同的食品。一个附加的服务不会给消费者带来很大的改观变化，但是累加起来并能保证给消费者都提供同样的服务才是服务营销的关键。海底捞正是这样做的。

思考：在你去过的餐饮商家中，哪家的服务对你印象最深？在服务方面，它们和海底捞的服务有差距吗？

2. 组织、人员、地点和观念

除服务外，营销专家还把产品的概念进一步扩展到其他无形的市场提供物，如组织、人员、地点和观念。

(1) 组织。组织经常采取行动"销售"组织自身。营利性组织和非营利性组织都在实践着组织营销。企业投资发展公共关系或发起企业形象广告来营销自己以及美化自己的形象。

(2) 人员。人员也可以看成是产品。从总统、娱乐明星、体育名人到诸如医生、律师和建筑师这样的专业人士，都通过自我营销来建立声誉。商业组织、慈善机构以及其他组织利用著名人物帮助其销售产品或成就事业。例如，宝洁公司曾邀请过很多名人代言其品牌产品，黄晓明曾代言 OLAY 男士护肤品，张曼玉曾代言 OLAY 玉兰油，汤唯曾代言潘婷洗发水，林丹曾代言吉列锋速 3 刮胡刀。

(3) 地点。地点也可以进行营销。城市、省份(或自治区)甚至整个国家间都可以为吸引游客、移居者、大型会议，以及招商引资活动而进行形象传播活动。例如，2017 年哈尔滨开展的"迷人的哈尔滨之夏"旅游文化时尚活动，其中就有一个环节是哈尔滨市夏季旅游产品图片展，依靠冰雪、湿地、登山、温泉、城市休闲等五大板块展示了哈尔滨旅游特色产品及夏季避暑旅游线路。

(4) 观念。观念也可以营销。观念营销是把新的消费理念、消费情趣等消费思想灌输给消费者，使其接受新的消费理念，改变传统的消费思维、消费习俗、消费方式的营销行为。从某种意义上说，所有的营销都是对某个观念的营销，不论它是一般的刷牙概念，还是高露洁牙刷所创造的"为生活展露健康漂亮的微笑"这种特殊的观念。2005 年，打着"非油炸，更健康"宣传标语横空出世的五谷道场方便面，便是采用了观念营销策略红极一时。

【深度阅读 7-1】区块链对产品意味着什么？(内容扫右侧二维码)

深度阅读 7-1.docx

7-2.mp4

第二节　产品和服务策略

根据企业产品和服务的种类，其策略可以分为单一产品和服务策略、产品线策略及产品组合策略。

一、单一产品和服务策略

开发一款产品或服务涉及如何定义它所提供的利益，这些利益往往通过诸如质量、特征以及风格和设计来沟通和传达。开发和营销单一产品和服务的策略侧重于产品属性、品牌、包装、标签和产品支持服务等方面。

(一)产品质量

产品质量对产品和服务的性能具有直接影响，因为它与消费者价值和消费者满意息息相关。狭义上，质量可以定义为"没有缺陷"；广义上，质量应从创造顾客价值和顾客满意两方面来定义。质量是由产品或服务的特征所提供的能满足顾客现实或潜在需要的性能。产品质量也意味着性能质量，例如，一辆劳斯莱斯汽车提供的性能质量就要高于一辆雪佛兰汽车，前者拥有更灵活的发动机，提供更多"创造性的舒适体验"，同时也更耐用。质量水平也不是越高越好，质量提高意味着增加成本。

第七章 产品与服务策略

(二)产品特征

一款产品有多种特征。产品的起点通常是一个没有任何额外附加特征的基础原型,企业可以通过添加更多特征来创造更高水准的产品式样。产品特征能反映产品对顾客的吸引力,是影响消费者认知、情感和行为的主要刺激物,产品特征也是将本企业的产品与竞争对手的产品区别开来的一种竞争工具,比如苹果 iPone6 手机推出的指纹识别功能。

(三)产品风格和设计

独特的产品风格和设计是另一种增加顾客价值的方法。赏心悦目的风格可以引起人们的关注并带来令人愉悦的美感,但未必能够提高产品的性能。与风格不同,设计直接切入产品的中心,因而更加深入。优秀的设计既能美化产品外观,又能提高产品的有用性。

(四)品牌

品牌是一个名称、术语、标记、符号、设计,或者上述因素的组合,目的在于帮助消费者识别自己和竞争对手的产品或服务。品牌是产品或服务的重要组成部分,它能为产品或服务增加价值。企业可以赋予品牌含义并发展品牌关系。品牌所拥有的意义远远超过产品或服务本身。品牌化目前是一种趋势,如今几乎找不出什么是没有品牌的。连食盐也被包装在标有品牌的容器里面,普通的螺钉和螺母也带上了分销商的标签包装起来,汽车部件——火花塞、轮胎、滤油器都标有不同于汽车零件制造商的品牌。以至于水果、蔬菜、乳制品、家禽及其蛋类都有自己的品牌。

(五)包装

包装涉及产品的容器和包装材料的设计和生产。传统上,包装的首要功能是容纳并保护产品。从个体的独立包装到整包,再到集中的封箱包装,都是用来保护产品不受磕碰和便于运输。越来越多的食品包装,从日常包装的整包正慢慢地做进入场景细分,比如挂面,十几年来挂面都是传统的大包装;产品升级的企业,把包装做了独立小分装,一来是卫生,二来是可以大致估算每次使用量。

牙膏盖的创意

牙膏除了配方不同,牙膏盖也设计成各类款式。螺纹式牙膏盖,这是最早期的牙膏盖设计样式。挤压式牙膏盖,一种优化了的螺纹式样式,平时可以立在一边,美观大方。掀盖式牙膏盖,是在螺纹式和挤压式设计的基础上进一步进行了优化,提升了打开和关闭牙膏盖的使用效率。宽口径牙膏盖的立式摆放还可以有效提升空间使用率。

不过近年来,市场竞争越来越激烈,零售商的货架日益拥挤,这意味着包装需要担负起营销职责——从吸引顾客的注意,到介绍产品,再到促成销售。多种原因使得包装也成为重要的营销工具,包装的创意也成了传递营销元素的最大载体,好的有创意的包装意味着重要的营销空间。例如,苹果公司一直遵循简洁的设计和卓越的用户体验,其设计者把包装当成产品的一部分,无论是手机、音乐播放器还是手表、电脑,苹果的包装是完全按照它的产品哲学来进行设计的,因此它的包装是同类竞争产品里做得最好的。

(六)标签

标签是附着在产品上的小标牌,也包括构成包装的一部分复杂图形。标签具有多种功能:识别产品或品牌,描述产品性能、配方或使用说明。此外,标签还能够帮助推广品牌。对于许多企业而言,标签已经成为产品设计的一个重要元素。

(七)产品支持服务

企业的市场提供物通常包括一些支持服务,它们是企业整体提供物的组成部分。支持服务是顾客整体品牌体验的重要组成部分。现在许多企业通过电话、电子邮件、互联网、社交媒体、手机以及语音系统和数据技术的复杂集成,提供以前根本不可能实现的支持服务。例如,零售企业可以在门店和网上开展客户服务,回答顾客的疑问和处理各种问题。顾客也可以通过电话、电子邮件、网站、移动应用等渠道获得广泛的支持。

二、产品线策略

通常情况下,一个企业很少经营单一型号的产品,一般都会经营几种型号的产品,这就涉及产品线策略。产品线是一组密切相关的产品,这些产品用途相似、顾客群体相似。例如,海尔生产冰箱产品和洗衣机产品,冰箱是一条产品线,洗衣机是一条产品线。企业通常可以通过两种方式扩大其产品线:产品线填充和产品线延伸。

(一)产品线填充

产品线填充是在现有的产品线类别范围内补充一些其他类别的产品项目。产品线填充可能出于多种原因:填补市场空缺,占领更多的细分市场;获取更多的利润;利用现有生产能力成为产品线完备的领导型企业。例如,小米科技产品线就包括手机、笔记本电脑、路由器、无人机、空气清新器等一系列产品,小米科技正是利用产品线填充策略进一步占领了更多的细分市场,使自己成为一家数码科技企业,而不单单是智能手机厂家。

(二)产品线延伸

产品线延伸是企业在现有产品线的基础上,增加同类产品的新型号而增加其产品线长度。企业产品线延伸可以向下延伸、向上延伸或者双向延伸。最初定位于高端市场的企业可能向下延伸,如德国大众集团陆续推出的奥迪Q7、Q5、Q3。企业将产品线向下延伸可以填补现有的市场空缺,占领低端市场,在低端市场上寻求增长率。

第七章 产品与服务策略

【案例 7—3】

三星电子的产品线策略

2014 年以来,三星对其高档智能手机和平板电脑移动设备产品线 Galaxy 进行了双向延伸和补充。三星的 Galaxy 产品线始于 4 英寸的智能手机,很快就增加了 10.1 英寸的平板电脑。现在 Galaxy 已经具有一条丰富的产品线,包括满足不同需求和偏好的各种型号。基本的 Galaxy 智能手机为 5 英寸屏幕,畅销的 Galaxy Note 大屏幕手机有 5.7 英寸屏幕,兼具手机和平板电脑的优点。现在 Galaxy Tab 的购买者有三种尺寸的屏幕可供选择——7 英寸、8 英寸和 10.1 英寸。除了这些,三星还提供了一款名为 Galaxy Gear 的腕表。Galaxy 产品线竭力发展高端市场。如今售价低于 2000 元的智能手机细分市场增长迅猛,为了适应这一市场趋势,三星也推出了低端 Galaxy 型号。三星公司成功的 Galaxy 产品线正是通过不断延伸和补充,有效地扩展诉求、改善其竞争地位和促进增长。

思考:三星如何利用其产品线延伸策略占领各细分市场?

(资料来源:菲利普·科特勒.市场营销[M]. 16 版.北京:中国人民大学出版社,2015)

三、产品组合策略

拥有数条产品线的企业存在产品组合。企业所销售的所有产品线和产品项目构成了产品组合。例如,小米公司的手机、平板电脑、笔记本电脑、无线路由器、无人机及空气清新器等一系列产品线。

(一)产品组合维度

企业产品组合包括产品组合宽度、产品组合长度、产品组合深度和产品组合一致性四个重要的维度。

1. 产品组合宽度

产品组合宽度是指企业经营的不同产品线的数量。例如,宝洁公司拥有 10 条产品线,这些产品线反映了该公司产品线的宽度,如表 7-1 所示。

2. 产品组合长度

产品组合长度是指企业经营的产品线中所包含的产品项目的总数量。例如,宝洁公司洗发护发产品系列的产品线长度是 6,个人清洁产品系列的产品线长度是 5。实际上,产品线长度还指产品项目中每个品牌所含不同花色、规格、质量的产品数目的多少,如佳洁士牌牙膏有三种规格和两种配方,其长度就是 6。

3. 产品组合深度

产品组合深度是指产品线中每项产品所提供的型号的数量。宝洁公司的产品项目和型号非常多,拥有一个非常深的产品组合,就洗发护发产品线来说,就有包括飘柔、潘婷、海飞丝、沙宣、伊卡璐、威娜等在内的6个产品项目，洗发护发产品组合深度为6。

表 7-1　宝洁中国公司产品组合

← 产品组合宽度 →										产品组合深度 ↓
洗发护发	个人清洁	护肤化妆	妇女保健	口腔护理	家居护理	婴儿护理	食品饮料	个人护理	厨房家电	↑
飘柔 潘婷 海飞丝 沙宣 伊卡璐 威娜	舒肤佳香皂 玉兰油香皂 舒肤佳沐浴露 玉兰油沐浴露 卡玫尔沐浴露	玉兰油护肤 SKII化妆品	护舒宝朵朵	佳洁士牙膏 佳洁士牙刷 欧乐-B电动牙刷	汰渍 碧浪 兰诺	帮宝适(纸尿片、纸尿裤及湿纸巾)	品客	博朗(电动剃须刀、剃毛脱毛器、电吹风机、美发护发造型器) 吉列(剃须刀、剃毛脱毛器)	博朗(食物料理机、果蔬榨汁机、蒸汽熨斗、咖啡机) 金霸王	

4. 产品组合一致性

产品组合一致性是指不同的产品线之间在最终用途、生产要求、分销渠道或其他方面相互关联的紧密程度。宝洁公司的产品线具有相对一致性，日化产品相对集中，具有一致性；而日化产品与食品类、厨房家电类产品就没有一致性。

(二)产品组合调整

企业产品组合并不是一成不变的，要随市场需求的变化而进行相应的调整。

1. 产品组合宽度调整

产品组合宽度调整是指增加或减少企业所拥有产品线的数量。宽度较大的产品组合，有利于企业充分利用现有资源，发掘生产潜力，更广泛地满足各类需要，占有更广的市场；产品线较小的产品组合，便于企业集中力量，实行专门化生产或经营，更深入地满足某一类需求，但不易分散风险。例如零售商店、百货商店的产品组合一般较宽；专业商店的产品组合较窄，有的只经营一两类商品。

2. 产品组合长度调整

产品组合长度调整是指增加或减少产品的品种数量。品种越多，产品线越长，越有利于满足需求的选择性；较短的产品线或产品组合，则有利于大批量生产和销售。中国白酒企业是产品线扩展比较多的一个行业，即使茅台、五粮液等老牌企业也在不断推陈出新，以提高竞争优势和利润。例如，茅台集团这几年相继推出了茅台迎宾酒、茅台王子酒等价格中低档的品牌，而且为迎合新的消费需求改变了其长期不变的酱香型风格。

3. 产品组合深度调整

产品组合深度调整是从增加或减少产品规格的角度，考虑产品组合的调整。增加产品组合的深度，可以满足消费者某些尚未被满足的需求。如苹果 iPhone6 手机，除在内存大小、外观颜色等方面不同外,在普通4.7尺屏幕基础上,又增加了5.5寸Plus大屏幕手机型号,进一步完善了苹果手机产品线,为消费者带来更多个性化选择。

4. 调整产品组合一致性

产品组合中各产品线相关程度越高,就越有利于巩固企业在行业中的地位,充分利用现有生产条件、市场营销条件,产品组合相对较好管理;产品线之间的相似程度越低,则企业涉及的生产领域或行业就越广泛,市场越多元化。例如,"娃哈哈"从酸奶扩展到纯净水、八宝粥等食品上,产品线具有一致性,而扩展到儿童服装,产品线就不具有一致性。

第三节 品牌及其策略

品牌是企业最持久的资产,比企业具体产品或生产设施的生命都要长,需要妥善地经营和管理。

7-3.mp4

一、品牌及品牌价值

品牌是企业整体产品的一个重要组成部分,有助于促进产品或服务的销售,树立企业形象,同时有利于保护品牌所有者的合法权益。

(一)品牌及其相关概念

1. 品牌

市场营销对品牌的定义为:品牌是一种名称、标记、符号、图案或这些要素的组合,目的是使自己的产品或服务同其他竞争者的产品或服务加以区别。可口可乐、百事可乐将碳酸饮料生产商区别开来,如图7-4所示;麦当劳、肯德基将快餐食品的服务商区别开来,如图7-5所示;同样奔驰、宝马将豪华汽车的生产商区别开来,如图7-6所示。

图7-4 可口可乐与百事可乐　　　图7-5 麦当劳与肯德基　　　图7-6 奔驰与宝马

2. 名牌

名牌就是著名的品牌,即在市场竞争的环境中产生、得到目标顾客认可、具有较高知名度和美誉度、超群的市场表现以及具有较高无形资产价值的品牌。如家电行业里的海尔、格力、美的、春兰、格兰仕等。名牌的"著名"程度可以量化,并且其"著名"表现在以下四个方面:①知名度;②美誉度;③市场表现;④无形资产价值。

3. 商标

商标是一个法律概念,它是指受法律保护的一个品牌或品牌的一部分。当前国际上对于商标权的认定通行两种原则：一是"使用在先"原则，二是"注册在先"原则。我国奉行的是注册制度，即法律只保护注册品牌。企业要有效地保护自己的品牌不受侵害，需要先将自己的品牌申请注册成为商标。

商标具有以下三个特点：①专有性，又叫独占性或排他性，是指商标权归商标权人所独有，不经商标权人允许，任何单位和个人都不得使用该商标。②时间性，是指商标权仅在法律规定的存续期限内有效，如果超出有效期而又没有提出续展就不再受法律保护。我国《商标法》规定的注册商标有效期为10年；国际注册商标根据《马德里协定》注册的有效期为20年。③地域性，是指在哪一个国家申请注册和获得商标专用权，就受哪一个国家的法律保护，而在其他国家则不受法律保护(参加国际条约另有规定的除外)。

4. 驰名商标

驰名商标是为相关公众广为知晓并享有较高声誉的商标。驰名商标需经过有关机关(国家工商总局商标局、商标评审委员会或人民法院)依照法律程序进行认定。驰名商标依法受到优于普通注册商标的特别保护。驰名商标既具有一般商标的区别作用，又有很强的竞争力，知名度高，影响范围广，已经被消费者、经营者所熟知和信赖，具有相关的商业价值。

5. 中华老字号

中华老字号是指在长期的生产经营活动中，沿袭和继承了中华民族优秀的文化传统，具有鲜明的地域文化特征和历史痕迹，具有独特的工艺和经营特色，取得了社会广泛认同和良好商业信誉的企业名称和产品品牌。例如，北京的一些中华老字号：盛锡福、六必居、同仁堂、都一处、王致和、内联升、全聚德、瑞蚨祥及荣宝斋等。

【想一想】你还能说出哪些中华老字号？

(二)品牌的构成

品牌主要由品牌名称、品牌标志以及商标等要素构成。

1. 品牌名称

品牌名称是指品牌中可以用语言称呼的部分。例如，可口可乐、百事可乐等都是美国著名的品牌名称；松下、索尼是日本著名的品牌名称；杉杉、罗蒙、雅戈尔则是我国西服的著名品牌名称。

2. 品牌标志

品牌标志是指品牌中易于识别，但不能用语言称呼的部分，通常由图案、符号或特殊颜色等构成。例如汽车品牌的标志，如图7-7所示。

图7-7　汽车品牌标志

第七章 产品与服务策略

3. 商标

商标实质上是一种法律名词,是经过注册登记受到法律保护的品牌或品牌的一部分。它作为区别不同种类商品的标记,往往印在商品的包装、标签上。企业产品品牌或品牌的一部分在工商管理部门注册登记以后,就享有其使用专用权,并受到法律保护,其他任何企业都不得仿效使用。

> **®与TM**
>
> 我国商标法规定,在商标申请期间(未获准注册之前),不得在使用中标注注册标记"注册商标"或"®"等,但可以标记"TM"。

(三)品牌的内容

品牌是一个复杂的符号,是企业的无形资产,其蕴含着丰富的市场信息。一个品牌对消费者而言,可以表达出六层含义。

1. 属性

品牌代表着特定的商品属性,这是品牌最基本的含义。例如,奔驰牌轿车意味着工艺精湛、制造优良、昂贵、耐用、信誉好、声誉高及行驶速度快等。

2. 利益

品牌代表着产品的核心利益,顾客购买商品实质是购买某种利益。就汽车而言,奔驰代表着高效、安全、声望,这种品牌带来的利益承诺是品牌持久竞争力的保证。

3. 价值观

品牌可以体现品牌所有者的某些价值观。品牌价值观是品牌在追求经营成功的过程中所推崇的基本信念和奉行的目标。与其他公司一样,Google也是一个以盈利为目的的商业企业,Google坚信通过正当的渠道完全可以获取利润,Google的两种主要盈利方式搜索技术授权和Ad-Words关键词广告,都是基于"不作恶"原则而探索出的公司盈利发展模式。

4. 文化

品牌还附加了特定的文化。从奔驰汽车给人们带来的利益等方面来看,奔驰品牌蕴含着"有组织、高效率和高品质"的德国文化。

5. 个性

品牌也反映一定的个性。不同的品牌会使人们产生不同的品牌个性联想。奔驰会让人想到一位严谨的老板、一只飞奔的猎豹。

6. 使用者

品牌暗示了购买或使用产品的消费者类型。我们更愿意看到驾驶奔驰轿车的是有成就的企业家或高级经理，而不是他们的女秘书。

(四)品牌价值

品牌在市场上的影响力不同，其价值也各不相同。一些品牌，如可口可乐、耐克、迪士尼、麦当劳等，多年来一直在市场上保持了强势地位；另一些品牌也带来了顾客的喜爱和忠诚，如谷歌、苹果、海尔、华为、小米等。一个拥有高知名度的品牌是一项非常有价值的资产。品牌价值是一个品牌所拥有的财务价值。虽然评估这一价值是比较困难的，但国际上有机构在进行这项评估。根据已公布的 2016 年全球品牌价值排行榜来看，排名榜 100 个品牌中有 52 个美国品牌，10 个德国品牌，8 个法国品牌，6 个日本品牌，3 个韩国品牌，2 个中国品牌(华为和联想)。根据这项评估，苹果品牌的价值高达 1781.19 亿美元，谷歌为 1332.52 亿美元，可口可乐为 731.02 亿美元，微软为 727.95 亿美元，丰田为 535.80 亿美元，国际商业机器为 525.00 亿美元，三星为 518.08 亿美元，亚马逊为 503.38 亿美元，梅赛德斯-奔驰为 434.90 亿美元，通用电气为 431.30 亿美元。

二、品牌设计与商标注册

品牌的命名和设计，是品牌策略的一个重要内容。一个好的品牌，包含着丰富的想象力，给品牌使用者带来竞争优势。品牌命名、设计完成后还要进行商标注册，商标注册后企业享有使用专用权，并受到法律保护。

(一)品牌设计的原则

1. 简洁醒目，易读易记

品牌命名的首要原则就是要简洁醒目，易读易记。"M"是一个极普通的字母，但通过对其施以不同的艺术加工，就可以形成表示不同商品的标志或标记。鲜艳的金黄色拱门"M"是麦当劳的标记，由于它棱角圆润、色泽柔和，给人以自然亲切之感。现如今，麦当劳这个"M"型标志已经出现在全世界 70 多个国家和地区数以百计的城市的闹市区，成为孩子以及成人们最喜爱的快餐标志，如图 7-8 所示。

图 7-8　麦当劳的 M 标记

2. 新颖别致，暗示属性

品牌设计应力求构思新颖，造型美观，既要有鲜明的特点，又要切实反映出企业或产品的特征，暗示产品的属性。宝洁公司生产的去头皮屑的洗发剂，采用 Head and Shoulders 的品牌名称，中文品牌名为"海飞丝"，让人联想到平滑而飞扬的秀发。

3. 容易发音，利于通用

心理学研究表明：人们的注意力很难同时容纳五个以上的要素。根据这一原理，品牌名称的设计要力求简短，容易发音。如谷歌、苹果均既易发音又易记忆，成为世界知名品牌。我国的"淘宝""京东"等品牌名称也朗朗上口，成为著名品牌。

4. 品牌名称与品牌标志协调

品牌名称与品牌标志协调，容易加深消费者和社会公众对品牌的认知和记忆。"雀巢"是广大消费者十分熟悉的品牌名称，它是瑞士学者 Henri Nestle 以他的名字命名的，由于 Nestle 的英文含义有"舒适而温暖地安顿下来""偎依"等意思，与英文 Nest(雀巢)是同词根。"雀巢"品牌标志是鸟巢图案，这极易引诱人们联想到待哺的婴儿、慈祥的母亲和健康营养的雀巢产品。"雀巢"名称与"雀巢"图案的紧密结合，互相映衬，有较强的感召力，如图 7-9 所示。

图 7-9 "雀巢"名称与"雀巢"图案的紧密结合

5. 符合传统民俗，为公众喜闻乐见

由于世界各国的历史文化传统不同，对于一个品牌的认知和联想也有很大差异，品牌名称和品牌标志要特别注意各地区、各民族的风俗习惯。据报道，我国的"白象"牌电池出口到欧洲国家备受冷落的主要原因是品牌设计失误。因为在欧洲人眼里，大象是"呆头呆脑"的象征，并且英文 White Elephant(白象)是指"无用而累赘的东西"。

(二)商标注册

商标注册是品牌所有者将其使用的品牌依照法律规定的条件和程序，向国家商标局提出注册申请，经国家商标主管机关依法审查，准予注册登记的法律事实。在我国，商标注册是品牌得到法律保护的前提，是确定品牌专用权的法律依据。品牌所有人一旦获准商标注册，就标志拥有了该商标的专用权，并受到法律的保护。

【查一查】登录国家商标局网站，了解一下我国商标共分为哪45大类？

1. 申请程序

(1) 确定商标名称。通过国家商标局商标检索系统进行查询，查询拟注册商标名称在同类商品或服务上是否与已注册或与申请在先、正在审查的商标相冲突，无冲突的才可申报。

(2) 确定商标图形。经查询可以申报的商标应进行商标图形设计。

(3) 办理申请手续。有了商标图形、名称，申请人即可携带营业执照副本和企业公章到国家商标局或商标代理公司办理申请手续。

(4) 交纳费用。商标的查询、设计、代理、注册需按国家规定标准缴纳费用。

2. 申请条件

商标注册申请人必须是：依法成立的企业、事业单位、社会团体、个体工商业者。

我国商标法执行的是商品国际分类，一万余种的商品和服务项目分为 45 个类别，申请商标注册时，应按商品与服务分类表的分类确定使用商标的商品或服务类别。

3. 注册条件

商标注册是获得商标权的主要途径，商标注册条件是商标审查的重要内容。

(1) 可注册。能够将法人或者其他组织的商品或服务与他人的商品或服务区别开的可视性标志，包括文字、图形、字母、数字、三维标志和颜色组合，以及上述要素的组合，均可以作为商标申请注册。但申请注册的商标，应当有显著特征，便于识别。

(2) 不可注册。下列标志不得作为商标使用：同国家名称、国旗、国徽、军旗、勋章相同或者近似的，以及同中央国家机关所在地特定地点的名称或者标志性建筑物的名称、图形相同的；同外国的国家名称、国旗、国徽、军旗相同或者近似的，但该国政府同意的除外；同政府间国际组织的名称、旗帜、徽记相同或者近似的，但经该组织同意或者不易误导公众的除外；与表明实施控制、予以保证的官方标志、检验印记相同或者近似的，但经授权的除外；同"红十字""红新月"的名称、标志相同或者近似的；带有民族歧视性的；夸大宣传并带有欺骗性的；有害于社会主义道德风尚或者有其他不良影响的。此外，县级以上行政区划的地名或者公众知晓的外国地名，不得作为商标注册。

商标有效期

一个商标从申请到核准注册，大约需一年至一年半的时间。注册商标的有效期为十年，自核准注册之日起计算，注册商标有效期满需要继续使用的，可以申请商标续展注册。

三、品牌策略

品牌是营销要素中的重要组成部分，品牌策略主要包括品牌定位、品牌持有、品牌开发等策略。

(一) 品牌定位策略

品牌一词源于古挪威文，意为烙印。品牌定位是企业在市场及产品或服务定位的基础上，在文化取向及个性差异方面让品牌占领消费者的心智。品牌定位深层面就是让品牌能在消费者心智中代表什么，即产生品牌烙印。当某种需要突然产生时，比如在炎热的夏天突然口渴时，人们会立刻想到"可口可乐"红白相间的清凉爽口。

第七章 产品与服务策略

品牌是企业传播产品或服务相关信息的基础,品牌还是消费者选购产品的主要依据,品牌成为产品或服务与消费者连接的桥梁,品牌定位也就成为市场定位的核心和集中表现。企业一旦选定了目标市场,就要设计并塑造自己相应的产品或服务,进行品牌定位,争取目标消费群体的认同。

品牌定位可以分为三个层次:属性定位、利益定位及信仰和价值定位。

1. 品牌属性定位

品牌属性定位属于品牌的底层定位,即通过产品或服务属性来进行品牌定位。例如,宝洁公司发明了一次性婴儿纸尿裤,取名"帮宝适"。早期帮宝适的营销集中在诸如吸水性、舒适性和一次性上。需要注意的是,消费者对产品属性本身也许并不感兴趣,他们感兴趣的是这些产品属性能为自己带来什么利益。

2. 品牌利益定位

品牌利益定位属于品牌的中层次定位,即品牌可以与目标顾客群体渴求的利益相联系来进行定位。比如,"帮宝适"可以超越产品的技术属性,将品牌定位于"源自干爽的皮肤健康利益"。一些通过强调利益而成功定位的品牌包括顺丰快递(安全快捷)、沃尔沃汽车(安全)、微信(是一个生活方式)及摩拜单车(触手可骑)。

3. 信仰和价值定位

品牌信仰和价值定位是品牌高层次定位,它在更深的情感层次上锁定顾客群。例如,对父母而言,帮宝适不仅仅意味着防漏和保持干爽。"帮宝适"网站将帮宝适定位为一个"我们共同成长"的品牌,关注孩子的幸福、亲子关系和全面婴儿护理。宝洁公司的一位前任经理说道:"直到我们把帮宝适从保持干爽转变为帮助妈妈关注孩子的发展,我们的婴幼儿护理业务才开始快速增长。"可见,成功的品牌在更深层次的情感上吸引顾客,顾客不仅喜爱这些品牌,而且与之有强烈的情感联系。

(二)品牌持有策略

企业决定使用本企业(制造商)的品牌,还是使用经销商的品牌,或两种品牌同时兼用,这属于品牌持有策略。

1. 制造商品牌

制造商品牌是制造商企业使用自己的品牌。在以往的品牌运营中,由于产品设计、产品质量和产品特色取决于生产者,加之市场供求关系对生产企业的压力并不大,品牌几乎都为制造商所有,是制造商设计的制造标记。制造商品牌数量众多,比如"海尔""格力""联想"及"晨光"等品牌都是制造商品牌。

2. 中间商品牌

随着经济的发展,市场竞争日趋激烈,品牌的作用日益为人们所认知,中间商对品牌的拥有欲望也越来越强烈,中间商品牌呈现明显的增长态势,许多大型零售企业都拥有了自己的品牌。例如,德国麦德龙自有品牌就有宜客—Aka、荟食—Fine Food、厨之选—Horeca Select、H 牌—H-Line、瑞吧—Rioba、喜迈—Sigma 等系列自由品牌。

3. 合作品牌

合作品牌就是将不同企业的现有品牌用在同一个产品上。合作品牌可以利用两个品牌的互补优势，帮助企业将其现有品牌扩展到新的产品类别。例如，耐克和苹果的合作品牌"耐克+iPod"让跑步者将他们的耐克鞋与 iPod 连接起来，实时追踪和强化跑步效果。Nike-iPod 品牌给苹果公司创造了在运动和健身市场展露身手的机会，同时，帮助耐克为其顾客创造新价值。

【想一想】合作品牌的局限性是什么？

4. 品牌许可

品牌许可又称品牌授权，是指授权者将自己所拥有的品牌(商标)，以合同的形式授予被授权者使用，被授权者按合同规定，从事经营活动，并向授权者支付相应的费用。

对于被授权商而言，通过专业化的品牌授权途径，购买一个被消费者所认知的知名品牌，凭借该品牌的知名度和良好的品牌形象、经营理念，能够以较低的成本、较快的速度、较低的风险，使自身产品进入市场并被市场接受，从而可以使企业及产品快速地走向成功。

在服装及餐饮方面，品牌授权比较普遍，如卡尔文·克莱恩(Calvin Klein)、古驰或阿玛尼(Armani)等服饰品牌授权以及肯德基、麦当劳快餐品牌授权。儿童产品品牌授权也比较常见，如芝麻街、迪士尼、豆宝宝、维尼熊、史努比等以及电影《哈利·波特》中的角色。

(三)品牌开发策略

在品牌使用及开发方面，企业有多种选择策略，如品牌扩展、品牌延伸、多品牌及新品牌等。

1. 品牌扩展

品牌扩展就是企业将现有的品牌名称运用于现有产品类别中的新样式、新颜色、新型号、新成分或者新口味中。例如，肯德基历经数年，已经成功将其"吮指原味鸡"产品线从最初的肯德基炸鸡扩展到多种产品。它现在提供烤鸡、无骨炸鸡、辣鸡翅、鸡块，以及最新推出的肯德基外带杯(KFC Go Cups)——装在一个方便汽车杯中的鸡块和薯条，让顾客可以在路上吃。

2. 品牌延伸

品牌延伸是将原有品牌名称使用到一个新类别的产品或服务上，以期减少新产品进入市场的风险，实现品牌价值最大化的一种品牌策略。例如，小米手机成功后，小米品牌也从手机开始，不停地进行品牌延伸，先后推出了手环、路由器、平板电脑、笔记本电脑、电视盒子、运动相机、智能插座、空气净化器、净水器、无人机等一系列新产品。品牌延伸可使新产品能够迅速被人们识别，而且更快地被接受。此外，品牌延伸还能够节省建立一个新品牌所需的高额广告开支。

品牌延伸有两种基本做法，即纵向延伸和横向延伸。

(1) 纵向延伸。品牌纵向延伸是指将现有品牌应用到行业内或产品线内的其他产品或服务上。例如，海尔品牌最初用于冰箱上，品牌成功以后，将该品牌逐步应用到冰柜、空调、

第七章 产品与服务策略

电扇、电脑、电视机、洗衣机、微波炉、手机产品上。

【想一想】以治疗痔疮而闻名的马应龙品牌，最近又推出了马应龙八宝眼霜，你认为会成功吗？为什么？

(2) 横向延伸。品牌横向延伸是将原来的品牌延伸到与原来产品不相关的其他领域，即品牌在行业间的延伸。例如，日本品牌雅马哈不仅是摩托车品牌，同时还是电子琴、音响功放、音箱的品牌，这就是典型的横向延伸。值得注意的是，品牌横向延伸会混淆主导品牌形象并且存在一定的风险，毕竟一个品牌未必适合某个特定的新产品。比如，三九制药生产啤酒、格力空调生产钟表、茅台生产啤酒、娃哈哈制造童装……有时品牌横向延伸也能成为毒药，使这些产品最终以失败告终。

【案例 7—4】

阿玛尼用品牌延伸缔造时尚帝国

阿玛尼是欧洲最顶尖，也是全球最时尚的时装品牌之一。阿玛尼公司除经营服装外，还设计领带、眼镜、丝巾、皮革用品、香水乃至家居用品等，产品销往全球 100 多个国家和地区。阿玛尼用品牌延伸策略缔造了时尚帝国。从纵向上看，阿玛尼涵盖了儿童、青少年、成熟男性及女性的不同消费群的需求；从横向上看，阿玛尼又为不同群体推出了针对他们需要的全方位的生活方式体验，这些体验包括服装、配饰、化妆品、香水、家居系列，以及针对商务人士的钢笔系列等。阿玛尼认为时尚潮流不应局限于服装鞋帽，而是要全面覆盖日常生活。阿玛尼与韩国三星电子联合微软合作推出了智能手机；与 Emaar 房产公司签订了阿玛尼酒店及度假村合作项目。

思考：阿玛尼品牌横向延伸为什么会成功？

3. 多品牌

企业除了使用统一品牌策略外，还可以使用多品牌策略。多品牌策略是企业根据各目标市场的不同分别使用不同品牌的营销策略。多品牌能较好地定位不同利益的细分市场，强调各品牌的特点，吸引不同的消费群体，从而占有较多的细分市场。例如，联合利华旗下就拥有像晶杰、清扬、金纺、多芬、夏士莲、家乐、立顿、力士、凌仕、奥妙、旁氏、中华、凡士林、卫宝、舒耐、和路雪、阳光、布鲁雅尔、联合利华等一系列知名品牌。企业也经常在同一个产品类别中引入新品牌，例如宝洁洗发水产品就有飘柔、潘婷、海飞丝、沙宣、伊卡璐、威娜等众多品牌。

【案例 7—5】

美国玛氏公司的多品牌策略

美国玛氏公司是一家创立于 1911 年的跨国公司，是全球最大的食品生产商之一，也是全球巧克力、糖果、宠物食品与护理等行业的领导者，拥有众多世界知名的品牌。在这些品牌中，价值超过十亿美元的品牌就包括德芙(DOVE)、玛氏(MARS)、M&M'S、士力架

(SNICKERS)、UNCLE BEN'S、益达(EXTRA)、傲白(ORBIT)、宝路(PEDIGREE)、皇家(ROYAL CANIN)、伟嘉(WHISKAS)和特趣(TWIX)等。此外,还有彩虹糖(SKITTLES)、脆香米(Crispy)、"绿箭"口香糖和薄荷糖、"大大"泡泡糖、"真知棒"棒棒糖、"瑞士糖"(Sugus)软糖、"黄箭"口香糖、"白箭"口香糖、"劲浪"超凉口香糖和"箭牌咖啡口香糖"等品牌,以及 KITEKAT、BANFIELD、CESAR、NUTRO、SHEBA、CHAppI、GREENIES 和 CATSAN 等品牌。

思考:玛氏公司在生产巧克力、糖果的同时也生产宠物食品,这对消费者会不会产生不良影响?

多品牌为树立产品不同特色以迎合不同消费需求提供了一种有效的途径,可以使企业占领更多的市场份额。

【想一想】德国大众集团都有哪些品牌?

4. 新品牌

当企业进入一个新的产品类别,而现有的品牌名称又都不合适的情况下,可以树立一个新的品牌名称。为新产品设计新品牌的策略称为新品牌策略。企业推出的新产品线与现有品牌不合适时,企业可以推出新品牌。例如,原来生产保健品的养生堂开发饮用水时,使用了更好的品牌名称"农夫山泉";丰田为瞄准豪华车消费者建立了雷克萨斯品牌,针对千禧一代的消费者专门打造了赛恩品牌。与采取多品牌策略一样,建立过多的新品牌也可能导致企业资源过度分散。

【深度阅读7-2】制定品牌策略遵循的16条规则(内容扫右侧二维码)。

深度阅读7-2.docx

第四节 产品研发与产品生命周期

一、新产品研发策略

7-4.mp4

一个企业可以通过两种途径获得新产品:其一是直接获取——购买企业、专利或生产许可等,其二是通过企业自身的研发努力进行的新产品研发。所谓"新产品",是指企业新开发的产品、改进或调整的产品。比如一汽大众推出的带有涡轮增压(TSI)功能的轿车相比自然吸气式轿车就是一种新产品。

在当今快速变化的环境中,许多公司的增长依赖产品研发。例如,华为公司在5G方面保持全球领先,背后靠的是大量研发资金,2018年华为公司研发费用为150亿美元,位列全球第五,公司通过长期持续的研发投入保持了企业创新活力和竞争力。

(一)新产品开发过程

新产品开发程序一般可以分为以下七个步骤,如图7-10所示。

第七章 产品与服务策略

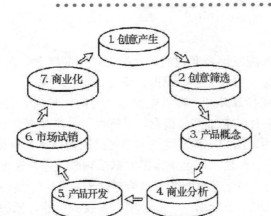

图 7-10 新产品开发程序

1. 创意产生

新产品开发始于创意产生——新产品的设计构想。新产品创意可以来源企业内外部，如顾客、竞争者、分销商和供应商等。

1) 内部创意来源

使用内部资源，企业可以通过正规的研发活动来寻找新的产品创意。除了内部研发过程，公司可以攫取员工的智慧——从高层管理人员到销售人员再到科学家、工程师、生产人员。许多公司已经建立起成功的内部社交网络和内部创业机会，鼓励员工开发新产品创意。例如，谷歌有一项称为"创新休假"的政策，激发了从 Gmail 和 Ad Sense 到 Google News 的大量新产品创意。

2) 外部创意来源

企业也可以通过许多外部资源来获得优秀的新产品创意。分销商与市场联系紧密，他们更了解消费者的问题和新产品的可行性。竞争者也是一种重要的外部资源，企业可以通过关注竞争者的广告及其产品来获取新产品线索。此外，新产品创意也可能来源于消费者自身，企业可以通过分析消费者的提问和抱怨或者邀请顾客分享建议来获取新产品创意。例如，丹麦的乐高集团制造经典的乐高塑料拼装玩具，60多年来为全球家庭带来了欢乐，它就是通过鼓励用户提建议而获得很多好的产品创意。

3) 众包

各行各业各种规模的公司如今都开始运用众包，而不是仅仅依靠自己的研发实验室产生所需的新产品创意。众包将创意之门敞开，邀请各种人——顾客、员工、独立科学家和研究者甚至是广大公众——投入到新产品创新过程。例如，三星公司最近发起了一项开放创新计划，与公司外部的合作者和企业家广泛联系开发新产品和新技术，该项目旨在推倒禁锢公司创新过程的"围墙"，欢迎来自公司外部的新鲜创意。

2. 创意筛选

创意产生阶段形成了大量创意后，还要对这些创意进行去伪存真、去粗取精工作。"R-W-W"(real, win, worth doing)是一个新产品筛选框架，它询问了三个问题：①它是否真实？②我们能否获胜？③它是否值得做？企业必须在对这三个"R-W-W"问题都做出肯定回答之后，才进一步开发某个新产品创意。

3. 产品概念

有吸引力的产品创意应发展为有效的产品概念。产品概念是对产品创意或构思的详尽描述，是成型的产品设想，它以文字、图形、模型等描述出来。

假定一个汽车制造商打算开发一种以电池为动力的、时尚、动感十足的汽车，营销人员就需要把这一新产品转化为若干产品概念，了解每一种产品概念对消费者有多大吸引力，并从中选出最好的那一种。比如一种新型电动车可以列为以下几种概念。

概念1：价格合理的中型轿车，可作为家庭第二辆车，适合在城市中使用。

概念2：中等价位的小型运动型汽车，适合年轻人。

概念3："绿色"汽车，适合那些关心环境、需要实用的、低污染交通工具的人们。

概念4：一种高端的多功能车，适合那些偏爱更大空间和更低油耗的消费者。

产品概念形成以后，还要在目标顾客当中进行概念测试，征求顾客的意见。例如，本产品的概念描述是否清楚？本产品的特殊优点是否明显？在同类产品中，消费者或用户是否偏爱本产品？消费者或用户对本产品的特性是否有改进意见等？

4. 商业分析

商业分析是指评价新产品的商业吸引力，分析新产品将来的销售额、成本(包括营销、研发、运营、会计和融资等成本)、利润等，以判断该产品是否符合企业的目标，如果符合，就可以开发新产品。

5. 产品开发

产品开发是指把概念产品变成实体产品。通过商业分析，如果产品概念合适，就应交给研制部门或工程制造部门，将产品概念转化为产品实体。通常情况下，产品需要经过严格的测试，以确保能安全有效地执行其功能，或实现消费者价值。公司可以自己进行测试，也可以外包给专业测试公司。营销者也经常鼓励顾客参与产品测试。

6. 市场试销

市场试销是指制造少量正式产品，投放到一定范围的市场进行销售试验。产品在大规模投入生产之前，市场试销可以帮助营销人员提前了解产品正式上市时可能出现的具体情况，以检验产品和营销计划，包括目标市场选择和产品定位策略、广告策略、分销策略、定价策略、品牌策略、包装策略以及预算水平。例如，小米科技在小米手机正式上市之前，就采用工程机进行市场试销。

7. 商业化

商业化是指企业进行大批量生产和销售的阶段。如果新产品经过试销是成功的，企业就可以组织大批量生产和销售。例如，经过前期产品试销情况，小米科技决定2011年10月小米手机正式量产上市，售价1999元。为了把新产品推向市场，企业还会将面临高昂的广告宣传成本。例如，为推出Surface平板电脑，微软公司曾花费近4亿美元掀起了一场广告风暴。此外，企业要推出新产品，还要确定上市时机及上市地点。例如，苹果公司新机发布一般安排在每年的秋季；微软公司为推出Windows 8操作系统，投入10亿美元在42个国家开展了声势浩大的全球营销活动。

第七章　产品与服务策略

> 【想一想】什么是众筹？众筹对产品研发有何帮助？

(二)新产品开发管理

成功的新产品开发要求以顾客为中心，以团队为基础，系统化地进行开发。

1. 以顾客为中心的新产品开发

以顾客为中心的新产品开发强调找出解决顾客问题的新方法，同时创造更多的顾客满意体验。以顾客为中心的新产品开发，始于理解顾客需求，终于解决顾客问题。一项研究发现，最成功的新产品往往能解决顾客的主要问题，并提出一个引人注目的独特的价值主张。因此，顾客参与度对新产品开发过程和新产品的成功有着积极的影响。

2. 以团队为基础的新产品开发

为了让自己的产品快速进入市场，许多企业运用以团队为基础的新产品开发方法。在这种方法下，企业各部门在跨职能的团队中密切合作，产品开发过程中的各个步骤可以同时进行，从而节约时间、提高效率。企业从各个部门调集一些人员组成一个专门的团队，他们自始至终追踪新产品的进程。

3. 系统化的新产品开发

新产品开发过程应该是整体性和系统化的，需要全公司的投入。为此，企业应建立一个创新管理系统来收集、审查、评估和管理新产品创意。那些因新产品开发而闻名遐迩的企业，如谷歌、三星、苹果、华为等都有一个共同点——企业创新文化，这种企业文化支持和激励企业的创新活动。

二、产品生命周期策略

(一)产品生命周期

产品在市场上一般存在一个产生、发展、成熟到衰退的过程。产品生命周期(PLC)是指产品从投入市场到最后被市场淘汰的整个过程经历的时期。产品生命周期是产品的经济寿命，是产品在市场上销售持续的时间，而不是产品使用寿命。产品的使用寿命是产品的自然寿命，即实际产品从开始使用到消耗磨损废弃为止所经历的时间。产品生命周期是市场营销学中一个十分重要的概念，研究产品生命周期理论对于企业进行市场营销活动具有重要的指导意义。

一般来说，产品在市场上的生命周期可分为导入期、成长期、成熟期和衰退期四个阶段。从销售额和利润额来看，这两个指标会随着产品推进市场的时间而发生变化，通常表现为类似正态分布的曲线，被称为产品生命周期曲线，如图7-11所示。

生命周期的各阶段一般是以产品销售增长率为标准进行划分的。一般来说，如果产品销售增长率小于10%，则为导入期；大于10%，为成长期；在0.1%～10%之间，为成熟期；如果产品销售出现了负增长，则表明该产品进入了衰退期。图中，AB段为导入期，是新产品投入市场的阶段，销售量缓慢增长；BC段为成长期，销售额迅速增长；CD段为成熟期，销售额缓慢增长并到达高峰后开始下滑；DE 段为衰退期，销售额急剧下降，产品即将退出市场。并非所有的产品都依次遵循这样的生命周期。一些产品导入市场不久便很快地消失了(比如微软 Windows Vista 视窗系统)；另一些产品在成熟期停留很久(比如微软 Windows 7 视窗系统)；还有一些产品在进入衰退期后，由于大规模的促销活动或重新定位，又回到了成长阶段(比如共享单车)。

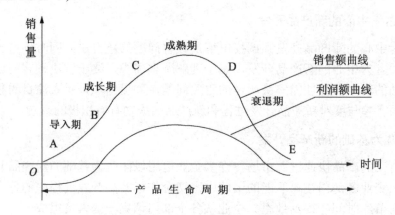

图 7-11 产品生命周期曲线图

产品生命周期的概念也可以运用于所谓的风格、时尚和热潮。它们各自特定的生命周期如图 7-12 所示。

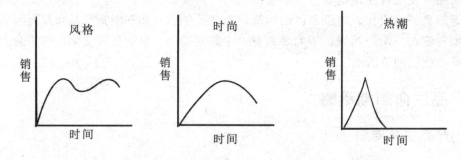

图 7-12 风格、时尚与热潮

风格是一种基本且独特的表现方式。一种风格一旦被创造出来，就可能维持很多年，并在此期间时而风行，时而衰落。时尚是在某一领域里当前被接受或流行的一种风格。热潮是由消费者的热情所驱动的大量销售或产品、品牌迅速流行的一个短暂阶段，比如破洞牛仔裤热潮。

产品生命周期理论的意义是，企业必须不断地创新，熟练地管理现有产品的生命阶段，同时保持一个能给顾客带来有价值的、稳定的产品流。

(二)产品生命周期策略

把产品生命周期划分为不同的阶段，不同的阶段采用不同的营销策略，这正是研究产品生命周期的重要意义之一。

第七章 产品与服务策略

1. 导入期策略

导入期是新产品进入市场的最初阶段，其主要特点有：生产批量小，制造成本高；营销费用高；销售数量少；产品价格常偏高。根据导入期产品的特点，企业一般有四种可供选择的策略：①快速掠取策略，即以高价格和高促销费用推出新产品，例如5G网络开始商用时，资费定得高，运营商宣传力度也都很大；②缓慢掠取策略，即以高价格和低促销费用将新产品推入市场，例如2017年苹果iPad 4G产品上市并没有按惯例召开产品发布会；③快速渗透策略，即以低价格和高促销费用推出新产品，例如刚上市的小米手机；④缓慢渗透策略，即以低价格和低促销费用推出新产品，例如打印纸等一些低值易耗品。

【案例 7—6】

5G网络2019年实现商用

在5G时代，我国的发展目标是成为技术标准、产业服务与应用领先的国家之一，综合竞争实力和创新能力进入世界前列。在北京怀柔，已经建成了全球最大的5G试验网，中国企业在这里率先完成了5G技术研发试验的第二阶段测试。5G网络有多快？用4G下载一部蓝光高清电影需要1小时，而5G只用几秒钟。目前，我国已经规划了北京、上海、广州、宁波、苏州为全国首批5G试验网建设城市，2018年进行大规模测试组网，2019年11月1日，5G网络服务正式商用，5G产品进入导入期。

思考： 分析一下5G网络服务导入期不同运营商可能采取的策略。

(资料来源：http://www.dvbcn.com/2017/07/25-144080.html)

2. 成长期策略

成长期的主要特点有：产品销售强劲；产品质量日趋稳定；企业形成规模化生产；市场竞争日趋激烈。产品处于成长期，企业采取的策略主要有以下四个方面的内容：①改进产品，提高产品质量。例如，当年苹果iPhone 4上市时出现"天线门"，苹果及时对后续产品天线接收效果进行了改进。②开辟新市场，扩大市场份额。例如，朵唯手机进军女性手机市场。③密集分销，扩大商业网点。在手机销售方面，OPPO和vivo扩大门店经营，充分占领线下市场。④树立品牌形象，建立品牌信赖度。例如，苹果公司在国内自营店及数百家特约经销商店内都开设用户体验区，既宣传了产品又宣传了品牌。

3. 成熟期策略

成熟期的主要特点有：生产量和销售量很高，但销售量增长幅度变慢；利润开始下降；市场竞争异常激烈。产品处于成熟期，企业采取的策略主要有：①改进产品，通过改进现行产品的特性，以吸引新用户或增加现有用户使用量。例如，三星为吸引用户推出的双卡双待手机。②改进市场，提高销售量。例如，美国杜邦化学公司开发的尼龙产品最初用于军事，制造降落伞和绳索，以后用于服装领域，现在用于轮胎的衬布等，使该产品在一种市场饱和后又在一个新的市场焕发生机。③改进营销组合，增加销售量。比如，AO.Smith在线下专卖店以一种价格销售一种型号的净水器产品，在线上以另一种价格销售另一种净水器。④转移生产基地,把处于成熟期的产品转移到某些生产成本低、市场潜力大的国家和地区。例如,耐克代工厂原来在中国大陆,后来将代工厂转移到越南。

4. 衰退期的特点及营销策略

衰退期的主要特点有:产品陈旧且日趋"老化";产品销售量急剧下降;利润明显下降,甚至出现亏损;竞争者大批退出市场,企业濒临破产危机。例如,天涯作为 BBS 的最后一道防线,早已成为落伍产品的代名词;迅雷也是这没落产品的一分子,行业价值覆灭,产品岌岌可危。产品处于衰退期,企业采取的策略主要有:①立即放弃,例如 2017 年腾讯放弃多年运营的旋风下载工具;②逐步放弃,例如电脑光驱;③自然淘汰,例如苹果 iPod touch 产品。

【深度阅读 7-3】华为研发投入 764 亿元真的高吗?(内容扫右侧二维码)

深度阅读 7-3.docx

本 章 小 结

产品是向市场提供的、满足人们欲望或需要的任何东西。产品不仅包括有形产品,还包括服务、设计、事件、人员、地点、组织、观念等无形产品。产品是一个整体概念,可分为核心价值层、实体产品层及附加服务和利益层。

产品和服务策略可以分单一产品策略、产品线策略及产品组合策略。拥有数条产品线的企业可以形成产品组合。产品组合包括产品组合宽度、产品组合长度、产品组合深度和产品组合一致性四个重要的维度。

品牌是一种名称、标记、符号、图案或这些要素的组合,目的是使自己的产品或服务同其他竞争者的产品或服务加以区别。品牌策略主要包括品牌定位、品牌持有、品牌开发等策略。新产品开发程序一般可分为创意产生、创意筛选、产品概念、商业分析、产品开发、市场试销及商业化七个步骤。产品生命周期是产品在市场上由产生、发展、成熟到衰退的过程,可分为导入期、成长期、成熟期和衰退期,产品在生命周期的不同阶段应采取不同的营销策略。

思考与练习

一、选择题

1. 产品不仅包括有形产品,如汽车、笔记本电脑和手机,广义上,产品还包括( )或者上述内容的组合。

  A. 服务、设计 B. 事件、人员 C. 地点、组织、观念 D. 以上全是

2. ( )是一种特殊的产品形式,它由活动、利益或满足组成的用于出售的一种产品形式,本质是无形的,服务的出售不会带来服务所有权的转移。

  A. 服务   B. 工业产品   C. 消费品   D. 耐用品

第七章 产品与服务策略

3. 为了研究方便,营销人员通常把整体产品划分为( )、实体产品及附加服务和利益三个层次来研究,每一个层次都会增加顾客的价值。
  A. 有形产品   B. 核心顾客价值   C. 顾客终身价值   D. 附加产品

4. 企业在设计营销方案时必须考虑服务的四个特征,即( )。
  A. 有形性、不可分割性、可变性及易逝性
  B. 无形性、可分割性、可变性及易逝性
  C. 无形性、不可分割性、可变性及易逝性
  D. 无形性、分割性、不可变性及易逝性

5. 除服务外,营销专家还把产品的概念进一步扩展到其他无形的市场提供物,如( )。
  A. 组织、空气、地点和信念   B. 组织、人员、地点和观念
  C. 组织、家庭、地点和观念   D. 组织、人员、地点和阳光

6. 商标具有( )三个特点。
  A. 共享性、时间性、地域性   B. 专有性、稳定性、地域性
  C. 专有性、时间性、地域性   D. 专有性、时间性、周期性

7. 品牌主要由品牌名称、品牌标志以及( )等要素构成。
  A. 商标   B. 牌子   C. 牌匾   D. LOGO

8. 品牌定位可以分为( )三个层次。
  A. 属性定位、利益定位及信仰和价值定位
  B. 属性定位、利益定位及价格定位
  C. 外观定位、利益定位及信仰和价值定位
  D. 外观定位、利益定位及信仰定位

9. 产品在市场上一般存在一个产生、发展、成熟到衰退的过程。产品生命周期是指产品从投入市场到最后( )的整个过程所经历的时期。
  A. 停产   B. 用坏   C. 超过保修期   D. 被市场淘汰

10. 生命周期的各阶段一般是以产品( )为标准进行划分的。
  A. 销售率   B. 销售增长率   C. 销售利润   D. 利润增长率

二、名词解释

产品   产品线   产品生命周期   品牌   驰名商标   品牌延伸

三、问答题

1. 举例说明产品与服务的区别。
2. 产品和服务分为哪三个层次?
3. 举例说明产品线延伸。
4. 品牌的构成要素有哪些?
5. 品牌与商标是一回事吗?为什么?
6. 简述品牌基本策略。
7. 新产品开发分为哪些过程?
8. 阐述产品生命周期理论。
9. 访问海尔集团网站,查看该集团的产品,将该集团的所有产品线或单个产品列出来,

研究其产品组合的广度、深度和关联度。

10. 美国派克公司的高档金笔被人们视为身份与气度的象征。为扩大市场，该公司在1984年推出一种低价钢笔，结果以失败而告终。请结合本案例分析产品线向下延伸策略的优点与缺陷。

四、讨论题

1. 有人说35类商标是万能商标，你觉得这种说法有道理吗？为什么？请查阅相关资料进行讨论。

2. 了解微软视窗操作系统产品生命周期的长短，你认为哪一款产品生命周期最长？哪一款产品生命周期最短？为什么会这样？

五、案例分析

大众汽车于2016年3月关闭了位于德累斯顿透明工厂的辉腾生产线，这也预示着目前在售的现款辉腾将会正式停产。德国机动车管理中心分析师在接受媒体采访时指出："从战略角度来看，辉腾存在的意义并不大，该品牌本身就很让人质疑。"曾被德国大众视为企业品牌的旗帜、被中国消费者视为低调奢华的辉腾怎么了？为什么说"品牌本身就很让人质疑"？

1997年，大众汽车启动了辉腾项目。辉腾的性能、安全性和独特性都被公认是优秀的。辉腾也寄托着大众的品牌梦想，在设计、生产等各个环节都有巨大投入。一篇介绍辉腾的文章这样写道："闻名于世的德国德累斯顿透明工厂只生产两种车，一种是汽车奢侈品牌的代表宾利，另一种就是豪车界新生翘楚——大众辉腾。这是一部集结了大众悠久的造车历史、强大的技术力量和德累斯顿深厚文化底蕴的与众不同的百万级豪车。这是一部真正实现'贵者尊享'的豪华轿车。"辉腾被认为是低调的奢华，辉腾的目标消费者被定义为"新富人群"，他们"观念开放但尊重传统，锐意进取却不忘社会责任。他们注重个人感受而不是为了炫耀；不仅要内敛而且更要具有内涵；不拒绝奢侈但不能缺少品位"。

虽然挂着象征平民"VW"标志的大众辉腾汽车能够与奔驰S级这类豪华轿车一比高下，但这个车型历史的最高年销售纪录只有1.1万辆，并从2012年起销量就开始走下坡路，其中2013年更是萎缩到5813辆，2014年的销量不足4000辆。而且其在全球的最大市场就是中国，根据介绍，中国市场贡献了超过50%的销量。

大众辉腾因为其标识和帕萨特一样，外观也极为相似，经常被错认为是帕萨特，因而闹出了不少笑话。比如，辉腾车主某日进停车场，正在自动泊车中，管理员冲他喊道："喂，开帕萨特的小心点，别把边上的新宝马320给撞了，你赔不起。"此人怒吼道："老子的车够买他3辆了。"某日宴请一高官，开车到其家接，车主恭敬地把车门打开，高官走近一看，说道："我还是让司机把A6开出来吧。"等等，诸如此类。

讨论：辉腾失败的原因可能很多，但你认为其中最重要的原因是什么？

第七章 产品与服务策略

实 训 项 目

一、实训目的

(1) 学会分析不同品牌产品的品牌属性、品牌利益、品牌核心价值、品牌文化、品牌个性及品牌使用者。

(2) 培养学生搜集资料、分析资料的能力。

(3) 培养学生团队合作、团队沟通能力。

二、实训内容

1. 资料

经过 70 多年的发展,德国大众旗下囊括了不同国籍、不同背景、不同个性的 10 个强势品牌,构建形成了涵盖高、中、低三种档次的多品牌价值体系。德国大众目前拥有的品牌包括大众、奥迪、宾利、布加迪、兰博基尼、保时捷、斯堪尼亚、西亚特、斯柯达和杜卡迪等,这些品牌涵盖了小型车、中大型车、豪华轿车、运动型多功能跑车(SUV)、MPV、轿跑乃至超级跑车在内的全部车型种类。

2. 任务

(1) 分析德国大众集团所采取的品牌战略。

(2) 分析德国大众旗下各品牌产品的品牌定位,各品牌的属性、利益、核心价值、文化、个性及使用者。

(3) 大众作为一个独立品牌,旗下又有许多子品牌,如桑塔纳、捷达、POLO、宝来、朗逸、速腾、帕萨特、迈腾、辉腾,以及高尔夫、途锐、Scirocco 尚酷、甲壳虫、CC、途安、Tiguan 途观等,这些子品牌又是如何定位的?

3. 要求

(1) 资料搜集要完整、全面。

(2) 分析内容要尽可能全面,分析过程要深入、细致。

(3) 要将分析内容进行整合,形成完整的实训报告。

三、实训组织与实施

(1) 将班级成员划分为若干组,每组人数控制在 4~6 人,每组选出组长 1 名。

(2) 以小组为单位,利用课外时间通过书刊、报纸、网络等渠道搜集资料。

(3) 以小组为单位,在课堂上充分讨论,认真分析,形成小组实训报告。

(4) 各小组将讨论结果整理后选出一名代表在课堂上进行发言,每组发言控制在 10 分钟之内。

(5) 教师进行总结及点评,并为各组实训结果进行打分。

第八章 价格策略

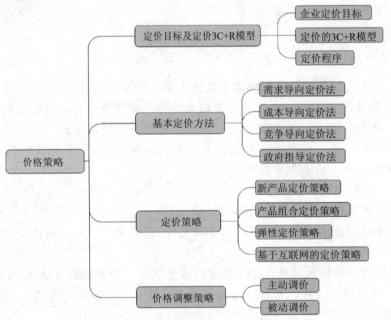

学习要点及目标

本章共分四节，分别介绍了定价目标及定价 3C+R 模型、基本定价方法、定价策略、价格调整策略等内容。

通过本章的学习，要求学生了解企业定价目标，掌握影响价格的 3C+R 模型，熟悉定价基本方法与常用定价策略，能够根据外界环境的变化适时调整价格。

引导案例

宜家经营策略：先定价，再设计

宜家宣称自己"最先设计的是价签"，再由设计师进行产品设计。宜家中国地区总裁吉丽安曾说："宜家的优势在于控制了供应链的所有环节，能使每个环节都有效地降低成本，使其贯穿于从产品设计到造型、选材、OEM 厂商的选择、管理、物流设计、卖场管理的整个流程。"

第八章 价格策略

宜家的邦格杯子，为了保持低价格，设计师必须充分考虑材料、颜色和设计等因素，如杯子的颜色选为绿色、蓝色、黄色或者白色，因为这些色料与其他颜色(如红色)的色料相比，成本更低；为了在储运、生产等方面降低成本，设计师把邦格杯子设计成了一种特殊的锥形，因为这种形状使邦格杯子能够在尽可能短的时间内通过机器，从而更能节省成本。后来宜家再次将这种杯子的高度、杯把儿的形状作了改进，可以更有效地进行叠放，从而节省了杯子在运输、仓储、商场展示以及顾客家中碗橱内占用的空间。

宜家设计师采用奥格拉椅子复合塑料替代木材；后来，为了进一步降低成本，宜家将一种新技术引入了家具行业——通过将气体注入复合塑料，节省材料并降低重量，并且能够更快地生产产品。宜家还发明了"模块"式家具设计方法，家具采用拆分组合装货，产品分成不同模块，不同的模块可根据成本在不同地区生产，而且有些模块在不同家具间还可以通用。

在储运方面，宜家采用平板包装，以降低家具在储运过程中的损坏率及占用仓库的空间；更主要的，平板包装大大降低了产品的运输成本，使得在全世界范围内进行生产的规模化布局生产成为可能。由于大多数货品采用平板包装，顾客可方便将其运送回家并独立进行组装。这样，顾客节省了提货、组装、运输费用，享受了低价格；宜家则节省了成本，保持了产品的低价格优势。

思考： 宜家低价策略对其销售利润有何影响？

(资料来源：https://www.huxiu.com/article/4855.html)

广义上说，价格是顾客为获得、拥有或使用某种产品或服务而支付的价值。狭义上说，价格(price)是为产品或服务收取的货币总额。长期以来，价格一直是影响购买决策的重要因素，也是企业盈利的重要因素之一。

第一节 定价目标及定价 3C+R 模型

8-1.mp4

影响产品定价的因素是多方面的，包括定价目标、产品成本、市场需求、价格规制等。一般来说，产品定价的上限通常取决于市场需求，下限取决于该产品的成本。在上限和下限内如何确定价格水平，则取决于一个企业的定价目标、竞争者同类产品的价格以及政府的政策、法规等，如图8-1 所示。

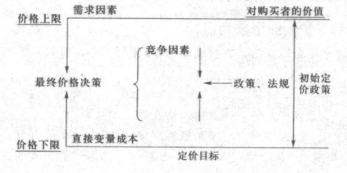

图 8-1 影响定价的主要因素

一、企业定价目标

定价目标是指企业在对其生产或经营的产品制定价格时，有意识地要求达到的目的和标准，它是指导企业进行价格决策的主要因素。任何企业制定价格的时候考虑的因素都较多，定价的目标也是多种多样的。一般来讲，定价目标取决于企业的总体目标，不同行业的企业，同一行业的不同企业，以及同一企业在不同的时期、不同的市场条件下，都可能有不同的定价目标。最明显的例子就是旅游景区宾馆及航空旅客运输，价格受淡、旺季波动较大，正常千元的航班在大年除夕晚上有可能低至几十元。

(一)以生存为目标

在企业处于竞争加剧、经济萎缩、供过于求的经营环境中或面临消费者需求和偏好发生变化的情况时，企业的生存就可能成为主要的定价目标。为了维持企业的经营，削减库存，企业将不得不按等于甚至低于成本的价格定价，企业对利润的追求只能让位于生存的需要。以生存为主的定价目标只能是短期目标。例如，处于经济危机中一些困难企业一般采取这种定价目标。

(二)以利润为目标

合理的利润定价目标，是指企业以适中的、稳定的价格获得长期利润的一种定价目标。采用这种定价目标的企业，在定价上往往把目标定在与同行业利润相一致的水平上，以获取平均利润。传统行业、竞争激烈的行业通常采取这种定价目标。利润最大化的定价目标是指在一定时期内通过高价形式获得尽量多的利润或是通过制定合理价格扩大销售额增加利润。这种定价目标适合具有强大品牌影响力或具有核心技术的企业，比如瑞士那些名表企业及奢侈品企业。

(三)以扩大市场份额为目标

对于追求市场占有率的企业，它们通过定价来取得市场的控制地位，使市场占有率达到最大化。较高的市场占有率能产生规模经济效益并获得长期利润，同时低价策略还可以有效地排斥竞争对手。例如，早期格兰仕微波炉凭借生产线规模大的优势，通过采用低价策略，扩大了自己的市场份额，成为微波炉行业龙头企业。

(四)以树立和维护企业形象为目标

企业形象是企业通过一系列活动在消费者心目中树立的一种形象，是企业在经营中创造的无形资产，它是企业联系用户的重要纽带，对企业产品销售影响很大。以维护企业形象作为定价目标，要求企业产品的定价水平必须与公众对企业的印象相符，如果企业形象是优质高档、服务优良，就应为产品制定一个较高的价格。例如，法国欧莱雅旗下兰蔻品牌各化妆品，售价一向较高，兰蔻品牌也成为高端化妆品的象征。

二、定价的 3C+R 模型

不管企业定价背后的战略意图如何,在定价过程中仍然存在一些共性的因素。市场营销理论中已总结了一些共性因素的模型,其中最典型的就是指导产品定价的 3C+R 模型。

所谓 3C+R 模型,是指企业在产品或服务定价的过程中,要重点考虑四个因素:消费需求(consumer demand)、产品成本(cost)、竞品定价(competitor'pricing)以及价格规制(regulation),如图 8-2 所示。

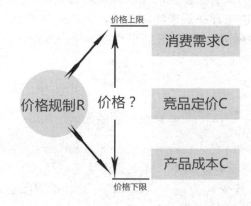

图 8-2 定价的 3C+R 模型

(一)消费需求

消费需求是影响产品或服务定价的最基本因素。当产品或服务价格高于某一水平时,将无人购买,因此消费需求决定了产品或服务价格的上限。一般地,市场需求随着产品价格的上升而减少,随着产品价格的下降而增加。总体而言,从产品或服务定价的角度来看,消费者需求因素主要体现为该种产品的需求价格弹性。也就是说,企业定价时必须了解市场需求对价格变动的反应。如果价格变动对需求影响小,这种情况称为需求无弹性;如果价格变动对需求影响大,则称为需求有弹性。更具体而言,需求价格弹性大于1时,称为需求富有弹性;当需求价格弹性小于1时,则称为需求缺乏弹性。

企业为产品或服务定价时应该考虑需求的价格弹性。当需求富有弹性时,应该降低价格以刺激需求,扩大销售,比如国家对家用小汽车购置税减半的政策直接刺激了小排量轿车的销售增长。对于需求富有弹性的产品,提高价格反而会使得总收益减少。当需求缺乏弹性时,企业可以考虑适当提高产品售价。对于需求缺乏弹性的产品,降价可能会减少企业的总收入,比如婚庆用品。

【深度阅读 8-1】如何巧用价格让利润翻倍(内容扫右侧二维码)。

深度阅读 8-1.docx

(二)产品成本

需求在很大程度上为企业确定了一个最高价格限度,而成本则决定了价格的下限。从长期来看,只有产品的价格高于所发生的成本费用,在生产经营过程中的耗费才能从销售收入中得到补偿，企业才能获得利润，生产经营活动才能得以持续。价格应包括所有生产、分销和推销该产品的成本，还应包括对公司的努力和承担风险的一个报酬。

产品成本通常分为固定成本和变动成本：固定成本是指在短期内不随企业产量和销售收入的变化而变化的生产费用，如厂房设备的折旧费、租金、贷款利息、行政人员的薪金等；变动成本是指随生产水平的变化而直接变化的成本，如原材料费、生产工人的工资等。

在短期内，企业的生产规模既定，为实现利润最大化，企业应该在产量既定的条件下选择成本最低的生产要素最佳的投入组合，而在成本既定的条件下选择产出最大的生产要素最佳的投入组合。从长期来看，企业的生产规模可以调整。同样的产出数量可以由不同的生产规模生产出来，但由于存在规模经济效益，不同的生产规模所发生的平均成本是不一样的。这时，企业应选择能使它以最低的平均成本生产既定产量的生产规模。

【案例 8—1】

共享单车的成本

共享单车是近些年兴起的交通出行方式。公开数据显示，共享单车制造成本最高的是摩拜单车，它采用实心轮胎、内置 GPS、链式传动装置等技术，单价在 2000 元一辆，据说最开始在 6000 元一辆。最便宜的是 ofo 共享单车，其制造成本在 300 元左右。据上海市共享单车标准规定，共享单车必须要求具有锁具、实心轮胎、整体车轮等。实心轮胎、整体车轮和锁具等代表着更高的成本，据一家自行车厂透露，仅实心轮胎和充气轮胎一项，成本就相差几十元；而带有 GPS 定位、蓝牙开锁功能的锁具一个就要 200 元左右的成本，仅锁具就占据车辆 1/3 的成本，对于共享单车平台是一笔不小的开支。除了购买车辆的成本，平台运营也是一项成本，后期维护更是一笔巨大的开支。符合上海标准的车辆，最低成本价也要 400 元，再加上锁的价格，最终一辆车的成本为 600 元左右。

思考： 以摩拜和 ofo 为例，分析低成本的共享单车好，还是高成本的共享单车好。为什么？

(三)竞品定价

企业为产品定价时必须考虑市场上其他竞争者的产品价格。如果企业的产品和竞争者的同种产品质量差不多，一般来说两者的价格也应大体一样；如果企业的产品不如竞争者的产品，那么产品价格就应定低些；如果企业的产品优于竞争者的产品，那么产品价格就可定高些。宝洁公司在 1988 年打入中国洗涤用品市场成立合资企业广州宝洁有限公司时，分析了市场竞争者产品的情况：中国国产产品质量差，包装简陋，但价格低廉；进口产品质量虽好，但价格昂贵。因此，宝洁公司将合资品牌定在高价位上，价格是国内品牌的 3～5 倍，但比进口品牌便宜 1～2 元。这种竞争价格定位使广州宝洁的合资品牌不仅在中国洗涤用品市场迅速扩大了市场占有率，还取得了很好的经济效益。

(四)价格规制

在现实经济生活中，企业产品或服务的定价除了受产品成本、消费需求及竞品价格等因素影响外，政府价格规制也是一个不容忽略的因素。价格规制是政府为了保证资源的有效配置和服务的公平供给而对市场中的商品或服务价格进行调整、定价、限价等一系列措施的总称，它是一种行政行为。政府对价格的干预主要是政府定价、政府限价、政府指导价和政府补贴价格。对于关系国计民生的一些产品或服务，比如自来水、电力、燃气、暖气、公共交通、通信与网络、药品以及粮食等的价格，政府一般都要出面定价或者限价。

三、定价程序

定价是一个复杂的决策过程，一般企业的定价程序可以分为以下六个步骤，如图 8-3 所示。

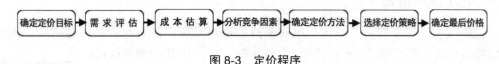

图 8-3　定价程序

(一)确定定价目标

定价目标是企业通过制定一定水平的价格所要达到的预期目的。它为企业战略目标服务，总的要求是追求利润的最大化。由于影响企业定价的因素较多，企业定价目标也多种多样。不同企业、不同产品、同一企业在不同时期、不同市场条件下有着不同的定价目标，企业应结合自身状况，灵活制定定价目标。

(二)需求评估

在既定定价目标下，公司应根据消费者所能接受的产品或服务价格变动范围，确定最佳的产品或服务价格及其与销售量的关系。在正常情况下，市场需求会按照与价格相反的方向变动：价格上升，需求减少；价格降低，需求增加。

(三)成本估算

需求为企业确定了一个价格上限，而成本则为价格确定了一个下限。产品或服务成本是定价的基础，产品或服务价格只有高于成本，企业才能为消费者提供产品或服务的同时获得利润。

(四)分析竞争因素

在产品或服务的最高价格与最低价格之间，究竟能定多高的价格，则要受竞争对手产品价格的影响。因此，企业在定价之前，要进行市场调查研究，才能使定价恰到好处。

(五)确定定价方法

产品或服务定价有三种基本方法：成本导向定价法、需求导向定价法和竞争导向定价法。选择定价方法的前提条件是，研究市场需求、竞争状况和产品或服务成本。

(六)选择定价策略

企业依据定价目标、定价方法，得出产品或服务的基本价格之后，还要根据市场中影响产品或服务价格的不同因素，在制定价格时采取灵活的定价手段和定价技巧。例如，创办于1843年的《经济学人》杂志的定价就很有特点。《经济学人》杂志分印刷版和电子版，人们在单订电子版和单订印刷版之间作选择有些费脑筋，于是《经济学人》提供了一个不费脑筋的选择：电子版每年59美元；印刷版每年125美元；电子版加印刷版套餐每年125美元。与单订印刷版相比，印刷版加电子版套餐看起来更划算。

(七)确定最终价格

在完成以上各个步骤之后，就可确定最终的价格。确定的最终价格要考虑以下原则：产品或服务价格的制定要与企业预期的定价目标一致；产品或服务价格的制定要符合国家政策的有关规定；产品或服务价格的制定要符合消费者整体及长远利益；产品或服务价格的制定要与企业市场营销组合中的非价格因素协调一致。

【深度阅读8-2】iPhone为什么可以卖5000元以上？成本定价思维有陷阱(内容扫右侧二维码)。

深度阅读8-2.docx

第二节 基本定价方法

8-2.mp4

基本定价方法是企业在特定的定价目标指导下，依据对价格影响的3C+R模型进行分析，对产品或服务价格进行测算的具体方法。依据定价3C+R模型，定价基本方法包括需求导向定价法、成本导向定价法和竞争导向定价法及政府指导定价法。

一、需求导向定价法

需求导向定价法是以消费者对产品或服务价格的接受能力和需求程度为依据制定价格的方法。需求导向定价法是以顾客价值为基础的定价，产品或服务价格是否合适，最终由顾客来决定，而不是以企业的生产成本为定价的依据。当顾客购买产品或接受服务时，他们交换有价值的东西(价格)以获得另一种有价值的东西(拥有或使用产品或服务的利益)。有效的顾客导向定价包括理解顾客感知价值，并设定获得这一价值的价格。

基于顾客价值的定价运用顾客的价值感知作为定价的关键，这意味着市场营销者不可以先设计产品和市场营销方案，然后再制定价格。在制定市场营销方案之前，营销者就应该全面考虑价格策略。公司应首先评价顾客的需求和价值感知，然后再根据顾客的感知价值制定目标价格，并以此引导产品的设计和开发。

第八章 价格策略

【案例 8-2】

为什么有些人觉得一块几十万美元的腕表并不贵？

一块 2 万美元甚至 50 万美元高价的手表在有些人看来并不贵，而认为价值很高。因为每块百达翡丽手表都由瑞士制表师用最好的原材料费时一年以上精心地手工打造。除了精准计时，百达翡丽手表还是不错的投资。它们价格高昂，但随着时间的推移，能够保值甚至升值。许多型号的百达翡丽名表受到崇拜者虔诚的追捧，使之成为世界上最具吸引力的手表。对许多人来说，百达翡丽不仅仅是一种计时手段或良好的投资，更为重要的是拥有一块百达翡丽手表所带来的心理和情感价值。这些手表是如此独特，会承载珍贵的记忆，成为传家宝。一块百达翡丽手表不仅可以用一辈子，而且可以代代传承，对于那些拥有者而言，它绝对物有所值。

思考： 对于消费者来说，产品贵贱的标准是什么？

(资料来源：科特勒.市场营销[M]. 16 版. 北京：中国人民大学出版社，2015)

1. 高价值定价

高价值定价是以公平的价格提供优质产品或服务的定价方式。许多情况下，企业会推出知名品牌的便宜版本。例如，沃尔玛试销过其特别优惠的商店品牌"价优"，价格甚至比已经很低价格的惠宜品牌还要低。在另一些情况下，高价值定价涉及重新设计现有的品牌，以按既定价格提供更高的质量或者更低的价格提供相同的质量。例如，小米科技当年推出的第一代小米手机，就是一款性价比很高的手机。

2. 价值增值定价

基于价值的定价方法并不意味着顾客希望支付多少，公司就制定什么价格，或者一味地以低价格适应竞争。相反，许多公司采用价值增值定价策略，通过增添提高价值的属性和服务，使产品或服务差异化，进而维持高于平均水平的价格。例如，尽管因为经济衰退，消费者的支出习惯越来越节俭，但一些电影院还是增加便利设施、提高票价，而不是通过削减服务来维持低票价。

二、成本导向定价法

成本导向定价法是指在生产、分销和销售产品成本的基础上，加上目标回报率来制定价格的方法。拥有较低成本的公司可以制定较低的价格，通过薄利多销来提高收益，如零售企业沃尔玛。而另一些公司，如苹果、宝马，则通过为产品支付更高的成本来获取较高的利润。

(一) 成本加成定价法

成本加成定价法是最简单的定价方法，它是以单位产品成本为基础，再加上若干百分比的成本利润率，从而定出产品销售价格的方法。这个加成率就是预期利润占产品成本的百分比。成本加成定价法的计算公式如下：

单位产品销售价格=单位产品成本×(1+加成利润率)

例如，某数据线制造商为顾客定制生产50 000条手机数据线，固定成本为300 000元，单位可变成本为10元，成本利润率为20%，则产品价格计算如下。

该制造商的单位成本为

单位产品成本=单位可变成本+固定成本÷销售量
=10+300 000÷50 000
=16(元)

成本利润率为20%，则加成后的价格为

单位产品销售价格=单位产品成本×(1+加成利润率)
=16×(1+20%)
=19.2(元)

在这种定价方法中，加成率的确定是定价的关键。加成率的高低一方面与产品有关，另一方面还与某一时期的经济环境有关。

(二)目标利润定价法

目标利润定价法又称目标收益定价法，它是根据企业预期的总销售量与总成本，确定一个目标利润率的定价方法。目标利润率定价法的要点是使产品的售价能保证企业达到预期的目标利润率。对于投资收益率限制在合理范围内的企业适用这种定价方法。其计算公式为

单位产品销售价格=(产品总成本+目标利润总额)÷销售量

目标利润总额=投资总额×目标报酬率

例如，某数据线制造商投资额为100万元，为客户定制生产50 000条手机数据线，固定成本为300 000元，单位可变成本为10元，投资收益率为20%，则产品目标价格计算如下。

该制造商的单位成本为

目标利润总额=投资总额×目标报酬率
=1 000 000×20%
=200 000

产品总成本=单位可变成本×销售量+固定成本
=10×50 000+300 000
=800 000

单位产品销售价格=(产品总成本+目标利润总额)÷销售量
=(800 000+200 000)÷50 000
=20(元)

目标利润定价法可以保证实现既定的目标利润，但它没有考虑价格与需求之间的关系。用此方法确定出来的产品价格无法保证产品销售量一定会实现，对于需求量较大的产品，这一问题更为突出。

(三)盈亏平衡定价法

盈亏平衡定价法又称保本定价法，是按照生产某种产品的总成本和销售收入维持平衡

的原则,制定产品的保本价格。其计算公式为

单位产品保本价格=(固定成本总额+变动成本总额)÷销售量
=固定成本总额÷销售量+单位产品变动成本

例如,某企业某项产品年固定成本为 180 000 元,每件产品的单位变动成本为 50 元,如果销量可望达到 6000 件,其收支平衡价格为

单位产品保本价格=(固定成本总额+变动成本总额)÷销售量
=固定成本总额÷销售量+单位产品变动成本
=180 000÷6 000 + 50
=80(元)

按照盈亏平衡法定价,企业的利润为零,只能使企业的生产耗费得以补偿,而不能得到收益。

【深度阅读8-3】盈亏平衡点的五种计算方法(内容扫右侧二维码)。

深度阅读 8-3.docx

三、竞争导向定价法

消费者往往根据竞争性产品的价格来判断一种产品的价值。企业在制定价格时,还必须考虑竞争者的成本、价格和产品或服务。竞争导向定价是根据竞争者的战略、产品和服务的成本、价格策略而进行定价的方法。竞争导向定价法是市场商品供应充足和竞争激烈的产物,为现代企业所普遍采用。

(一)随行就市定价法

随行就市定价法是指按照本行业的平均价格水平来为本企业产品定价的方法。随行就市定价法可以避免因定价不当引起的直接价格竞争。随行就市定价法适用于下列情况:成本难以估算;企业打算与同行和平共处;如果另行定价,很难了解购买者和竞争者对本企业价格的反应。在完全竞争市场,随行就市定价法是同质产品市场惯用的定价方法。

(二)竞争定价法

竞争定价法是一种主动竞争的定价方法,一般为实力雄厚或产品独具特色的企业所采用。定价时根据本企业产品的实际情况及与竞争对手的产品差异状况来确定价格,价格可能高于、低于或与市场价格一致。例如,在德国车企 BBA 中,奥迪 A8 的定价策略就是针对奔驰 S 系列、宝马 7 系列的价格而制定的。

(三)拍卖定价法

拍卖定价法是指卖方按照顾客愿意出的最高价格为商品定价,即卖方先规定一个较低的起卖价,然后买主公开叫价竞购,从而不断抬高产品价格,直到没有竞争者的最后一个价格即最高价格时,卖主才出售自己的产品。古董字画、土地等交易多采用这种定价方法。

(四)投标定价法

投标定价法,即在投标交易中,投标方根据招标方的规定和要求进行报价的方法。投

标定价法主要适用于提供成套设备、承包建筑工程、设计工程项目、开发矿产资源或大宗商品订货等。企业的投标价格必须是招标单位所愿意接受的价格水平。在竞争投标的条件下，投标价格的确定，首先要根据企业的主客观条件，正确地估算完成指标任务所需要的成本；其次要对竞争对手的可能报价水平进行分析预测，判断本企业中标的机会，即中标概率。企业中标的可能性或概率大小取决于参与投标竞争企业的报价状况。

四、政府指导定价法

大多数商品和服务价格实行的是市场价，企业可以根据消费需求、产品成本及竞争状况自行制定价格。有些与国民经济和人民生活关系重大的极少数商品价格实行的是政府指导价、政府定价，这些产品或服务包括：资源稀缺的少数商品(如原油、天然气)、自然垄断经营的商品(如电网、互联网)、重要公用事业(如通信、电力、供暖、公共交通、自来水、煤气、邮政)以及重要公益性服务(如学校、公园、博物馆、医院)。

政府一般是根据社会经济发展的需要来确定具体在什么时间、哪些地区、对哪些商品或服务实行政府指导价、政府定价，这既有利于发挥市场调节的作用，又便于政府及时对价格进行适度干预。比如，为保护农民利益、保障粮食市场的正常供应，我国对农民实行的粮食最低收购价政策就是一种政府指导定价。

【深度阅读8-4】麦当劳、肯德基、汉堡王，如何通过定价让利润最大化？(内容扫右侧二维码)

深度阅读8-4.docx

8-3.mp4

第三节 定价策略

定价策略是指企业在特定的情况下，依据确定的定价目标所采取的定价对策。企业生产经营的产品和销售渠道以及所处的市场状况等条件各不相同，应采取不同的定价策略。

一、新产品定价策略

这里所说的新产品是指全新产品，即新发明的产品或在本国市场上第一次出现的产品。新产品通常有以下三种定价策略。

(一)撇脂定价法

撇脂定价法是一种高价格策略，是指企业在新产品上市初期将价格定得较高，以期在短期内获得最大利润的定价方法。一般来说，撇脂定价法主要适用于：市场需求缺乏弹性，即使把价格定得很高，市场需求也不会大幅度减少；即使在高价情况下企业仍然能够维持独家经营，竞争者不易介入，如有专利保护的产品、自然垄断产品等；产品为购买者心目中的高档商品和奢侈品。例如，苹果公司在其首次推出iPhone时，每台售价达到599美元之多，只有那些真正想要这个时髦产品并愿意支付高价的人才会购买。

(二)渗透定价法

渗透定价法是一种低价格策略,即在新产品投入市场时,价格定得较低,以便消费者容易接受,从而提高产品的市场占有率,快速打开并占领市场的定价方法。一般来说,渗透定价方法主要适用于以下几种情况:市场需求富有弹性,低价格有助于刺激需求迅速增加;产品生产成本和经营费用会随着产量增加而下降,即规模效益明显;企业面临着潜在的竞争者,即行业进入壁垒较低。例如,戴尔公司就曾经使用渗透定价方法,让高质量计算机以较低的价格通过邮寄渠道分销而迅速占领了市场,而当时的IBM公司、康柏公司、苹果公司和其他竞争者则通过正常的零售商店销售计算机,售价均较高。

【案例8—3】

三星手机的渗透定价策略

在肯尼亚、尼日利亚和其他非洲国家,三星公司曾推出了一款功能齐全但价格低廉的轻巧型手机Galaxy Pocket,非合约机售价只要120美元。设计这款手机和采取低价政策旨在鼓励数百万非洲新用户从基础手机升级为智能手机。三星还在印度推出了一条Pocket产品线,售价低至77美元。印度移动设备市场正经历爆炸性增长,占全球智能手机年销售量的近四分之一,而且消费者大多是首次购买的用户。借助渗透定价,作为世界上最大的手机生产商,三星希望迅速和深入地进入这一潜力巨大的市场。三星的渗透定价策略引发了与苹果公司在印度的价格战,后者的应对措施是加大折扣力度和推出更多优惠机型。但苹果iPhone手机在印度的售价超过300美元,这使其市场份额受限,当时只有2%左右。三星手机凭借渗透定价策略迅速使其手机产品在快速增长的新兴市场取得成功。

思考:对于印度手机市场,各手机厂家的渗透定价策略是否是最佳策略?为什么?

(资料来源:菲利普·科特勒. 市场营销[M]. 16版. 北京:中国人民大学出版社,2015)

(三)满意定价法

满意定价法是一种介于撇脂定价法和渗透定价法之间的价格策略,即企业将产品价格定得适中。这种定价策略由于能使生产者和顾客都比较满意而得名,有时又称为"君子价格"或"温和价格"。由于这种价格介于高价和低价之间,因而比前两种策略风险小,成功的可能性大。该定价方法适用范围较广,在一般情况下能够实现企业既定的盈利目标,并且能够保证生产经营的稳定性。多数新产品上市时其定价一般都采用这种满意定价策略。例如,小米科技新款智能手机上市时,多采用满意定价法策略。

二、产品组合定价策略

由于产品组合内各种产品之间存在相互关联的需求和成本,并且各自面对的竞争程度不同,定价策略会较为复杂。

(一)产品线定价

通常情况下，一般公司都会开发产品线，而非单一的产品。例如，某滑雪设备公司可提供 7 种不同的高山滑雪板产品线，包括各种设计和型号，价格从入门级的 150 美元到比赛级的 1100 多美元，它同时还提供滑雪服装产品线。在产品线定价中，管理者必须决定同一条产品线中不同产品的价格差距。如果企业的某一产品线包括了若干个产品项目，则企业就要把这些产品项目分成若干等级，然后根据目的不同将不同等级的产品分别制定不同的价格。例如，形象产品可制定较高价格；促销产品可制定较低价格。需要说明的是，不同等级产品之间的差价要适当，即价格要反映产品质量和成本费用的差别。

(二)备选品定价

许多企业在提供主产品的同时，还提供备选品与之配套，这就涉及备选品定价。例如，电脑制造商不仅提供整机，而且还提供配件；饭店不仅提供饭菜，而且提供烟酒。一位购买汽车的顾客可能会配置 GPS 装置和高级娱乐系统，购买冰箱的顾客可能顺带买好制冰器。一般来说，备选品定价方法有：较低定价策略，即主要产品定价较高，备选品定价较低或带有促销性质，以此招徕顾客，如某些餐饮企业的大厅酒水免费策略；较高价定价策略，即主要产品定价较低，但备选品定价较高，以此赚取利润，如饭菜价格较低，但酒水较贵的定价策略。

(三)附属产品定价

附属产品是指必须和主要产品一同使用的产品。例如，硒鼓是激光打印机的连带品、记忆棒是索尼数码相机或 PSP 的连带品、蓝光光盘是蓝光播放机的连带品等。有些企业既生产主要产品又生产附属产品，这就涉及附属产品定价。在西方国家，一些大公司往往把主要产品价格定得较低，而把连带品价格定得较高，以此进攻那些只生产主要产品的企业。例如，惠普公司就是把喷墨打印机价格定得较低，而把喷墨打印耗材价格定得较高，即依靠卖耗材赚钱。

(四)一揽子定价

一揽子定价是指公司将几种产品组合在一起，以低于各项单品价格之和的价格出售。例如，快餐店将汉堡包、薯条和软饮料打包，以"套餐"价格出售。电信运营商会将固话、宽带与手机自费与上网费打包，以一个较低的组合价出售。这种一揽子定价可以促进消费者购买一些原本不会购买的产品，但是组合的产品价格必须足够低，以吸引消费者购买。

三、弹性定价策略

为适应不同时间、不同地点、不同顾客的差异化需求，以及不断变化的外部环境，企业可以在基本定价策略的基础上实行弹性定价，即对基本价格进行适度微调。弹性定价策略主要包括折扣与津贴定价、差别定价、心理定价、促销定价、地理定价等。

第八章 价格策略

(一)折扣与津贴定价

一些企业经常调整其基础价格,以回报顾客的特定购买行为,如较早地付清货款、大量购买和反季节购买等,这些价格调整称为折扣和津贴。

现金折扣是一种主要的折扣形式,是对及时付款的购买者的价格减让。典型的例子是"2/10,净款30",意思是30天之内应该付清货款,如果购买者在10天之内付清的话,可以得到2%的折扣。

数量折扣是给予大批量购买者的价格减让。这种折扣激励购买者更多地从某个特定的销售商那里购买。

功能折扣又称为交易折扣,指由卖者提供给执行特定职能(如促销、仓储、广告支持等)的渠道成员的价格折扣。

季节折扣是对购买过季商品或服务的顾客提供的一种价格折让。

津贴是另一种类型的价格减让。例如,以旧换新津贴是对购买新产品时返还旧商品的顾客提供的价格减让方式。这在汽车行业最为普遍,但也适用于其他耐用品。

促销津贴是为回报经销商对广告和促销活动的参与而提供的报酬或价格减让。

(二)差别定价

差别定价,又称歧视定价,是指公司以两种或两种以上不反映成本比例差异的价格来推销一种产品或者提供一项服务。公司通常会根据不同细分市场,对不同顾客、不同时间及不同位置制定不同的价格。在不同细分市场中,公司会以两种或更多价格出售某种产品或服务,价格差异并不以成本为基础。

顾客差异定价:不同的顾客为相同的产品或服务支付不同的价格。例如,景区对学生和老年人收取较低的门票。

时间差异定价:产品价格会根据季节、月份、日期甚至一天中的时间段而改变。比如,民航航班、酒店旅游价格受季节波动影响较大;自助餐价格上、下午及晚间不同,工作日和周末的价格也不同;公园、景区也分为淡、旺季票价。

地点差异定价:同样产品根据不同地点或位置制定不同的价格。例如,剧院对不同的座位收取不同的票价;同一架飞机上的头等舱、商务舱及经济舱的票价相差就很大;火车上、中、下卧铺的价格也不同。

【想一想】对于房地产而言,不同城市房价不同,同一城市不同地段房价也不同。房地产的定价属于差异定价吗?为什么?

(三)心理定价

心理定价是指企业根据顾客的购买心理为产品定价,以诱导其购买。这种定价策略主要运用于零售商业企业,定价技巧主要有以下几种。

尾数定价:给商品制定一个带有尾数的价格。尾数定价的优点是:可使顾客产生一种价格低廉、经济实惠的感觉,例如,定价29.80元和定价30元给消费者的感觉是不一样的,前者显得比较便宜,后者显得价格稍高。

整数定价：采用合零凑整的方法把商品价格定为整数。这种定价技巧主要适用于高档商品、名牌商品或消费者不太了解的商品，例如某豪车定价为 200 万。整数定价可满足高薪阶层享受豪华的心理需要，同时还可以抬高商品身价。

声望定价：指利用品牌声望或企业声望给产品制定一个较高的价格。例如，瑞士名表的定价以及一些国际大品牌箱包的定价都属于这一种。声望定价可以树立高端品牌的形象，满足高端消费层次的需求。

(四)促销定价

促销定价是指企业为了招徕顾客而有意把商品价格制定得较低。一般来说，顾客对于低价商品总是感兴趣的，从而制造商或经销商就可以利用顾客的这种心理，有意把某几种商品价格降得较低，借此吸引顾客购买正常价格的商品和其他种类的商品，以提高产品的市场占有率。例如，每年的 11 月 11 日和 12 月 12 日淘宝开展的购物节活动，购物节网上秒杀等限时促销活动创造购买的紧迫感，让消费者感到购物的实惠，从而产生冲动性购物。

【案例 8—4】

打 1 折的促销价格策略

日本东京有个绅士西装店，这里就是首创"打 1 折"销售的商店，曾经轰动了东京。当时销售的商品是"日本 GOOD"，商家打折的策略如下：第一天打 9 折，第二天打 8 折，第三天、第四天打 7 折，第五天、第六天打 6 折，第七天、第八天打 5 折，第九天、第十天打 4 折，第十一天、第十二天打 3 折，第十三天、第十四天打 2 折，最后两天打 1 折。

顾客可以在这打折销售期间随意选定购物的日子，如果顾客想以最便宜的价钱购物，那么在最后那两天去买就行了，但是，想买的东西不一定会留到最后那两天。第一天前来的客人并不多，如果前来也只是看看，一会儿就走了。从第三天起顾客就开始大量光顾，第五天打 6 折时客人就像洪水般涌来开始抢购，以后就连日客人爆满，当然等不到打 1 折，商品就全部卖完了。商家运用独特的创意，在商品打 5、6 折时就已经全部销售出去。

思考：这种打折策略会不会让商家亏本？

(五)地理定价

企业为了补偿在经营中的运输、装卸、仓储、保险等费用的支出，还要运用不同的地理定价技巧。

1. 原产地定价

原产地定价是指顾客(买方)按照厂价购买某种产品，企业(卖方)只负责将这种产品运到产地某种运输工具(如卡车、火车、船舶、飞机等)上交货。交货后从产地到目的地的一切费用和风险均由顾客负担。这种价格相当于生产者的"产地价格"，或批发商的"非送货制价格"，相当于对外贸易中的"离岸价格"(FOB)。

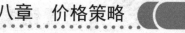

第八章 价格策略

2. 统一交货定价

统一交货定价是指企业向所有顾客,不论远近,都收取统一的价格和运费。也就是说,不论买方在何处,都实行同一售价,卖方负担运输、保险等全部费用和责任,直到把货物送到买方所在地为止。此价格在淘宝网站又称为"包邮价"。对运费在全部成本中所占比重较小的商品,卖方倾向于采用这种定价方法。

3. 分区定价

分区定价是指企业把整个市场划分成几个大的区域,不同区域制定不同的价格策略,在每一个区域范围内实行统一的价格。例如,2014 年,中国移动在香港的 68 元套餐包含 1700 分钟通话,10 000 条短信,上网流量不限;而在内地,中国移动推出的相似价格的套餐则与上述香港套餐相差较大,如中国移动广东分公司推出的 88 元档位上网套餐包含 200 分钟通话和 300M 流量。

四、基于互联网的定价策略

互联网的产生与发展,使得收集信息的成本大大降低,价格信息也更加透明。

(一)低价策略

低价策略是互联网定价的根本,一般采用成本加较低利润的定价方式,有的甚至是零利润的方式。这种方式一般是企业在网上进行直销时采用的定价方式,前提是通过互联网可以节省大量销售费用。比如,淘宝店铺 9.9 元包邮,当当网新书 8.5 折购买。

【深度阅读 8-5】线上线下同价,小米为何更赚钱(内容扫右侧二维码)。

深度阅读 8-5.docx

(二)使用定价策略

使用定价策略是指买方通过互联网注册后可直接使用企业的产品,根据使用次数付费,不需要将产品完全购买。买方按使用次数付款,可节省购买、安装、处置产品的支出。采用按使用次数定价,产品应能通过互联网传输。比较普遍的数字产品有百度文库下载、中国知网文档下载等。

(三)数字化产品的免费定价策略

数字化产品主要指信息产品,如计算机软件、股票行情和金融信息、新闻、搜索、书籍、杂志、音乐影像、电视节目、在线学习和虚拟主机服务、FAQ(常见问题回答)等。数字化产品具有非毁坏性、可改变性和可复制性等特点,所以生产的边际成本几乎为零。数字化产品热衷于采用免费价格策略。

1. 数字产品限制免费策略

数字产品限制免费策略是指数字产品被免费下载后,顾客可以使用它的全部功能,但要受到一定限制。限制主要表现为两种：一种是使用时间期限，另一种是使用次数限制。一些网站提供的共享版软件基本都属于这一类。

2. 数字产品部分免费策略

数字产品部分免费策略可以让消费者免费使用其中一种或几种功能，想要获得全部功能则必须付费购买正式产品。数字产品提供的付费功能可以归为两类：一类是必要的，就是顾客要得到产品的全部功能，产品才能发挥实质性功效；另一类是个性化的，产品的免费功能能够很好地满足顾客某一方面需求，但有其他方面的需求则要购买付费功能。例如微信公众号，没有缴费认证的订阅号菜单不具有外链功能，没有缴费认证的服务号不具有资金交易功能。

3. 数字产品捆绑式免费策略

数字产品捆绑式免费策略是指购买某产品或服务时，赠送其他产品和服务。数字产品捆绑策略有：一是"软硬捆绑"，即把软件安装在硬件设备中，以硬件设备价格的形式出售，如微软公司视窗系统与各大品牌电脑公司合作，以主机产品的形式推广视窗系统销售；二是"软软捆绑"，即不同的软件产品打包出售，例如，当年微软出售视窗系统时曾与 IE 浏览器一同出售，迅速占领了浏览器市场，击败了当年实力强劲的网景浏览器。

4. 数字产品完全免费策略

数字产品完全免费策略是指数字产品从下载到使用所有环节均实行免费，比如大家熟悉的图形处理工具美图秀秀。据艾瑞咨询报告，在中国主流社交网络上传的照片中，有约 53.5%的照片经过了免费版的美图应用处理。

【想一想】美图秀秀是个典型的工具型软件产品，免费的美图秀秀如何使美图公司盈利？

第四节 价格调整策略

企业产品价格制定出来以后并不是一成不变的，随着时间推移和外界环境的变化，企业需要适时修订或调整自己产品的价格。

8-4.mp4

一、主动调价

主动调价是指由于客观环境发生了变化，企业主动进行的调价，包括调低价格和调高价格。

(一)调低价格

当企业遇到下列情况时，一般需要主动调低价格：①生产能力过剩；②企业产品市场占有率下降；③经济形势恶化；④企业生产成本降低。当然，企业也可以采取不直接降价而是通过进一步提高产品质量、增加产品技术含量和附加价值、提供更多服务、开展促销活动等方法间接降价，以让顾客得到更大的价值和满足。例如，受经济形势影响，我国钢

第八章 价格策略

材产能过剩,企业被迫降价出售,导致钢材价格一直低迷。

(二)调高价格

当企业遇到下列情况时,一般需要调高价格:①原材料价格上涨,成本费用增加,影响了企业的正常利润;②市场需求过旺,产品严重供不应求;③发生通货膨胀,产品实际价格下降。当然,企业也可以采取不直接提价而是通过减少分量、使用较便宜的原材料或零部件、简化包装、减少某些不太重要的服务等办法间接提高产品售价。例如,我国一线城市的房地产价格一直偏高,一个重要原因就是市场需求过旺,土地价格上涨。

二、被动调价

被动调价是指由于竞争者调整了产品价格,企业为了应对竞争而不得不进行的调价,包括调低价格和调高价格。

(一)同质产品市场下的价格调整策略

一个市场的产品相同或相似,这种市场属于同质产品市场。在这种市场中,若竞争对手降低价格,则企业除了跟进竞争者的价格变更外别无他法。因为如果竞争对手降价而企业不跟进,则大多数购买者会转向价格更低的竞争者那里去购买。如果竞争对手提高价格,则企业可以选择跟进也可以选择不跟进,在这种环境下,决策的难度相对要小些。但是,也有可能出现产品本身无差别而企业之间的制造成本有差别的情况。在这种情况下,跟进竞争对手的降价行动可能意味着企业利润减少或亏损,这种情况企业决策的难度较大。

现实经济活动中,对大部分行业而言,企业之间的产品或多或少是存在一些差别的,这种差别既为公司的定价政策提供了更大的决策空间,同时也提高了决策的难度。

【案例 8—5】

魅族 MX2 16GB 手机降价策略

魅族 MX2 手机于 2012 年 12 月 19 日正式发售,当时官方 16GB 版本零售价为 2499 元。2013 年 6 月 9 日,魅族宣布 MX2 各个版本调价,其中 16GB 版本官方零售价为 2299 元。2013 年 8 月 7 日,魅族又宣布 MX2 全线调价 300 元,16GB 版本官方零售价为 1999 元。2013 年 9 月 5 日,MX2 又降至 1699 元。2014 年 2 月 26 日,MX2 调价至 1599 元。

魅族 MX2 手机降价,有两次与小米手机有关。一次是在小米 2S 降为 1699 元后的一个月内,另一次是在 32G 小米 2S 降为 1799 元的当天。魅族的这几次降价基本在一两个月之内。根据摩尔定律,集成电路上可容纳的晶体管数目,约每隔 18 个月便会增加一倍,性能也将提升一倍。但是魅族的降价并没有按照摩尔定律来进行,完全是在小米 2S 的竞争压力下的防御策略,对产品价格调控没有节奏感。降价原因可以归结为两点:第一,元器件价格持续走低会带来更大的利润空间,使得降价成为可能;第二,对小米等其他厂商的竞争压力。

思考:魅族 MX2 手机是跟随小米降价好,还是不降价好?为什么?

(二)异质产品市场下的价格调整策略

一个市场的产品不同,也不相似,这种市场属于异质产品市场。在异质产品市场中,企业对竞争者的价格变更所做的反应可以有更多的选择,包括服务、质量、可靠性的提升等都可以成为企业应对竞争对手价格调整行为的手段。在制定价格策略的过程中,为应对主要竞争对手的竞争,企业须进行一系列周密的分析,这些分析包括分析竞争对手调整价格的真实目的、分析其他竞争对手的反应、评估竞争对手价格调整对自身的影响,在此基础上确定自身的定价策略。例如,可口可乐公司的酷儿饮料产品在竞争对手的市场份额占主要优势时,采取不降价、不促销策略,通过"角色行销"的办法来拉近消费者的距离,让消费者一如既往地购买"酷儿"饮料。

深度阅读 8-6.docx

【深度阅读 8-6】亚马逊谷歌打价格战,讯飞网易忙"复制"(内容扫右侧二维码)。

本 章 小 结

定价目标是指企业在对其生产或经营的产品制定价格时,有意识地要求达到的目的和标准,它是指导企业进行价格决策的主要因素。

定价 3C+R 模型,是指企业在产品或服务定价的过程中,要重点考虑四个因素:消费需求、产品成本、竞品定价格以及价格规制。依据 3C+R 模型,定价基本方法有成本导向定价法、需求导向定价法、竞争导向定价法及政府指导定价法四种。

成本导向定价法是以成本为中心的定价方法。需求导向定价法是以消费者对产品或服务价格的接受能力和需求程度为依据制定价格的方法。竞争导向定价法就是以竞争为中心的定价方法。对于有些与国民经济和人民生活关系重大的极少数商品价格实行的是政府指导价、政府定价。

定价策略是指企业在特定的情况下,依据确定的定价目标所采取的定价对策。企业生产经营的产品和销售渠道以及所处的市场状况等条件各不相同,应采取不同的定价策略。定价策略主要有新产品定价策略、产品组合定价策略、弹性定价策略及基于互联网的定价策略。企业产品价格制定出来以后并不是一成不变的,随着时间推移和外界环境的变化,企业需要适时修订或调整自己产品的价格。

思考与练习

一、选择题

1. 影响产品定价的因素是多方面的,包括(   )。
   A. 定价目标、产品成本、市场需求、价格弹性
   B. 定价目标、产品成本、市场需求、价格规制
   C. 定价计划、产品成本、市场需求、价格规制
   D. 定价目标、服务成本、市场需求、价格规制

2. 一般来说，产品定价的上限通常取决于（　　）。
   A. 人口数量　　B. 购买力　　C. 市场需求　　D. 饥饿疗法
3. 一般来说，产品定价的下限取决于该产品的（　　）。
   A. 质量　　B. 成本　　C. 生产周期　　D. 独特性
4. 3C+R 模型，是指企业在产品或服务定价的过程中，要重点考虑四个因素，即消费需求、产品成本、竞品定价以及（　　）。
   A. 价格规制　　B. 价格法则　　C. 品牌　　D. 厂家
5. 如果价格变动对需求影响小，这种情况称为（　　）。
   A. 需求弹性　　B. 需求有弹性　　C. 需求无弹性　　D. 没有需求
6. 产品成本通常分为（　　）。
   A. 时间成本和沉淀成本　　B. 固定成本和变动成本
   C. 固定成本和时间成本　　D. 资金成本和变动成本
7. 在现实经济生活中，企业产品或服务的定价除了受产品成本、消费需求及竞品价格等因素影响外，（　　）也是不容忽略的一个因素。
   A. 股市波动　　B. 品牌价值　　C. 政府价格规制　　D. 消费偏好
8. （　　）是以消费者对产品或服务价格的接受能力和需求程度为依据制定价格的方法。
   A. 需求导向定价　　B. 成本导向定价　　C. 竞争导向定价　　D. 随行就市定价
9. 成本导向定价是指在生产、分销和销售产品的成本基础上，加上（　　）来制定价格。
   A. 目标利润　　B. 广告费　　C. 工资　　D. 税额
10. 企业在新产品上市初期将价格定得较高，以期在短期内获得最大利润的定价方法属于（　　）。
   A. 差别定价　　B. 心理定价　　C. 渗透定价　　D. 撇脂定价

二、名词解释

3C+R 模型　　成本导向定价法　　需求导向定价法　　竞争导向定价法
撇脂定价　　渗透定价

三、问答题

1. 企业定价目标有哪些类型？
2. 如何对新产品进行定价？
3. 如何对产品组合进行定价？
4. 举例说明什么是差别定价。实行差别定价要考虑哪些因素？
5. 如何使用价格折扣策略？
6. 简述互联网定价策略。
7. 对比撇脂定价和渗透定价，以产品为例分别讨论它们各自的适用条件。
8. 什么是动态定价？为什么它在网络上非常普遍？
9. 为什么连锁餐饮肯德基、麦当劳都有同城差价的价格策略，而星巴克则是同城同价？
10. 选定一款最新的华为手机型号，分别在京东、天猫及淘宝三个购物网站进行价格对比，比较这三个网站给出的手机价格范围。根据你的比较，请为该产品确定一个比较"公平"的价格。

四、计算题

某企业生产手机快速充电器，固定成本为 7 200 000 元，每件产品的单位变动成本为 32 元，如果销量可望达到 360 000 件，计算其收支平衡价格。

五、案例分析

成立于 1971 年的星巴克是全球最大的咖啡连锁店。有关数据显示，在全球范围内，星巴克咖啡的平均价格比同行业同类产品高出 15%～20%，但仍大受欢迎，这与星巴克的定价策略不无关系。

成本是影响产品定价的一个重要因素。星巴克咖啡的定价也自然要考虑成本因素。星巴克采用的是来自巴西等世界咖啡豆主产地的原料，不同产地的咖啡豆，搭配以不同的酿造工艺和手法。星巴克咖啡调配员可根据客人的喜好和口味调配出专属个人口味的咖啡。虽然一杯 354 ml 的中杯拿铁咖啡其原材料成本不到 5 元，但考虑到店面租金成本、设备成本、劳动力成本、税收、管理、销售费用以及其他运营成本，咖啡的定价自然不会低。

消费需求也是影响价格的一个关键因素。星巴克目标群体定位于年轻一代的顾客，且大部分为白领群体。对于这样的目标顾客，一方面他们大都接受过西方文化的熏陶，追求时尚，对咖啡能欣然接受；另一方面，如果走进星巴克就会发现，花 30 元点一杯咖啡，可以享受舒适自由的休闲时光。星巴克在环境布置上，给自己的定位是"第三空间"，即除家庭和工作场所之外的第三生活空间，这种温馨、和谐的空间氛围，给人们提供了丰富的感官体验，形成星巴克一种独特的情境体验。

竞品价格也是制定价格要考虑的因素。星巴克咖啡的平均价格虽然比同行业同类产品高出 15%～20%，但会受到广大消费者的欢迎。星巴克凭借强势品牌，让消费者感到三十多块钱一杯的咖啡并不算贵，品牌效应让顾客对价格敏感性大大降低。此外，星巴克消费群体对其产品的需求弹性较小也是星巴克定价偏高的原因之一。消费者对一杯星巴克咖啡的价格不敏感，企业从利润最大化的角度考虑，自然会对产品价格进行调整。大多数消费者喜欢在咖啡店休闲放松，很多人一泡就是几个小时，由此造成的机会成本也是定价偏高的原因。

星巴克在各个国家的定价策略不同，比如在北京、伦敦、纽约以及孟买四个城市中，同一款星巴克饮品，在北京卖价最贵。一杯星巴克中杯美式咖啡，在美国仅约合人民币 12 元，国内要卖 21 元，相当于贵了 75%。从定价策略看，显然星巴克在不同国家市场采取了差别定价策略。印度消费者对星巴克并不买账，因此定价较低。而星巴克在中国一直是"小资"的象征，受青睐程度又高于对咖啡早已习以为常的英美，受消费者的追捧成为星巴克差别定价的重要原因。

讨论：

1. 分析星巴克在中国大陆的定价比美国本土高的原因。

2. 对于星巴克咖啡定价，你认为在成本导向定价、需求导向定价及竞争导向定价等三种基本定价方法中，哪种方法更适合星巴克的定价？

实训项目

一、实训目的

(1) 了解企业不同定价目标下采用的定价策略。

(2) 熟悉企业基本定价方法,掌握盈亏平衡定价法(保本定价法)模型及计算过程。

(3) 锻炼学生数据分析能力,学会根据图表了解企业产品量本利关系,培养学生熟练运用数据分析工具解决企业实际问题。

二、实训内容

1. 资料

在成本导向定价法中,盈亏平衡点定价法是一种用于分析企业产品量、本、利关系的方法。盈亏平衡点(BEP)又称零利润点、保本点、盈亏临界点及收益转折点,通常是指全部销售收入等于全部成本时(销售收入线与总成本线的交点)的产量。以盈亏平衡点为界限,当销售收入高于盈亏平衡点时企业盈利;反之,企业亏损。盈亏平衡点一般用销售量来表示,即盈亏平衡点的销售量;也可以用销售额来表示,即盈亏平衡点的销售额。在不考虑税金的情况下,我们可以分析找出固定成本与变动成本,根据产品价格计算出盈亏平衡点时的销量。

因为 收入-成本=利润

而 成本=固定成本+变动成本

所以 收入-(固定成本+变动成本)=利润

当利润为零的时候,这时的销售量即为盈亏平衡点销量。因此,盈亏平衡点应满足

收入-(固定成本+变动成本)=0

而 收入=盈亏平衡点销量×价格

盈亏平衡点销量×价格-(固定成本+变动成本)=0

盈亏平衡点销量=(固定成本+变动成本)÷价格

为方便起见,我们可以采用 Excel 盈亏平衡分析模型(可向出版社索取)来计算,如图 8-4 所示。

使用方法说明:

(1) 在固定成本 F 白色框内输入企业产品的总固定成本(单位元),如 150 000 000 元;

(2) 在单位变动成本 V 白色框内输入企业产品单位变动成本(单位元),如 300 元;

(3) 在单位产品价格 P 白色框内输入单位产品价格(单位元),如 600 元;

(4) 模型会自动计算出盈亏平衡时的产品销售量 Q_0 及盈亏平衡时的产品销售额 S_0;

(5) 在销售量 Q 白色框内输入预计销售量,模型会自动计算出预计销售额 R、总成本 C 及总利润 E。

2. 任务

某企业固定费用为 2700 万元,产品单价为 800 元/台,单位变动成本为 600 元/台。

(1) 计算盈亏平衡点时的销售量。

(2) 当销售量达到 12 万台时,计算产品销售额、总成本及总利润。

(3) 当销售量达到 48 万台时，计算产品销售额、总成本及总利润。
(4) 当销售量达到 64 万台时，计算产品销售额、总成本及总利润。

3. 要求

(1) 深刻理解盈亏平衡点的概念。
(2) 掌握固定成本线、变动成本线、总成本线、销售收入线及利润线间的相互关系。
(3) 利用盈亏平衡模型分析企业产品销量与利润的关系。

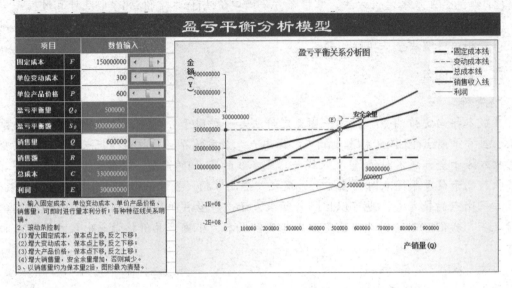

图 8-4　盈亏平衡分析模型

三、实训组织与实施

(1) 将班级成员划分为若干组，每组人数控制在 4~6 人，每组选出组长 1 名。
(2) 以组为单位，利用所给产品 Excel 盈亏平衡分析模型进行计算。
(3) 各组给出计算结果，并分析图形中固定成本线、变动成本线、总成本线、销售收入线及利润线间的相互关系。根据分析结果，形成《盈亏平衡点分析》实训报告。
(4) 各组选出代表就实训报告发言，每组发言控制在 10 分钟之内。
(5) 教师进行最后总结及点评，并为各组实训结果打分。

第九章 分销策略

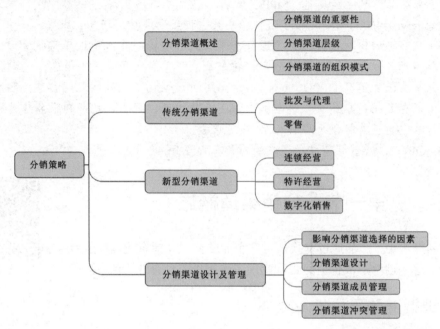

学习要点及目标

本章共分四节，分别介绍了分销渠道概述、传统分销渠道、新型分销渠道以及分销渠道设计及管理等内容。

通过本章的学习，要求学生了解分销渠道的含义及作用，掌握分销渠道的层级结构，把握影响分销渠道选择的主要因素；了解批发、代理及零售的基本概念，掌握批发商、代理商、零售商及新型分销渠道的基本类型与特点，学会对分销渠道进行有效管理。

OPPO、vivo 引发渠道"巷战"

著名市场调研机构 Counterpoint 发布调研报告称，2017 年第二季度，国产品牌的华为、OPPO、vivo、小米手机市场占有率排在国内智能手机市场的前四位，分别达到 20.2%、

18.8%、17%、13%,成为 2017 年二季度中国市场出货量最多的四大品牌。四大品牌中的 OPPO、vivo,凭借线下城市渠道的布局发展迅猛,成为销售份额增幅最大的两大手机品牌,是 2015 年以来业界最大的黑马。

OPPO 与 vivo 皆来自步步高系。当所有企业都在模仿小米时,这两家厂商却依照传统打法布局线下分销渠道。与小米不同,OPPO 与 vivo 的主要优势体现在分销渠道上,即将代理商、经销商、销售乃至地推人员的利益进行捆绑。OPPO 和 vivo 在线下拥有超过 20 万个销售网点,专注于线下分销渠道的耕耘,与代理商之间建立密切的关系和合理的管理体制。OPPO 和 vivo 的市场增量主要来自于三、四线城市,这些区域互联网不发达,也并不是华为及小米等品牌的主攻城市,OPPO 和 vivo 在这些市场获得了先机。

OPPO、vivo 品牌的逆袭宣告了线下门店渠道模式的成功。华为、中兴、小米、金立、酷派等手机厂商也纷纷把建设线下渠道作为未来战略目标,其他手机厂商亦纷纷试水线下渠道。如华为对外发布了"千县计划",将未来战略重点布局在线下渠道;一向稳重的中兴手机也公开表示要学习 OPPO、vivo,把 2016 年定义为"门店年";就连互联网手机的始作俑者小米也开始试水线下,逐渐加大线下布局力度,将小米之家的服务店升级为零售店,同时与苏宁结盟,联合开启小米 4S 线下售卖。

思考:OPPO、vivo 品牌成功逆袭的因素有哪些?关键因素又是什么?

第一节 分销渠道概述

9-1.mp4

在商品经济中,产品通过交换从生产企业转移到分销企业,直至消费者手中。这一过程形成价值纽带,实现了顾客价值及企业价值。

一、分销渠道的重要性

很少有制造商将产品直接卖给其最终用户,大多数制造商通过中间商将产品投放到市场上。这些中间商企业一般称为分销渠道。

(一)分销渠道的含义

美国市场营销学权威菲利普·科特勒认为,分销渠道是指产品或服务从生产领域向消费领域转移时,取得这种产品或服务所有权或帮助转移其所有权的所有组织或个人。简单地说,分销渠道就是使产品或服务从生产领域转向消费领域所经过的具体通道或路径,包括各种中间商以及处于渠道起点和终点的生产者与消费者。例如,苹果产品除凭借自己线上 AppSTORE 及线下自营店外,还通过为数众多的授权经销商来分销其产品。这些分销商是独立机构,并不由 Apple 运营,但它们却为苹果产品快速进入市场做出了重要贡献。

(二)分销渠道的作用

制造商之所以使用中间商,是因为中间商在为目标市场提供产品方面具有更高的效率。中间商凭借所拥有的关系、经验、专业知识和经营规模,可以做到很多制造商无法达成的事情。产品和服务与需要它们的消费者在时间、空间和所有权上存在差距，在将产品和服务传递给消费者的过程中，分销渠道成员通过消除这些差距实现了增值。分销渠道减少了交易次数，提高了交易效率，如图9-1所示。

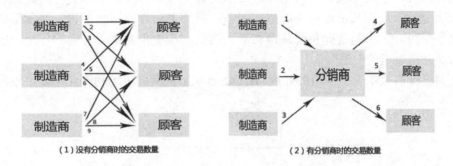

图9-1 通过分销渠道减少渠道交易次数

由图9-1可以看出，中间商在交易过程中提高了交易效率。图9-1(a)表示有3家制造商，分别采取直销的方式到达3个客户群。这一系统需要完成9次不同的交易。图9-1(b)表示3家制造商通过一家联系3个客户群的分销商进行销售活动。这一系统只需要6次不同的交易。通过这种方式，中间商减少了以往由制造商完成的大量工作。

(三)分销渠道的基本职能

企业把产品从生产领域转移到消费领域，分销渠道成员承担了许多基本职能，这些职能有助于分销及交易的完成。

(1) 信息。收集商品交换所必需的信息，例如，营销环境信息、竞争对手、潜在与现实消费者及其他参与者的营销信息。

(2) 促销。寻找潜在的购买者并与其进行沟通，根据对方需求进行富有说服力的宣传，促使交易双方达成交易共识。例如，上一级分销商会根据下一级分销商采购数量的多少给予适当价格的优惠政策。

(3) 谈判。为了转移货物所有权，渠道成员就其价格及有关条件达成协议。例如，渠道成员间通过谈判达成共识后，双方都要签订销售协议。

(4) 融资。分销渠道能够汇集或分散渠道成员资金。例如，生产厂家与中间商签订购销合同，可以极大缓解厂家资金压力；生产厂家与中间商签订代销合同，可以极大缓解中间商资金压力。

(5) 风险。在执行分销任务过程中，各渠道成员都承担了有关商品、运输、资金、汇率等各类风险，保障了渠道运行或商品流通的安全性，极大地降低了厂家及中间商等渠道成员的风险。例如，由中间商承担的运输险可以减轻厂家货物破损或丢失风险。

(6) 物流。分销过程涉及产品制造、装配、包装等活动，也涉及产品运输、储存等活动，这些活动可以使商品能够安全、完整地到达消费者手中。例如，实体产品的分销一般都少不了第三方物流或快递公司的参与。

二、分销渠道层级

企业可以设计不同形式的分销渠道，使消费者更容易获得产品和服务，比如线下分销渠道或线上分销渠道。凡是可以使产品或服务转移到消费者或用户的每一层营销中介都代表一个渠道层级。由于制造商和最终消费者在这一过程中也发挥了一定的作用，所以他们也被认为是分销渠道的一部分。

中间商层级的数量表示渠道的长度。图 9-2 显示了消费者市场和产业市场中不同长度的渠道。

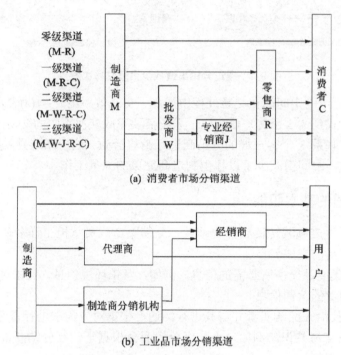

图 9-2 营销渠道的层级结构

图 9-2(a)显示了几种常见的消费者分销渠道。由制造商直接连接消费者或用户的渠道称为直销渠道，中间没有层级，制造商直接将产品出售给消费者。直接分销渠道多用于分销工业用品，一些消费品也可通过直接分销渠道销售。直接分销的方式主要有上门推销、电话营销、电视直销、邮购、网购以及制造商的自营店等形式。例如，小米科技通过小米官方网站进行手机销售。

【案例 9—1】

索尼扩展实体直营店

2012 年 8 月 18 日，全球最大索尼直营店在广州天河区太古汇商场开业。太古汇直营店是索尼在中国大陆的第四家直营店，营业面积超过 2000 平方米，销售 1000 余种索尼产品，是全球营业面积最大、在华产品种类最全的直营店。索尼直营店集合了索尼新技术、新产品、新解决方案和最佳服务，"体验"和"服务"是直营店的最大特色，轻松愉悦的体验环境、专业全面的体验顾问、完整的产品解决方案、丰富的用户互动活动，消费者在这里可以体验到完整的索尼品牌魅力。索尼通过扩展实体直营店，力图通过整体解决方案来拉动品牌形象上升。这种借鉴苹果体验店的渠道模式，对索尼不仅有提升品牌的战略意义，更重要的是顾客在索尼直营店里可以试用到索尼的产品线和全面解决方案，可以更好地满足其全方位的娱乐体验，更好地享受索尼品牌的高附加值。

思考：索尼扩展实体直营店的市场背景是什么？

图9-2(a)中其余的分销渠道则是间接分销渠道，包含一家或多家营销中介。例如，大多数传统商品的分销模式都采用间接分销渠道。间接分销渠道又分为一级分销渠道、二级分销渠道、三级分销渠道、多级分销渠道等。

三、分销渠道的组织模式

分销渠道是复杂的行为系统。在这一系统中，人与企业互动以达成个人、企业和渠道目标。一些分销渠道系统只包括组织松散的公司之间的非正式接触。其他一些则是在强有力的组织结构下的正式互动。分销渠道系统并不是一成不变的——不断会有新型的中间商出现，新的渠道系统也在不断发展。

(一)垂直渠道系统

传统分销渠道由一个或多个独立的制造商、批发商和零售商构成。渠道中每个成员都独立，没有一个成员可以对其他成员进行控制，也不存在划分职能和解决渠道冲突的正式方式。垂直营销系统可以由制造商、批发商或者零售商来主导。

1. 公司型垂直系统

这种系统是指一家公司拥有和统一管理若干工厂、批发机构和零售机构等，控制分销渠道的若干垂直营销系统层次，甚至控制整个分销渠道。这种渠道系统分为两种形式：一种是大工业公司拥有和统一管理若干生产单位和商业机构，采取工商一体化经营方式，例如，轮胎橡胶公司不仅拥有橡胶种植园，而且还拥有轮胎工厂，在其分销系统中管理各类授权代理商；另一种形式是大的零售企业，如美国零售业巨头希尔斯，拥有和统一管理若干工厂，采取工商一体化方式进行经营。

2. 管理型垂直系统

这种系统的主导关系是通过一个或几个占统治地位的渠道成员凭借其规模和实力建立的。一个拥有顶级品牌的制造商可以获得中间商强有力的促销协助和支持，例如宝洁公司可以获得中间商不同寻常的协助，包括商品展示、货架空间、促销和价格政策；一些零售商，诸如沃尔玛、家乐福、麦德龙等大型零售商也可以对其供应商施加大的影响。

3. 契约型垂直系统

这种系统由处在不同生产和分销层次的企业通过订立合同，在合约的基础上进行联合经营，这种经营可以获得比独自经营更大的销量。特许经营是最常见的契约型关系，特许经营权拥有者以合同约定的形式,允许被特许经营者有偿使用其名称、商标、专有技术、产品及运作管理经验等从事经营活动的商业经营模式。几乎所有的行业都涉及特许经营——从饮料、餐饮、宾馆、化妆品到服装、运动产品等。

(二)水平渠道系统

该系统是指由两家以上的公司联合起来、共同开拓市场的新型分销渠道系统。在这一系统中,处于同一层次的两家或多家公司为抓住新的营销机会联合起来,通过合作,这些企业可以将财务、产能和营销资源优势结合起来,以达到单个企业无法实现的目标。渠道成员可实行暂时或永久的合作,可发挥群体作用,利益风险共担。例如,沃尔玛与麦当劳合作,在沃尔玛门店中开设"快捷"餐厅,麦当劳从沃尔玛门店内川流不息的客流中获利,而沃尔玛也能在麦当劳食客中获取客源。其他像交通银行携手苏宁电器共同发行的联名信用卡、中信银行携手东方航空发行的中信银行东航联名卡也属于水平渠道营销。

(三)混合渠道系统

随着消费者细分市场的多样化和渠道形式的不断增加,越来越多的企业已经开始采用混合渠道系统。当一个企业为到达一个或多个消费者细分市场而建立两个或多个分销渠道时,就产生了混合渠道系统,如图9-3所示。

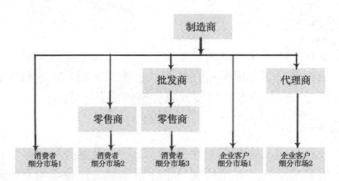

图9-3 混合渠道系统

在图9-3中,生产者通过电话或互联网直接将产品出售给消费者细分市场1;通过零售商出售给消费者细分市场2;通过批发商再通过零售商出售给消费者细分市场3;通过自己的直营店或销售人员出售给企业细分市场1;通过代理商出售给企业细分市场2。这种系统对同一或不同的子市场采用多条渠道营销系统。例如,苹果公司不但由授权经销商销售苹果产品,而且自己也通过线上AppSTORE及线下自营店销售产品。

混合渠道系统为那些面对大规模且复杂市场的企业带来很多好处。企业可以利用新渠道来提高销量和市场占有率,并且争取机会调整自己的产品以满足不同细分市场的特定需求。但混合渠道系统也有弊端,当更多不同的渠道为争夺消费者和销售量展开竞争的时候,就会产生多渠道间的冲突。例如,家电企业产品通过天猫或京东等互联网渠道直销产品会对线下实体店的销售产生一定影响。

【深度阅读9-1】卖车的店太多,机会在渠道整合(内容扫右侧二维码)。

深度阅读9-1.docx

第二节 传统分销渠道

9-2.mp4

生产商的产品要想快速进入市场,传统方式是依赖批发商或零售商来进行分销。批发或零售行为实现了产品由生产领域向流通领域的转移,最终实现了价值交换。

一、批发与代理

(一)批发与批发商

批发是将产品或服务出售给用于转售或商业用途为目的的购买者的活动,它是不直接服务于个人的购销活动。

从事批发活动的企业称为批发商。批发商是独立企业,也是批发商中最大的群体,对其所经营的商品拥有所有权。独立批发商按服务范围及系统产品线宽窄的不同,可分为综合批发商和专业批发商。综合批发商经营的产品种类及数量都很多,比如经营日化产品的批发商;专业批发商一般经营的产品种类较为单一,比如白酒批发商。

批发商是指位于商品流通的中间环节,批量采购上一级供应商(如工厂/代理/经销)的货,然后再批量卖给下一级批发商、零售商或产业用户的经济实体。批发商在卖出商品时,要将自己的各项费用和利润加到买进价中去,形成卖出价即批发价。卖出价大于买进价的部分,形成批发商的购销差价。一般来说,批发购销差价比零售商的买进卖出价差(批零差价)要小得多,因此,批发实际上是一种"薄利多销"的购销行为。

(二)代理与代理商

代理是指在约定的地区和期限内,一方为另一方从事代购、代销指定商品,并以佣金作为回报的销售模式。代理商是指受制造商委托从事代购、代销指定商品,以收取佣金作为回报的分销商。代理商主要从事代购、代销,或提供销售信息、咨询服务等,促成商品交易的实现,从而获得一定的服务手续费或佣金。例如,美国苹果公司在大陆的授权代理商就有北京方正赛易思、北京神州数码、北京天联新动、北京恒沙科技、深圳爱施德、天音通信、英迈(中国)投资及中邮普泰等公司。

代理商一般能更长久地代表买方或卖方,制造商代理是最常见的代理批发商类型,其他代理商类型还有运送代理商、出口代理商、进口代理商、广告代理商、投标代理商、保险代理商及旅行代理商等。

按代理权是否具有排他性,代理商又可分为总代理商和普通代理商。总代理商的代理权具有排他性,不得再行指定其他代理活动;普通代理商的代理权不具有排他性,可以再行指定其他代理活动。

代理商和批发商的区别主要在于是否需要从制造商那里购买产品,取得产品所有权。批发商从制造商处购得产品,取得产品所有权,然后销售;代理商则是代理厂家进行销售,不享有该产品的所有权。值得注意的是,现在很少有纯粹意义上的代理商,它更多具备的是经销商的性质,或者属于二者的混合体,既是代理,同时又需要拿钱买货。

【深度阅读9-2】把视频网站做成游戏代理，B站的非典型生财之道(内容扫右侧二维码)。

深度阅读9-2.docx

二、零售

(一)零售与零售商

沃尔玛、家乐福、北京华联、永辉超市是零售商，因为它们直接向最终消费者或用户销售产品。零售在流通领域中的位置如图9-4所示。

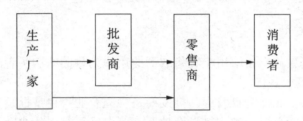

图9-4 零售在流通领域中的位置

作为产销中介环节，批发与零售的主要区别在于：批发是为中间性消费者(转卖或商业用途)进行的购销活动，是一种购销行为，目的是为了转卖；而零售则是为最终消费者服务的。虽然很多制造商、批发商也从事零售活动，但绝大多数零售活动都是由零售商来完成。零售商是将产品直接销售给最终消费者或用户的分销商，它处于商品流通的最终阶段。零售商的基本任务是直接为最终消费者提供产品或服务，在地点上、时间上及服务上，方便消费者进行购买，它是联系生产企业、批发商与消费者的桥梁，在分销途径中具有重要作用。

服务零售商

服务零售商是包括酒店、旅馆、银行、航空公司、大学、医院、电影院、健身俱乐部、保龄球馆、餐馆、维修服务、发型沙龙以及干洗店等提供服务的机构。

(二)零售商的类型

零售企业为满足不同的消费需求而形成了不同的经营形态，这种不同的经营形态又叫零售业态。不同零售业态可以满足不同消费者的特定需求，它们在商品经营结构、店铺位置、店铺规模、店铺形态、价格政策、销售方式、销售服务等方面都可以采取不同的经营策略。零售商经营的零售店也具有各种形式和规模，如小到当地的仓买、便利店，大到诸如世纪联华、北京华联、永辉超市等这样的全国性专业连锁零售店，甚至沃尔玛、家乐福、麦德龙等这样的大型跨国零售店。按零售经营形式划分，通常可以将零售商分为有店铺的商店零售商与无店铺的非商店零售商，他们各自有多种经营形式。

第九章 分销策略

1. 商店零售商

（1）专卖店。专卖店专门经营一类商品或某一类商品中的某种商品，虽然经营的产品线有限，但产品线内花色品种繁多，规格齐全，如音像制品商店、文具商店、外文书店、乐器商店及玩具商店等。

（2）百货店。百货店经营更加宽泛的产品线，商品类别多样，每一类别的商品品种齐全，经营部门是按商品的大类进行设立，其特点是类别多、品种规格全、服务程度高，如北京百货商店、西单汉光百货等。

（3）大型综合超市。这是一种规模相当大、顾客多、销售量大的零售机构，其特点是采用商品上架，由顾客自己选取的方式，而且实行顾客自我服务，减少了售货员数量，节约了费用，商品价格也较低廉，如沃尔玛、家乐福、永辉超市等。

（4）便利店。这是设在居民区附近、经营周转速度快的便利品的商店。便利店在地点上方便顾客，营业时间一般是 24 小时，适合居民随时购买。所经营的商品种类有限，但往往是消费者急需的、周转快的日用品，如联华快客便利店、可的便利店等。

（5）折扣店。折扣店的经营特点是在自助式、设备少的基础上经营，以低价销售商品，店址一般设在租金低的地区，提供最基本的零售服务。折扣店一般以中、下层消费者为对象，销售具有一定知名度品牌的服装、体育用品等商品，如奥特莱斯折扣店。

（6）仓储会员店。仓储店是一种集仓储、批发、零售于一体的自选商场。这种商场形似仓库，采用开放式货架陈列商品。通过节约装潢费用、降低营运成本、减少经营费用等，为顾客提供价廉物美的商品，达到以低价大量销售商品的目的，如麦德龙。

（7）购物中心。购物中心是一种特级市场，它是由各类大大小小的商铺组成的综合购物市场。由于购物中心内设有不同行业的店铺，经营各种各样的商品和服务，有停车场，有餐厅，甚至附设大型的娱乐场所，所以具有商品品种齐全、服务多样化、能满足一次购齐所需商品和购物娱乐同时进行的优势。例如，北京西单大悦城汇集了众多国内外知名品牌，拥有餐饮、娱乐和休闲等多种配套设施，是国内最大的购物中心之一。

（8）工厂直销店。工厂直销店一般是名牌厂商为了清理款式陈旧、过时换季或断码商品而以较低折扣集中销售商品的卖场，如各大城市中的耐克工厂店。

（9）企业自营店。企业在利用商业渠道销售产品之外，在经营力量允许的情况下，还可以通过开设自己的经销店销售自己企业的产品。企业自营店是企业自己开设的经销店，用于销售或展示企业产品的一种渠道形式，如小米科技在沈阳中街大悦城开设的小米之家体验店。

【案例 9—2】

"无人超市"是否能开启消费新时代？

2017 年 7 月 8 日，阿里的无人超市"淘咖啡"，在"2017 淘宝造物节"上亮相。这个 200 平方米的超市，可同时容纳约 50 人进行购物，是一家"自动识别、即走即付"购物与餐饮相结合的无人零售店铺。消费者第一次走进"淘咖啡"，先用"手机淘宝"扫门口的二维码获得电子入场券，然后在闸机上刷一下入场券就可以进店购物；进店后，全程不用再拿出手机；购物完成后，出店门前会经过两扇"结算门"，在通过的几秒钟里会被自动扣款，旁边的提示器会显示出扣款总额。阿里的"无人超市"，其实是一种"无人便利店"，甚至是"无人售货站"，它是一种介于专卖店和自助售货机之间的无人营销方式。它看起来很便捷、高效，适应现代都市人生活快节奏的需求，将对现今的商业形态、市场格局、经济前景构成影响。

思考：你认为未来无人超市会越来越普及吗？为什么？

2. 非商店零售商

非商店零售是指不设店面的零售方式，又称无店铺销售。这类零售可分为直复零售、直接零售、自动售货等几种类型。

(1) 直复零售。直复零售是指利用现代通信工具、多种广告媒体传递销售信息，使之作用于消费者，通常需要消费者做出直接反应的一类零售方式。直复零售主要有邮购、电话购物、电视购物和网络营销等。

(2) 直接零售。直接零售是指制造商生产的商品，不经过任何媒介，只是依靠人与人之间的联系，或由这种联系形成的网络直接销售给消费者。例如，安利、雅芳的直销模式。

(3) 自动售货。自动售货即采用自动销售设备进行的零售服务，如自动售货机、自动柜员机等。

【案例 9—3】

零售业态的相互渗透与融合

面临新的洗牌及升级，零售业态之间相互渗透与融合成为当今一大特点。传统百货店过去采用封闭式售货，顾客自主选择权大受限制，开架售货则成为现在百货店采用的基本经营方式。单体百货店引入餐饮店铺聚集客流，超市引入柜台联营模式，专业咖啡店开进书店，红酒专卖店兼具餐厅功能，购物中心引入餐饮、娱乐、健身等项目等也日益普及。各业态在基于目标顾客群接近、行业互补性强的基础上，完全可以尝试进行业态渗透与融合，可将书店与服饰、展览、餐饮业态融合产生新的跨界组合。例如，位于广州太古汇的方所文化经营公司就将集书店、美学生活、咖啡、展览空间与服饰时尚等混业经营为一体；位于北京路的三联书店也引进了咖啡厅、礼品销售、风行牛奶店等。这种相互学习，各取所长的变化，对于各零售业态提高市场竞争力，形成综合优势是必不可少的。

思考：有人说电商会让实体店没落，你认为零售业态渗透与融合会挽救实体店吗？

第三节　新型分销渠道

9-3.mp4

随着科技的发展，新的零售业态在不断出现。网络也成为一种新兴的销售渠道，一些企业或个人纷纷在网上开店，一些传统线下店铺也增加了线上销售渠道。

第九章 分销策略

一、连锁经营

(一)连锁经营与连锁店

连锁经营是指经营同类商品或服务的若干个企业,在总部领导下以一定的形式组成联合体的一种商业组织形式和管理模式。连锁店是企业所有和控制的两家或多家零售店。相对于独立经营的零售店而言,连锁店具有很多优势。较大的规模使得它们可以通过大批量地采购商品获得更低的价格,并取得促销的经济性。连锁经营企业在总部领导下进行专业化分工,并在分工基础上实施集中化管理,把独立的经营活动组合成整体的规模经营,从而实现规模效益。

自20世纪90年代以来,连锁经营作为一种新型的零售商业模式,已经在我国各行业蓬勃兴起,如家电行业的国美、苏宁,零售行业的永辉超市,服装行业雅戈尔,餐饮行业的小肥羊,酒店行业的如家、汉庭,家纺行业的富安娜、罗莱等。

连锁经营的特征主要是总部负责采购、配送,店铺负责销售,并通过企业形象的标准化、经营活动的专业化、管理方式的规范化及管理手段的现代化,使复杂的商业活动在职能分工的基础上,实现相对简单化,从而实现规模效益。连锁经营的特点可以归纳为六个统一,即统一采购、统一配送、统一标识、统一营销策略、统一价格、统一核算。

(二)连锁经营的形式

1. 直营连锁

直营连锁就是指总公司直接经营的连锁店,此连锁形态并无加盟店的存在。总部采取纵深式的管理方式,直接下令掌管所有的零售点,零售点接受总部的指挥。直接连锁的主要任务在"渠道经营",透过渠道拓展从消费者手中获取利润。

【案例9—4】

海底捞的直营连锁模式

四川海底捞餐饮股份有限公司是一家以经营川味火锅为主,融汇各地火锅特色于一体的大型直营连锁企业。公司在北京、上海、西安、郑州、天津、南京、杭州、深圳、厦门、广州、武汉、成都、昆明等大陆的57个城市有190家直营餐厅。在中国台湾有2家直营餐厅;在国外,已有新加坡4家、美国洛杉矶1家、韩国首尔3家和日本东京1家直营餐厅。公司有7个大型现代化物流配送基地,2个底料生产基地。公司以"采购规模化、生产机械化、仓储标准化、配送现代化"为宗旨,形成了集采购、加工、仓储、配送为一体的大型物流供应体系。

思考:海底捞为什么不搞加盟连锁模式?

(资料来源:海底捞官网,http://www.haidilao.com)

2. 特许连锁

特许连锁，又称合同连锁、契约连锁、加盟连锁，这是总部与加盟店之间依靠契约结合起来的一种形式，即以单个店铺经营权的授权为核心的连锁经营。特许连锁经营的核心是特许权的转让，总部与加盟店之间的关系是通过签订特许合约而形成的纵向关系，特许连锁经营的所有权是分散的，但经营权高度集中，对外要形成一致形象；加盟总部提供特许权许可和经营指导，加盟店要为此支付一定的费用。风靡世界的肯德基、麦当劳、7-11都是特许连锁组织的典型代表。

> **直营连锁与特许连锁的不同点**
>
> 直营连锁体系内的各个连锁店铺的所有权归同一民事主体也就是总公司所有，各连锁店铺与总公司之间是一种行政上的隶属关系，各连锁店铺不独立承担民事责任；特许连锁中的加盟店的所有权归各个独立的民事主体也就是加盟商所有，各加盟商独自承担各自的民事责任，与特许人无关。

3. 自愿连锁

自愿连锁，又称自由连锁经营，是企业之间为了共同利益结合而成的事业合作体，一般是原有店铺经过总部指导改成连锁总部规定的经营方式。各连锁店是独立法人，具有较高的自主权，只是在部分业务范围内合作经营，以达到共享规模效益的目的。例如，某咖啡店开始以独立品牌 A 进行经营，几年来发现客流量一直不理想，后来该咖啡店加盟了国内知名咖啡店品牌 B，客流量才逐渐有所好转，该咖啡店采取的就是自愿连锁形式。

二、特许经营

(一)特许经营与特许店

特许经营是指拥有注册商标、企业标志、专利、专有技术等经营资源的企业，通过订立合同，将其拥有的上述范围内的经营资源许可其他经营者使用，这些经营者按照合同约定在统一的经营模式下开展经营，并向该企业支付相应费用的经营活动。

以特许经营方式加入的店铺属于特许经营店铺。特许经营店铺操作简便，成本较低，可以快速扩大营销规模，满足消费者对便利化、规范化服务的需要。特许经营这种营销方式在许多国家特别是发达国家被广泛采用，发展比较成熟。特许经营在我国发展很快，全国已有数千个特许经营体系，如全聚德、华联超市、马兰拉面、吴裕泰茶叶、福奈特洗衣、东易日盛装饰等，涉及餐饮、零售、洗衣、室内装饰、休闲健身等60多个行业、业态，特许加盟店几十万家。

(二)特许经营的形式

特许经营按其特许权的形式、授权内容与方式，可以分为生产特许、产品或商标特许及经营模式特许。

第九章　分销策略

1. 生产特许

生产特许是受许人投资建厂，或通过 OEM 的方式，使用特许人的商标或标志、专利、技术、设计和生产标准来加工或制造取得特许权的产品，然后经过经销商或零售商出售，受许人不与最终用户(消费者)直接交易。典型的案例包括制造商对批发商的特许经营，如可口可乐授权有关瓶装商(批发商)购买浓缩液，然后充碳酸气装瓶再分销给零售商；制造商对零售商的特许，如石油公司对加油站之间的特许；批发商对零售商的特许，如医药公司特许医药零售店；零售商之间的特许，如连锁集团利用这一形式招募特许店，扩大经营规模。

2. 产品或商标特许

产品或商标特许是受许人使用特许人的商标和零售方法来批发和零售特许人的产品。作为受许人仍保持其原有企业的商号，单一地或在销售其他商品的同时销售特许人生产并取得商标所有权的产品，例如一些化妆品品牌或服装品牌授权代理商经营形式。

3. 经营模式特许

经营模式特许是受许人有权使用特许人的商标、商号、企业标志以及广告宣传，完全按照特许人设计的单店经营模式来经营；受许人在公众中完全以特许人企业的形象出现；特许人对受许人的内部运营管理、市场营销等方面实行统一管理，具有很强的控制性，如肯德基的特许加盟形式。星巴克的渠道经营模式则比较灵活：星巴克在美国本土经营上一直采取直营模式，但在进行海外扩张时，一般会选择当地的合作伙伴，也就是采取特许经营的模式，辅助其进入一个全新的市场。这是星巴克能够快速在海外站稳脚跟并扩张的重要战略。

【深度阅读 9-3】解码新零售(内容扫右侧二维码)。

深度阅读 9-3.docx

三、数字化销售

互联网的出现改变了消费者的购物方式，越来越多的消费者则通过网站、移动应用和社交媒体进行数字购物，以网络营销为代表的数字营销成为当前发展最快的营销形式。

(一)数字化销售的定义

数字化销售是指借助于互联网络、通信技术和数字交互式媒体来实现营销目标的一种销售方式。数字化销售利用先进的计算机网络技术，以最有效、最省钱的方式开拓新的市场和挖掘新的消费者。数字化销售基于明确的数据库对象，通过数字化多媒体渠道，比如电话、短信、邮件、电子传真、网络平台等数字化媒体通道，实现销售精准化、销售效果可量化的一种高层次销售活动。

【案例 9—5】

小米手机的线上销售

当初小米手机上市时采取了以网络为载体的电子商务线上销售模式。小米手机对外发布时，小米官方宣称仅在小米官网出售，直到联通定制机发布之前，小米官网一向是小米手机发售的仅有途径。后来，在淘宝网、当当网、新蛋网、中关村商城、京东商城、苏宁易购等网络途径也逐渐有小米手机出售。小米的数字化销售方法节省了中间环节的成本，节省了途径代理费，让零售报价尽可能做到最低。数字化销售使得小米手机具有极高的性价比，使其成为当时手机行业的一匹黑马。

思考：线上销售模式的弊端是什么？从现在来看，你认为小米的模式还很有效吗？

(二)数字化销售模式

数字化销售模式又称为电子商务模式，随着互联网应用领域的不断扩展和信息服务方式的不断创新，数字化销售模式的类型也层出不穷，主要可以分为B2B、B2C、C2C、O2O及C2B等5种类型，如图9-5所示。

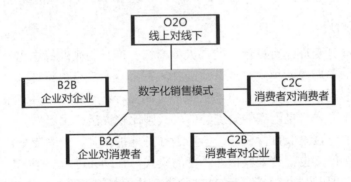

图9-5 数字化销售模式

1. B2B：商对商模式

B2B模式是企业面向企业的网络销售模式。这种模式是以企业为主体，在企业之间进行的数字化销售活动，如阿里巴巴平台就是典型的B2B模式。B2B模式是数字化销售的主流，也是企业建立竞争优势的主要方法。B2B模式可以给企业带来更低的价格、更高的生产率和更低的劳动成本以及更多的商业机会。

B2B模式又可分为垂直B2B、综合B2B、自建B2B及关联B2B等平台。

(1) 垂直B2B。这是一种面向制造业的B2B模式，又可以分为两个方向，即上游和下游：生产商与上游供应商之间形成供货关系；生产商与下游经销商可以形成销货关系，如图9-6所示。

这种垂直B2B平台类似于提供专业设备的在线商城，如提供购机整机及零配件的购机商城。通过这样的专业平台，生产企业可以宣传自己的产品，用快捷、全面的手段让更多的产业客户了解自己的产品，扩大商业交易规模。

(2) 综合B2B。这是一种面向中间交易市场的B2B，也称水平B2B，它为企业的采购方和供应方提供了一个交易的机会。这一类网站本身不拥有自己的产品，也不是经营商品的商家，它只提供一个交易平台，如阿里巴巴网上交易平台。

(3) 自建B2B。除第三方B2B交易平台外，行业龙头企业也可以自建B2B平台。自建B2B平台是行业龙头企业基于自身的信息化建设程度，搭建以自身产品供应链为核心的行业化网上销售平台。行业龙头企业通过自身的网上销售平台，将行业产业链上的上下游企业串联起来，实现了企业间资讯、沟通、交易共享。

(4) 关联 B2B。若干相互关联的 B2B 平台可以形成一个更大的 B2B 平台，如阿里巴巴国际 B2B 平台与国内 B2B 平台，就是一个关联 B2B 平台模式。

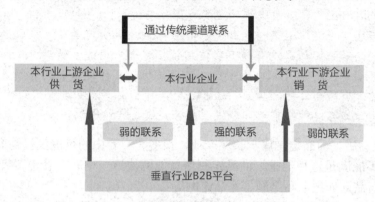

图 9-6　垂直 B2B 平台企业间的联系

2. B2C：商对客模式

B2C 模式是企业面向个体消费者的数字化销售模式，是企业通过网络销售平台把产品或服务销售给个人消费者的销售模式。这是最常见的数字化销售模式，例如天猫商城等购物平台提供的网络购物，都属于这种模式。这种类型的 B2C 网站，可以提供从鲜花、书籍到计算机、汽车等各种消费品和服务。B2C 模式的特点是商品完全通过网络的方式进行交易，消费者挑选和比较商品、进行购物支付、物流配送以及售后服务，整个交易环节都通过网络媒体来完成，速度快、费用低。

B2C 模式又分为以下几大类型平台。

(1) 综合商城。综合商城拥有庞大的购物群体、稳定的网站平台、完备的支付体系以及诚信安全体系。作为线上的商城，综合商城拥有商品价格低、24 小时配送、无区域限制、更丰富的产品线等优势。例如，京东商城线上商品经营种类十分丰富，属于网上综合商城。

(2) 百货商店。这种商店建有自有仓库，具有库存产品，可以以更快的物流进行配送。百货商店凭借着丰富的产品线吸引线上及线下的客户。例如，国际著名"现购自运"会员仓储超市麦德龙就属于这种。

(3) 垂直商店。这种商店的产品存在着更多的相似性，要么都是满足于某一人群需要，如孕妇商店；要么是满足于某种专业需要，如乐器商店。国内麦包包网及美乐乐家具就是典型的垂直网购商店。

(4) 自营商店。企业除了可以在第三方平台(如天猫)销售自己的产品以外，也可以自建网店销售自家的产品，比如苹果网上自营店、小米网上自营店等。

【案例 9—6】

凡客诚品的自营模式

凡客诚品(VANCL)是一家 B2C 的网上商城，由卓越网创始人陈年创办于 2007 年。凡客靠卖服装类产品起家，后来又陆续推出家居、化妆品等产品。商城上线以来，业务迅速发展，产品种类由2008年的男装衬衫、POLO衫两大类几十款，迅速发展到现在的男装、女装、童装、鞋、家居、配饰、化妆品等七大类。随着产品种类的不断丰富，凭借极具性价比的服装服饰和完善的客户体验，凡客诚品在中国服装电子商务领域的品牌影响力与日俱增，已经成为中国网民购买服装服饰的主要选择对象。

凡客诚品与现实生活中的美特斯邦威、特步等服装专卖店类似，采取的都是自产自销经营模式，不同的是凡客诚品没有线下实体店铺，完全采用线上销售。正因为凡客诚品所销售的这些产品基本上都是凡客自己生产，这种销售模式的优势也比较明显，即产品的整个产业链都可控，公司的目标利润可以从产品生产时制定，没有供货商的货源限制。

思考： 像凡客诚品这种线下生产、线上自营的模式有何弊端？

(5) 商品定制店。商品定制属于长尾产业，很多客户看中的可能仅仅是商品的某一点，而整体商品却不能满足这种需求，商品定制恰恰能解决这一问题，让消费者得到自己真正需要和喜欢的商品，如纪念品定制、礼品定制等。

(6) 服务型网店。为了满足人们多样化的个性需求，生活服务型网店现在越来越多，比如在线干洗店、在线设计店、在线心理咨询店等，甚至帮人排队买票，都有人交易。国内提供家居装修装饰设计(室内装修设计方案、户型图绘制工具、装修效果图)服务的酷家乐装修网就属于这种服务型网店。

3. C2C：客对客模式

C2C模式是消费者与消费者之间的数字化销售模式。C2C模式借助互联网通过电子商务平台实现个人与个人之间的交易。C2C模式最早由个人通过第三方交易平台(如eBay、淘宝等)进行在线交易。个人卖家最早仅出售一些二手商品，以竞价为主要手段，后来逐渐演变成经营性交易。从某种意义上讲，C2C模式具有显著的大众化交易特点，个人卖家可以在网站展示想要出售的商品信息，个人买家可以从中选择并购买自己需要的物品。C2C模式参与者多，覆盖面广，产品种类及数量极其丰富，交易方式十分灵活，能够广泛地吸引用户。最有影响力的C2C模式当属阿里巴巴集团在2003年5月创立的淘宝网，近年来涌现出来的一些二手车交易网站，如瓜子二手车交易网，就属于典型的C2C模式。

4. O2O：线上线下互动模式

O2O模式是线上与线下相结合的数字化销售模式，是线上营销线上购买带动线下经营和线下消费的一种销售方式。O2O模式将线下商机与互联网结合在一起，让互联网成为线下交易的前台：线下服务可以用线上来揽客，消费者可以在线上筛选服务，成交可以在线结算。O2O模式的典型代表为美团平台。

O2O模式的优点主要如下。

(1) 把互联网与实体店完美对接，实现互联网落地，让消费者在享受线上优惠价格的同时，又可享受线下的贴心服务；

(2) 充分利用了互联网跨地域、无边界、海量信息、海量用户的优势，充分挖掘线下资源，进而促成了线上用户与线下商品与服务的交易；

(3) 可以对商家的营销效果进行直观的统计和追踪评估，规避了传统营销推广效果的不可预测性，让消费行为可以准确统计；

(4) 打通了线上线下服务信息，让线下消费者避免因信息不对称遭受的"价格蒙蔽"；

(5) 拓宽了企业服务类产品经营渠道，使服务渠道由单一化转向多元化。

正因为O2O模式的这些优点，一些提供服务类的企业纷纷涉足O2O模式，它们在O2O平台通过提供服务打折、服务信息、服务预订等方式，把线下商店促销消息推送给互联网用户，促使这些潜在用户转换为自己的线下客户。O2O模式主要面向生活消费领域，一些适合到店消费的商品和服务，比如餐饮、健身、看电影和演出、美容美发等都适合采用O2O模式。随着该模式的普及，更多的行业开始转型到O2O模式，如生活服务信息领域的家政、搬家、跑腿等。

【想一想】哪些行业还适合应用O2O模式？

5. C2B：客对商模式

C2B模式是消费者与企业间高级互动的数字化销售模式。通常情况是消费者根据自身需求定制产品和价格，或主动参与产品设计、生产和定价，生产企业根据消费者的需求及定价进行定制化生产。例如，泸州老窖"三人炫"是一款互联网定制白酒，目标群体是年轻人，只在网上销售，其从产品的设计包装到定价营销都体现了互联网的特色，并迎合年轻消费群体的喜好，黑色瓶身，浮雕一样的设计，上刻三位名人的签名，时尚感扑面而来。

C2B模式主要有个性化定制、聚合需求及要约等形式。

1) 个性化定制形式

个性化定制是由用户提出个性化需求，商家根据需求生产个性化产品，用户为此付出一定的溢价。目前有一些商品在销售时可以个性化定制，比如iPad mini订购时背面的刻字，又比如购买手机时外壳的颜色和样式等。这些定制可以给用户带来一定的个性化元素，让用户体会到产品的不同。

2) 聚合需求形式

通过预售、团购等形式可以将分散着的用户需求集中起来，对于一些还没有生产出的产品，可以根据集中的需求进行快速的生产，使商家的供给与用户的需求相匹配，避免资源浪费。聚合需求可以给商家和用户都带来好处：对商家而言，可以实现零库存，降低商家成本，避免存货滞销风险；对于用户而言，用户可以用"时间"换"价格"，预售购买可以享受更低的价格，可以迎合价格敏感用户需求。例如，天猫"双十一"购物狂欢节，买家可以通过预售平台预付定金网购商品，卖家根据买家订货量组织生产并销售。预售模式有助于商家精准地锁定消费者，有效管理上下游供应链，被业界视作对C2B模式的新探索。

3) 要约形式

要约形式是将卖方与买方的传统位置对调，由用户自己出价，商家决定是否接受。从商家角度而言，这种方法最理想的状况是消费者剩余趋零的同时，提高了商家利润。消费者剩余是指消费者为取得一种商品或服务所愿意支付的费用与他取得该商品而支付的实际费用间的差值。例如，一款商品价格为100元，用户甲愿意为这款商品支付110元，用户乙愿意支付120元，那么用户甲的消费者剩余为10元，用户乙的消费者剩余为20元。对于商家而言，最理想的状况是将该商品以110元卖给甲，以120元卖给乙，但由于100元的公开定价使得商家在甲、乙用户身上损失了30元。要约模式对用户而言价格是隐蔽的，商家根据用户的出价情况来判断是否出售，这种方法可以降低消费者剩余，对商家有利。对用户而言，如果对一款产品愿意支付的费用是 120 元，尽管产品实际价格为 100 元，但在用户不知道实际价格的情况下，用户花 120 元买到该产品同样会让自己满意。

【案例 9-7】

美国 Priceline 的 C2B 商业模式

Priceline 是美国一家基于 C2B 商业模式的旅游服务网站。打开 Priceline 网站，最直观的可选项目就是"机票""酒店""租车""旅游保险"。Priceline 属于典型的网络经纪，它为买卖双方提供一个信息平台。对于希望按照某一种住宿条件或者某一指定品牌入住的客人，Priceline 也提供传统的酒店预订服务。不过 Priceline 创立了一种完全不同于传统预订业务服务的"Name Your Own Price"（客户自我定价系统）。这种商业模式在整个消费者市场中并不多见，Priceline 十几年来一直独树一帜，该商业模式被认为是网络时代营销模式的一场变革，而 Priceline 公司则在发明并运用这一模式的过程中迅速成长。

思考：国内同类旅游订购网站可以复制 Priceline 的 C2B 商业模式吗？为什么？

(资料来源：http://baike.sogou.com/v60691084.htm)

C2B 模式从用户角度出发，通过有效的资源整合与策划，将庞大的用户资源转化对企业产品和品牌的注意力。C2B 模式改变了企业传统营销策略，让用户与企业达成深度的沟通与理解，将用户需求转化为企业的营销价值。

【深度阅读 9-4】电商的新零售思考：社交、服务型电商是趋势(内容扫右侧二维码)。

深度阅读 9-4.docx

9-4.mp4

第四节 分销渠道设计及管理

一、影响分销渠道选择的因素

影响分销渠道选择的因素很多，企业在选择分销渠道时，要考虑以下几个因素对分销渠道选择的影响。

(一)市场因素

(1) 目标市场的大小。如果目标市场范围宽，分销渠道可以长些，如日化产品分销；如果目标市场范围窄，分销渠道可以短些，如工程机械分销。

(2) 目标顾客的集中程度。如果顾客比较分散，宜采用长而宽的分销渠道，如快速消费品的分销；如果顾客比较集中，宜用短而窄的分销渠道，如雪地轮胎的分销。

(二)产品因素

(1) 产品的易毁性或易腐性。如果产品易毁或易腐，则采用直接或较短的分销渠道，如养大型观赏鱼的水族箱;反之,则可以采用间接或长渠道,如水族箱过滤用的水泵。

(2) 产品单价。如果产品单价高,可采用直接渠道,如民航客机;反之,可以采用间接渠道,如无人飞机。

(3) 产品的体积与重量。体积大而重的产品宜选择短渠道,如客车厂家直销;体积小而轻的产品宜采用间接销售,如轿车的 4S 店销售。

(4) 产品的技术性。技术性复杂的产品或需要安装及维修服务的产品,宜采用直接渠道,如数控机床;反之,则选择间接渠道,如冰箱等一般家电产品。

(三)生产企业自身的因素

(1) 企业实力。如果企业实力强,可以建立自己的分销网络,采用直接渠道,如苹果公司的线下自营店;反之,应选择中间商,建立间接渠道,如 OPPO 手机零售店。

(2) 企业管理能力。如果企业管理能力强,又有丰富的营销经验,可选择直接渠道,如京东自营店;反之,应采用中间商,建立间接渠道,如一些小微企业。

(3) 企业控制渠道的能力。企业为了有效地控制分销渠道,多半选择短渠道,如佳能公司对其加盟专卖店的管理;反之,如果企业不希望控制渠道,则可选择长渠道,如大部分日化产品的销售。

(四)政府相关立法及政策规定

政府相关立法及政策也会对企业渠道选择产生影响,如专卖制度、反垄断法、进出口规定、税法以及税收政策、价格政策等因素。例如,我国实施的烟酒专卖制度对烟草经销商就有限制,企业应当依法选择分销渠道。

【想一想】还有哪些产品销售渠道会受到相关立法及政策影响?

(五)中间商特性

各中间商在广告、运输、储存、信用、人员、送货频率等方面不同,它们的分销能力及效率也不同,从而会影响生产企业对这些分销商的选择。例如,对于速冻食品厂家来讲,分销商应具备从运输到仓储再到运输的物流冷链条件。

冷　链

冷链(cold chain)是指易腐食品从产地收购或捕捞之后,在产品加工、贮藏、运输、分销和零售直至消费者手中,各个环节始终处于低温环境下,以保证食品品质、减少损耗、防止污染的供应链系统。

二、分销渠道设计

企业为了达到最佳的分销效果,需要对分销渠道进行设计。

(一) 分析消费需求

每个分销渠道成员和渠道层级都为顾客增加价值。因此，分销渠道设计的第一步是找出目标顾客希望从渠道中获得什么。例如，顾客希望在附近的区域购买产品还是愿意前往更远的中心城区？他们喜欢人员销售、电话订购还是在线购买？他们喜欢多样化的还是专业化的产品？他们需要大量的附加服务(送货、修理、安装)，还是愿意从别的地方获得这些服务？一般来说，送货速度越快，产品类型越丰富，提供的附加服务越全面，分销的服务水平就越高。提供最快的送货、最丰富的产品类型和最全面的服务，对企业来说也许是不现实的，因为提供的服务水平越高，渠道成员承担的分销成本就越高，从而导致顾客支付更高的价格。因此，分销渠道设计不仅要平衡顾客需要与提供服务的可行性和相关成本，还要平衡顾客需要与其价格偏好。

【深度阅读9-5】办公室无人零售进入"生鲜大战"(内容扫右侧二维码)。

深度阅读9-5.docx

(二) 制定分销目标

不同细分市场顾客对服务水平的需求是不同的，企业应当确定服务于哪些细分市场，以及不同市场中的最佳渠道设计。针对每个细分市场，企业应当在满足顾客服务需求的前提下，使渠道总成本最小化。例如，家电制造商希望它们的产品与竞争性品牌产品摆放在一起便于购物者比较选择，而在其他情况下，家电制造商也可能会避开竞争者采用的分销渠道而另辟蹊径，比如线上销售。

(三) 制定备选分销方案

备选分销方案包括中间商类型、营销中介的数量以及渠道成员的责任。

1. 中间商的类型

企业应当明确能够承担其分销职能的渠道成员的类型。大多数企业都面临很多可选择的渠道成员。例如，戴尔公司除了通过电话和互联网渠道向最终消费者和企业客户进行直销外，还通过自己的直销人员向大型企业、机构和政府进行销售。为了获取更多的消费者，戴尔公司也开始通过沃尔玛这样的零售商进行销售。

2. 营销中介的数量

企业还须确定各分销层级的渠道成员数量，可选择的策略包括密集性分销、选择性分销及独家分销。

(1) 密集性分销。密集性分销也称广泛分销，是制造商在同一分销渠道层次选用尽可能多的中间商经销自己的产品。密集型分销通常能扩大市场覆盖面，使产品快速进入市场。消费品中的便利品(如方便食品、饮料、牙膏等)适合采取密集性分销方式。在这一策略下，制造商会在尽可能多的零售商店备货，保证消费者需要产品时，无论何时何地都可以买到。例如，生活必需品在零售店都有销售，这种分销渠道为消费者提供了便利。

(2) 选择性分销。选择性分销是在某一层次上选择少量的中间商进行商品分销的渠道模式。选择性分销一般选择若干个实力较强的中间商，它们能较有效地维护制造商品牌信誉，建立稳定的市场地位。这类渠道多为消费品中的选购品和特殊品、产业品中的配件等。选择宽渠道分销还是窄渠道分销取决于企业的战略目标、产品特点和顾客分散程度。一般专业性强的产品，如笔记本电脑，或贵重耐用品，如腕表，一般由一家中间商统包，几家经销商分销，渠道相对较窄。

(3) 独家分销。独家分销是在一定地区内只选定一家中间商经销或代理产品，实行独家经营。独家分销是最极端的渠道形式，是最窄的分销渠道，通常只对某些技术性强的耐用消费品或品牌适用。独家分销对生产商来讲，有利于控制市场，强化产品形象，增强厂商和中间商的合作及简化管理程序，有利于提高中间商的经营水平。例如，一些国际奢侈品品牌产品的销售。采用这一分销模式的企业必须与被选中的独家经销商签订协议，保证作为独家经销商只能经销生产企业的产品，不得同时经销其他厂家的同类产品。

3. 渠道成员的责任

制造商和中间商需要就合作条款和每个分销成员的责任达成一致，包括各方遵守的价格政策、销售条件、区域特权和具体服务。制造商应为中间商提供价格清单和公平的折扣政策。另外，还必须划定每个渠道成员的经营区域。例如，麦当劳为特许经销商提供促销支持、记录保存系统、"汉堡大学"的培训课程以及一般的管理协助。反过来，特许经销商必须符合公司制定的标准，包括达到实体设施和食品质量标准、配合新的促销计划、提供必要的信息，以及购买指定的食用产品等。

(四)评价分销方案

企业应该按照经济性、可控性和适应性标准对每种分销方案进行评估。在使用经济性标准的时候，企业需要比较各分销方案的潜在销量、成本和盈利性。例如，每种分销方案需要多少投资，会带来多少回报？企业还必须考虑可控性，在其他条件相同的情况下，企业倾向于尽可能多地保留控制权。最后，企业还要考虑适应性标准。渠道成员之间通常会达成长期的合作，但是企业希望能够根据环境的变化灵活调整渠道策略。

三、分销渠道成员管理

企业经过仔细评估，选择了合适的分销渠道方案，就需要有效地实施和管理。分销渠道管理要求企业选择、管理和激励每个渠道成员，并定期评价其工作表现。

(一)选择分销渠道成员

在选择分销渠道成员的时候，企业应当明确具有哪些特质的中间商才是好的渠道成员，评价每个中间商的从业年限、经销的产品线、增长和盈利记录以及合作意愿和声誉。如果中间商是销售代理，企业需要评价其现有的其他产品线的特点和数量，以及销售队伍的规模和资历。例如，当年天美时刚开始销售其廉价手表的时候，几乎所有的珠宝店都表示拒绝，公司不得不设法通过量贩店进行销售。后来事实证明，选择量贩店作为渠道成员是一个明智的决定，因为量贩店后期发展迅速，为天美时手表的销售起到了重要作用。

(二)管理和激励渠道成员

选定渠道成员后,企业还需要对这些渠道成员进行有效的管理和激励,并与这些渠道成员建立长期的合作伙伴关系。为了调动渠道成员的积极性,企业通常可采取以下激励措施:①价格折扣,如现金折扣、数量折扣、季节折扣、职能折扣等;②提供适度启动资金,以帮助渠道成员拓展市场;③提供一定数量的先期铺货和及时供货;④提供渠道成员广告支持;⑤提供销售技巧培训;⑥设立专项奖金,如合作奖、开拓奖、销售奖、信息奖等;⑦提供补贴,如促销补贴、库存补贴等;⑧协助中间商推销,如销售代表与渠道成员一起站柜台和进行销售指导;⑨提供优质产品和技术支持。此外,企业还可以利用顾客关系管理(CRM)系统来协助客户关系管理,同时可以利用伙伴关系管理(PRM)和供应链管理(SCM)软件来招募、培训、组织、管理、激励和评估公司与渠道伙伴的关系。

(三)评估渠道成员

企业必须定期检查渠道成员的绩效,包括销售定额完成情况、平均存货水平、交货时间、损毁和丢失货物的处理、企业促销和培训计划的配合度以及顾客服务水平。企业应当认可和奖励有卓越表现、为顾客增加价值的中间商;对于表现欠佳的中间商则应给予协助,必要的时候进行替换。

四、分销渠道冲突管理

分销渠道设计是企业在不同环境、不同利益和不同方法等众多因素影响下完成的,企业与渠道成员间、渠道成员与渠道成员间存在一定的利益关系,这种利益关系有时会产生矛盾纠纷。渠道冲突是指企业与渠道成员间、渠道成员与渠道成员间因目标不一致或利益不平衡而产生的矛盾或纠纷。渠道冲突是渠道中的一种普遍现象,企业必须采取措施避免或减弱渠道冲突产生的危害。

(一)渠道冲突产生的原因

1. 购销业务存在矛盾

购销业务矛盾的一个主要原因是生产商与中间商有着不同的目标,如生产商要以高价出售,并倾向于现金交易,而中间商则要支付低价,并要求优惠的商业信用;生产商希望中间商只销售自己的品牌,但中间商只关心有销路的品牌;生产商希望中间商将折扣让给消费者,而中间商却想将折扣留给自己;生产商希望中间商为它的品牌做广告,中间商则要求生产商负担广告费用。此外,每一个渠道成员都希望自己的库存少一些,对方库存多一些。

2. 渠道成员的任务和权利不明确

销售区域、销售信贷等方面的模糊划分和制定混乱也会导致诸多渠道冲突。例如,有些公司由自己的销售队伍向大客户供货,同时它的授权经销商也努力向大客户推销。此外,冲突还可能来自渠道成员的市场判断差异。例如,生产商预测近期经济前景良好,要求经销商的存货水平高一些,而经销商却可能认为经济前景不容乐观,不愿要过多的存货。

3. 中间商对生产商依赖过高

独家经销模式使得经销商过多依赖于生产商，这也是产生冲突的隐患。例如，一些采取独家代理的数码产品中间商，其利益及发展前途直接受制于数码产品制造商产品设计及定价策略的影响。

4. 产生渠道冲突的其他原因

(1) 价格原因。各级批发价的价差常是渠道冲突的诱因。制造者常抱怨分销商的销售价格过高或过低，从而影响其产品形象与定位；而分销商则抱怨给其的折扣过低而无利可图。

(2) 存货水平。制造商和分销商为了自身的经济效益，都希望把存货水平控制在最低。存货水平过低又会导致分销商无法及时向用户提供产品而导致用户转向竞争者。

(3) 大客户原因。制造商与分销商之间还存在相互间争夺大客户的矛盾。例如，分销商担心其大客户直接向制造商购买而威胁其生存。

(4) 争占对方资金。制造商希望分销商先付款、再发货，而分销商则希望能先发货、后付款。一些大卖场，对供货商都有一个账期，即指由供应商先期铺货，商家在合同期限内给供应商结算货款的时间周期，这种账期一般规定一到三个月不等。

(5) 技术咨询与服务问题。分销商不能提供良好的技术咨询和服务，常被制造商作为采用直接销售方式的重要理由。

(6) 分销商经营竞争对手产品。制造商不希望他的分销商同时经营竞争企业同样的产品，特别是在工业品市场上，用户对品牌的忠诚度并不高，经营竞争对手的产品会给制造商带来较大的竞争压力；而分销商希望经营不同厂家的产品，以此来扩大其经营规模，并免受制造商的控制。

(二)渠道冲突产生的类型

1. 水平渠道冲突

水平渠道冲突是指同一渠道模式中，同一层次中间商之间的利益冲突。例如，某一地区经营华为荣耀 9 型号手机的零售商发现同一地区另一家零售商以低于销售协议规定的价格销售同样型号的手机产品，这种渠道冲突就属于水平渠道冲突。水平渠道冲突的另一种表现形式是窜货。窜货是指经销商受利益驱动违反销售协议，依靠价格优势跨区域销售产品的行为。"水货"就是一个最为典型的窜货行现象。跨区域销售产品的窜货行为会造成市场价格混乱，严重影响厂家声誉。

【想一想】生产商如何避免或克服中间商窜货？

2. 垂直渠道冲突

垂直渠道冲突是渠道上下游企业间的冲突，是同一渠道中不同层次企业之间的冲突。这种冲突较之水平渠道冲突更常见。例如，某些批发商可能会抱怨生产企业在价格方面控制太紧，留给自己的利润空间太小；零售商对批发商或生产企业，可能也存在类似的不满。在某些情况下，生产企业为了推广自己的产品，越过一级经销商直接向二级经销商供货，使上下游渠道间产生矛盾。

3. 多渠道冲突

随着细分市场和可利用的渠道不断增加，越来越多的企业采用了多渠道分销系统。多渠道冲突是生产企业建立多渠道分销系统后，不同渠道服务于同一目标市场时所产生的冲突。例如，莱维牛仔服在同一地区通过百货商店销售，就引起了当地专卖店的不满；联想电脑在各地建立了自己的专卖店，也曾引起联想电脑经销商的不满。以天猫、京东为代表的互联网电商平台对线下实体店的影响其实就是一种多渠道冲突。

【想一想】苹果产品如何做到避免线上与线下渠道冲突的？

(三)渠道冲突解决办法

1. 强化共同目标

生产商应确立和强化与经销商的共同目标，如市场份额、品牌形象、消费者满意度等，以引导他们紧密合作。通过确立共同的目标和价值观，有助于渠道成员增强对渠道环境、渠道结构的认识，从而有助于大家从整体考虑，最终避免冲突的出现。

2. 明确权利、责任、义务

虽然产生渠道冲突的原因比较多，但实际上大部分渠道冲突都可以通过明确渠道成员间的权利、责任、义务等来避免。因此，企业在进行渠道规划的时候尽可能多地考虑到实际情况，详细界定渠道成员间的权利、责任、义务等，尽可能减少利益冲突。

3. 成立渠道管理组织

为了更好地分工协作，同时更好地处理渠道冲突，企业和其他渠道成员有必要共同成立一个渠道管理组织，同时还要建立一个有效的沟通机制，使渠道成员间加深相互理解避免冲突出现。例如，作为以生产销售统一润滑油为主的统一石化公司，与经销商共同成立了市场协调委员会，由委员会与统一公司总部共同维护经销商的利益，诸如低价销售、窜货等行为均可以通过这个协调委员会来处理。统一石化公司就是这样依靠与经销商利益共享的良好关系及强大的渠道网络获得了成功。

深度阅读 9-6.docx

【深度阅读 9-6】线下战火正在考验 OV 的"手足情"(内容扫右侧二维码)。

本 章 小 结

分销渠道是使产品或服务从生产领域转向消费领域所经过的具体通道或路径，包括各种中间商以及处于渠道起点和终点的生产者与消费者。制造商之所以使用中间商，是因为中间商在为目标市场提供产品方面具有更高的效率。

企业把产品从生产领域转移到消费领域，分销渠道成员承担了许多基本职能。企业可以设计不同形式的分销渠道，使消费者更容易获得产品和服务。

生产商的产品要想快速进入市场，传统方式是依赖批发商或零售商来进行分销。批发或零售行为实现了产品由生产领域向流通领域的转移,最终实现了价值交换。

随着经济与技术的发展,新的零售业态不断出现,如连锁经营、特许经营及数字化销售。影响分销渠道选择的因素主要有市场因素、产品因素、生产企业自身的因素、政府相关立法及政策规定以及中间商特性。

渠道冲突是渠道中的普遍现象,企业必须采取措施减弱渠道冲突的危害。分销渠道成员管理包括选择分销渠道成员、管理和激励渠道成员、评估渠道成员。

思考与练习

一、选择题

1. 企业把产品从生产领域转移到消费领域,分销渠道成员承担了许多基本职能,这些职能主要包括(　　)。
   A. 信息、促销、回款、融资、风险、仓储
   B. 信息、促销、谈判、融资、风险、物流
   C. 广告、公关、谈判、融资、风险、物流
   D. 定价、促销、谈判、保险、仓储、物流

2. 上门推销、电视直销、邮购、网购以及制造商的自营店等渠道形式属于(　　)。
   A. 直复营销　　B. 直接分销　　C. 间接分销　　D. 多级分销

3. 技术的变化及网络营销的迅猛发展,对营销渠道产生了深远的影响,其中一个主要趋势就是(　　),制造商或服务企业摒弃中间商而直接面对最终消费者。
   A. 扁平化　　B. 垂直化　　C. 简单化　　D. 复杂化

4. 将产品或服务出售给用于转售或商业用途为目的的购买者的活动称为(　　)。
   A. 直销　　B. 零售　　C. 批发　　D. 代理

5. (　　)是指在约定的地区和期限内,一方为另一方从事代购、代销指定商品,并以佣金作为回报的销售模式。
   A. 代理　　B. 微商　　C. 分销　　D. 批发

6. (　　)是指经营同类商品或服务的若干个企业,在总部领导下以一定的形式组成联合体的一种商业组织形式和管理模式。
   A. 代理经营　　B. 授权经营　　C. 特许经营　　D. 连锁经营

7. 将线下商机与互联网结合在一起,线下服务可以用线上来揽客,消费者可以在线上筛选服务,成交可以在线结算,如美团,这种商业模式属于(　　)。
   A. B2C　　B. B2B　　C. O2O　　D. C2C

8. (　　)模式是消费者与企业间高级互动的数字化销售模式,通常情况是消费者根据自身需求定制产品和价格,或主动参与产品设计、生产和定价,生产企业根据消费者的需求及定价进行定制化生产。
   A. B2C　　B. C2B　　C. C2C　　D. O2O

9. 消费品中的便利品,如方便食品、饮料、牙膏、牙刷等适合采取(　　)方式来分销产品,以提供购买上的最大便利。
   A. 直复营销　　B. 独家分销　　C. 选择性分销　　D. 密集性分销

10. 某一地区经营华为荣耀 9 型号手机的零售商发现同一地区另一家零售商以低于销售协议规定的价格销售同样型号的手机产品，这种渠道冲突属于(　　)冲突。

    A. 水平渠道　　　B. 垂直渠道　　　C. 多渠道　　　D. 地域渠道

二、名词解释

分销渠道　　渠道长度　　渠道宽度　　批发　　代理　　零售　　零售业态　　C2B 模式

三、问答题

1. 分销渠道具有哪些功能？
2. 简述分销渠道的层级。
3. 根据渠道的宽度，可以产生几种渠道宽度结构？
4. 影响分销渠道选择的因素有哪些？
5. 批发商与代理商有什么区别？
6. 连锁经营有哪些形式？
7. 特许经营与连锁经营有哪些区别？
8. 简述数字化销售模式。

四、讨论题

1. 什么是窜货现象？如何避免窜货现象？
2. 术语"最后一公里"常常用于电信行业。以你的切身感受同时查阅相关资料分析一下这个行业"最后一公里"近年来的演化。

五、案例分析

    在实体店转型升级的大背景下，创新热潮成为零售业的一大特色。与目前诸多零售企业的创新相比，大悦城的创新具有体系化和整体性的特点。自天津大悦城始，每一座大悦城都在追求自己的主题，围绕这一主题充分展开想象，进行创新。比如，天津大悦城的骑鹅公社、上海大悦城的摩坊 166 街区以及成都大悦城的 Joy Street 主题潮爆街区都是以 Mall 中 Mall 的形式在购物中心里面内嵌商业街区。尽管每座大悦城的主题不尽一致，但其创新理念、围绕经营顾客做文章的内核却是统一的。2016 年上海大悦城北楼正式开业，重装开业的大悦城华丽转身，成为上海时尚潮流的商业地标。上海大悦城 8～9 层的摩坊 166 街区为了营造后工业时代的氛围，整个街区用裸露的红砖墙来模仿旧厂房的效果。地面也采用红砖铺就，甚至还煞有介事地做出下水道的井盖。摩坊 166 街区的逼真程度之高就好比将一条街景放在了购物中心，消费者如同置身北京 798 工业艺术区，强化"逛街"的体验。另外，为了增强消费者的互动体验。上海大悦城进驻一些包括手制皮具、金属器件、印刷、造纸、版画工作室、DIY 烘焙教室、微景观等手作业态。比如，手制皮雕 BOBOCAT 酷猫，这是它第一次进驻上海。上海大悦城店将以前店后厂的形式呈现，顾客不仅可以现场观摩一件皮雕作品的诞生，同时也能参与难度不等的 DIY 项目，从小的皮带卡包，到大型箱包，消费者可以体验手作乐趣。透过上海大悦城的创新折射出的实体店发展趋势更加值得业内关注，特别是在当前零售业的迷局时代。上海大悦城强化体验的背后折射出实体零售店未来的竞争趋势。

(资料来源：http://www.sohu.com/a/144489124_481796)

第九章 分销策略

讨论：
1. 以上海大悦城为例，分析实体店摆脱当前零售业迷局的一些策略。
2. 上海大悦城如何通过创新进行线下转型？

实 训 项 目

一、实训目的

(1) 了解新型渠道在营销中的作用。
(2) 掌握产品类型与网络销售平台的关系。
(3) 培养学生搜集与分析资料、团队合作、个人表达等能力。

二、实训内容

1. 资料

京东是国内的综合网络零售商，也是中国电子商务领域受消费者欢迎和具有影响力的电子商务网站之一，在线销售家电、数码通信、电脑、家居百货、服装服饰、母婴、图书、食品、在线旅游等12大类数万个品牌百万种优质商品。京东自2004年年初涉足电子商务领域以来，专注于该领域的长足发展，凭借在3C领域的深厚积淀，先后组建了上海及广州全资子公司，将华北、华东和华南三点连成一线，使全国大部分地区都覆盖在京东商城的物流配送网络之下；同时不断加强和充实公司的技术实力，改进并完善售后服务、物流配送及市场推广等各方面的软、硬件设施和服务条件。京东商城组建以北京、上海、广州、成都、沈阳和西安为中心的六大物流平台，以期能为全国用户提供更加快捷的配送服务，进一步深化和拓展公司的业务空间。作为中国B2C市场的3C网购专业平台，京东商城无论在访问量、点击率、销售量以及业内知名度和影响力上，都在国内3C网购平台中具有较大影响力。

2. 任务

(1) 搜集京东商城电子商务平台的相关资料。
(2) 搜集在京东商城销售额位居前5位的产品大类，了解这些产品类别及特点。
(3) 分析何种产品适合网络销售，何种产品不适合网络销售。
(4) 分析京东商城网络销售平台的优缺点。

3. 要求

(1) 资料搜集要尽可能地全面与深入。
(2) 分析要结合目标市场人群的特点。
(3) 在渠道策略选择上要考虑产品策略、价格策略。

三、实训组织与实施

(1) 将班级成员划分为若干组，每组人数控制在4~6人，选出组长1名。
(2) 以组为单位，利用网络渠道搜集相关资料，并对资料进行整理、归纳。
(3) 各组在课堂上进行讨论，归纳讨论要点，形成《京东商城网络销售策略》实训报告。
(4) 各组选出代表就实训报告发言，每组发言控制在10分钟之内。
(5) 教师进行最后总结及点评，并为各组实训结果打分，教师打分满分为20分。

第十章 促销策略

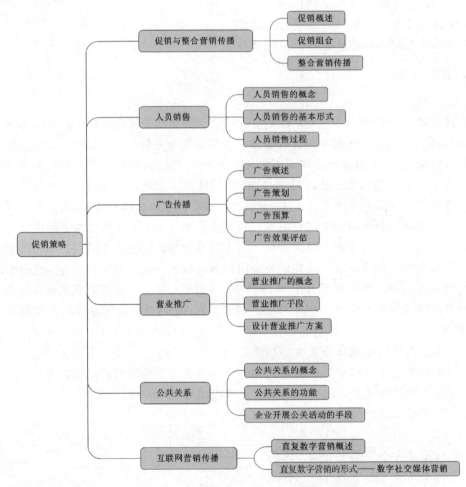

学习要点及目标

本章共分六节,将分别介绍促销与整合营销传播、人员销售、广告传播、营业推广、公共关系以及互联网营销传播等内容。

通过本章的学习,要求学生了解促销的实质、意义及整合营销传播的概念,掌握人员推销、广告、营业推广、公共关系及直复数字营销等策略,能够灵活运用这些策略与目标消费者进行有效沟通,从而促进产品或服务的销售。

第十章　促销策略

两家粥铺

小镇的一条街道上有两家卖粥的小铺，相隔几十米，一家在道北，一家在道南。两家粥铺的价格类似，每天客流量也都差不多，都是人来人往、川流不息。然而两家粥铺的营业额却相差较大，南边这家粥铺总是比北边那家粥铺营业额多出个百十来元，几乎天天如此。

每当顾客走进道北那家粥铺，服务员总是微笑着把顾客迎进来，给盛好一碗粥，并问："加不加鸡蛋？"每进来一个顾客，服务员都要问一句："加不加鸡蛋？"也有说加的，也有说不加的，大概各占一半。

每当顾客走进道南那个粥铺，服务员也同样微笑着把顾客迎进来，给盛好一碗粥，并问："加一个鸡蛋，还是加两个鸡蛋？"再进来一个顾客，服务员又问一句："加一个鸡蛋还是加两个鸡蛋？"爱吃鸡蛋的就要求加两个，不爱吃的就要求加一个。也有要求不加的，但是很少。一天下来，南边这个粥铺自然要比北边那个粥铺多卖出好多鸡蛋，当然也多赚了好多钱。

思考：两家不同粥铺的经营思路能给我们带来什么启发？

企业除了开发优良产品，制定合理价格，选择合适的分销渠道外，还必须与目标消费者进行有效沟通。促销活动作为有效的沟通方式，在现代市场营销活动中具有重要的作用，促销策略是企业在市场竞争中取胜的必要保证。

第一节　促销与整合营销传播

一、促销概述

(一)促销的含义

促销是促进产品销售的简称，是企业利用各种有效沟通手段，使消费者关注企业的产品或服务，激发消费者的购买欲望，从而实现购买的行为。促销的实质是信息沟通，即企业为了促进销售，把信息传递的一般原理运用于企业的促销活动中，在企业与中间商和消费者之间建立信息联系，实现有效的信息传递。最常见的促销形式是广告，而广告的实质就是沟通，让潜在目标消费者关注企业的产品或服务。

(二)促销的手段

传统的促销手段包括人员推销、广告宣传、营业推广及公共关系，它们共同组成了传统促销组合。随着互联网的兴起，企业利用互联网对产品或服务进行传播也越来越普遍，直复数字营销也成为一种新型的促销手段。各种促销手段从沟通的角度来看，实际上都是一个信息传播的过程，它们都是为了一个目的，即让企业产品或服务占领消费者的心智，

10-1.mp4

从而影响消费者的购买决策。

(1) 人员推销。人员推销是企业运用推销人员或委派专门推销机构，直接与消费者就商品和劳务进行宣传、介绍，以实现销售目标的一种促销活动。

(2) 广告宣传。广告宣传是广告主以促进销售为目的，支付一定的费用，通过特定的媒体传播商品或劳务等有关经济信息到可能的用户中去的大众传播活动。

(3) 营业推广。营业推广也叫销售促进，它是指企业运用各种短期诱因，刺激鼓励消费者和中间商购买、经销企业产品或服务的短期促销活动。

(4) 公共关系。公共关系是一种独特的社会关系，它是通过一种有利的信息沟通方式，宣传树立良好的公司形象，为企业广结良缘，并应付不利的谣言、新闻或事件的长期活动。

(5) 直复数字营销。直复数字营销是企业与个体消费者或社群消费者直接联系以获取即刻反馈和培养持久客户关系的促销活动。

(三) 促销的功能

企业通过沟通活动，把产品或服务等信息传递给消费者，可以达到宣传产品或服务的目的。促销已成为现代营销的重要组成部分，在企业营销活动中占有重要的地位。

1. 传递信息

促销作为信息沟通的重要方式，它可以把企业产品、价格、服务方式、信誉、交易方式和交易条件等信息传递给广大消费者，使消费者关注企业产品或服务，从而为企业产品或服务的销售创造前提条件。例如，美国苹果公司每年秋季举行的新品上市发布会就是一种有效地吸引消费者关注的促销形式。

2. 彰显特色

在竞争市场环境条件下，同类产品差异越来越小，消费者自己很难辨别或察觉。企业可以通过促销活动传递企业产品较竞争对手产品的不同特点，激发消费者的需求欲望。例如，"农夫山泉"作为饮用水的后起之秀，凭借"农夫山泉有点甜"迅速树立了自己在行业中的差异化形象。

3. 指导消费

消费需求具有可诱导性，在促销活动中，营销者通过产品介绍，在一定程度上可对消费者起到教育指导作用，从而有利于激发消费者的需求欲望。例如，凉茶原本是区域性消费的产品，王老吉为了把自己定位成"预防上火"并试图行销全国，它要做的就是改变消费者的认知，让人们接受"预防上火的饮料"，为此王老吉利用中央电视台和地方媒体进行了广告传播，王老吉"预防上火"的概念在短期内迅速被消费者所认知。

【案例 10—1】

美的集团的"烧水对比实验"

2006 年之前的农村市场，电磁炉鲜有销量。美的集团市场营销人员分析市场后发现：电磁炉在农村销量小的主要原因来自消费者对电磁炉耗电量大的认知。如果能突破消费者的这种认知障碍,电磁炉有可能在农村市场获得成功。消费者对电磁炉的认知障碍主要存在两个方面:第一,电磁炉能做什么?第二,电磁炉价格那么高,买了是否划算?针对这种消费认知,美的集团销售人员设计了"烧水对比实验",在农村的集市上做演示:用电磁炉和煤气罐同时烧水,然后计算烧同量水的成本。销售人员想通过实验告诉消费者,只要使用两年,那么"电磁炉价格+电费"的成本远低于"煤气费"。这种可感知的产品特征解决了消费者认知障碍,农村市场被美的集团打开。

思考:实验验证促销形式对哪些产品、哪些潜在消费者有良好的效果?

4. 树立形象

在激烈的市场竞争中,企业可以通过开展促销活动,传播和推广企业品牌形象,让目标消费者认同品牌,从而认同企业的产品或服务。例如,"农夫山泉"以"每喝一杯农夫山泉,就为中国奥运捐出一分钱"的广告语,拉近了农夫山泉与大众的奥运情结,树立了农夫山泉的品牌形象。

二、促销组合

(一)促销组合的概念

促销组合是指企业在促销活动中,为实现以最低的促销费用获得最好的整体促销效果,对人员推销、广告宣传、营业推广、公共关系及直复数字营销等促销方式进行的综合运用。不同的企业,由于行业特点不同、顾客类型不同,促销组合的方式也有很大的差异。

(二)促销组合策略

促销策略可以分为"推"式策略与"拉"式策略,如图10-1所示。

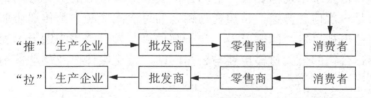

图10-1 促销的推式策略与拉式策略

1. 推式策略

推式策略(push strategy)是指对中间商的促销,即生产企业积极把产品推销给批发商,批发商再积极推销给零售商,零售商再向顾客推销。这种策略将以人员推销和适当的营业推广方式为主。此策略的目的是使中间商产生"利益分享意识",促使他们向那些打算购买,但没有明确品牌偏好的消费者推荐本企业产品。例如,厂家针对经销商搞的销售竞赛活动,就是一种推式促销策略。

2. 拉式策略

拉式策略(pull strategy)是指对终端消费者的促销,即靠广告、营业推广等促销方式引起潜在顾客对该产品的注意,刺激他们产生购买的欲望和行动,当消费者纷纷向中间商指名询购这一商品时,中间商自然会找到生产厂家积极进货。例如,电视节目中插播的影视广告就是一种拉式促销策略。

不同企业对推式和拉式策略的偏好有所不同。不过,大多数大企业常使用两种策略的组合。例如,蒙牛在采用大众媒体广告来拉动产品销售的同时,也使用销售队伍和贸易推动产品在渠道中流动。

【想一想】推式促销策略和拉式促销策略分别适合什么样的产品促销?

三、整合营销传播

通信技术的巨大进步改变了公司和顾客之间的沟通方式,从智能手机和 iPad,到有线电视系统,再到互联网的方方面面,这些新沟通方式和工具的迅猛增长对营销沟通产生了惊人的影响,新的数字媒体催生了新的营销沟通模式。

(一)整合营销传播的必要性

移动互联网和社交媒体在为营销者提供市场机会的同时,也面临严峻的挑战。营销传播如何有序地整合是每个企业不得不考虑的问题。在消费者心目中,来自不同媒体的信息和促销方式——无论是体育赛事中的广告、店内陈列、手机应用还是朋友在社交媒体上发布的消息——这些信息汇总起来就构成了公司的整体形象。如果这些信息彼此不能很好地协调,就势必导致消费者产生模糊不清的品牌认知。

为了解决传播效果问题,越来越多的公司正逐步采纳整合营销传播的概念。在这一概念下,公司仔细地整合各种沟通渠道,传播关于组织及其品牌的清晰、一致和有说服力的信息。整合营销传播要求识别消费者可能与公司及其品牌接触的所有时间、地点,因为每一次品牌接触都是一次信息传递,希望在与顾客的每一次接触中都传递协调一致的正面信息。例如,公司的电视广告、印刷广告、电子邮件以及人员销售沟通无不表现着相同的信息、外观和情感,公司的公关材料也要与公司网站、社交媒体以及移动营销所呈现的内容一致。

(二)整合营销传播的步骤

1. 确定目标受众

目标受众是当前或潜在的购买者、制定购买决策的人或影响购买决策的人。受众也许是个人、群体、特定公众或一般公众。目标受众将极大地影响营销沟通人员的多项重要决策,比如说什么、怎样说、何时说、在哪里说,以及谁来说,等等。

2. 明确传播目标

在多数情况下,消费者的购买行为是传播的最终目标,但购买只是消费者决策制定过程的最终结果。购买准备一般包括知晓、了解、喜爱、偏好、信服和购买等阶段,营销人员要知道目标受众处于何种阶段,以及需要发展到什么阶段。目标受众可能对产品一无所知，或只闻其名，或略知一二，这时营销人员的传播目标就是让消费者对产品有知晓度和了解度。例如，为了向消费者介绍其创新性的平板电脑 Surface，微软公司在该产品上市之初的 10 个月里耗资 1.9 亿美元组织开展了声势浩大的营销活动，这一密集性的上市宣传活动运用传统的、数字的、移动的和社交网络等各类媒体，以及店内促销等各种沟通手段，迅速提升了整个市场对该产品的知晓度和了解度。

3. 设计信息

营销人员在组织信息时，必须决定说什么和怎样说的问题。理想的信息应该能够引起注意(attention)、产生兴趣(interesting)、激发欲望(desire)和促进行动(action)，这就是所谓的 AIDA 模型。实际上，很少有信息能够经历所有环节，将消费者从知晓阶段一直引导到购买阶段，但是 AIDA 框架提出了设计信息的基本思路。

4. 构建与整合促销工具

整合营销传播的概念表明，企业必须协调各种促销工具，构建高度整合的促销组合。同一行业内的企业在设计促销工具时，会存在较大的差别。例如，玫琳凯将大部分促销经费用于人员销售和直复营销；而其竞争对手的封面杂志广告投入却很大。

促销存在人员推销、广告、营业推广、公共关系及直复数字营销等众多促销工具，每一种促销工具都具有不同的特点和目标受众，其传播效果及成本都有所不同。营销人员在构建促销组合时，必须确保促销组合中所有的营销要素完美地整合，即在公司整体传播策略的指导下，各种促销要素应该相互合作传递企业独特的品牌信息和卖点。例如，对于汽车企业来讲，无论是传统的硬性广告，还是户外赛事、大腕代言、影视植入、互联网等广告，都应该传递相同的品牌信息。

5. 收集反馈

企业实施营销传播后，营销人员还需要对传播效果进行反馈，了解传播对目标受众的影响程度，这些工作包括询问目标受众是否记得该信息，看过多少次，还能回忆起哪些要点，有何感受，以及对产品或公司过去和现在的态度。根据市场信息反馈，企业可以了解产品或服务在市场中的表现，从而进一步对之加以改进。例如，一些家电企业经常通过调查问卷形式了解用户在企业产品使用中的一些有用信息。

【深度阅读 10-1】利用社会化媒体做整合营销传播(内容扫右侧二维码)。

深度阅读 10-1.docx

第二节 人员销售

一、人员销售的概念

销售是世界上最古老的职业之一。通常，从事销售工作的人员有各种不同的称呼，如推销员、销售代表、销售代理、区域经理、客户经理、销售顾问、销售工程师以及客户开

10-2.mp4

发代表等。

(一)人员销售的性质

人员销售是企业营销人员深入到中间商或消费者中进行直接的宣传介绍，使中间商或消费者采取购买行为的促销方式。在商品经济高度发达的现代社会，人员销售也成为现代社会最重要的一种促销形式。例如，美国著名的推销员乔·吉拉德从1963年至1978年总共推销出13 001辆雪佛兰汽车，是吉尼斯世界纪录大全认可的世界上最成功的推销员，他所保持的世界汽车销售纪录至今无人能破。

人员销售具有信息传递的双向性、推销过程的灵活性、推销对象的选择性和针对性以及推销活动的合作性等优点。然而，其也存在一定的局限性，如费用开支较大，成本较高；对销售人员素质要求较高；人员销售范围相对有限等。

(二)人员销售的作用

在复杂的销售环境中，人员销售比广告更有效。销售人员可以对顾客进行深入调查，了解更多问题，调整营销提供物和展示内容，以适应每个顾客的特殊需求。

人员销售在各个公司的作用有所不同。有些公司根本没有销售人员，例如，只通过网络在线销售产品的公司。在大多数公司中，销售人员发挥了重要的作用。在工业品销售中，比如数控机床产品，生产厂家的销售人员直接与用户打交道；在日用品销售中，比如诸如洗发水、服装等日用品，销售人员则承担的是更多的幕后工作，他们与批发商和零售商合作并帮助这些分销商更有效地向最终用户出售公司的产品。

【想一想】你认为人员销售这种形式已经过时了吗？

二、人员销售的基本形式

(一)上门推销

上门推销是最常见的人员销售形式。它是由销售人员携带产品样品、说明书和订单等走访顾客，销售产品。这种销售形式可以针对顾客的需要提供有效的服务，方便顾客，故为顾客广泛认可和接受。

【案例10—2】

王永庆卖米

王永庆(1917—2008)是著名的企业家、台塑集团创办人，被誉为当地的"经营之神"。他除了在事业上取得成功外，还致力于慈善事业，是企业家中颇具爱心的人士之一。

王永庆年少时在一家小米店做帮工。一年后，他用父亲借来的200元钱作本金，开了一家米店。为了和隔壁一家米店竞争，王永庆颇费了一番心思。

当时大米加工技术比较落后，出售的大米里混杂着米糠、沙粒、小石头等杂质，买卖双方都见怪不怪。王永庆则多了一个心眼，他每次卖米前都把大米中的杂物拣干净，这一做法深受客户的欢迎。

王永庆卖米多是送米上门的,他在一个本子上详细记录了客户家有多少人、一个月吃多少米、何时发工资等信息。估计客户的米快吃完了,他就送米上门;等到客户发工资的日子,他再上门收取米款。

在送米时,他总是帮人家将米倒进米缸里。如果米缸里还有旧米,他就将旧米倒出来,将米缸刷干净,再将新米倒进去,并将旧米放在上层。这样,旧米就不至于因陈放过久而变质了。他这个小小的举动令不少客户深受感动,客户铁了心专买他的米。就这样,他的生意越做越好。从这家米店起步,台塑集团最终成为台湾地区工业领域的"龙头老大"。后来,他谈到开米店的经历时,不无感慨地说:"虽然当时谈不上懂什么管理知识,但是为了服务客户做好生意,就认为有必要了解客户的需要,没有想到,由此追求实际需要的一点小小构想,竟能作为起步的基础,并逐渐演变成企业管理的逻辑。"

思考:我们从王永庆卖米这件事上可以获得哪些启示?

(二)柜台销售

柜台销售是指企业在适当地点设置固定门店,由营业员接待进入门店的顾客并推销产品。柜台销售与上门推销正好相反,它是等客上门式的推销方式。由于门店里的产品种类齐全,能满足顾客多方面的购买需求,可为顾客提供更多的购买便利。

【案例 10—3】

把汽车卖给钓鱼的人

一位小伙子去应聘百货公司的销售员。老板问他:"你以前做过销售员吗?"

他回答说:"我以前做过户外销售员。"老板喜欢他的机灵:"你明天可以来上班了。等下班的时候,我会来看一下。"

差不多该下班时老板来了,问小伙子:"你今天做了几单买卖?""一单。"小伙子回答说。"只成交一单?"老板很吃惊地说:"我们这儿的售货员一天基本上可以完成 20 单到 30 单生意呢。你卖了多少钱?""300 000 美元。"小伙子回答道。

"你怎么卖到那么多钱的?"老板目瞪口呆,半晌才回过神来问道。

"是这样,"小伙子说:"一位男士进来后,我推销给他一个小号的鱼钩,然后又卖给他中号的鱼钩,最后又卖给他大号的鱼钩。接着,我卖给他小号的鱼线,中号的鱼线,大号的鱼线。我问他上哪儿钓鱼,他说海边。我建议他买条船,所以我带他到卖船的专柜,卖给他 10 米长有两个发动机的帆船。他说他的小轿车可能拖不动这么大的船。我于是带他去汽车销售区,卖给他一辆丰田新款豪华型'陆地巡洋舰'。"

老板后退两步,几乎难以置信地问道:"一个顾客仅仅来买个鱼钩,你就能卖给他这么多东西?"小伙子笑着说:"不,老板,其实他只是从这儿路过,然后进来问我明天的天气会怎么样的路人。我当时说明天天气会很好,又是周末,您干吗不去钓鱼呢?然后我就把钓鱼需要的产品介绍给他了!"

思考:结合案例,谈谈如何发掘客户需求。

(三)会议销售

会议销售是利用各种会议向与会人员宣传和介绍产品,开展推销活动。例如,在订货会、交易会、展览会、物资交流会等会议上推销产品。这种推销形式接触面广、推销集中,可以同时向多个推销对象推销产品,成交额较大,推销效果较好。

【想一想】根据你了解的情况,你认为哪些产品适合会议营销?

(四)社交销售

社交销售是运用移动互联网和社交媒体吸引顾客、建立稳固的顾客关系和提高销售业绩的新型销售形式,也是目前增长最快的销售形式。新数字销售技术为销售人员在数字和社交媒体时代联系和吸引顾客提供了新途径。微信、抖音等数字技术为销售人员提供了强有力的销售工具,利用这些技术可以确定和了解潜在顾客、吸引顾客、创造顾客价值、达成交易,并培育客户关系。社交媒体可以帮助销售人员有效利用宝贵的时间,并为他们提供了销售和服务客户的新途径。全球最大的职场社交平台LinkedIn(领英)发布的《2016年销售市场现状调查》显示,90%的顶尖销售人员善于利用社交媒体进行销售。随着越来越多的销售人员使用社交平台进行业务推广和销售,表明了销售方式已从"强行推销"逐渐转变为"社交营销"。

三、人员销售过程

人员销售过程包括一系列步骤,这些步骤关乎如何获得新顾客以及如何从他们那里获得订单。人员销售过程主要包括发掘潜在顾客、销售准备、接触顾客、介绍与示范、处理异议、成交、跟进与维护客户关系,如图10-2所示。

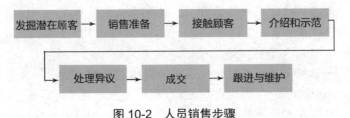

图10-2 人员销售步骤

(一)发掘潜在顾客

人员销售过程的第一步是发掘潜在顾客,销售人员需要联系足够多的潜在顾客才能得到订单,所以准确地选择潜在顾客对于成功销售至关重要。销售人员可以从供应商、经销商、非竞争者的销售人员以及银行获取潜在客户信息,也可以通过加入潜在客户所属的组织来获取客户信息,还可以在报纸或工商指南上寻找顾客名单,并利用电话等来追踪线索,甚至还可以登门拜访。

(二)销售准备

销售人员在前往客户处进行推销前应设定拜访目标,拜访目标可以是筛选潜在顾客或收集客户信息，也可以是达成交易。拜访目标的另一项工作是确定好接近的方法，可以是亲自拜访、电话联络、信函或电子邮件，还需考虑一天或一周中最佳的拜访时机。

(三)接触顾客

这一阶段涉及销售人员的仪表、开场白以及随后的谈话。开场白应该积极，力求在双方关系的开始阶段就建立好感。在交谈的过程中应更关注客户的心理，善于启发和引导，激发买主的好奇心和注意力。

(四)介绍和示范

销售人员在给客户介绍和示范产品之前，要大体制订一个介绍计划。在介绍和示范产品的过程中，销售人员应以更具吸引力和简洁有力的方式传递产品或服务信息。销售人员可以采用先进的演示技术，向一人或多人进行多媒体演示，包括PPT文档、H5场景、VR全景、互动白板、数字投影机等。

(五)处理异议

在倾听销售人员讲解产品或被要求下订单时，多数顾客会表示异议。这些异议有些是合理的，有些完全是出于顾客个人心理的。在处理异议时，销售人员应该采取积极的态度，要求顾客陈述清楚他们的异议，并把这些异议作为提供更多信息的机会，最终把这些异议转变为购买的理由。

(六)成交

销售人员可以使用各种达成交易的技巧。他们可向潜在顾客要求订单，重申双方协议的要点，提议帮助顾客填写订单，询问顾客想要这一型号还是另一种型号的产品，或者告诉购买者现在如果不买会有所损失。销售人员也可向购买者提供一些成交的特殊理由，例如特价优惠或额外赠送。

(七)跟进与维护

在达成交易后，销售人员应该安排送货时间、购买条款等一切细节问题。当货物送达后，销售人员应该安排一次跟进拜访，以确保产品的安装、指导以及服务都正确无误。这种拜访能够帮助销售人员发现新的问题，展现自己对顾客的关心，并减少顾客的担忧。

第三节 广告传播

一、广告概述

广告具有悠久的历史。早期，人们通常把凡是以说服方式，有助于公众知晓的公开宣传活动都称为广告，即"广而告之"，这就是所谓的广义广告。一切为了沟通信息、促进认知的宣传形式均属于广义广告的范畴。

(一)广告的基本概念

促销策略中的广告通常被界定为狭义的广告，即商业广告，专指发生在经济领域中带有商业目的的广告活动。随着广告业的不断发展和其对社会影响程度的日益加深，国内外有关广告的定义很多，一般我们认为广告是企业通过代理公司借助宣传媒体将商品或服务信息传递给受众的一种有偿宣传方式。

(二)广告的构成要素

广告的构成要素主要包括：广告主、广告商、广告媒体、广告受众及广告环境，如图10-3所示。

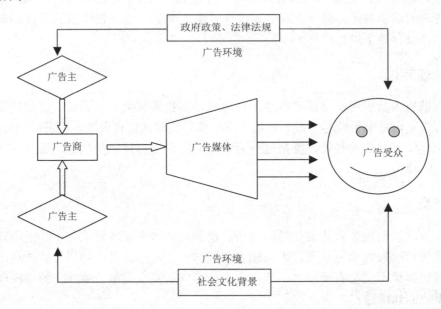

图10-3 广告的构成要素

1. 广告主

广告主，亦称广告客户，一般是指出资做广告的企业组织。广告主决定广告目标和广告信息的内容，是广告经费的承担者。广告主同时也是广告的责任主体，广告主要对其所做广告的一切法律后果负责。

2. 广告商

广告商，即广告公司，是专门从事广告代理、策划、设计、制作等业务的企业组织，其职员通常被称作"广告人"。广告商在广告活动中扮演代理人的角色。面对广告主，它要以广告主的意志为转移；面对广告受众，它又要对广大消费者负责。

3. 广告媒体

广义的广告媒体包括传播广告信息的媒介物和从事广告发布业务的机构；狭义的广告

媒体特指传播广告信息的媒介物。

作为传播广告信息的媒介物的广告媒体包括：印刷广告媒体(如报纸、杂志等)；电子广告媒体(如广播、电视、电脑等)；展示广告媒体(如橱窗、展销会等)；户外广告媒体(如霓虹灯、招牌等)。报纸、杂志、广播、电视为传统四大广告媒体。网络是新兴的广告媒体，与报纸、杂志、广播、电视并列为五大广告媒体。

随着现代社会科技的高速发展，广告媒体也在不断变化，可供企业选择的广告媒体也越来越多。不同类型的媒体有不同的特性，目标消费者的媒体习惯也有差异。

【案例 10—4】

微信朋友圈广告

2015年1月25日，微信朋友圈首批三条广告上线，它们分别是可口可乐、vivo智能手机和宝马汽车，如图10-4所示。这简简单单的三条广告引爆了整个微信朋友圈——关于这三条广告，朋友圈里讨论最热烈的并非广告内容和产品本身，而是哪些人看到了哪些广告。三条广告并非同时显示，而是分别在不同用户的手机中显示出不同的广告内容，这引发大量微信用户纷纷在朋友圈中晒出自己被推送了什么广告。据腾讯旗下的研究机构企鹅智酷表示，微信朋友圈广告即信息流(feeds)广告，这种形式的广告与社交平台上好友发布的信息形式类似，融合在信息流中，以期降低对用户的骚扰度。

思考：相比传统广告，朋友圈广告具有哪些优点？

图10-4　微信朋友圈广告

(资料来源：http://baike.sogou.com/v95548119.htm)

4. 广告受众

广告受众，是广告信息的接收者，是广告信息传播和影响的对象，是广告诉求的目标群体，是广告营销商品和服务的需求者、购买者和消费者。例如，对电视媒体来讲，电视观众就是广告受众；对杂志媒体来讲，读者就是广告受众。有针对性地确定广告目标受众，是广告传播成败的关键环节。

5. 广告环境

广告环境是指影响广告活动的各种外部因素，其可分为宏观环境和微观环境。宏观环境是指那些来自广告行业外部对广告行业产生影响、发生作用的社会力量，包括政治法律环境、经济环境、社会文化环境、科学技术环境、自然环境。广告的微观环境是指存在于广告行业内部的，对整个行业和行业内的诸种机构个体的发展起到促进、制约作用的各种因素，包括行业竞争、广告客户、广告媒体及广告受众等。

(三)广告的功能

广告的功能即广告所发挥的基本作用和效果。从宏观角度来说，经济功能与社会功能是广告的两大主要功能。从微观角度来说，营销功能和传播功能则是广告的两大基本功能。

1. 广告的经济功能

广告的经济功能是指广告对经济或商业所带来的效应，它是广告的重要功能。广告不仅有助于社会生产与商品流通的良性循环，加速商品流通和资金周转，而且还有助于提高社会生产活动的效率，为社会创造更多的财富。

2. 广告的社会功能

广告具有一定的宣传新知识与新技术的社会教育功能，可以向社会大众传播科技领域的新知识、新发明和新创造，有利于开拓社会大众的视野、丰富物质和文化生活。广告通过传播新的生活观念，提倡新的生活方式和消费方式，建立一种与一定生活水准相协调的社会消费结构，推动社会经济的发展，促进社会进步。

3. 广告的营销功能

广告可以增加企业的知名度。知名度是企业营销活动的基础，是广告活动的起点。增加知名度可以为企业的营销活动创造良好的平台。从某种意义上讲，企业知名度与企业营销活动成功与否紧密相关。广告可以促进产品销售。广告通过向消费者提供有关销售地点、销售热线等信息，能够促进商品在零售环节的流通。

4. 广告的传播功能

广告活动最基本的功能是传播。对于企业来说，广告是企业向消费者传播产品或服务的渠道；对广告消费者来说，广告则是获取产品或服务信息的来源。广告在传播商品信息的同时也在传播文化观念、价值观念、生活观念，这些观念会不断地影响广告受众，使他们逐渐接受广告中所倡导的生活方式，进而采取行动。

【想一想】"广告不是万能的，没有广告是万万不能的"，你赞成这种观点吗？

二、广告策划

广告策划是企业广告活动的整体规划及广告策略的具体运用。广告策划的内容包括广告目标、广告主题、广告定位、广告诉求、广告创意、广告表现及广告媒体选择等策略。

(一)广告目标

广告目标决定了广告计划的开展，确定广告目标是广告策划过程中重要的步骤。

1. 广告目标的概念

广告目标是指广告活动所要达到的预期目的，它规定着广告活动的总任务，决定着广告活动的发展方向。企业由于经营目标、竞争环境及广告任务的不同，广告的目标也会有所不同。比如，按广告效果进行划分，广告目标可分为销售目标和传播目标。

2. 广告目标设定的方法

(1) 以产品销售情况设定广告目标。销售目标是最常见的企业广告目标。以销售额作为广告目标的设定方式确定过程比较简单，广告效果易于评价。例如，企业下一年设定的销售额为1000万元，投放相应的比例广告，广告实施后年底就可以衡量广告投放的实际效果。

(2) 以传播效果设定广告目标。以传播效果来设定广告目标，是以广告受众知悉广告内容后的心理效果作为测定广告效果的目标。例如，可以通过广告调查了解广告传播的产品或服务是否在正确的时间为正确的受众所知晓，广告受众是否产生了应有的记忆和理解、形成了预期的感觉和联想、建立了对产品或服务的有利偏好等。

【想一想】广告的销售目标和传播目标你认为哪个更科学？

(二)广告策略

广告策略是广告活动中所运用的具体措施与手段，主要包括广告主题策略、广告定位策略、广告诉求策略、广告创意策略及广告媒体策略。

1. 广告主题策略

广告文案表达的内容，可以用主题来概括。广告主题是广告信息的中心内容。实践中可以从一些选材中确定广告主题，比如快乐、经济实用、质量、荣誉及时尚等。

2. 广告定位策略

广告定位策略是指企业通过广告活动，使其产品或品牌在消费者心目中确定位置的一种方法。定位是对未来潜在顾客心智所下的功夫，也就是把产品定位在未来潜在顾客的心中，其目的就是要在广告宣传中，为产品或品牌创造、培养一定的特色，树立独特的市场形象，从而形成目标消费者的偏爱，促进企业产品或服务的销售。比如，广告语"金利来——男人的世界"，将金利来品牌定位于成功男士用品。

3. 广告诉求策略

在广告诉求方面，可根据产品特点及受众对象选择理性诉求或感性诉求方式，也可以用情理结合的诉求策略，即用理性诉求传达信息，以感性诉求激发受众的情感，从而获得最佳的广告效果。例如，雕牌系列产品的广告策略就经历了一个从理性诉求向感性诉求的转变过程。初期，雕牌洗衣粉打出"只买对的，不买贵的"口号，暗示其实惠的价格；后期的亲情广告，如"妈妈，我能帮您干活了"，则深深地打动了消费者的心，对消费者产生深刻的情感震撼。

4. 广告创意策略

广告创意是指通过独特的技术手法或巧妙的广告创作脚本，更突出地体现产品特性和品牌内涵，并以此促进产品销售。广告创意贵在创新，只有新的创意、新的格调、新的表现手法才能吸引公众的注意力，才能有不同凡响的心理说服力，加深广告影响的深度和力度。例如，戴比尔斯钻石的广告语——钻石恒久远，一颗永流传。戴比尔斯钻石的这句广告语，不仅道出了钻石的真正价值，而且也从另一个层面把爱情的价值提升到足够的高度，使人们很容易把钻石与爱情联系起来，这的确是最美妙的感觉。

【想一想】你见到过的最好的广告创意是什么？

5. 广告媒体策略

不同媒体由于特性不同，其传播范围、传播受众、传播费用及传播效果也不同。媒体策略主要是确定媒体传播对象、传播地区、投放量、媒体组合、媒体投放期及各媒体预算分配等问题。例如，近年来一些国际知名企业越来越青睐新媒体广告传播，2017 年 5 月 18 日微信上线"卡片广告"。这种卡片广告比普通信息流广告更大，里面还嵌入一个推广页面——全屏视频、图片轮播或者 H5 场景展示，和以往图片、短视频广告相比，卡片广告突出的内容和视觉冲击更能吸引人。微信卡片广告的第一批客户就有欧莱雅、迪奥、卡地亚、奔驰等这样的广告大户，这些客户看中的正是卡片广告受众面广、费用低、视觉冲击力更强的特点。

H5 场景传播

H5 场景又被称为微场景，它是运用 HTML5 技术搭建出来的 H5 页面场景，是目前比较流行的互联网宣传广告形式，多应用于企业品牌、产品或服务等信息进行营销传播。H5 场景包含文字、图片、视频、表单、动画特效、按钮等多种场景元素，是一种新型的移动端富媒体广告形式，通过 HTML5 技术可以实现 PPT 般的移动场景，借助 H5 制作平台可以快速地制作出精美的 H5 场景，给用户以更加直观、清晰的互动体验。

三、广告预算

百货业巨子约翰·沃勒梅克曾经说过："我知道我的广告费有一半是浪费掉的，但我不知道是哪一半。"可见，广告作为企业的一种经济活动，是以一定资金投入来换取一定效益的产出的。因此，企业必须对广告费用及其产生的效益进行认真核算。

(一)广告预算的概念

广告预算就是广告公司对广告活动所需费用的计划和匡算，它规定在一定的广告时期内，从事广告活动所需的经费总额、使用范围和使用方法。对一个企业而言，广告费既不是越少越好，也不是多多益善。广告活动的规模和广告费用的大小，应与企业的生产和流通规模相适应。因此，企业广告预算要科学制定。

(二)制定广告预算的方法

广告界制定广告预算的方法有多种，常见的有销售百分比法、利润百分比法、销售单位法、目标任务法及竞争对抗法等。

1. 销售百分比法

这种预算方法是以一定期限内销售额的一定比率计算出广告费总额。由于执行标准不一，它又可细分为计划销售额百分比法、上年销售额百分比法和两者的综合折中——平均销售额百分比法。销售百分比法计算起来简单方便，但不能适应市场变化。比如销售额增加了，可以适当减少广告费；销售量减少了，也可以增加广告费，加强广告宣传。

2. 利润百分率法

利润额根据计算方法的不同，可分为实现利润和纯利润两种百分率计算法。这种方法虽然在计算上较简便，广告费用能和利润直接挂钩，适合于不同产品间的广告费分配。但是，这种预算方法有一定的局限性，比如对新上市产品就不适用，因为新产品上市要大量做广告，广告开支比例自然就大。

3. 销售单位法

这是以每件产品分摊的广告费用来推算整体广告预算的方法。单件产品分摊的广告费用可以根据以往广告投入与销售基数来确定，这种方法比较适合于薄利多销商品。运用这一方法，可掌握各种商品的广告费开支及其变化规律。

4. 目标任务法

这种方法是根据企业销售目标来确定广告的目标，再根据广告目标要求制订广告计划，在此基础上进行广告预算。这一方法比较科学，尤其对新上市产品推广很有益处，它可以灵活地适应市场环境的变化，广告阶段不同，广告攻势强弱不同，费用可以自由调整。

5. 竞争对抗法

这一方法是根据广告产品的竞争对手的广告费来确定本企业的广告预算。这里企业把广告当成了进行市场竞争的工具。竞争对抗法就是使广告预算与竞争者的支出或行业平均水平匹配。毕竟各企业之间存在很大差异，且各企业都有自己特定的广告目标，盲目跟从未必适合自己。这种方法一般适合行业内规模比较大的企业使用。

(三) 广告预算分配方法

在匡定广告预算之后，要针对广告计划各项细目的要求，将广告预算总额分摊到各个广告活动的项目上。

1. 广告预算的分配范围

(1) 媒体间分配。媒体间分配是指广告预算在广告计划所选定的不同媒体间的费用分配，如报纸广告占多少、电视广告占多少、户外广告占多少。

(2) 媒体内分配。媒体内分配是指广告预算在相同属性媒体间进行分配，比如对于报纸媒体，可以在同一城市的不同报纸间进行预算分配。

(3) 地域间分配。地域间分配是指广告预算依据广告计划在不同区域进行分配，比如在城乡间、国内外、南北方进行不同广告预算分配。

(4) 时间段分配。长期广告计划一般有年度广告预算的分配，年度广告计划则有季度、月度广告预算的分配。

(5) 商品间分配。如果企业产品种类多，那么不同的产品在广告传播方面可以进行不同的预算分配。比如，对于日化产品生产企业来讲，年度内洗发水产品广告预算有可能与沐浴露产品广告预算费用不同。

2. 影响广告费分配的因素

广告预算分配会受到多种因素制约，如产品生命周期、利润率、销售量、市场覆盖率、竞争状况、经济发展等。

(1) 产品生命周期。产品间的广告费用分配，取决于产品所处的生命周期阶段。一般而言，处在导入期和成长期的产品广告费用要多于成熟期和衰退期的广告费用。

(2) 利润率。利润率高的产品，广告费投入相对较多。

(3) 销售量。销售量大的产品，一般广告费用投入较多。

(4) 市场覆盖率。对于产品面向全国销售的企业，其全国性广告投入费用一般大于区域性广告投入费用，区域性广告投入费用一般大于地方性广告投入费用。

(5) 竞争状况：一般来讲，市场竞争越激烈，广告投入费用相对越高。

(6) 经济发展：经济形势好，产品畅销，产品广告投入可以少些。

四、广告效果评估

广告效果是广告活动或广告作品对消费者所产生的影响。狭义的广告效果指的是广告取得的经济效果，即广告实现既定目标的程度，也就是通常所包括的传播效果和销售效果。广告促销效果主要反映的是广告费用与商品销售量之间的比例关系。广告宣传效果也被称为广告沟通效果，主要测定广告的知名度、注意度、记忆度、视听率和购买动机等项目。

【想一想】你认为广告效果是立竿见影的吗？如何看待广告效果的延迟性？

第四节 营业推广

10-4.mp4

在各类促销策略中，营业推广是一种费用较低、能在短期内收到明显成效、企业可以灵活掌握的一种非定期性促销手段。

一、营业推广的概念

营业推广又称销售促进，是指企业为鼓励购买、销售商品和劳务而采取的各种短期促销方式的总称。它是一种短期促销方式，如买赠、抽奖、打折、展销、免费试用等。营业推广具有促销效果显著、推广灵活多样、推广时效性强的特点，是商家采用较多的一种促销手段。营业推广可以迅速吸引消费者购买，培养消费者的品牌忠实度，实现企业营销目标。然而，营业推广也存在一些不足，如影响面较小；虽刺激强烈，但时效较短；长期频繁使用，容易让顾客产生疑虑等。

二、营业推广手段

营业虽然推广手段繁多,但这些推广手段大体可以分为两大类:面向消费者的营业推广手段和面向分销商的营业推广手段。

(一)面向消费者的营业推广手段

1. 赠送样品

样品是指某产品一定量的试用品。赠送样品是一种有效的促销手段,是介绍新产品或为已有产品创造新兴奋点最有效的方法。样品可以挨家挨户地派送、在商店或摊位上分发、随同另一产品附赠或在广告和电子邮件中强调。有时,样品也可以被整合成样品包用于促销其他产品和服务。例如,一些咖啡厂商,经常在超市派送小包装咖啡样品免费提供给消费者试用。

2. 折扣券

折扣券是一种凭证,当消费者购买特定商品时,可以享受一定的优惠。多数消费者喜欢折扣券。折扣券能够促进新品牌的早期试用,或者刺激成熟品牌的销售。随着智能手机的普及,数字折扣券是现在增长最快的折扣券类别,它可以实现高度的针对性和个性化,这是纸质折扣券所做不到的。例如,商家可以通过自己的微信公众号向微信粉丝发放数字折扣券。

3. 现金返还

现金返还是消费者在购买后发生的价格削减,消费者将"购买证明"提供给销售商,销售商将购买价格中的部分款项返给消费者。例如,一些大卖场在店庆等重要场合有时会举行买 200 元返还 10 元的现金活动,这就是一种现金返还促销活动。

4. 特价品

特价品以产品的常规价格为基础给消费者提供优惠,生产厂家直接将优惠价格写在标签或包装上。特价品可以是单独包装、降价销售的产品,比如买一送一;或者把两件相关产品捆绑在一起组合出售,比如把牙膏和牙刷捆绑进行销售。在刺激短期销售额方面,特价品比折扣券更有效。

5. 实物奖品

实物奖品是为激励消费者购买某一产品,以免费或很低的价格提供另一些产品,比如购买一些小食品可以得到儿童玩具。实物奖品可以附在产品的包装内外随货赠送。麦当劳就曾在开心乐园套餐中提供了多种实物奖品,从《马达加斯加》中的人物到豆宝宝和口袋妖怪玩偶等。

6. 礼物赠品

礼物赠品是指作为礼物送给消费者的印有广告主名称、标识或信息的有用物品。典型的物品包括 T 恤和其他衣服、笔、咖啡杯、日历、钥匙环、鼠标垫、高尔夫球和帽子等。

7. 售点展示

售点展示(POP)包括在销售点的陈列与展示，这些陈列与展示包括过道展示、超市堆头、促销招牌、货架插卡、招牌和海报等。例如，百事可乐的售点展示往往以大型的产品堆头为主，各种各样的POP，还摆放比如百事流行鞋、陆地滑板、个性腕表、背包等时尚用品，整个售点显得时尚、个性，吸引得少男少女们趋之若鹜地光顾其销售点。

8. 集点换物

集点换物是指收集产品的购买凭证，使之达到商家活动规定的数量，到商家指定的地点换取不同的奖励的促销策略。这种促销形式适用于品牌知名度高的成熟产品，且是消费频繁、消耗量大的产品，一些快速消费品知名品牌，如康师傅、可口可乐等经常采取这种促销策略。集点换物可以刺激消费者多次购买，培养品牌忠诚度。

9. 参与促销

消费者通过参与各种促销活动，如竞赛、抽奖及游戏等活动，赢取一些获奖的机会，如现金、旅游或商品等，也是一种有效的促销手段，而获取这种机会则全凭运气或需要付出额外的努力。竞赛要求消费者参与某项活动，比如卡拉OK竞赛，由评审小组选出最佳的参赛者。抽奖一般是消费者购买产品后提供的一次获奖机会，比如购买产品后赠送的刮刮卡。促销游戏是企业设计一些构思奇巧、妙趣横生的活动让消费者参与，同时把企业信息、产品信息传达给消费者的一种促销行为，比如"一分钟内数出产品的十大卖点""明星模仿秀"以及诸如拼图游戏、搭积木游戏、猜字谜游戏等。

【深度阅读10-2】可口可乐营销新套路：用音乐AR玩转文化营销(内容扫右侧二维码)。

深度阅读10-2.docx

10. 事件营销

事件营销是企业通过利用有新闻价值和社会影响的人物或事件，引起消费者的关注，以提高企业或产品的知名度，并促成产品或服务销售的促销方式。事件营销是一种快速提升品牌或产品知名度的营销手段。互联网的飞速发展给事件营销带来了巨大契机。通过网络，一个事件或者一个话题可以更轻松地进行传播和引起关注。例如，行车记录仪厂家可以通过社会上存在的"碰瓷事件"，向广大司机宣传行车记录仪产品"防碰瓷"的好处，厂家通过这一事件营销可以催热行车记录仪的市场需求。

【想一想】事件营销就是我们所说的"炒作"吗？

(二)面向分销商的营业推广手段

1. 批发折扣

批发折扣是指企业为争取批发商或零售商多购进自己的产品，在某一时期内给经销本企业产品的批发商或零售商加大折扣比例。例如，有的饮料企业规定在一季度内，如果经销商进货量超过5000件，进货价格可以享受95折。

第十章 促销策略

2. 推广津贴

推广津贴是指企业为促使中间商购进企业产品并帮助企业推销产品，支付给中间商一定的推广津贴。例如，有的家电企业规定在一年内，如果经销商进货量超过 500 台，可以给经销商 5000 元的推广津贴费用。

3. 销售竞赛

销售竞赛是指企业根据各个中间商销售本企业产品的实绩，分别给优胜者以不同的奖励，如现金奖、实物奖、免费旅游、度假奖等，以起到激励的作用。例如，汽车厂商年终对全国各城市的 4S 店销售业绩进行考核，业绩排名前 5 的 4S 店，奖励 5 个免费国外游。

4. 扶持经销商

生产厂商为了提高中间商推销本企业产品的积极性和销售能力，可在一些方面对经销商进行帮助。例如，生产厂商可对零售商专柜的装潢予以资助，提供 POP 广告，以强化零售网络；生产厂商也可为经销商提供产品陈列设施，如柜台陈列、落地陈列、货架陈列等；生产厂商也可派遣厂方促销员到销售终端帮助经销商进行促销或代培销售人员。

5. 合作广告

生产厂商可以补贴经销商在其经销区域内为厂家的产品做广告所支付的全部或部分广告费用。另外，许多生产厂商还会给经销商提供现成的广告用品，如光纸图片、广告样带等。为了保证自己产品的形象，有些生产厂家要求经销商使用由他们提供的广告物件。

【深度阅读10-3】16套拿过来就可以用的超常规赠品营销方案(内容扫右侧二维码)。

深度阅读 10-3.docx

三、设计营业推广方案

营业推广方案是企业营销计划的一部分，是企业进行促销活动的规划安排。一个完整的企业营业推广方案包括确定推广目标、选择推广工具、安排推广活动、确定推广预算及方案实施和控制等部分。

(一)确定推广目标

确定营业推广目标，首先要明确推广的对象，其次要明确达到的推广目的。只有明确推广对象，才能有针对性地制定具体的推广方案。就消费者而言，推广目标包括鼓励消费者更多地使用商品和促进大批量购买，或争取未使用者试用，吸引竞争者品牌的使用者。

(二)选择推广工具

可供选择的营业推广工具很多，不同的营业推广工具具有不同的特点及适用范围。选择合适的推广工具是获得营业推广效果的关键。企业在选择营业推广工具时，要考虑推广目标、推广对象、目标市场状况及推广产品的特点，并在此基础上有针对性地灵活运用。此外，营业推广还要与广告、人员销售等整合起来，取得单项推广活动难以获得的效果。

(三)安排推广活动

1. 推广主题

推广主题是推广活动要向推广对象表达的核心概念,一般为一两句浅显易懂的宣传语言。例如,某影楼的七夕促销推广主题为:"情定七夕节,相约××园"——"七夕是中国人的情人节,××园真情回馈新人朋友,特推出77对免费结婚照火爆预定……"

2. 推广地点及对象

推广活动要明确推广的具体地点范围以及推广的对象和奖励条件。奖励可以提供给任何人,也可以奖励选出来的一部分人。一般来讲,企业应奖励那些能为企业带来更多销售量的消费者或奖励那些现实的或可能的长期顾客。

3. 推广规模

营业推广的实质就是对推广对象如消费者予以奖励,企业在制定具体营业推广内容时应确定奖励的规模。在确定奖励规模时,重要的是进行成本效益分析。假定奖励规模为1万元,如果因销售额扩大而带来的利润大大超过1万元,那么奖励规模还可扩大;如果利润增加额少于1万元,则这种奖励是得不偿失的。

4. 推广途径

企业还应决定通过哪些途径来发奖,例如,代金券可放在商品包装里随销售产品一同分发,也可以通过广告媒体和直接邮寄进行分发,还可以通过网络途径进行分发。在选择分发途径时,不仅要考虑各种途径的传播范围,而且还要考虑分发成本。

5. 推广时机与期限

营业推广的市场时机选择很重要,如季节性产品、节日、礼仪产品,必须在季前或节前做营业推广,否则就会错过时机。

营业推广是一种短期的促销行为,一般推广时间在一到两周之内。如果推广期限太短,营业推广的影响范围及力度则显不足,推广难以对广大消费者产生影响,从而影响营业推广的效果;反之,如果推广期限太长,消费者会丧失新鲜感,不利于促使消费者立即做出购买决策。

(四)确定推广预算

营业推广是一种活动,实施营业推广需要一定费用的支出。在进行营业推广前,要对营业推广涉及的一些费用进行预算。确定营业推广预算的方法主要有两种:一是确定营业推广的方式,然后再预测其总费用;二是在一定时期的促销总预算中拨出一定比例用于营业推广。

(五)方案实施和控制

方案在正式实施前要进行测试,测试无误后才可以实施。在方案实施过程中还要考虑一些安全措施,这是推广过程中不可或缺的部分,这关系到在实施过程中遇到的突发状况及预防措施。另外，推广方案实施后，还要对推广方案进行评估，为今后营业推广决策制定提供依据。

【**深度阅读 10-4**】2020 年 X-cafe 咖啡店大学城营业推广方案(内容扫右侧二维码)。

深度阅读 10-4.docx

10-5.mp4

第五节 公 共 关 系

一、公共关系的概念

公共关系是企业以传播和沟通为手段，通过与社会公众建立长期合作、互利互惠的关系为重点而进行的企业形象塑造活动。可见，企业形象公共关系的目的是塑造企业形象；公共关系的主体是企业；而其客体是社会公众；公共关系的手段是传播和沟通。一个企业要与众多公众建立良好的关系，必须经过长期有计划和有目的的持续不断努力，即开展公关工作不是权宜之计，而是长期的战略性任务。

二、公共关系的功能

公共关系的功能是公共关系对社会组织和个人以及整个社会所担负的职责和所发挥的作用。

(一)树立企业形象

企业要在公众面前树立良好的信誉和形象，不仅要靠企业为公众提供优良的产品或服务，也要依靠企业的公关传播，通过各种媒介手段向社会公众传播企业相关信息，让公众了解和熟知企业理念及使命。例如，可口可乐公司与红十字会的合作已有一百多年的历史，已与超过 50 个国家的红十字会进行过合作，2005 年巴基斯坦地震、2008 年汶川地震、2010 年海地地震、2011 年日本地震海啸中，可口可乐公司和国际联合会一起合作进行赈灾，可口可乐公司正是通过这种公益活动为自身树立了良好的形象。

【**想一想**】小微企业如何利用公共关系活动树立企业形象？

(二)为企业决策提供依据

美国管理学家西蒙说："管理就是决策，而决策的前提是信息。"企业公共关系部门通过公共关系活动可以广泛收集信息，监测企业面对的内外环境的变化，然后将收集的信息进行分析整理，并编制具体的公关方案，为企业决策提供依据。随着互联网舆情的杀伤力逐渐加强，一些负面舆论很容易就会给企业造成舆情危机，导致品牌声誉受损及客户的信任危机。因此，舆情监测也成了企业公关部门的一项重要工作。

(三)化解企业信任危机

企业在生产经营运行过程中，难免会有因自身的过失、错误而与消费者发生矛盾的情况。这种矛盾一旦发生，就会导致消费者对企业的不满，使企业处于不利的舆论环境。如果对这种状况缺乏正确的认识，对问题处理不当，就会导致信任危机，对企业、对公众、对社会都会带来极大的危害。建立良好的公共关系机制，可以增加企业与公众之间的相互了解，通过公关手段将已经发生的信任危机所造成的企业信誉、形象损失降到最低限度。

【深度阅读10-5】海底捞的危机公关(内容扫右侧二维码)。

深度阅读10-5.docx

三、企业开展公关活动的手段

(一)利用新闻宣传

新闻宣传是对企业及其产品的有利报道，它是企业除广告以外的较好的宣传方式，并且具有广告无法比拟的优点，如具有新闻价值、可信度高、费用低廉等，它对于树立企业形象和促进产品销售都具有十分重要的意义。

(二)举办专题活动

企业通过举办各种专题活动，如知识竞赛、体育比赛、演讲会、研讨会、记者招待会、展览会、订货会、重要节日或事件庆典活动等，不仅可以扩大企业影响，提高企业知名度，而且能够吸引记者前往采访报道，可以说是企业制造新闻的最好方法。

(三)赞助或开展公益活动

各种公益活动，如运动会、文化比赛、基金会等，往往为万人瞩目和各种新闻媒介广泛报道。因此，企业如果能投入一定资金和时间于各种公益活动上，不仅可以树立企业的良好形象，赢得公众的广泛赞誉，而且能够得到显露自己的机会，从而提高企业知名度。

(四)开展公关广告

公关广告是企业为了提高知名度、树立良好的企业形象和求得社会公众对企业的支持和帮助而进行的广告宣传活动。公关广告一般有三种形式：一是致意性广告，包括对用户惠顾表示感谢，对公众表示节日祝贺，就有损消费者利益的事件进行道歉等；二是解释性广告，即就某一问题向公众做出解释，以消除误会和增进了解；三是倡导性或公益性广告，即倡导人们从事某种公益活动或提倡某种风尚等。

(五)建立与公众固定联系制度

企业通过与消费者、政府机构、社会团体、银行、中间商等建立固定联系制度，加强信息沟通，主动向他们宣传、介绍企业的经营状况，听取他们的意见，接受他们的批评，就可以更好地取得公众的信赖和支持，并扩大企业的知名度和美誉度。

第六节　互联网营销传播

10-6.mp4

在互联网技术的推动下，利用新媒体来进行营销传播越来越普遍，互网络营销已成为一种商务模式，并取得了巨大成功。例如，提供网上旅游服务平台，如携程网、艺龙旅行网、去哪儿旅行网等，以及一些提供 O2O 服务的平台，如美团网、大众点评网等，都只通过网络、移动和社交媒体渠道提供服务。

一、直复数字营销概述

随着直复营销越来越多地以互联网为基础发展，数字化的直复营销在营销和销售中所占据的份额越来越大。在线展示和搜索广告、短视频、社交媒体、移动端 App、电子邮件等互联网营销传播形式已在媒体中占据主导位置，直复数字营销已经成为增长最快的营销形式。

（一）直复数字营销的含义

直复数字营销是指直接与目标消费群体或顾客社群互动，以期获得顾客的即时响应和建立持久的客户关系。企业运用直复营销可以精准界定细分市场，并针对目标顾客群的需求和兴趣量身定制产品或服务。借助这种方式，企业不仅可以与目标客户建立良好的客户关系，而且有助于树立品牌形象、提高企业销售业绩。例如，淘宝、天猫、京东等购物平台借助其网站和手机应用软件与顾客进行直接互动，帮助他们在网上找到和购买几乎所有可以在互联网上出售的商品。

（二）直复数字营销的优势

对于买方来说，直复数字营销简单、方便，可以让顾客随时随地进行网上购物和获得大量相关信息。例如，淘宝平台通过网站和移动应用提供的信息远远超过我们所能消化吸收的数量，从畅销产品排行、详尽的产品描述、用户的产品评价到基于顾客以往搜索和购买经历推荐等。通过直复数字营销，买者能够借助网站、移动应用与卖者互动，准确地了解他们所希望得到的产品或服务信息，然后进行订购。

对于卖方来说，直复数字营销提供了低成本、高效率和快速有效地影响顾客的方法。直复数字营销能够锁定较小的目标群体甚至个别顾客，企业可以通过网络与顾客进行互动，更好地了解顾客的需求，并针对顾客的偏好定制产品或服务。Adobe 是一家与苹果、微软同时代的科技公司，是数字内容创作软件行业的霸主，同时也是营销软件巨头。从 2009 年开始，经过不断并购发展，Adobe 成为市场规模最大的数字营销公司，2016 年数字营销业务收入达 17.4 亿美元。

二、直复数字营销的形式——数字社交媒体营销

传统直复营销形式包括面对面营销、直接邮寄营销、购物目录营销、电话营销、电视

直销、信息亭营销。近年来，新型数字化直复营销进入营销领域，包括网络营销(网站、网络广告和促销、电子邮件、网上视频和博客等)、社交媒体营销和移动营销，如图 10-5 所示。

数字社交媒体营销是增长最快的直复数字营销形式。它通过网站、网上视频、电子邮件、博客、社交媒体、移动应用、短视频、直播等数字化营销工具或平台，引发顾客通过电脑、智能手机、平板电脑等设备参与互动。网络和数字技术的广泛应用对顾客和厂商双方都产生了巨大影响。

图 10-5　直复数字营销的主要形式

(一)营销、互联网与数字时代

互联网时代，人们借助网络既可随时随地了解商家提供的品牌、产品或服务信息，也可借助网络与卖家进行沟通。互联网从根本上改变了顾客对于便利、速度、价格、产品、服务和品牌互动的看法。这给企业提供了一种为顾客创造价值、吸引顾客参与某种活动并建立顾客关系的全新方式。为了适应这种趋势，各类企业纷纷在网上开展营销活动，一些公司甚至只在网上销售产品或服务给最终消费者，没有线下门店。网络在企业中的应用更加普及，业务范围也非常广，即使是线下传统的企业，比如餐饮业，也普遍在美团、饿了么等平台开通了自己的外卖渠道。

【案例 10—5】

国内电商企业快速发展

美国零售行业杂志 STORES 联合德勤(Deloitte)公布了 2017 年全球 250 强零售商排行榜，唯品会和京东位列全球十大增长最快零售商榜单前两名。该榜单采用了企业公布的 2015 年度公开数据(截至 2016 年 6 月的公司财政年度)，其中，唯品会位列全球 250 强零售商的第 157 名，较去年上升了 89 名，同时以 2010—2015 年零售额收益复合增长率 184.6%的成绩再次蝉联全球增速最快零售商。在同期公布的全球 50 强电商排行榜中，京东以 2015 财年的 270 亿美元位列全球第二，第一名是亚马逊，苏宁云商则以 2015 财年的 81 亿美元位列全球第五名，唯品会以 2015 财年的 60.84 亿美元电商营收跻身全球前十强，位列全球第八。

思考：电商企业快速发展的原因有哪些？

(二)网络营销

网络营销是指通过互联网借助公司主页、线上广告和促销、电子邮件、在线视频和博客等方式进行的营销。

第十章 促销策略

1. 网站和品牌网络社群

对大多数企业而言，开展网络营销的第一步是建立一个营销类网站，通过网站宣传企业的产品或服务，引导消费者进行直接购物。例如，用户可以在美国苹果公司官网上直接订购 iPhone X 手机。

互联网时代的社群，是由一个个感性的人，基于不同的动机、需求，自主创建或自发形成的社群。品牌社群是一种不受地域限制的消费者群体，是建立在使用同一品牌的消费者所形成的一系列社会关系之上。品牌网络社群是一种不销售任何产品的网站、App 或公众号等网络平台，主要目的是展现品牌内容、吸引消费者关注产品或服务。这类网络平台通常可提供种类丰富的品牌信息、视频、博客、活动和其他一些有利于建立紧密的顾客联系以及促进顾客与品牌互动的特色内容。例如，《罗辑思维》的实质就是基于互联网的社群。2012 年 12 月，《罗辑思维》节目正式上线，主打产品是视频节目。《罗辑思维》的传播模式为"知识类节目+知识性社群"，以节目凝聚"爱智求真"的知识共同体，以社群活动扩大节目的知名度，依托社群平台，给社群成员带来广泛的社会资本和信息沟通途径。

2. 网络广告

由于消费者使用互联网的时间越来越多，许多企业将更多的营销支出投向网络广告，以期提高品牌销售或吸引消费者访问其官网、移动 App 或社交媒体网站。网络广告，特别是移动互联网广告正成为新的主流媒体。网络广告的形式主要包括展示广告和搜索内容关联广告。

展示广告是企业利用互联网展示品牌形象、推广产品的主要形式之一。企业将自己的横幅或按钮广告投放在门户类网站，吸引用户直接观看或吸引用户点击查看广告详情。近年来，网络富媒体广告融合了动画、视频、音效和互动，展示广告在吸引和保持顾客关注方面取得了长足的进步。例如，一些 App 在启动界面设置了广告画面，这种内容丰富的广告虽然只有短短的几秒，却能产生很大的影响。

网络广告的另一种形式是搜索引擎广告(SEA)。搜索引擎广告是指利用搜索引擎等具有在线检索信息功能的网络工具进行网站推广的方法。企业根据自己的产品或服务的内容，确定相关的关键词，当用户搜索到企业投放的关键词时，相应的广告就会竞价展示出来。这类与内容相关的广告一般会伴随谷歌或百度等搜索引擎的搜索结果出现在页面的顶部。比如，在百度上搜索"电脑"，在搜索结果列表顶端会看到几个或更多电脑经销商的网站。由于搜索引擎主要以网络蜘蛛型搜索引擎为主，其广告形式又分搜索引擎优化(SEO)、关键词广告、竞价排名、固定排名、基于内容定位等。

> **搜索引擎优化**
>
> 搜索引擎优化(Search Engine Optimization, SEO)是一种利用搜索引擎的搜索规则来提高网站在有关搜索引擎内的自然排名的方式。通过了解各类搜索引擎抓取互联网页面、进行索引以及确定其对特定关键词搜索结果排名等技术，对网页进行相关的优化，使其提高搜索引擎排名，从而提高网站访问量，最终提升网站的销售或宣传的效果。

3. 电子邮件

电子邮件营销是通过电子邮件的方式向目标用户传播产品或服务信息的一种网络营销手段，它在网络营销中应用最早。电子邮件可以被企业用来与目标客户进行商业沟通，同时也广泛应用于网络营销领域。因为电子邮件营销成本极低，所以其依然是一种重要的和逐步发展的数字营销工具。不过，随着电子邮件营销被越来越广泛地使用，垃圾邮件逐渐泛滥，已激起了人们的不满。企业在应用电子邮件营销时，要考虑在避免对客户进行信息骚扰的前提下为客户提供有价值的信息。

4. 网络视频

网络视频营销是采用网络技术将传统的视频广告融入互联网而对企业产品或服务进行宣传。网络视频平台现在越来越重视精准化技术的研发，视频广告也越来越重视广告内容与用户需求之间的匹配度。另外，网络视频平台还具有追踪时间段内受众行为的功能，预测受众收看习惯和受众喜欢的节目，并让他们在不同情境下看到不同的创意广告。

【想一想】李佳琦直播带货算一种网络视频营销吗？

值得一提的是，近年来短视频发展火爆。从当前炙手可热的快手、抖音等短视频平台可以看出，与传统网络视频模式相比，短视频营销病毒式的传播速度，将移动互联网的优势发挥得淋漓尽致。短视频"短"的特点，在快节奏的生活方式下，尤其受到用户青睐。不管是火山、美拍、梨视频、头条、快手还是抖音，只要你的内容足够精彩，就能在很大程度上引起大量用户的转发狂潮，获得大面积传播的效果。经过几年来的裂变式发展，短视频用户量激增，各大平台先后入场，内容生产机构竞相涌入，无论商业化的成熟，还是技术智能化的不断升级，都标志着短视频已经成为移动互联网时代最重要的媒介形态之一，成为企业必须关注的营销传播形式。

【案例 10—6】

日播放量破亿，"抖音"撬动年轻人的表达欲

"抖音"是一款 2016 年 9 月上线的社交类短视频 App，它是一个专注年轻人的 15 秒短视频社区，用户多数是一二线城市、24 岁以下、受过良好教育的年轻用户。在使用上，用户可以自行选择以电音、舞曲为主节奏感强的配乐，并配以短视频，形成自己的作品。"抖音"用户还可以通过视频拍摄快慢、视频编辑、特效等技术让视频更具创造性。用户通过"抖音"短视频不仅可以表达自我、分享自己的生活，同时也可以在这里认识更多的朋友，了解各种奇闻趣事。

(资料来源：http://baike.sogou.com/v4404258.htm)

5. 博客和网上论坛

博客营销是通过博客网站接触博客浏览者，利用博客作者的知识、兴趣和生活体验等

传播产品或服务信息的营销活动。博客营销是靠专业化的内容吸引受众，培养忠实粉丝，在粉丝群中建立信任度，进而影响受众的消费行为。企业可以利用官方博客或人气高的明星博客发布企业产品或服务信息，并且可以密切关注并及时回复博客粉丝的疑问及咨询。

论坛营销是企业利用论坛这种网络交流的平台，通过文字、图片、视频等方式发布企业的产品和服务的信息，从而让目标受众更加深刻地了解企业的产品和服务。值得注意的是，随着移动互联网的兴起，智能手机应用越来越广，论坛访问量已大不如从前，其营销地位已有所减弱。

(三) 社交媒体

互联网的使用越来越普遍，数字技术和设备的迅猛发展催生了网络社交媒体。社交媒体一般是指提供人们撰写、分享、评价、相互沟通的网络平台，如开心网、人人网、饭否、QQ 空间、优酷土豆、新浪微博、微信、公众号等。社交媒体营销是指企业在社交媒体上利用文字、图片或视频文件等富媒体进行产品或服务推广的营销方式。社交媒体营销是一种以信任为基础的传播机制，细分的目标群体具有高度的参与性，这种营销形式更能影响潜在用户的消费行为，正在成为一种全新的商业模式。例如，招商银行就曾发起过一个微信"爱心漂流瓶活动"——微信用户用"漂流瓶"功能捡到招商银行漂流瓶，回复之后招商银行便会通过"小积分，微慈善"平台为自闭症儿童提供帮助。

(四) 移动营销

随着新媒体技术的发展，智能手机已成为人们生活中重要的信息传递工具，其传递信息的快捷、便利、准确超越了以往的任何媒体，实现了精确的分众化传播——到达每个受众点，同时每个受众都可以成为信息的传播者。随着智能手机的快速发展和移动互联网的快速普及，网络营销也逐渐从桌面 PC 设备转向移动终端设备。移动营销可以提高品牌知名度，收集客户信息，增大客户参加活动或者拜访店面的机会。例如，成都富森美家居，就利用手机 App 建立起一站式家居主题购物商场，依靠 360 度的 VR 全景技术帮助实体橱柜品牌发展线上销售。

【案例 10—7】

星巴克助威二维码

2013 年，咖啡巨头星巴克入驻微信，一种全新的人际互动和交往方式就此诞生。只要用户在微信中搜"星巴克中国"，或者扫一扫二维码，就能添加星巴克中国为好友。用户只需发送一个表情符号，星巴克将即时回复你的心情，即刻享有星巴克《自然醒》音乐专辑，获得专为个人心情调配的曲目。同时，星巴克商店利用二维码简化了与顾客互动的方式。顾客不用再大排长龙等待付款，而只需把预付费卡和手机应用绑定，就可以更快捷地完成支付，还能更多地了解产品和商店的信息。

思考：二维码还有哪些营销形式？

(资料来源：谭贤.O2O 营销实战宝典[M].北京：人民邮电出版社，2015)

本 章 小 结

促销是企业利用各种有效的沟通手段，使消费者关注企业的产品或服务，激发消费者的购买欲望，从而实现购买的行为。促销的手段包括人员推销、广告宣传、营业推广、公共关系以及直复数字营销，它们组成了营销沟通组合。促销策略可以分为"推"式策略与"拉"式策略。

人员推销是指通过推销人员深入到中间商或消费者中进行直接的宣传介绍活动。广告是企业通过代理公司借助宣传媒体将商品或服务信息传播给受众的一种有偿宣传方式，其构成要素包括广告主、广告商、广告媒体、广告受众及广告环境。营业推广是指企业为鼓励购买、销售商品和劳务而采取的各种短期促销方式的总称。公共关系是企业以传播和沟通为手段，通过与社会公众建立长期合作、互利互惠的关系为重点而进行的企业形象塑造活动。在互联网的推动下，传统营销已经脱胎换骨，互联网营销不仅是补充渠道或补充媒体，它已经成为现代营销的最新形式，已构成完整的商务模式。以直复数字营销为代表的互联网营销传播包括网站、网上视频、电子邮件、博客、社交媒体、移动应用等多种形式。

思考与练习

一、选择题

1. 传统促销手段包括人员推销、广告宣传、（　　）及公共关系，它们构成了促销组合。
   A. 网络营销　　　　B. 买赠　　　　C. 营业推广　　　　D. 打折

2. 靠广告、营业推广等促销方式引起潜在顾客对该产品的注意，刺激他们产生购买的欲望和行动，当消费者纷纷向中间商指名询购这一商品时，中间商自然会找到生产厂家积极进货，这属于（　　）。
   A. 推式策略　　　B. 拉式策略　　　C. 推拉结合策略　　　D. 激励策略

3. 营销人员在组织信息时，必须决定说什么和怎样说的问题，理想的信息应该能够引起注意、产生兴趣、激发欲望和促进行动，这就是所谓的（　　）模型。
   A. UGC　　　　B. OGC　　　　C. PGC　　　　D. AIDA

4. （　　）是运用移动互联网和社交媒体吸引顾客，建立稳固的顾客关系和提高销售业绩的新型销售形式，也是目前增长最快的销售形式。
   A. 亲情销售　　　B. 社交销售　　　C. 电子商务　　　D. O2O 销售

5. 广告的构成要素主要包括广告主、广告商、（　　）、广告受众及广告环境。
   A. 广告周期　　　B. 广告预算　　　C. 广告媒体　　　D. 广告效果

6. （　　）是一种短期促销方式，如买赠、抽奖、打折、展销、免费试用，具有促销效果显著、推广灵活多样、推广时效性强的特点，是商家采用较多的一种促销手段。
   A. 营业推广　　　B. 公共关系　　　C. 广告宣传　　　D. 人员推销

7. 企业以传播和沟通为手段，通过与社会公众建立长期合作、互利互惠的关系为重点而进行的企业形象塑造活动，称为（　　）。

A. 企业炒作　　　　B. 品牌宣传　　　　C. 广告宣传　　　　D. 公共关系

8. 直接与目标消费群体或顾客社群互动，以期获得顾客的即时响应和建立持久的客户关系，这种营销方式一般称为(　　)。

A. 店铺营销　　　　B. 直复数字营销　C. 搜索引擎优化营销　D. 微信营销

9. 通过网站、网上视频、电子邮件、博客、社交媒体、移动应用等数字化营销工具或平台，引发顾客通过电脑、智能手机、平板电脑等设备参与互动的营销方式称为(　　)。

A. 营业推广　　　　B. 广告宣传　　　　C. 电子商务　　　　D. 数字社交媒体营销

10. 由于搜索引擎主要以网络蜘蛛型搜索引擎为主，其广告形式又分为(　　)、关键词广告、竞价排名、固定排名、基于内容定位等。

A. 搜索引擎优化　　B. 广告位　　　　　C. 浮动广告　　　　D. 弹窗广告

二、名词解释

促销　　营业推广　　推式策略　　拉式策略　　广告　　公共关系
整合营销传播　　直复数字营销

三、问答题

1. 简述促销的作用及促销组合的内容。
2. 如何实施整合营销传播？
3. 简述人员销售的过程。
4. 广告有哪些构成要素？
5. 简述广告策划的主要内容。
6. 简述营业推广手段。
7. 营业推广方案包括哪些内容？
8. 企业开展公共关系活动的形式有哪些？
9. 列举直复数字营销的不同形式。

四、讨论题

1. "广告不是万能的，没有广告是万万不能的"，你赞成这种观点吗？为什么？
2. 讨论社交媒体营销的利弊。

五、案例分析

2013年，美特斯邦威与微信、支付宝、微淘等企业合作，提出了"生活体验店+美邦App"的O2O模式，并在全国推出了6家线下体验店，期望通过这些体验店提供的舒适上网服务将消费者留在体验店内。用户在体验店内，可以喝着咖啡登录美邦App购买商品，也可在App下单后选择送货上门，以此实现线下向线上引流。

生活体验店模式在服装零售O2O领域是一个大胆、新颖的尝试，在这种模式下，门店将不再局限于静态的线下体验，不再是简单的购物场所，而是在购物的同时可以惬意地上网和休息的场所。尤其该场所给陪着家人或朋友购物的客人们提供了一个惬意的休息环境，他们无聊的时候可以喝着咖啡上网，浏览一下美邦App上的商品介绍，或者直接在手机上下单，快递寄到家里去，这会加大美邦App的下载量，为用户的手机网购使用量和下单量打好用户基础。美特斯邦威O2O模式的核心是通过O2O模式提高门店的零售体验，同时加强线下向手机App的导流，加强用户的移动App下载，为加强移动网购、互动和会员体验做好准备。

(资料来源：谭贤.O2O营销实战宝典[M].北京：人民邮电出版社，2015)

讨论：
1. 你认为美特斯邦威这种生活体验店促销模式能为它带来更多的业绩吗？为什么？
2. 像美特斯邦威这种门店是否适合开展直复数字营销？如果要开展的话，如何进行？

实 训 项 目

一、实训目的

(1) 掌握营业推广各种促销手段的种类及其特点。
(2) 能够根据产品的市场特点选择有效的营业促销手段。
(3) 培养学生搜集与分析资料、团队合作、个人表达等能力。

二、实训内容

1. 资料

营业推广促销手段是指短期刺激产品或服务销售的各种促销方式，将适当的促销工具与人员推销、广告宣传、公共关系及直复数字营销综合运用，能获得良好的销售效果。

零售商家针对消费者的促销手段主要有以下几种。

① 免费样品
② 代金券
③ 包退包换
④ 多买多送
⑤ 打折优惠
⑥ 附送赠品
⑦ 抽奖或竞赛活动
⑧ 使用示范

2. 任务

(1) 选择一种大家都熟悉的快速消费品作为促销对象。
(2) 了解这种产品的特点、价格、销售渠道以及目标消费人群。
(3) 掌握常见促销手段的种类及其适应条件。
(4) 根据促销产品特点，选择5~6种与其匹配的传统促销手段。
(5) 在传统促销手段的基础上，适当考虑采用几种直复数字营销手段。

3. 要求

(1) 资料搜集要尽可能全面、深刻。
(2) 深入分析目标市场人群的特点。
(3) 阐述所选择促销手段的使用策略。

三、实训组织与步骤

(1) 将班级成员划分为若干组,每组人数控制在4~6人,选出组长1名。

(2) 以组为单位,搜集各商家促销相关资料,并对资料内容进行整理、归纳。

(3) 各组在课堂上分析、讨论各自产品的促销工具,归纳讨论要点,撰写《快速消费品促销工具运用策略》实训报告。

(4) 各组选出代表就实训报告发言,每组发言控制在10分钟之内。

(5) 教师进行最后总结及点评,并为各组实训结果打分。

参 考 文 献

[1] 吴健安. 市场营销学[M]. 6版. 北京：高等教育出版社，2017.
[2] 吴健安. 市场营销学[M]. 精编版. 北京：高等教育出版社，2013.
[3] 郭国庆，陈凯. 市场营销学[M]. 5版. 北京：中国人民大学出版社，2015.
[4] 郭国庆. 市场营销学通论[M]. 6版. 北京：中国人民大学出版社，2014.
[5] 孟韬. 市场营销：互联网时代的营销创新[M]. 北京：中国人民大学出版社，2018.
[6] 梁文玲. 市场营销学[M]. 2版. 北京：中国人民大学出版社，2014.
[7] 谭俊华. 市场营销学[M]. 北京：清华大学出版社，2013.
[8] 王方华. 营销管理[M]. 2版. 北京：机械工业出版社，2012.
[9] 叶敏. 市场营销原理与实务[M]. 北京：北京邮电大学出版社，2011.
[10] 杨勇. 市场营销：理论、案例与实训[M]. 北京：中国人民大学出版社，2011.
[11] 栾港. 现代广告理论与实务[M]. 2版. 哈尔滨：哈尔滨工业大学出版社，2013.
[12] 潘维琴. 市场营销基础与训练[M]. 北京：中国人民大学出版社，2011.
[13] 郑锐洪. 营销渠道管理[M]. 北京：机械工业出版社，2012.
[14] 肖飞. 市场营销项目驱动教程[M]. 北京：北京大学出版社，2012.
[15] 罗文英. 市场营销学——策略与实训[M]. 上海：华东理工大学出版社，2004.
[16] 梁士伦. 公共关系理论与实务[M]. 北京：机械工业出版社，2009.
[17] 邓立治. 商业计划书原理、演示与案例[M]. 北京：机械工业出版社，2019.
[18] 菲利普·科特勒. 市场营销[M]. 16版. 楼尊译. 北京：中国人民大学出版社，2015.
[19] 菲利普·科特勒. 营销新论[M]. 高登第译. 北京：中信出版社，2001.
[20] 菲利普·科特勒. 营销管理[M]. 梅汝和，等译. 北京：中国人民大学出版社，2001.
[21] 加里·阿姆斯特朗. 市场营销学[M]. 12版. 中国版. 王永贵，等译. 北京：中国人民大学出版社，2017.
[22] 迈克尔·希特. 战略管理概念与案例[M]. 12版. 刘刚，等译. 北京：中国人民大学出版社，2017.
[23] Kotler P, Keller K L,. Marketing Management. 14th ed. Prentice Hall, Upper Saddle River, NJ, 2012.
[24] Payne A. The Essence of Services Marketing. Englewood Cliffs, NJ：Prentice Hall, 1993.